Hotel hinter

JAN DE COCK

Hotel hinter Gittern

Von Knast zu Knast
Tagebuch einer außergewöhnlichen Weltreise

Aus dem Niederländischen
von Christiane Kuby und Herbert Post

KUNTH

INHALT

ALASKA
(USA)
Fairbanks
KANADA
Calgary
Vancouver
USA
San Francisco
Chicago
Trois Rivières
Kingston
Washington DC
New York
Chapel Hill
Houston
HAITI
Port-au-Prince &
Les Cayes
DOMINIKANISCHE
REPUBLIK
Santo Domingo
KUBA
Havanna
MEXIKO
Mexiko
Potchutla
San Nicolas
ARUBA
TRINIDAD
Port of Spain
Guatemala
GUATEMALA
Caracas
VENEZUELA
San Salvador
EL SALVADOR
Bogota & Pereira
KOLUMBIEN
Managua
NICARAGUA
PERU
Lima
San José de
Costa Rica
COSTA RICA
BRASILIEN
Salvador
de Bahia
La Paz
BOLIVIEN
Sao Paulo
CHILE
Santiago
Talca
Buenos Aires
ARGENTINIEN
ATLANTISCHER
OZEAN
PAZIFISCHER
OZEAN
N
BURKINA
Ouagadou
Accra
GHANA
Lomé
TOGO
Abomey &
Cotonou
BENIN

St. Petersburg
RUSSLAND
LITAUEN
Vilnius
OLEN
Krakau
NIEN
Gherla
RUMÄNIEN
Istanbul
TÜRKEI
PAKISTAN
Lahore
Delhi
Hyderabad
Dubai
VEREINIGTE ARABISCHE EMIRATE
Kalkutta
INDIEN
CHINA
Peking
Nanking
Shanghai
Kyoto
JAPAN
Hiroshima
Tokyo
Nara
Himeji
VIETNAM
Hanoi
LAOS
Vientiane
Pnom Penh
KAMBODSCHA
Bangkok
THAILAND
Saigon
PAZIFISCHER OZEAN
SINGAPUR
Jakarta
INDONESIEN
UGANDA
Kampala
Kigali
RUANDA
Nairobi
KENIA
INDISCHER OZEAN
SIMBABWE
Harare
MIBIA
ndhoek
Johannesburg
Tuléar
Antananarivo
Antsirabe
MADAGASKAR
Maseru
LESOTHO
AUSTRALIEN
Brisbane
Sydney
Melbourne
Adelaide
Auckland
Wellington
NEUSEELAND
pstadt
AFRIKA

UNTERSUCHUNGSHAFT

Diese Geschichte fing in Chile an, als ich vorhatte, nach mehrjähriger Arbeit als Entwicklungshelfer nach Belgien zurückzukehren. Das Hilfsprojekt für Leim schnüffelnde Straßenkinder war so gut wie abgeschlossen, und ich hatte noch zwei Monate bis zur Abreise. Da ich mich in den vorangegangenen Jahren mehr und mehr für Strafgefangene eingesetzt hatte, hatte ich im Knast ein zweites Zuhause gefunden. Weil ich wissen wollte, wie es ist, eine Nacht auf der anderen Seite der Gitter zu verbringen, die Angst, die Kälte, die Pritsche zu spüren, meldete ich mich beim Gefängnisdirektor von Talca. Ob er mich nicht eine Zeit lang einsperren könne? Er blickte mich entgeistert an und meinte, er hätte in seiner fünfundzwanzigjährigen Karriere schon einiges erlebt, aber so was sei ihm noch nie untergekommen. Er wolle es seinen Vorgesetzten in Santiago vorlegen. Zwei Tage später bestellte er mich in sein Büro.

„Hermano Juan, problemas. Ich muss den Behörden gegenüber verantworten können, dass jeder Häftling in dieser Anstalt auch wirklich etwas auf dem Kerbholz hat. Vielleicht lässt sich da etwas regeln."

„Wie meinen Sie das, Señhor Direktor?"

„Sie könnten eine Straftat begehen, hermano Juan. Und sei es nur eine kleine, eine winzig kleine."

„Was schwebt Ihnen vor?"

„Oh, por ejemplo, eh, Sie könnten ein Huhn stehlen."

„Und was kriege ich dafür?", frage ich etwas unschlüssig.

„Oh, lo mínimo, hermano Juan, das Minimum. Fünf Jahre."

Der Einwand, meine Aufenthaltserlaubnis sei nicht so lange gültig, fruchtete nichts, und so zerschlug sich dieser Plan.

Aber seitdem hat mich der Gedanke nicht mehr losgelassen. Und die sporadischen Besuche im Zentralgefängnis von Leuven bei denen, die erst Fremde im doppelten Sinn des Wortes waren, nämlich ausländische Strafgefangene, und die später Freunde wurden, verstärkten diesen Traum nur noch.

Ursprünglich hatte ich vorgehabt, mich ein Jahr lang in eine einzige Haftanstalt einsperren zu lassen und ein Buch darüber zu schreiben. Doch der Rumäne meinte, die Gefängnisse in seinem Land seien ganz anders als die belgischen, und der Nigerianer fragte mich, ob ich schon afrikanische Gefängnisse gesehen hätte. Um der kulturellen Vielfalt einigermaßen gerecht zu werden, änderte ich mein Vorhaben: Die Aufenthalte würden kürzer sein, die Eindrücke facettenreicher.

Hinzu kommen der Briefwechsel mit und die Besuche bei ehemaligen Häftlingen. Die Erfahrung, dass die Liebe und Anteilnahme von Angehörigen und Freunden die beste Voraussetzung für eine gelungene Resozialisierung ist, macht mich zum leidenschaftlichen Verfechter der bedingungslosen Hinwendung zu Gefangenen und aller Projekte, die den Kontakt ermöglichen. Ich weiß natürlich, dass dies kein Allheilmittel ist. Ich weiß auch, dass die Befolgung des christlichen Gebots, Gefangene zu besuchen, noch keinen guten Menschen macht, wie es umgekehrt auch gute Christen gibt, die noch nie einen Häftling besucht haben und es auch nie tun werden.

Meine Sympathie für Strafgefangene ist ganz allmählich gewachsen. Ihre Geduld und Großzügigkeit, ihre beispiellose Gastfreundschaft und die Freude, mit der sie mich immer wieder in ihren Zellen empfingen, waren harte Lektionen. Mit echtem brasilianischem Kaffee, mit chilenischen Empanadas oder venezolanischen Pfannkuchen, mit chinesischem Krupuk und chinesischen Tränen drückten sie ein ums andere Mal aus, was sie nicht in Worten zu sagen vermochen. Ihr Vertrauen war grenzenlos. Daran sollte man sich ein Beispiel nehmen.

Als ich Schulen und Gruppen besuchte und ihnen Geschichten über die kleinen Leimschnüffler erzählte, hatte ich den Saal mühelos auf meiner Seite. Arme Straßenkinder kommen immer gut an. Für Strafgefangene gilt das weniger. Es sei denn, sie sitzen in Ländern der Dritten Welt hinter Gittern, sind politische Gefangene, werden unmenschlich behandelt, sind zweifellos unschuldig oder werden von Amnesty International unterstützt. Aber wie steht es mit dem „gewöhnlichen" Kriminellen, der sich die Suppe selbst eingebrockt hat?

Ich weiß nicht, ob es von Mut zeugt, im Belgien der Dutroux-Ära zu behaupten, auch in einem Verbrecher stecke ein guter Mensch. Zumindest ist dies meine Erfahrung.

Die Identifikation mit Menschen hinter Gittern wird für mich immer eine Herausforderung und gleichzeitig eine Enttäuschung bleiben. Gelingen wird es mir wohl nie ganz.

Ach ja, manche meinen, wir seien alle irgendwie Gefangene, doch etwas anderes ist es, im Treibsand des Verbrechens und der Reue zu stecken, den Sumpf der Prozesse – auch wenn sie auf sich warten lassen – zu durchqueren, durch die Tunnels der Isolation und der Einsamkeit, der Angst und der Unsicherheit zu kriechen, die Hölle der Unfreiheit zu erleiden... Auch nach fünfzehn Jahren Engagement ist dies für mich immer noch schwer zu begreifen.

Kann ich trotzdem einen Versuch wagen? Stimme der Stimmlosen sein? Ein Menetekel an die Wand malen? Und als „Unschuldiger" in die Gefängniswelt eintauchen?

Konkret bedeutet das, dass ich zwölf Monate lang auf fünf Kontinenten von Knast zu Knast ziehe, um über dem Geschepper der Blechnäpfe und dem Plärren der Lautsprecher das Herz der Gefangenen dieser Welt klopfen zu hören. Um in Hütten oder auf Dachböden ihrer Familien zu übernachten. Exhäftlinge inmitten ihrer Angehörigen zu erleben oder von Gott und der Welt verlassen vorzufinden. Zu entdecken, wie es Belgiern und anderen Ausländern in Gefängnissen ergeht. Und vor allem nicht zu verschweigen – vielmehr laut zu bezeugen –, dass weltweit Tausende unschuldig eingesperrt sind.

Aber auch wenn das nicht der Fall ist. Ohne für das Drama der Opfer und Hinterbliebenen blind oder unempfindlich zu sein – auch sie will ich auf meiner Reise besuchen –, bin ich fest davon überzeugt, dass ein Dieb, ein Vergewaltiger, ein Mörder, ein Bankräuber, ein Terrorist, ein Wiederholungstäter, ein Geldwäscher, Drogenschmuggler, Vandale, Hooligan... ein neues Leben anfangen kann und die Gelegenheit dazu bekommen muss. Ein Krimineller ist – was immer er verbrochen hat – anders, als seine Tat vermuten lässt. Wenn ich nicht glaube, dass ein Gefangener „Mensch" bleibt, höre ich selber auf, Mensch zu sein.

MILDERNDE UMSTÄNDE

Was ich hier berichte, habe ich mit Leib und Seele, mit Haut und Haar erlebt. Manche Gefangenen baten mich ausdrücklich, dies oder jenes aufzuschreiben, „Botschafter" ihrer Ohnmacht zu sein, zu berichten, wozu sie selber nicht in der Lage sind. Während sie ein Forum bekommen (ihre Ideen über alternative Strafen, über Rechtsprechung, Drogen, Liebe sind bedenkenswert), versuche ich mich in die Situation eines Häftlings in Kampala, St. Petersburg oder Bangkok zu versetzen.

Ihre Geschichten gebe ich so getreu wie möglich wieder. Manche Namen habe ich auf ausdrücklichen Wunsch oder aus Sicherheitsgründen geändert. Ihre wirklichen Namen und vor allem die Sprache ihrer Augen haben sich mir für immer eingeprägt.

Der Grund ihrer Haft wird zwar erwähnt, ist aber nicht vorrangig. Dies könnte der Bericht eines einzigen Häftlings sein, schuldig oder unschuldig, könnten seine Erfahrungen mit Strafe und Reue, Hoffnung und Verzweiflung sein. Zugleich ist es jedoch die Geschichte Hunderter Individuen, ihres Lebens, ihrer augenblicklichen Situation und ihrer Hoffnungen. Wie unterschiedlich Gefängnisse auch sind, welche Einschränkungen oder Privilegien auch in ihnen gelten mögen, dies haben alle Häftlinge gemeinsam: Sie sind allesamt ihrer Freiheit beraubt worden.

Dieses Buch ist ein Buch der zufälligen Begegnungen mit Menschen, von denen ich vermute, dass ihr Weg den meinen kreuzen musste, im oder unterwegs zum Gefängnis. Es sind Momentaufnahmen, Interviews, Lebensgeschichten. Dieses Buch ist keine Abhandlung über den Strafvollzug auf dem Balkan oder eine Aufzählung von Menschenrechtsverletzungen in asiatischen Haftanstalten. Ich hüte mich davor, aus der Tatsache, dass ich ein paar Nächte in einer Zelle verbrachte, voreilige Schlüsse zu ziehen. Mit vielen Details und Kapiteln ließe sich dieses Buch erweitern, auch mit gegenteiligen Erfahrungen und Beobachtungen. Im Namen der Gefangenen bin ich für jede Ergänzung dankbar. Denn ein Buch wie das vorliegende ist nie abgeschlossen.

Es war oft schwierig, überhaupt Zugang zu einer Haftanstalt zu bekommen. Man findet auf diesen Seiten viele Beispiele dafür. Ebenso wie für die vielfältigen Abenteuer in Zügen und auf Straßen. Ich begegne ihnen, den Schurken und Spitzbuben, den Halunken und Schelmen. Manchmal bin ich eine leichte Beute, manchmal entwische ich ihnen. Doch der Weg weist immer vorwärts.

Der Blick ist natürlich der eines Belgiers. Ein Togolese würde sich über die Gleichgewichtskünste afrikanischer Frauen, die Kanister voll Wasser oder Obstkörbe auf dem Kopf balancieren, kaum wundern. Ein Russe würde kein Wort über eisige Kälte verlieren. Aber ich wette, dass jeder Mensch, zu welcher Nation er auch gehört und welche Sprache er auch spricht, vom Kern der Dinge getroffen wird.

Das Resultat ist eine bunte Mischung aus Sehnsüchten und Hoffnungen, aus Berufung und Abenteuerlust sowie Freude an fremden Kulturen. Dieses Buch erzählt von Freundschaft und menschlichen Beziehungen über viele Jahre, es berichtet von Unsicherheit, Überheblichkeit und Ehrgeiz, von Selbstzweifeln und Bestätigung, von Wanderschaft und dem einfachen Leben. Und der stillen Hoffnung, dass die Erfahrung uns alle, auf welcher Seite der Gitter wir uns auch befinden, diesseits oder jenseits der Zäune, Tore und Riegel, des Stacheldrahts und des Elektrozauns, mit oder ohne Fesseln und Handschellen, zu freieren Menschen macht.

Zeig mir deine Gefängnisse, und ich sage dir, wie demokratisch dein Land ist.

VERFAHREN

Wie geht man an ein solches Abenteuer heran?

Bei den Vorbereitungen habe ich immer die Gefangenen vor Augen gehabt, von denen sich keiner auf seine Inhaftierung vorbereiten kann.

Richard aus Peru zum Beispiel lebte mit seiner Frau und zwei Kindern in den Slums von Lima. Sein Bruder hatte Aids, und für Medikamente war kein Geld da. Eines Tages machte ihm jemand ein verlockendes Angebot. Wenn er ein Päckchen nach Italien bringe, könne er sich tausend Dollar verdienen. Richard rechnete sich aus, dass er seinen Bruder davon eine Weile versorgen könnte und auch noch etwas für seine Familie übrig bliebe. Er machte sich also an einem Wochenende auf den Weg, im Koffer ein Päckchen und im Herzen die Zuversicht, dass er am Montag wieder zu Hause sein würde. Schon bei der Zwischenlandung in Zaventem wurde er erwischt, landete in den Gefängnissen von Vorst und Saint-Gilles und später im Zentralgefängnis von Leuven. Sein Bruder konnte die Medikamente in den Wind schreiben, seine Frau musste betteln gehen. Richard bekam seine Dollar nicht und verlor seine Stelle. Und der Drogenhändler? Er ward nicht mehr gesehen. Es ging Richard wie vielen ausländischen Häftlingen. Keiner von ihnen ist auf die Monate oder Jahre der Inhaftierung vorbereitet. Sie verstehen die Sprache der Gefängniswärter nicht, müssen sich an das Klima und die belgische Küche gewöhnen.

Wie ernsthaft habe ich diese weltweite Erkundung der Gefängnisse geplant? Diesmal keine Lonely-Planet-Reiseführer. Stattdessen die nötigen Impfungen. Keine ausgeklügelte Reiseroute. Stattdessen eine Reiseversicherung. Kein Sprachstudium. Stattdessen die Zuversicht, dass es schon gut gehen wird, dass ich zumindest mit heiler Haut davonkommen werde.

Ach ja, und ich tue noch etwas Praktisches. Ein Jahr vor der Abreise tauche ich in die Fitness-Welt ein, schwimme viel. Ich gehöre zwar zu den gesunden Naturen, meine Physis kann aber durchaus einen

Schubs gebrauchen. Ab und zu schlafe ich auf dem Fußboden. Ein Bett ist für viele Häftlinge in vielen Ländern ein Traum.

Ich habe mehr als hundert Konsulate und Botschaften kontaktiert. Sie zeigten sich interessiert, luden mich zu einem Gespräch ein, reichten meine Anträge an die zuständigen Instanzen in ihrem Land weiter, rieten mir ab („Wir können nicht für Ihre Sicherheit bürgen“ oder „Monsieur, Sie sind verrückt!“), oder sie reagierten erst gar nicht.

Dann habe ich NGOs angeschrieben, Institute und Kirchen, die im Strafvollzug tätig sind.

Und ich setzte auf ein drittes Pferd. Die Kontakte, die ich im Lauf der Jahre durch Freundschaften und Recherchen geknüpft hatte, kamen mir jetzt zugute. So konnte ich Gruppierungen und Leute vor Ort für meine Sache einspannen. Ich frage mich, ob mir dieses Unternehmen ohne dieses weltweite Freundschaftsnetz überhaupt gelungen wäre.

Auf Grund der Reaktionen und Zusagen habe ich die Länder ausgewählt und die Reiseroute zusammengestellt. Nur in Pakistan, wo ich unbedingt hin wollte, hatte ich noch keine Knast-Unterkunft gefunden, aber das wird sich schon noch ergeben, das spürte ich.

Es wurde eine Reise ins Ungewisse. Aber es war für mich eine Chance zu erfahren, woran ich eisern glaube: Wohin ich auch kommen mag, in welche entlegenen Winkel der Erde, da, wo Menschen sind, „riskiere“ ich, Göttliches zu erleben. Man gibt, was man bekommt, man bekommt, was man gibt: Sie nennen es Liebe.

ABSCHIED

Ein großer Rucksack voll Sommer- und Wintersachen, für Weihnachten in Westafrika und Polen im Winter. Aber wozu braucht man eigentlich einen Kleiderschrank auf dem Rücken? Mit zwei Jeans und drei Unterhosen kommt man durchs Leben und rund um die Welt.

Zwei Dinge trage ich am Körper: einen Bergkristall und eine drei Zentimeter große Muttergottes aus Platin. Das eine baumelt an meinem Hals. Das andere befand sich viele Jahre in der Handtasche meiner Mutter – und ist nun in meiner Hosentasche. Talismane oder Segenswünsche von zu Hause.

Außerdem habe ich im Handgepäck die Filzstift-Zeichnung einer Nichte (ein Schutzengel), etwas zum Lesen und was man sonst so bei sich hat: Adressbuch, Kaugummi, Kugelschreiber. Und einen Stein. Den trage ich auch mit mir herum. Der Symbolik wegen. Ein Freund hat ihn vor Monaten aus einem chilenischen Fluss gefischt, ihn umklammert, wenn es ihm schlecht ging, und mir anvertraut, unter der Bedingung, dass ich ihn nächstes Jahr in Chile, auf der letzten Station meiner Reise, dem Fluss zurückgebe.

Außerdem stecke ich ein paar Luftballons ein, eine Angewohnheit aus meinen Jahren in Chile. In der Metro in Santiago hörte ich einmal ein kleines Mädchen Zetermordio schreien, nachdem ihr Ballon zwischen den Türen zerplatzt war. Zufällig hatte ich noch einen Ballon von der letzten Geburtstagsparty bei mir.

Und dann habe ich noch ungefähr sechzig Gemälde in Postkartengröße. Alberto, ein spanischer Häftling des Leuvener Zentralgefängnisses, hat sie gemalt. Ich kann schwerlich ein Jahr lang mit belgischen Meeresfrüchten oder Leonidas-Pralinen herumziehen, deshalb werde ich hier und da eines dieser Kunstwerke zurücklassen. „Als Zeichen unserer Solidarität", wie der Künstler meinte.

Alberto ist nicht irgendwer. Als seine Eltern ihn dieses Jahr zum ersten Mal besuchten, war das auch für mich eine läuternde Erfahrung. Sein Vater José war Chef der Guardia Civil und höchster Sicherheitschef während des Papstbesuchs in Spanien gewesen. Jetzt saß sein eigener Sohn hinter Gittern. Es war nicht mehr wichtig, ob Alberto sein Geld als Dragqueen verdient, ein anarchistisches Theaterstück geschrieben oder in London mit Drogen gedealt hatte. Bei einer Tüte Chips und einer Cola lernten Vater und Sohn sich neu kennen. Ihr Zusammensein in der modern-kühlen Cafeteria des Gefängnisses war von Toleranz und Offenheit geprägt. Mutter Marichus Glaube an die Unschuld ihres Sohnes war durch nichts zu erschüttern. Mit ihrer Güte drückte sie der Begegnung einen Stempel auf, mit ihren feuerrot bemalten Lippen einen Kuss auf Albertos Stirn. Leider konnten sie seine Zelle nicht sehen. Nach Monaten tiefer Depression hatte Alberto sich auf seine Kreativität besonnen. Aus der Druckerei, in der er arbeitete, nahm er sich Papier- und Kartonabfälle mit. Vor die Kloschüssel spannte er eine Schiebetür aus Papierschnitzeln. Leuchter, Rahmen für seine Malereien und ein chinesischer Miniaturtempel für die Maus, die er sich inzwischen als Haustier hielt, brachten Farbe in die Zelle. Hier war ein Künstler eingesperrt, dessen Kreativität und Liebe zum Leben nicht klein zu kriegen waren.

Auf dem Flughafen Zaventem in Brüssel hole ich das Päckchen Tickets ab. Lose für vierzig Häfen auf dieser Erdkugel. Noch so makellos wie mein Laptop und das Heft für meine Erlebnisse. Ich blase die Kerze Flandern aus.

Die Welt ist ein Buch,
wer nie reist,
sieht nur eine Seite davon.

(Augustinus, 354–430)

HINTER GITTERN

KARIBU IN KENIA

Ein Anruf nach Belgien, der erste und letzte. Obwohl noch nicht einmal neun Uhr abends, ist es gar nicht so einfach, einen Ort zu finden, wo man ein internationales Telefongespräch führen kann.

„Vielleicht doch", sagt ein junger Taxifahrer, „Richtung Bahnhof, aber da würde ich zu dieser Zeit nicht mal meine Schwiegermutter hinschicken."

Ich habe keine Schwiegermutter, also lasse ich mich nicht abschrecken. Nachdem ich zehn Minuten gelaufen bin, wird die Straßenbeleuchtung allerdings noch schummriger. Die Wolkenkratzer von Nairobi lösen sich im pechschwarzen Himmel auf. Ich gehe schneller. Es wird wohl an meiner Fantasie liegen, als ich Schritte im gleichen Rhythmus höre. Schatten links und rechts, vor mir und hinter mir verraten die Anwesenheit von fünf, sechs Leuten. Jetzt bin ich mir sicher: Ich werde verfolgt.

Ich denke an einen Vorfall zurück, der vor zwei Jahren geschah, als ich in Antwerpen von genauso vielen Typen verdroschen wurde. Ich sah nur noch Sternchen und Vögelchen. Ein blaues Auge und gebrochene Rippen verhinderten, dass ich die Jungen fragen konnte, was jemanden dazu treibt, auf eine wehrlose Person einzutreten.

Ich will ziemlich abrupt die Straße überqueren, denke aber nicht daran, dass man in Kenia links fährt. Der Schrei einer Frau rettet mir das Leben, und wenn ich mich nicht so schnell wie möglich hätte verdrücken wollen, hätte ich ihr mitten auf der Straße einen

Kuss gegeben. Ich spüre, dass meine Verfolger auch die Straße überqueren. Ich bin umzingelt. Ich betrachte meine Tasche, in der die Flugscheine für das ganze Jahr stecken, die Reiseschecks und der Pass mit den Visa vieler Länder. Was bin ich doch für ein naiver Idiot!

Plötzlich schweben links und rechts zwei Engel nieder.

„Hi, I'm Anthony and this is Jayne. Wissen Sie, dass Sie verfolgt werden?" Ich starre entgeistert in zwei himmlische Gesichter, die unleugbar die reinste Güte ausstrahlen.

„Ääh, es war mir auch schon aufgefallen."

„Wir liefen ein Stück hinter dir und merkten, dass sie es auf dich abgesehen haben. Als sie auch hinter dir über die Straße gingen, waren wir uns sicher. Jayne meinte sofort, wir müssten dir helfen."

„Thank you. So kind of you. Ich war nur auf der Suche nach einem Telefon."

Die Engel wollen mich begleiten. Wie zwei Bodyguards nehmen sie mich in die Mitte und halten Wache, während ich telefoniere. Wieder draußen kann ich gleich in ein *Tuk-Tuk* steigen, eine Art motorisierte Rikscha, die sie in der Zwischenzeit organisiert haben. Sie bestehen darauf, mich wohlbehalten vor der Jugendherberge abzuliefern. Diese bedingungslose Fürsorge rührt mich.

„Darauf trinken wir einen Tusker", schlägt Anthony vor. Wir stoßen auf das gute Ende an und auf den Gründer der Brauerei, den anno 1922 ein Elefant auf seine Stoßzähne genommen hatte. Anthony und Jayne laden mich zur ihrer Hochzeit im nächsten Jahr ein und unterhalten mich mit zahllosen Geschichten über die verschiedenen Riten und Bräuche des Kikuyu-Stamms, zu dem sie gehören. Mit Schadenfreude reagiert Jayne auf Anthonys Berechnung, wie viele Kühe und Ziegen er als Brautschatz aufbringen muss.

Die Begegnung mit den beiden hat etwas Geheimnisvolles. Schon ihretwegen hat es sich gelohnt, nach Kenia zu kommen. Ein gutes Omen – von Engeln und Menschen beschützt. *Karibu*, willkommen in Kenia. Liebe Welt, here we come!

„Hi“, sagt ein gut gelaunter Mann im Schlafsaal, „I'm Rex from the Philippines.“

„Aha“, rufe ich übermütig, „das Land, das zweihundert Jahre in einem Kloster verbracht hat und danach fünfzig Jahre in Hollywood!“ Rex ist ein junger Priester, der hier an einem internationalen Treffen teilnimmt.

„Manila? Cebu? Luzon?“, frage ich ihn, als hätte die philippinische Geographie keine Geheimnisse für mich.

„Pakistan“, prustet er.

„Pakistan?“, horche ich auf.

„Ja“, sagt Rex, „ich komme aus Manila, aber ich arbeite schon seit fünf Jahren als Missionar in Pakistan. Und du? Du hast hier in Kenia bestimmt eine Safari gebucht.“

„Wenn Zebras im Knast sitzen…“, und ich erzähle Rex, warum ich hier bin.

„Das trifft sich gut. Ich hoffe, Pakistan liegt auch auf deiner Route.“

„Wieso?“

„Na ja, ich besuche die Häftlinge in Karachi und Hyderabad.“

Für Rex ist es eine ausgemachte Sache, dass er mich in Karachi empfangen wird, obwohl ich erst in vier Monaten und zu einer unmöglichen Nachtzeit ankommen werde.

Ich rufe Joseph an, den Taxifahrer, der mir gestern erzählte, er könne mich mit einem befreundeten Gefängniswärter in Kontakt bringen. Zur verabredeten Zeit stehe ich beim Kreisverkehr – und mir dabei die Beine in den Bauch, denn die Herren lassen auf sich warten. Staub hüllt mich ein. Vehikel, die in Belgien nicht mal durch die Hintertür den TÜV passieren würden, stoßen schwarze Auspuffwolken aus. Nach einer knappen Stunde kreuzt ein zerknautschter Joseph zu Fuß auf und bringt mich zu der Stelle, wo er sein Auto abgestellt hat. Darin sitzen zwei Männer, der eine sieht etwas einfach gestrickt aus, und der andere – mit Handy und Sonnenbrille, deren eines Glas zerbrochen ist – zu grotesk herausstaffiert, um glaubhaft einen Gefängniswärter abzugeben. Er entschuldigt sich auch gleich, er sei kein Wärter, sondern „Polizeichef". „Es ist besser, wenn wir an einen geheimen Ort fahren", tun sie kund.

Ich suche noch nach einem Argument gegen diesen Vorschlag, als sie mir mit der Mitteilung, es handle sich nun mal um eine delikate Angelegenheit, schon die Autotür öffnen. Einige Gassen weiter biegt der Wagen auf einen Parkplatz ein, der zu einer Art Urwald-Lokal gehört. Die Kellnerin wird mit dem Hinweis „später" weggeschickt. Wir sind schließlich nicht zum Vergnügen hier. Die lädierte Sonnenbrille verschwindet, das Handy wird zum Schweigen gebracht, und ich entspanne mich etwas. Der „Polizeichef" möchte zunächst einmal darauf hinweisen, dass er Christ sei. Wie achtzig Prozent der Bevölkerung? Dann sind wohl die restlichen zwanzig daran schuld, dass Kenia in der weltweiten Rangliste der Korruption den dritten Platz einnimmt?

„Sie sind also Student und wollen einen Artikel über den Tod von sechs Häftlingen in Thika letzte Woche schreiben?", fragt der Chef. Und das, obwohl mich Joseph als „Journalist einer britischen Zeitung" vorgestellt hat. Ich bekomme nicht die Gelegenheit zu widersprechen.

„Das ist beileibe keine Bestechung, aber bestimmte Informationen muss man kaufen." Er verspricht mir freien Zugang zu allen Strafanstalten in Nairobi, das Frauengefängnis inklusive. Sogar zum Hochsicherheits-Gefängnis. Er muss lachen, als ich frage, ob man da auch übernachten kann, aber dann spielt er seine Rolle weiter. „Warum nicht, aber das kostet natürlich eine Stange Geld", sagt er, nicht ohne schauspielerisches Talent zu zeigen. Er könne noch nicht genau sagen, wie viel, aber meine Universität oder meine Zeitung würden doch solche Ausgaben einkalkulieren. Joseph macht aus seinem Herzen keine Mördergrube; sein Preis steht fest. Er werde den Chauffeur für den „Kommissar" spielen, der morgen alle Papiere bringen werde. Aus dem Studenten ist jetzt ein freier Journalist geworden.

„Vorauszahlung ist am besten." Das hätte er nun nicht sagen sollen, denn damit bringt er sich um den letzten Rest Glaubwürdigkeit, den ich ihm noch einräumte. Ich will möglichst rasch raus aus dem Lokal, dieser ganzen Situation entrinnen. Inzwischen hat es angefangen zu regnen. Auch die Kellnerin trollt sich. Das Quartett fährt mit quietschenden Reifen davon. Für mich ist es ein schwacher Trost, dass wir wieder zu unserem Ausgangspunkt zurückfahren, denn die Schauspieler präsentieren mir die Rechnung. Die Beträge, die sie nennen, sind schwindelerregend. Ich handle tausend Schillinge herunter, und mit dem Versprechen, sie anzurufen, schlage ich die Autotür und dieses Kapitel zu.

Einen Blick hinter die Mauern eines kenianischen Gefängnisses zu werfen, ist alles andere als einfach. Seit drei Tagen bin ich auf der Suche nach dem richtigen Mann am richtigen Ort. Jetzt bin ich auf dem Weg zum Büro der kenianischen Menschenrechtskommission. Ich fahre holpernd in dem *Matatu* – die frivole Bezeichnung für einen Bus – zum anderen Ende der Stadt. Eine Sardinenbüchse auf Rädern. Immer wenn man glaubt, das Wägelchen ist voll (zwanzig Leute in einer Kiste für neun), geschieht das Unmögliche. Es stoppt, und noch jemand zwängt sich hinein. Der letzte Fahrgast, eine Dame, muss sich allerdings mit einem Stehplatz begnügen, wobei ihr Hinterteil aus dem Fenster ragt. Die Idee, zur „Human Rights Commission" zu gehen, stammt von Marcel, einem stoischen Niederländer, der für das afrikanische Forschungszentrum in Leiden arbeitet. Er hatte mir auch gesagt, dass ich mich auf Wambui Kimathi verlassen könne, aber verschwiegen, dass sie die schönste Frau Ostafrikas ist. Sie berichtet über Kenia, über Gefängnisse, über Landkonflikte, über die Brutalität mancher Polizisten. Dass sie und ihre Gruppe schon seit Jahren versuchen, mit einem ihrer Projekte in die Gefängnisse zu kommen, tröstet mich. Es wird wohl auch mir nicht gegönnt sein. Aber Wambui gibt mir den Namen und die Telefonnummer eines politischen Häftlings, der letzte Woche entlassen wurde. Und das Gedicht eines Ex-Gefangenen aus dem „Naivasha Prison".

„A prison is a different Kenya
Another Kenya.

When inside, you just see the sun move across the sky
not knowing where it has come from nor where it is going.
A single day feels like ten years.
I ask you, what kind of country do you think is like that?“

Hesbon Mwangi Ng’ang’a

Ich folge Wambuis Tipp und mache mich auf die Suche nach dem Büro der RPP, der „Released Political Prisoners“.

Ich werde an Grace verwiesen. Wenn sie lacht, entblößt sie Zähne, so gelb wie der geröstete Mais, den man auf der Straße verkauft. Sie trägt eine Adidas-Mütze, die nur notdürftig die reiche Lockenpracht verbirgt und einem aus dem Lot geschlagenen Lampenschirm ähnelt. Grace bringt mich zu Kabathi, der gerade freigekommen ist. Er erzählt im Eiltempo. „Vor zwei Wochen wurde ich mit einundsiebzig anderen während einer Feier verhaftet. Die Anklage lautete: „verbotene Versammlung“. Die Polizei brach das Tor auf und trieb uns mit Tränengas und Gewehren auf die Ladepritsche eines Lastwagens. Für 50000 Schillinge (das entspricht 625 Dollar) hätte man sich freikaufen können, aber so viel hat niemand. Die vier Frauen kamen ins Frauengefängnis, die 67 Männer in den Hochsicherheitstrakt zu den wirklich schweren Ganoven. Wir mußten uns mit einem Dutzend anderer eine Zelle von 2,5 Quadratmetern teilen. Es gab nur zwei alte Matratzen. Es war unmenschlich.“

Auch Kabathi hält meine Mission für aussichtslos. „Die UNO“, sagt er, „hat einmal versucht, einen Bericht über den Strafvollzug in Kenia zu verfassen. Als man ihr nach langem Drängen schließlich die Gefängnisse öffnete, fand sie sehr viele Matratzen vor, aber nur wenige Häftlinge.“

„Wir haben mit Hungerstreik gedroht, wenn wir nicht zwei Mahlzeiten statt einer bekämen“, sagt Kabathi. „Nach zwei Tagen gab man uns morgens einen Klacks *ugali*, gemahlenen Mais, und abends eine Hand voll Bohnen. Für zwanzig Zellen – rechne mal aus für wie viele Häftlinge – gab es zwei Klos. In den zwei Wochen unserer Inhaftierung wurden sie kein einziges Mal sauber gemacht. Die medizinische Versorgung war schlecht. Jeder Häftling bekommt Shorts und ein T-Shirt. Das muss reichen, auch wenn er sechs Jahre verbüßt. Wer keine Decke hat, die er sich überwerfen kann, muss eben nackt herumlaufen. Seife? Zahnpasta? Undenkbar! Es sei denn, man kann einen der Wärter bestechen. Die armen Teufel verdienen schließlich nur 4500 Schilling im Monat, etwa 80 Dollar. Wer verurteilt wurde, wird kahl geschoren. Mit demselben Rasiermesser wie hundert andere vor ihm." Was die Behauptung, die ich heute Morgen in einem Zeitungsinterview mit dem Gefängisdirektor las, HIV-infizierte Häftlinge hätten sich angesteckt, bevor sie in die Haftanstalt kamen, etwas zweifelhaft erscheinen lässt.

„Nachts", erzählt Kabathi weiter, „kann man das Marihuana riechen. Der x-te Beweis, dass Gefängniswärter eine kleine Bestechung nicht verschmähen. Und im Kamiti-Gefängnis sind statt 1500 Gefangenen jetzt 3500 eingesperrt! Durchschnittlich sterben dort zwei Menschen täglich. 101 wurden zum Tode verurteilt; manchen wird schon seit zwölf Jahren jeden Tag mitgeteilt, dass sie am nächsten Morgen aufgehängt werden."

Grace erzählt, wie man Frauen dort behandelt. „Wir mussten uns bei der Ankunft nackt ausziehen", sagt sie und man spürt, dass es ihr peinlich ist. „Dann bekam man eine Art Operationskittel. Es wimmelte von Flöhen. Aber im Gegensatz zu den Männern bekamen wir drei Mal täglich was zu essen: *ujipo* (eine Art Haferbrei), *ugali* (Maisbrei) und Bohnen."

Verlegen erwähnt sie, dass die Matratzen Löcher hatten, weil die Frauen die Füllung verwendeten, wenn sie ihre Tage hatten. „Es gab nichts anderes."

Sie erzählt von einer schwangeren Frau, die während der Entbindung mit einer Kette ans Bett gefesselt wurde. Neunzig Prozent der Frauen seien unschuldig. Sie wühlt in einem Schrank und gibt mir ein T-Shirt mit einem Appell als Aufschrift, Gefangene nicht zu unterdrücken. Und für mein Buch bekomme ich noch einen Kugelschreiber, auf dem *Wafungwa wana baki zao* steht – Gefangene haben auch Rechte. Als hätten wir ein Freundschaftsspiel ausgetragen, schenke ich ihr dafür einen Kuli meines Reisebüros.

Am letzten Tag in Kenia klappere ich noch eine Dienststelle nach der anderen ab, vielleicht gelingt es mir ja doch noch, ins Gefängnis zu kommen. Aber als Beamte mich im vierten Stock eines Hochhauses ans Fenster winken und vor dem Panorama von Nairobi auf ein Gebäude zeigen – „Nein, nicht das ganz rechts, das gelbe, zwei Blocks neben dem Hotel don't know which" –, in dem sich ein gewisser Abraham Kamakil aufhalte, den ich schon seit einer Woche nicht ans Telefon bekomme, weiß ich, dass ich Kenias Gefängnisse nie mit eigenen Augen sehen werde.

UGANDA, NICHTS WIE RAN

Fünf Pakistaner machen Scherereien auf dem Flughafen. „Einfach, weil sie Pakistaner sind." Ich registriere deutlich die Vorurteile des Sicherheitspersonals. Anthrax klingt auf Kiswahili genauso wie auf Niederländisch oder Deutsch. Aber auch bei mir piept der Detektor an der Hosentasche. Die Heilige Jungfrau Maria, verdammt!

Wer sich eine Stunde zuvor noch in Nairobi aufhielt, dem erscheint Uganda wie eine blühende Oase. Noch feucht vom Morgenregen, ist alles noch grüner als sonst. „Kampala steht unter Wasser", weiß Nicole zu berichten. Mit hochgekrempelten Hosenbeinen ist sie zum Auto gewatet, mit dem wir nun auf der linken Fahrspur in die Stadt fahren. Seit vier Jahren arbeitet sie ehrenamtlich in einer Kinderkrippe. Sie wohnt in einem Hotel auf der anderen Straßenseite, für das sie vorläufig keinen ugandischen Schilling mehr zahlt, nachdem man ihr die Vorhänge aus dem Zimmer gestohlen hat. Diebstahl und Korruption sind gang und gäbe in Uganda. Nicole zeigt mir die Hotelterrasse, wo einem Nachtwächter vor kurzem die Schuhe geklaut wurden. Er wurde morgens wach, sein Gewehr noch zwischen den Beinen, aber ohne Schuhe.

Unter einem Sonnenschirm trinken wir unser erstes Bell, das lokale Bier. Seliges Afrika! Und es gibt noch andere Delikatessen. Heuschrecken beispielsweise. Die Saison hat angefangen, und für fünfhundert Schillinge bekommt man eine Hand voll gerösteter „grashoppers".

Ich genieße Afrika in vollen Zügen, als ich durch die ungepflasterten Straßen und Gassen schlendere. Zwei Jungen ziehen einen aus Fässern und Stöcken zusammengebastelten Karren, der jeden Augenblick auseinander zu fallen droht, aber für sie ist er ein Wunder auf Rädern. Im Schatten eines Bananenbaums rührt eine Frau in einem Topf, der auf dem Boden steht. Etwas weiter schläft ein Mann in einem Sessel von der Sorte, die sein Bruder gerade eifrig zusammenzimmert.

Nicole und ich haben uns mit Louis verabredet, einem Kongolesen, der mich – koste es, was es wolle – über die Grenze bringen will. In einem Büro, in dem gelbe Benzinkanister, kaputte Schemel und ein uralter Kopierer herumstehen, will Louis seinen Clan von dem bevorstehenden Besuch der Belgier benachrichtigen; die eine will einen Blick in ein Kinderheim werfen, der andere ein Gefängnis besuchen.

Die Nachricht verbreitet sich, dass in Bunia geschossen wird. Abends stellt sich dann heraus, dass Louis' Bruder bei einem Raubüberfall ums Leben gekommen ist und dass die Brücken über den Fluss unpassierbar sind. Auch der Kongo fällt somit ins Wasser.

Ich bleibe in Kampala und entscheide mich für den direkten Weg. Ich gehe forsch zur Polizeiwache und erkundige mich nach dem nächsten Gefängnis. Jemand schreibt mir den Namen Luzira auf.

Es fällt mir nicht schwer, den Bus zu finden, der mich in die Nähe von Luzira bringt. Allerdings will der Fahrer so lange warten, bis sein Karren voll ist. Die anderen Fahrgäste murren, als sie merken, dass sie an der Nase herumgeführt werden. Sobald jemand einsteigt, verlässt ein anderer den Bus. Anscheinend besteht ihr Job darin, den Anschein zu wecken, dass der Bus fast voll ist und fast abfahrbereit.

Jemand zeigt mir den Hintereingang des Gefängnisses, vor dem ein schlafender Soldat sitzt. Er trägt die Störung seiner Mittagsruhe mit Fassung und kümmert sich auch nicht um das Huhn, das an seinen Stiefeln pickt. Ich erkundige mich nach dem Weg zum Haupteingang, und als wäre ich der Milchmann, lässt er mich durch. Junge, Junge. Da sieht man mal wieder. Denkt ein Mensch, er müsse Stempel und Papiere vorzeigen, damit sich die Mühlen der Bürokratie überhaupt in Gang setzen, passiert er ungehindert den ersten Kontrollposten. Auf dem Gelände sehe ich Wächter und ihre Familien. Sie wohnen in einfachen Blechhütten, einige um einen Mangobaum herum angeordnet. Ich sehe ein paar uniformierte Männer, sie sind außer den Kindern die Einzigen, die den Weißen, der zwischen ihren Hütten durchgeht, überhaupt beachten. Nachdem ich das Wärterdorf durchquert habe, gilt es, eine härtere Nuss zu knacken. Hier stehen „echte" Wachposten. Hinter Maschendraht hocken Männer in beigen Shorts, sicher die „echten" Gefangenen. Ich grüße den ersten Wächter so locker, als würde ich ihm die Grüße seiner Liebsten ausrichten. Aus der Gesäßtasche ziehe ich den Freibrief, den der Direktor und der Gefängnisgeistliche in Leuven noch kurz vor meiner Abreise unterschrieben hatten. Eine solche Kollage aus Unterschriften und Stempeln macht Eindruck, und der Pförtner mit dem rasselnden Schlüsselbund verschwindet zum Kommandanten. Er ist im Handumdrehen wieder da und öffnet mir das Tor. Ich darf direkt ins Büro des Chefs. Dieser sitzt mit gefalteten Händen in einem frisch gestrichenen, aber sonst kahlen Raum, als hätte er seit seiner Amtsernennung vor zehn Jahren, mit der seine steile Karriere begann, nichts anderes getan als dagesessen und gewartet. Staatspräsident Museveni schaut aus seinem Fotorahmen zu.

„Sie haben einen schönen Garten", lache ich breit. Mister James ist zutiefst beglückt. Er sehe keinerlei Problem in einem Besuch des

Gefängnisses, schlage aber vor, mir das vom Assistant Commissioner of Prisons in Kampala absegnen zu lassen. Er beordert seinen Vize herbei, der meine Dokumente wieder aus dem Safe holen muss, in den sie bereits eingeschlossen waren. Es ist halb vier. Es widerspräche zwar der afrikanischen Gepflogenheit, aber ich mache mir trotzdem Hoffnung, noch rechtzeitig die zuständige Person zu erreichen, bevor sie zum Wochenende aufbricht. Die Straße mit den Ministerien ist einfach zu finden, und obwohl mich jemand in einem der Ministerien von Pontius zu Pilatus schickt, finde ich Herrn Kuruqagyire schließlich im obersten Stock des „Land's Building". Er telefoniert so angeregt, als ginge es um private Börsengeschäfte. Nur Aktenstapel wecken den Eindruck, dass er hart arbeitet. Wer noch Ministerien ohne Computer sehen will, muss sich nach Uganda sputen. Zwischen zwei Telefonaten murmelt er, ich müsse einen schriftlichen Antrag stellen. Eiligst umgarne ich die Sekretärin, und auf einem Blatt Papier stelle ich sofort mein Gesuch auf. Mit der Beteuerung im Ohr, am Montag könne ich die Erlaubnis abholen und am Dienstag ins Gefängnis, beginne ich mein Wochenende. Ich sollte noch öfter gutgläubig sein.

Um die Zeit meiner unfreiwilligen Freiheit zu nutzen, mache ich mich auf die Suche nach Father Kiki vom Orden der „Weißen Patres". Father Kiki ist einer vom alten Schlag, der noch etwas bewegt hat. Weit in den Siebzigern, erzählt er von Kongo-Schiffen und Großen Seen. Das Funkeln in seinen schalkhaften Augen ist auch nach mehr als vierzig Jahren in Uganda nicht erloschen. Ohne den Faden seiner Erzählung zu verlieren, segnet er mit einem Seitenblick und einem Kreuzzeichen den Rosenkranz eines Mannes, der neben ihm auf die Knie gesunken ist.

Die unwahrscheinlichste Geschichte ist erst eine Woche alt, und der Pater ist davon noch ziemlich mitgenommen. In der Pfarrbibliothek hatte ein Universitätsstudent seinen Freund enthauptet, weil der Zauberer seines Dorfes ihm das nahe gelegt hatte. „Um dich von Aids zu heilen." Die Blutspuren an der Wand sind stumme Zeugen der grausigen Tat. Jeder kennt hier Geschichten über schwarze Magie. Und über Lynchjustiz. Tja, wenn der Justizapparat nicht ordentlich funktioniert, nimmt das Volk das Recht selbst in die Hand. Wehe dem Dieb – und wenn es sich nur um eine Erdnuss handelt –, der erwischt wird! Er wird unter dem beifälligen Gejohle der Umstehenden zu Brei geschlagen. Der eine oder andere kommt mit dem Leben davon, wenn sich ein Polizist einzugreifen traut.

Mister Baker bestellt mich ein drittes Mal zu sich, um den Passierschein für das Luzira-Gefängnis abzuholen. Aber diesmal ist sein Stuhl leer. Ein Kollege behauptet, er sei kurz ausgetreten, ein anderer, er bringe Akten in ein Büro einen Stock tiefer, und ein dritter meint, er sei in die Stadt beordert worden. Ich darf im Zimmer nebenan warten, in dem uniformierte Damen in einem Aktenwald biwakieren. Es riecht nach Papier, die Ordner sind vergilbt, und das Büro birgt die größte Sammlung Eselsohren, die ich je gesehen habe.

„Wenn hier nur kein Feuer ausbricht oder Mäuse auftauchen…", bemerke ich nüchtern. „Aber nein", lacht eine der Soldatinnen und feilt sich die Nägel, während eine Kollegin eifrig Ordner wegräumt. „Es hat hier noch nie Mäuse gegeben."

Ich warte und warte. Es wird fünf Uhr. Alle verschwinden. Ich dürfe, wenn ich wolle, auf Mister Baker warten. Es wird still in der Verwaltungszentrale der Gefängnisse und in allen benachbarten Ministerien. Oder höre ich doch etwas? In einer Ecke des Zimmers – ich hätte es mir denken können – läuft eine Maus!

Heute Morgen, als ich mich zum soundsovielten Male einfinde, nimmt mich Baker zu einem Mann mit, der eine Stufe höher auf der Leiter steht und der mir „das Dokument sofort aushändigen wird". Aber hier wurde die Rechnung ohne den Wirt gemacht.

„Sie waren bereits in Luzira? Ohne meine Erlaubnis? Nein, so geht das nicht. Das war eine ernste Fehleinschätzung, Herr Coque, äh De Cock. A ist A, B ist B, und C ist C“, schnauzt er mich an, sichtlich verärgert, weil ich mich über seine Zuständigkeit hinweggesetzt habe. „Ich brauche ein Papier der belgischen Botschaft, das bestätigt, dass Sie Belgier sind. Aber ansonsten: herzlich willkommen in unseren Gefängnissen.“

Ich gebe mich noch nicht geschlagen; ich gebe zu bedenken, dass ich mehr mit ihm gemeinsam habe, nämlich Mitgefühl mit den Häftlingen, mehr als mit dem belgischen Botschafter, aber er bleibt hart und hält mir die Tür auf. Ich bin entschlossen, ihm zu zeigen, was Effizienz ist – und renne los. Das an sich ist schon ein Phänomen. Ein durchschnittlicher Afrikaner verfällt nur dann in Laufschritt, wenn es anfängt zu regnen, und auch dann nur bis zum nächsten Unterstand. Den Weg zur Botschaft kenne ich. Ich war gestern dort, nachdem ich gehört hatte, ein Belgier säße in einem ugandischen Gefängnis. Das verdutzte den Botschafter dermaßen, dass er sich unverzüglich ins Büro seines Kanzlers begab, um der Meldung nachzugehen. Auch diesmal stehen sie mir sofort zur Verfügung. Für kurze Zeit finde ich es herrlich, Belgier zu sein. Nach zwei Worten hat das Diplomaten-Duo verstanden, worum es geht. Höhnisch erkundigen sie sich, ob die ugandischen Beamten mich noch nicht in den Geldbeutel greifen ließen. Innerhalb von zwanzig Minuten bin ich mit einem Brief (mit Wasserzeichen und Stempeln!) in einem schicken Umschlag der belgischen Botschaft wieder bei der Gefängnishauptverwaltung. Und Baker? Lässt seinen Kugelschreiber vor Überraschung fallen.

Aber sein Vorgesetzter weiter oben auf der Karriereleiter schützt eine unerwartete Sitzung vor und wälzt die Akte auf Herrn Kurt ab, einen Berater deutscher Abstammung. In seinem Büro hängen bayrische Fähnchen einträchtig neben Urkunden des ugandischen Rotary-Clubs. Ziemlich bald finde ich Herrn Kurt sympathisch, und dass er mich zum Lunch einlädt, tut der Sympathie keinen Abbruch. Er will natürlich wissen, worum es mir geht. Über die Übernachtung muss er herzlich lachen, aber den Besuch eines Gefängnisses werde er persönlich regeln. Und um seiner Zuversicht Nachdruck zu verleihen, lädt er mich gleich zum offiziellen Startschuss eines nagelneuen Projekts der „Community Services“ heute Nachmittag in einem Hotel außerhalb von Kampala ein. Und ehe ich mich’s versehe, stehe ich zwischen dem Vertreter des Justizministeriums, dem schwedischen Botschafter und einem ganzen Tross von Notabeln in Smoking. Als ich heute Morgen noch die Hoffnung hegte, direkt ins Gefängnis gelangen zu können, hatte ich mich entsprechend gekleidet. Das abgenutzte T-Shirt und die ausgelatschten Basketballschuhe kontrastieren wunderbar mit der Garderobe der anderen. Im Hotelgarten werden Reden gehalten. Das Projekt „Gemeinschaftsdienst" hört sich vielversprechend an. Um das Problem der übervollen Gefängnisse anzupacken, wird heute ein Alternativprogramm für kleinere Vergehen gestartet. Ein Dieb kann beim Anlegen der Kanalisation helfen; eine Diebin in einem Internat oder einem Waisenhaus als Köchin arbeiten. Am Ende der Show werden drei Debütanten als didaktisches Anschauungsmaterial aufs Podium geschickt. Die „kleinen Kriminellen", ein Mann und zwei Frauen, von denen eine ein Baby im Arm hält, müssen vor der ganzen Meute gute Führung geloben. Andernfalls kämen sie sofort wieder hinter Gitter. Sie sind jedenfalls ganz nach meinem Geschmack, und während sich die restliche Gesellschaft auf die Cocktails stürzt, blase ich einen Luftballon auf...

Heute, nach einer Woche von Verhandlungen, fahre ich zum Gefängnis von Murchison Bay. Ich habe das Gefühl, als würde ich „nach Hause kommen". Blöd, aber ich kann das Gefühl einfach nicht unterdrücken. In bester Stimmung nehme ich ein *Boda-Boda*, ein Taxi-Moped. Ganz geheuer ist mir allerdings nicht. Von einem Helm haben sie hier noch nie gehört. Der Fahrer will seine Fahrkünste demonstrieren und obwohl ich versuche, ihn mit der Bemerkung, ich käme aus dem Land des Motorradweltmeisters Eric Geboers, zu veranlassen, etwas weniger schnell zu fahren, hört er nicht, was ich ihm ins Ohr brülle. Welcher Geist des Waldes hierfür verantwortlich ist, weiß ich nicht, aber mir fällt ein Stein vom Herzen, als unser Stahlross auf halber Strecke zu lahmen beginnt und schon bald seinen Geist aufgibt. Aber auch mein Fahrer hat seine hilfreichen Geister. Er öffnet den Tankdeckel, das heißt, er zieht eine zusammengeknüllte Plastiktüte aus dem Loch, bläst kurz hinein, und schon rasen wir wieder durch die Straßen von Kampala.

„*Muzungu*, bye“, rufen Dutzende von Kindern. Hier ist der Bereich, wo die Wärter und ihre Familien wohnen. Von einem „symbiotischen Verhältnis zwischen ihnen und den Häftlingen“ hatte Kurt gesprochen. Hier waschen, kochen, gärtnern die Gefangenen. Freiwillige Arbeit, um nur etwas zu tun zu haben.

Ich werde von Mister Moses empfangen, dem Gefängnisdirektor; er ist zwanglos gekleidet, und sein Gesicht ist die schwarze Ausführung von Johannes XXIII. Ich höre ihm gerne zu, er trägt das Herz auf der Zunge und hat ein Herz für die Häftlinge. Mit seinem bedingungslosen Plädoyer für die Abschaffung der Todesstrafe hat er sich die Kritik seiner Kollegen zugezogen. „Wie kann man von einem Volk erwarten, dass es nicht tötet, wenn der Staat es selbst tut?“

Moses lässt mir alle „Freiheit“, ich könne überall hingehen. „Wir haben nichts zu verbergen“, sagt er nicht ohne einen Anflug von Stolz. Aber er macht auch keinen Hehl daraus, dass die Gefängnisse im Inland eine Schande seien. Er zählt auf: Überbelegung, Jugendliche zusammen mit Erwachsenen, Schwerstarbeit, Folter, kaum Ausbildungsplätze und Entspannungsangebote.

Das System muss hier in Murchison Bay doch funktionieren.! Wie sonst ließe sich erklären, dass 11 Wärter 1481 Häftlinge im Zaum halten sollen. „Wegen des Personalmangels geben wir einigen Gefangenen Training in Beratung.“ Dies ist höchst interessant. Denn wer wüsste besser als ein Häftling, was es bedeutet, von seiner Familie getrennt zu sein, auf Sexualität verzichten zu müssen, in Unsicherheit zu leben und endlos auf ein Urteil zu warten? Einer dieser Häftlinge in gelber Uniform trägt auf seinem Hemd die Aufschrift „Schuldirektor“. Er ist einer der Therapeuten. „Jeden Tag“, erzählt er mir, „können die Gäste unseres Pavillons an einem Gruppengespräch teilnehmen. Sie wählen das Thema selber aus: Familie, Einsamkeit, die sich hinschleppenden Gerichtsverfahren.“

Die Anlage wurde 1957 gebaut, als die Briten noch das Zepter schwangen. Schon damals war es ein Gefängnis mit relativ niedriger Sicherheitsstufe für kleinere Kriminelle. Sie sind auf Baracken verteilt und verwalten sich selbst. Die Atmosphäre ist in der Tat entspannt. Der eine arbeitet in der Küche, der andere in der Tischlerei. Wieder andere lernen schweißen oder arbeiten im Gemüsegarten. Es gibt sogar welche, die auf Affenjagd gehen.

Wir spazieren zwischen den Baracken umher. Inmitten grüner Gemüsegärten stehen die kleine katholische und die protestantische Kirche, daneben die Moschee. Ich gehe in einen großen Schuppen, in dem sich die Küche befindet. Den Geruch von Holzkohle werde ich wohl für den Rest des Tages nicht mehr los. Acht gigantische Kessel füllen den Raum. Köche rühren mit Löffeln groß wie Baumstämme in brodelnden Bohnen. Alles eitel Sonnenschein? Es gebe zu wenig zu essen, und im gerade noch so gepriesenen Krankenhaus fehle es an nötigen Medikamenten. Aber sie räumen ein, dass sie Murchison Bay gegen kein anderes Gefängnis in Uganda tauschen würden. In einem der Schlafräume hocke ich mich auf eine Decke neben einen der Häftlinge. Sein Nachbar hatte das Glück, dass seine Familie ihm eine fünf Zentimeter dicke Schaumgummi-Matratze besorgen konnte.

„Das Schlimmste ist", sagt Joseph, „dass ich schon ein Jahr auf den Gerichtstermin warte. Ein Anwalt hat sich noch nicht blicken lassen." Wir unterhalten uns, als wäre ich bei der letzten Missetat sein Komplize gewesen.

Der Saal füllt sich. Jeder will wissen, was der seltsame Vogel hier macht. Ich gebe eine Kurzfassung meiner Geschichte, erwarte hundert Fragen, aber keine einzige wird gestellt. Auf den Mund gefallen sind sie nicht – in Gefängnissen wird permanent eine Meisterschaft im Witzereißen ausgetragen. Einer noch saftiger als der andere.

„Mein Vater war Chef des Dorfes", gibt einer eine Kostprobe der harmlosen Art zum Besten. „Als kleiner Knirps war ich oft bei ihm, wenn er sich mit den Ältesten unter dem Mangobaum besprach. Einmal musste ich dringend und schrie: ‚Papi, ich muss pinkeln!' Meinem Vater war das peinlich, und als es ein anderes Mal wieder passierte, meinte er, ich solle in Zukunft sagen: ‚Papa, ich habe Lust zu pfeifen.' Als ich einige Wochen später bei meinem Großvater übernachtete und nachts wieder pinkeln musste, rief ich: ‚Grandfather, I want to whistle!' ‚Pssst, du weckst die andern auf.' Er drückte mich auf die Matte in der Ecke der Hütte zurück. Nach einer Weile hielt ich es nicht länger aus und lief verzweifelt wieder zu meinem Großvater. ‚Grand dad, I really want to whistle!' ‚Gut', sagte er, ‚wenn du dich wirklich nicht mehr beherrschen kannst, mach es dann ganz leise in mein Ohr.'"

Zum Abschied bekomme ich von Direktor Moses noch ein Geschenk: einen Stapel Kondome.

„Jeder Häftling, der seine Strafe verbüßt hat und uns verlässt, bekommt eine Schachtel", sagt Moses stolz wie Oskar. Wären sie nicht schon im Gefängnis von Nutzen? „Wenn wir sie hier verteilen, würden wir damit Homosexualität anerkennen. Und das ist gesetzlich verboten." Ich fülle den Vorrat Luftballons in meiner Gesäßtasche auf und eine melancholische Melodie pfeifend spaziere ich durch das Tor von Murchison Bay ins Freie.

SORGEN IN RUANDA

Das Taxi bleibt im Schlamm stecken. Es ist zweifelhaft, ob wir den Bus nach Kigali noch rechtzeitig erreichen. Glücklicherweise hält sich der Fahrplan an den Rhythmus Afrikas. Verkäufer stürzen sich auf mich wie Wespen auf einen Topf Honig, und es dauert noch eine Stunde, bevor sich das Gefährt mit Bananenbündeln, Hühnern, Matratzen und Menschen in Bewegung setzt. Mit Klopapier reinige ich meine Tasche. In dem Chaos haben die Gepäckträger meine Sachen in den Schlamm fallen lassen.

Kampala erwacht in trübem Regen. Aber es ist deshalb nicht weniger geschäftig. Eine Frau sammelt Stücke Karton für den Ofen, auf dem sie gleich ihre Maiskolben rösten wird. Jungen preisen die alte Sonntagszeitung an.

Ich sitze ziemlich eingezwängt und das bei einer Fahrt von zehn Stunden. Kurz darauf quetscht sich noch eine Dame dazu. Ich mache aus der Not eine Tugend und profitiere von den zusätzlichen Stoßdämpfern. Kaffeeplantagen ziehen an uns vorbei, kilometerlange Bananenfelder, ab und zu ein Dorf und dann und wann das Gerippe eines Panzerwagens. Kinder spielen barfuß im Sand.

An der Grenze kaufe ich mit meinen letzten ugandischen Schillingen einem kleinen Jungen eine Packung Kekse ab. Als ich später am Tag reinbeiße und mich über die Schwammigkeit wundere, kontrolliere ich das Verfallsdatum. Über die letzte Null von 2 000 ist wenig fachmännisch eine „3" gekritzelt. Sie haben den *mzungu* übers Ohr gehauen. Und der Mzungu findet das nicht schlimm. Es passiert ihm öfter. Als ich einmal an der Grenze zu Paraguay dem unablässigen Quengeln eines Knirpses erlag, der mir unbedingt einen Musterkoffer mit Parfüms andrehen wollte, kaufte ich auch eine Katze im Sack. Denn wieder zu Hause – und Gott sei Dank habe ich erst die Probe aufs Exempel gemacht, bevor ich den Koffer jemandem schenkte –, stellte ich fest, dass das Chanel-Fläschchen, genau wie die zwölf anderen, mit Pisse gefüllt war.

Ruanda, Land der tausend Hügel. Und politisch bin ich farbenblind. Ich sehe die grünen Hügel und denke sie mir rot. Es fällt mir so schwer, mir vorzustellen, was hier 1994 geschehen ist. Die Ugander hatten mir erzählt, sie hätten Leichen aus Ruanda an die Ufer des Victoriasees spülen sehen. Mancher Ugander behauptet, der Tilapia-Fisch hätte noch immer einen Leichengeschmack. Es übersteigt jede Vorstellungskraft: eine Million Tote.

Als ich mich in die Schlange für ein ruandisches Visum einreihe, kommen noch zwei Mzungus dazu. Beide Mädchen arbeiten für Hilfsorganisationen in Kigali. Susanne bietet mir an, bei ihr zu übernachten.

Wir sind früh aus den Federn. Susanne setzt mich vor dem Gefängnis ab.

Da sind sie. Die „Flamingos". Alle Leute, mit denen ich seit gestern über die Gefängnisse in Ruanda gesprochen habe, erwähnten Männer in rosa Outfit, die hier zum Straßenbild gehören. Und tatsächlich, Tausende von Männern in zuckerwattefarbener Sträflingskleidung schuften an den Böschungen und Wassergräben. Vielleicht dient dieser Gemeinschaftsdienst dazu, die überfüllten Gefängnisse zu entlasten.

Der Ruander, heißt es, ist introvertiert. Aber als einer der Wärter mir die Hand schüttelt, ist das Eis gebrochen. Mit dem Kinn zeigen sie mir den Weg zum Direktor. Er sei eben nach Hause gegangen, heißt es. Die Schlüssel holen. Sehr komisch: ein Gefängnisdirektor, der die Schlüssel vergessen hat.

Während ich warte, spazieren weibliche Häftlinge in Kleidern von der gleichen rosa Farbe mit Puffärmeln an der Rezeption vorbei. Ihre gute Laune ist auffällig. „Betrachte das Leben von der rosa

Seite“, scheint hier jeder singen zu wollen. Die kurz geschorenen Barbiepuppen werden von einer Nonne in Empfang genommen und in einen Raum geführt, in dem Dutzende von Nähmaschinen mit Fußantrieb stehen.

Endlich kreuzt der Direktor auf. „Der Dienstweg verläuft über das Innenministerium“, sagt er kurz und bündig. Die Mühlen der Bürokratie drehen sich wieder vor meinen Augen, aber ich will keine Minute Zeit verlieren. Ich knoble die Route aus, und schon bald bezirze ich am anderen Ende der Stadt die Sekretärin des Ministers, leihe mir von ihr Stift und Papier und verfasse an Ort und Stelle den üblichen Antrag. Das Warten hat begonnen.

Die belgische Botschaft liegt gegenüber der Schweizer Botschaft. Die Empfangsdame weiß von der niederländischen Sprache genauso viel wie von dem Belgier, der im Gefängnis sitzen soll und nach dem ich mich erkundige. Höflich richte ich ihr die Grüße ihrer Kollegin in Kampala aus, aber sie reagiert kaum.

Gerade als ich weggehen will, werde ich von Tito angesprochen. Tito ist „Chauffeur im Urlaub“ und möchte mir gerne den Weg zur Bushaltestelle zeigen. Aber wir kommen dort nie an. Erst auf einer Bank, später auf einer morschen Terrasse hoch über Kigali erzählt mir mein Freund-für-einen-Tag sein Leben.

In fast verschwörerischem Ton vertraut er mir an, dass er eigentlich Kongolese sei. Er führt mich in die Welt der Hutu und Tutsi ein, der ähnlich gelagerten Spannungen in Burundi und in das Phänomen der *gacacas*, der Bezirkskomitees, die demnächst als Volksgerichte fungieren werden. In Hangars und in Fußballstadien wird jeder Bürger an der Rechtsprechung über Tausende von Gefangenen und ihren eventuellen Anteil am Völkermord teilnehmen dürfen. Jeder Angeklagte, jede Angeklagte wird von seinem oder ihrem Viertel abgeurteilt. Tito erzählt von Angehörigen, die ermordet wurden – vom Nachbarn.

Die Dame, die uns ein Bier bringt, ist die Besitzerin der Kneipe. „Sie hat sie von ihrem ermordeten Mann übernommen“, sagt Tito.

Es kommt mir vor, als würden wir die Hälfte der tausend Hügel besteigen. Tito kennt Kigali wie seine Hosentasche. Er führt mich am Residenzviertel vorbei, in dem sich der Präsident ein neues Anwesen bauen lässt, inklusive Atombunker, vorbei am Markt von Kigali und dem schicken Hôtel de Mille Collines. Wir klettern am Rand einer belebten Straße einen Hügel hinauf und lassen die Milchfabrik von Madame Kagame, der First Lady, rechts liegen. Am Eingang zum Armenviertel halten wir bei einem Grab, das mit Badezimmerkacheln gepflastert ist. Auf dem Kreuz sind unbeholfen Dutzende von Namen aufgemalt. „Und mehrere Unbekannte", steht am Ende.

„Hier liegen mein Vater, meine Mutter, meine Zwillingsschwester und mein ältester Bruder", sagt Tito. „Wie kann ich meinen Kindern verschweigen, was geschehen ist, wenn sie mich an diesem Grab jedes Mal fragen, warum ihre Großeltern, ihr Onkel und ihre Tante hier zusammen liegen?" Es ist Titos Antwort auf meine Frage, ob der Hass mit der neuen Generation schwinden wird.

Wir nehmen ein Fahrrad-Taxi. Es wird schon dunkel. Die Boda-Bodas werden hier mit Menschenkraft betrieben. Überall Heiterkeit. Es scheint, als hätte man in Kigali noch nie einen Weißen auf dem Rücksitz eines Fahrrads gesehen. Unsere Chauffeure bringen uns am Fuß des Tals bis zu einem Pfad, wo auch ein Fahrrad nicht mehr weiterkommt. Ich versuche mit Tito mitzuhalten und der völligen Dunkelheit zuvorzukommen. Die Nacht fällt früh über Kigali ein. Vom Markt zurückkehrende Frauen mit halb leeren Körben auf dem Kopf und Jungen mit Bündel Zuckerrüben auf dem Rücken sind nur schemenhaft zu erkennen. Wir kommen an eine Schranke. Drei Posten mit kurzen Maschinengewehren versperren uns den Weg. Tito redet auf sie ein in einer Mischung aus Kiswahili und Kinyaruanda. Einer von ihnen schließt sich uns an, in seinem langen schwarzen Mantel sieht er aus wie ein Bestattungsunternehmer. Es steigt eine merkwürdige Energie aus dieser Erde auf, die mir die Kehle zuschnürt.

„250 000 Menschen liegen hier begraben", sagt unser nächtlicher Führer, „oder was von ihnen übrig blieb." Das Mausoleum ist nur halb fertig gestellt. Der verantwortliche Minister hat das Geld verjubelt und sitzt jetzt im Gefängnis.

Über Treppen steigen wir in die Tiefe. Ein Modergeruch schlägt uns entgegen. „In diesem Schuppen werden noch immer Opfer identifiziert", lässt Titos Freund sich vernehmen. „Sie stecken in Jutesäcken. Die Kleider sind noch nicht zerfallen." Mit einer Taschenlampe beleuchtet er den makabren Raum. Hier und dort ragen Knochen aus aufgerissenen Säcken.

Auf der gegenüberliegenden Seite öffnet er uns einen anderen Verschlag. Das Quietschen der klapprigen Tür verstummt mit uns. Hunderte, Tausende Schädel reihen sich auf einem endlos langen Tisch aneinander. Die zugehörigen Gebeine stapeln sich links an der Wand. Welcher Spezialist klärt mich über den Unterschied zwischen einem Hutu und einem Tutsi auf? Hier ruhen sie alle – vor dem Gesetz des Todes gleich. Gleich grün angeschimmelt. Groß und Klein, Kinder, Männer und Frauen, Bauern und Händler, Reiche und Arme.

Etwas weiter hebt unser Begleiter ein Stück Wellblech hoch. Wir starren in ein zehn Meter tiefes Loch. Aus der pechschwarzen Dunkelheit tauchen die Umrisse von Hunderten von Särgen auf. „In jedem liegen die Überreste von fünf, zehn, zwanzig Angehörigen einer Familie." Das Blut hämmert in meinem Kopf. Ich fühle die gleiche Leere wie damals in Auschwitz. Die Trauer, Mensch zu sein. Die Schmach. Das Grauen. Und wie damals im polnischen Konzentrationslager vor den Bergen aus Schuhen verschlägt es mir die Sprache. Stundenlang.

Auf dem Rückweg stolpere ich über meine eigenen Füße, von der eigenen Machtlosigkeit gelähmt. Von der Fassungslosigkeit. An den Gräsern zu beiden Seiten des Pfads zünden Tausende Leuchtkäfer Lichter an. „Yad Vashem", fällt mir spontan ein. Das Schauspiel hat auffällige Ähnlichkeit mit der Kindergedenkstätte des Holocaust Memorial in Jerusalem, mit dem dunklen Raum, der nur von Kerzen erleuchtet und mit Spiegeln verkleidet ist. Die Kerzen werden durch die Spiegel immer wieder gespiegelt. Jedes Licht steht symbolisch für ein ermordetes jüdisches Kind.

Am Telefon teilt mir die Sekretärin mit, der Innenminister habe seine Zustimmung gegeben. Ich schicke einen Jubelschrei durch die Leitung. „Ich habe noch nie einen Menschen gesehen", sagt Virginia, „der so froh ist, dass er ins Gefängnis darf."

Ich springe auf den Rücksitz eines Motorrads Richtung „Neunzehnhundertunddreißig", wie das Zentralgefängnis im Volksmund heißt. Damals wurde es in Gebrauch genommen, für 2500 Häftlinge. Es ist kühl heute Morgen, und von dem Tempo, das mein Chauffeur einschlägt, krieg ich eine Gänsehaut.

Der Direktor empfängt mich liebenswürdig. Auf einer Tafel steht mit Kreide die aktuelle Zahl der Häftlinge: 6377! Ich will das Gespräch nicht allzu sehr in die Länge ziehen, ich habe noch viel vor. Aber ich erfahre immerhin, dass nach Schätzung des Direktors im Augenblick 4000 Häftlinge „unschuldig" einsitzen. Er seufzt. Die Volkstribunale müssen im März Aufschluss geben; wer freigesprochen wird, hat dann allerdings schon acht Jahre hinter Gittern verbracht. Meine Gedanken wandern nach Gent, zu meiner ruandischen Freundin Marie, die dort wohnt und mir gerade schrieb, dass ihr Schwiegervater aus dem Gefängnis von Gisenyi entlassen wurde. „Fast sechs Jahre für nichts", schrieb sie, „unter schrecklichen Bedingungen, wie du sehen wirst."

Ich erkundige mich noch nach dem Belgier, der laut belgischem Außenministerium in Ruanda inhaftiert ist. „Er wurde letztes Jahr entlassen", sagt der Direktor. Und fügt flüsternd hinzu: „Verurteilt for making love with children."

Ich bekomme einen Aufseher als Begleiter, aber als er merkt, dass ich absolut keine Eile habe, verschwindet er. Ich bin mit ihnen „allein". Mit mehr als 6000 Häftlingen. Nach der Wachablösung bei Einbruch der Dunkelheit weiß kein Wärter mehr, dass unter den 1000 Insassen ein Infiltrant zurückgeblieben ist.

Aufgrund des Personalmangels wurde den Gefangenen ein gewisses Maß an Selbstverwaltung eingeräumt. Die „Ordnungskräfte" tragen außer ihrer rosa Kluft Mützen wie Fußballfans. „Das sind meine Repräsentanten", hatte mir der Direktor erzählt. Und lachend: „Sie haben mehr zu sagen als ich."

Boniface ist der Erste, der mich unter seine Fittiche nimmt. Er stellt sich vor als „capitaine général" und Jean Paul als seinen

„secrétaire général". Das ganze Gefängnis ist in zwölf Abteilungen von jeweils durchschnittlich 460 Männern eingeteilt. Für jede Abteilung sind ein Mannschaftsführer, ein Stellvertreter, ein Sekretär und fünf Ordnungskräfte verantwortlich, zwei Leute haben die Aufsicht über den Schlafsaal. Das Team erstattet dem Direktor regelmäßig Bericht. Und dann gibt es noch die S.E.S.E., die Services d'Encadrements Sociaux Educatives (Sozialedukativer Rahmendienst): Lesen und Schreiben, Tischlerarbeit, Theater etc. Auf meinem Spaziergang durch diesen Ort lerne ich eine ganze Reihe dieser Aktivitäten kennen. Der Komplex ähnelt einer mittelalterlichen Stadt mit ihren Gassen und ihrer Betriebsamkeit. Überall hängt Wäsche zum Trocknen, Kanister bleichen in der Sonne. Auf leeren Kisten sitzend folgen ein Dutzend Männer dem Englischunterricht eines Häftlings. Hinter der Schultafel befindet sich ein Friseurladen. Am laufenden Band kommen sie hier unter die Haarschneidemaschine, ein Geschenk des Roten Kreuzes.

„Wenn es das Rote Kreuz nicht gäbe", meint Simon Pierre mit Nachdruck, „dann würde es uns schon lange nicht mehr geben." Die Tücher, die Gänge und Gassen überspannen, aber auch Mais, Bohnen, Erbsen haben sie vom Roten Kreuz. Ein Ruander klimpert auf seiner Gitarre, ein Schuster flickt Schuhe, für einen Löffel Zucker, ein Stück Seife oder eine Avocado. Die Wirtschaft im Gefängnis wird vom Tauschhandel bestimmt. Von zwei Jugendlichen kann man sich die Wäsche bügeln lassen. Sie schwitzen in der Sonne und füllen das uralte Bügeleisen immer wieder mit glühender Holzkohle. Deshalb sind die rosa Anzüge so faltenlos! Auf einem Schemel sitzt ein Musiker und kopiert Partituren. Er ist der Dirigent von einem der zehn Chöre, deren sich das Gefängnis rühmen kann.

Plötzlich werde ich von hinten angegriffen. Aber wie ich in vielen Gefängnissen erlebt habe, bietet die Solidarität der Häftlinge den besten Schutz. Zu fünft halten sie den Mann fest und stammeln Entschuldigungen.

„C'est un handicapé mental, er ist nicht ganz dicht", erklärt Bonifasius. „Er sagt, dass er dich letztes Jahr noch draußen gesehen hat."

Ich lasse den Mann in dem Wahn. „Das stimmt, damals habe ich dir ein Bier spendiert. Jetzt bist du an der Reihe." Ich lache ihn an, und er lacht zurück.

In einem anderen Raum sitzen Gruppen von Studenten, die Unterricht von Professoren der Chemie oder Geschichte, von Ingenieuren, Architekten, Ärzten bekommen, Häftlinge wie sie, die ihr Bestes geben und nicht mit ihrem Wissen geizen.

„Das Schlimmste für mich“, sagt Vianney, „ist Rheuma. Viel Sport gibt es aus Platzmangel nicht, nur Lockerungsübungen. Und auch dann muss man noch aufpassen, dass man dem Nebenmann nicht ein Auge aushaut.“

In einer Ecke hinter einem Vorhang hört man arabisches Gemurmel. Heute ist hier die Moschee, morgen eine katholische Kapelle. Und die Protestanten kommen auch an die Reihe.

Fast hätte ich mich übergeben, als ich den Ort erreiche, an dem sich der Darminhalt von mehr als 6000 Leuten sammelt. Dagegen kann es kein Eimer Eau de Javel aufnehmen. Die Latrine ist ein großer sieben Meter langer Pumpenkasten. Auf der anderen Seite sitzt man zu zehnt über den Löchern. Der Raum ist offen, in aller Ruhe scheißen ist hier nicht drin. Dass es sich einige Häftlinge auf der Ummauerung gemütlich gemacht haben, ist schwer nachvollziehbar.

Wir tauchen in die Schlafräume ein. Der reinste Taubenschlag. Wie riesige Schränke türmen sich die Nischen bis zum Wellblechdach hinauf. Die Häftlinge schieben sich wie Mappen in einen Aktenschrank auf ihre Matratze oder unter ihre Decken. 40 Zentimeter pro Person! Aber mehr als die Hälfte schläft auf dem Boden, draußen in den Gassen, ja sogar über den Latrinen. Eine 80 Zentimer breite Schlafnische für zwei Personen wird „château“ genannt. Die Männer amüsieren sich selbst köstlich darüber. Unter dem untersten Schloss, da, wo wir unsere Hausschuhe abstellen würden, haben sich noch Leute einquartiert. Und Martin demonstriert es gerne. Er legt sich auf den Bauch, steckt die Hände in seine Latschen und schiebt sich rückwärts in den Jutesack. Sein Kopf berührt gerade nicht die Eisenstange. Millimeterarbeit. Hier verbringt er die Nacht. Dies ist sein Privatgemach. 40 Zentimeter breit, 25 Zentimeter hoch! Seit sieben Jahren. Er lacht, während er den Vorhang zuzieht. Ich konnte noch sehen, wie eine Kakerlake hinter ihm her huschte.

Védaste als Saalältester hat Recht auf einen Doppelplatz und eine Nachtlampe. Neben ihm darf ich mich einquartieren. Wie kommt es doch, dass ich mich gleich zu Hause fühle? Ist es ihre selbstverständliche Gastfreundschaft?

In zwei Nischen über mir hängen selbst gezeichnete Ansichtskarten. Wo andere verschlissene Vorhänge und Betttücher aufgehängt haben, hat Charles seine Nische mit einem Vorhang aus Ansichtskarten abgetrennt. Er schenkt mir eine. Mit einem selbst gebastelten Umschlag, auf dem er „Bonne Année 2002“ fast kalligraphisch geschrieben hat. Es ist meine erste Weihnachtskarte. Ich wünsche allen das Gleiche.

Erschöpft von den vielen Eindrücken falle ich sofort in tiefen Schlaf. Mitten in der Nacht schrecke ich auf. Sind es die Hände von Védaste, macht er einen Annäherungsversuch? Nein, es sind andere ungebetene Gäste. Man hatte mich gewarnt. Ratten! Angespannt wie eine aufgezogene Feder mache ich kein Auge mehr zu. Im Rhythmus des Atems, den mir mein Nachbar in den Nacken bläst, murmle ich Stoßgebete in die Dunkelheit.

Es ist Besuchstag. Den ganzen Tag über schallen Namen aus den Lautsprechern.

„Das sind die Glücklichen“, rutscht es Simon Pierre heraus. „Es gibt unzählige, die keine Angehörigen mehr haben.“ Sie stellen sich in Fünferreihen auf. In Gruppen zu fünfzig geht es hinaus auf den Vorplatz. Ich schließe mich ihnen an. An der Fassade des Gefängnisses stehen zwei lange Reihen von Bänken. Zehn Meter entfernt scheint halb Kigali zusammengeströmt zu sein. Hunderte von Menschen warten, viele wegen der brennenden Sonne unter einem farbenprächtigen Schirm. Auf den Pfiff eines „echten“ Gefängniswärters hin stürmen die Familien zur vordersten Bankreihe, auf denen sich inzwischen die Häftlinge ihres Herzens hingesetzt haben. Aus der Ferne ist es eine Pantomime von Grimassen und Blicken, von sich bewegenden Lippen. Plastiktüten voller Kostbarkeiten wie Maniok, Eier oder Seife wechseln die Besitzer. Exakt nach drei Minuten gellt wieder das Pfeifsignal. Ende der Besuchszeit. Die nächste Truppe von fünfzig kann aufmarschieren. Zwei Häftlinge werden vom Lazarett auf einer Trage gebracht und direkt in der Sonne abgesetzt. Tuberkulose oder Typhus? Es macht nicht so viel aus. Drei Minuten sind drei Minuten, und schon bald verschwinden sie wieder hinter den Mauern.

Aus den abstrakten Werken von Alberto habe ich gestern den Nachtwächter eins auswählen lassen. Ihm gefiel das einzige etwas realistischere Bild: eine nackte Dame auf einem Stuhl. Ich hätte sie den Gefangenen in leibhaftiger Gestalt gegönnt. Es gab den Anstoß zu einem Gespräch über Frauen und Männer, Affekte beziehungsweise ihr Fehlen, Sexualität und Promiskuität. Auf die Gefahr hin, sie zu quälen, erzählte ich von den Intimkontakten, die in belgischen Gefängnissen und anderswo auf der Welt möglich sind. Häftlinge könnten sich mit Frau oder Freundin in einen komfortablen Raum zurückziehen, es gäbe eine Dusche, einen bequemen Sessel, Verhütungsmittel und Erfrischungen. Meine Zuhörer trauten ihren Ohren nicht. Sie schlugen sich auf die Schenkel und hielten es für den besten Witz seit Jahren.

„Aber das ist kein Knast!“, brüllten sie. „Das ist ein Fünf-Sterne-Hotel. Und ein sechster Stern kommt reinspaziert und legt einen Striptease hin! Brummen, das heißt weder Essen noch Sex!“ „Meine Philosophie lautet“, gab Simon Pierre zum Besten, „ich denke, also vergesse ich.“ Und die anderen bogen sich wieder vor Lachen.

Es sind schrecklich nette Kerle. So oft fühle ich mich ziemlich klein angesichts der Fähigkeit von Gefangenen, über ihr Elend noch zu lachen. Großzügig und mit einem Blick, der sagen wollte, „Führe uns nicht in Versuchung“, schlugen sie vor, dass ich das Kunstwerk „Dame auf einem Stuhl“ heute ihren Kolleginnen schenke.

Ich besuche das Frauengefängnis. Hier werden pausenlos Körbe geflochten. Die Gräser, die dazu benutzt werden, liegen zum Trocknen in der Sonne. Ein Frau versucht zu retten, was zu retten ist – sie hat gerade ihr Badewasser vergossen. Das Trocknen der Gräser kann wieder von vorne anfangen.

„So wie draußen sind wir hier Königinnen“, spottet Astrid. „Wir haben sogar Türen vor den Klos und Duschen. Und… 60 Zentimeter Schlafplatz! Aber wir sind ja auch molliger“, lacht sie. Dreizehn Kinder hüpfen wie Perlen an einer Schnur hinter mir her, ich fühle mich wie der Rattenfänger von Hameln. Einige wurden hier geboren, andere schliefen auf dem Rücken ihrer Mutter, als sie verhaftet wurde.

Da ist die Nonne, die ich vor zwei Tagen die Schneiderwerkstatt öffnen sah. Astrid klärt mich auf. Sie ist eine der Schwestern, die nach dem Genozid verhaftet wurden, und mit oder ohne Haube, sie näht wie alle anderen auch Jacke wie Hose.

Heute gehe ich zur nationalen Menschenrechtskommission. Die Stimmung ist freundlich; von Monsieur Déogratias Kayumba werde ich zum Tee eingeladen. Ein Kettenraucher und ein Mann mit einer Narrenkappe. Ich gönne ihm seine Fröhlichkeit von Herzen. Wenn das keine Grundlage für eine würdige Existenz ist! Mit entwaffnendem Humor reiht er eine Erzählung an die andere.

„Das Rote Kreuz und einige regierungsunabhängige Organisationen garantieren in vielen Gefängnissen die Lebensmittelversorgung", beginnt er optimistisch. Aber dann schwingt er sich schon wieder auf sein Steckenpferd. Denn Kayumba war damals als Präfekt einer der Initiatoren der *gacacas*. „Die Volksgerichte haben eine lange Tradition. Die Ältesten und Angesehensten eines Dorfes schützten die vier Eckpfeiler der Gemeinschaft ‚réinsertion, réhabilitation, réparation, réconciliation'. Zweck ist, dass es zu einer Versöhnung kommt mit den Tätern, aber auch mit sich selbst", erklärt Déogratias begeistert. „Wohlgemerkt, die wirklichen Planer des Genozid werden ganz normal strafrechtlich verfolgt. Ihre Zahl ist nicht höher als fünftausend. Aber über all die anderen sprechen die Gacacas das Urteil."

Als Nachfahre der Kolonialherren bekomme ich außer einer Geschichtslektion auch noch eins auf den Deckel. „Die Kluft zwischen Tutsi und Hutu existiert in den Köpfen der Leute aus dem Westen, nicht in unseren. Tutsi und Hutu haben dieselben Vorfahren und die gleiche Gottesvorstellung. *Divide et impera* lautete der Wahlspruch vieler Kolonialherren."

Der Mann vor mir hat eine nüchterne Sicht auf die Zukunft. „Kein falscher Optimismus", sagt er, „sondern der realistische Pragmatismus der Ruander."

Ich scheue mich zunächst, ihn nach dem Schicksal seiner Familie zu fragen. Seine älteste Schwester sei ermordet worden. Wenn er die Großfamilie von Onkeln und Tanten, von Cousins und Cousinen Revue passieren lasse, dann komme er auf 162! „Als ich aus Bujumbura zurückkehrte, wohin ich geflüchtet war, habe ich die unwirklichsten, unmenschlichsten Dinge gesehen. Als Präfekt fuhr ich vom einen Distrikt zum anderen. Acht Tage lang habe ich weder geschlafen noch gegessen. Ich musste mich ständig erbrechen und hatte Durchfall. Krank wie ein Hund und so elend, wie es nur ein Mensch sein kann, war Whisky das Einzige, was ich runterkriegte. Ja", sagt Déogratias und zieht an seiner zwölften Zigarette, „zwischen '94 und '95 hörte man kein Lachen, nur verbittertes Zähneknirschen. Aber mittlerweile haben wir uns wieder aufgerappelt, wir gehen weiter, Schritt für Schritt. Ja, es gibt noch ein Leben. Faire le bien, das Gute tun, das ist meine Philosophie."

Ich hätte Geld dafür gegeben, ein Mal auf ruandischem Boden einen Ruander sich vor Lachen schütteln zu sehen. Déogratias tut mir den Gefallen. Gott sei Dank!

SCHWARZ-WEISSES SIMBABWE

Mit den Zollbeamten liefere ich mir einen verbalen Kampf, weil sie mir wieder 50 Dollar für ein Visum abknöpfen wollen. Ich bleibe Sieger. Für den Zwischenstopp in Nairobi werde ich mit anderthalb Liter Tusker entschädigt, die Anthony und Jayne mir spendieren. „Cheers!", toastet Anthony. „Auf die Gefängnisse von Kampala und Kigali und… auf die Qualifikation der Belgier für die Weltmeisterschaft."

Es regnet in Simbabwe. Meine Ruanda-Francs werde ich hier einfach nicht los. Das glückte mir schon in Kenia nicht. Kein Land will finanzielle Bande mit einer „unstabilen Handelsnation".

Der sympathische Barney wirft meinen Rucksack auf die Ladefläche seines Toyota, Baujahr 60. Nach einigem Herumhantieren mit Schlüsseln und Drähten bekommt er den Motor in Gang. Unterwegs bleiben wir genau neun Mal stehen und passieren drei Tankstellen, an denen das Schild „*Sorry, no fuel*“ prangt. Wir durchqueren die Savanne. Hier spürt man den Zauber von Simbabwe. Ich habe das Gefühl, dass Weiße hier weißer als anderswo sind. Als ich Barney frage, wie es Mugabe geht, lacht er nervös wie so viele seiner Landsleute.

„Durch die Besetzungen der weißen Farmen ist es keinen Deut besser geworden. Die Schwarzen haben weder den Sachverstand noch die Mittel, sie zu bewirtschaften.“ Er fummelt mit seinen schlanken braunen Händen zum x-ten Mal an einem Draht, um das Auto wieder in Schwung zu bringen. Wir biegen auf einen Hof ein, auf einem tadellos gemähten Rasen stehen Hütten, die Blumen scheinen regelrecht aus einem britischen Garten importiert.

„Wann fährt das nächste Auto nach Harare?“, erkundige ich mich.

„Morgen um zehn Uhr“, gackert eine weiße Hexe, die „Barney hier“ und „Barney da“ schreit, sodass der Junge nicht mehr weiß, ob er zuerst den Flur wischen, die Rosen schneiden oder mir meinen Schlafplatz zeigen soll. Ich bin also „eingesperrt“ in einer blitzblanken, aber originellen Jugendherberge, eine halbe Stunde von Harare entfernt. Ob ich wenigstens telefonieren dürfe? Die Hexe bittet sich meine Uhr aus und stellt sich mit strengem Gesicht neben mich und merkt sich beim ersten Wort die auf die Sekunde genaue Uhrzeit. Aber im Büro des Prison Fellowship nimmt niemand den Hörer ab. Im Ministerium auch nicht, und auch beim Community Service Program lasse ich das Telefon vergeblich klingeln. „Geduld ist in Afrika mehr als eine Tugend, es ist eine Notwendigkeit zu überleben. Die kürzeste Verbindung zweier Punkte ist nie eine Gerade“, steht provozierend auf einem Schild im Speiseraum. Es bleibt mir nichts anderes übrig, als an diese Weisheit zu glauben und mich ins Unvermeidliche zu schicken. Oh I love Africa! Und während die Besitzerin Zetermordio schreit, weil Sachen aus der Bar verschwunden sind, mache ich es mir mit einem Buch auf der Terrasse gemütlich. Endlich Ruhe. Ich male mir unter der frühen Nachmittagssonne aus, auch so einen Garten zu besitzen, später, wenn ich groß bin. Wie anders würde mein Leben aussehen ohne die Hunderte von Männern und Frauen hinter Gittern, die von meinem Leben Besitz genommen haben. Von Jorge bis Anita, von Claudio bis Isaac, von Rudy bis Cristina. Die Gedanken stapeln sich wie die Wolken über dem Mbizi Game Park.

Zwischen Aloe-Vera-Pflanzen, deren Blüten auf meterhohen Stämmen thronen, entdecke ich Felszeichnungen von Buschmännern. Ich denke an die Graffiti in den Zellen, nicht an die stereotypen Striche an der Wand, um die Tage zu zählen, sondern an wahre Kunstwerke, religiös oder erotisch, Nuestra Señora de Guadalupe neben einer spärlich bekleideten Venus.

Am Ruwa-Fluss unterhalte ich mich mit dem Bootsmann. „Lust auf eine Fahrt?", fragt er begierig. Doch lieber nicht. Am Ufer, wo seine Tochter, schön wie eine Blume, spielt, erzählt er von den Krokodilen, die dieses Jahr weniger gefährlich sind, weil es genug Fische gibt.

Ich atme den Geruch der Savanne ein. Hier hole ich mir die Inspiration für die „imaginéria", die Übungen, die wir so oft mit den Häftlingen gemacht haben. In Chile haben wir schon lange damit angefangen, uns in fiktive Situationen einzuleben. Die Übungen gründen sich auf die Kraft des Bewusstseins und dienen der Entspannung. Ich will es an einem Beispiel verdeutlichen. Das allererste Mal, als ich mit einem Kassettenrekorder in das Gefängnis in Talca ging, in der Absicht, Entspannungsübungen einzuführen, war mir nicht wohl zumute. Man stelle sich vor: tätowierte Kolosse, ausgestreckt auf dem Boden, der honigsüßen Musik von Enya ausgeliefert. Aber nach anfänglichem Gealbere ließen sie es geschehen. Während ich sie einlud, mit geschlossenen Augen einige Male tief ein und aus zu atmen, senkte sich eine friedliche Stille über die Männer. Manche entschwanden direkt ins Land der Träume, der eine oder andere fing an, Bäume zu sägen, die es im Gefängnis bestimmt nicht gab. In der Oase der Ruhe nahm ich sie mit zur Küste:

„Stell dir vor, du gehst am Strand entlang. Fühl, wie der Wind deine Backen streichelt. Riechst du das salzige Wasser? Und wenn du dich hinhockst, wühl im Sand und such die Muscheln. Hör die Wellen rollen. An die Felsen schlagen. Eine Möwe schreit."

Nach zehn Minuten, als alle wieder mit beiden Beinen auf der Erde standen, setzten wir uns in einen Kreis. Wer wollte, konnte seine Gefühle in Worte fassen. Hernán reagierte als Erster: „Als ich vor fünf Jahren noch frei war, bin ich eines Sonntags mit meiner Familie ans Meer gefahren. Ich glaube nicht, dass ich das damals so intensiv erlebt habe wie heute."

Wochen nach den ersten Sitzungen vertraute Koto mir an, dass eines Nachts bei ihm die Sicherungen durchgebrannt seien und er drauf und dran gewesen sei, den Inhalt der geköpften Plastikflasche, die als Nachttopf diente, seinem Zellennachbarn über den Kopf zu schütten.

Plötzlich habe er sich an den in Gedanken stattgefundenen Ausflug ans Meer erinnert und versucht, sich darauf zu konzentrieren, tief zu atmen und seine Gedanken zur Küste von Constitución zu schicken. Es sei ihm wahrhaftig gelungen. Plötzlich kommt ein Pärchen leichenblass herein. Im Stadtzentrum überfallen. Messer an der Kehle. Alles ist weg: Pässe, Reiseschecks, Flugtickets… An der Bar wird der Frust in Gesellschaft der anderen Gäste runtergespült. Es hat sich herumgesprochen, dass hier ein Tourist ist, der nicht die Flusspferde sehen will, sich weder für einen Trip zu den Victoriafällen noch für ein Picknick im Tal des Sambesi angemeldet hat, sondern versucht, in die Gefängnisse von Harare zu kommen.

Pam, die sich allmählich von dem Überfall in Downtown Harare erholt, setzt sich zu mir. „Hi, I come from Glasgow." Sie hat einmal die Selbstmorde in einem schottischen Frauengefängnis untersucht. Wir haben also genug Gesprächsstoff. Harare ist samstags eine amorphe Stadt. Ohne die Trophäen der blutroten Bäume wäre sie grau und trüb. Am lebendigsten geht es noch bei den Blumenverkäufern auf dem zentralen Platz zu. Es ist eine halbe Stunde zu Fuß zum Thomlinson-Depot-Gefängnis. Unterwegs komme ich an Dutzenden von Frauen vorbei, die hinter einem kleinen Tisch oder einer umgedrehten Kiste noch abzustaubendes Gebäck und Süßigkeiten verkaufen. Ihre Kinder balgen sich und bekommen ab und zu einen Klaps mit der Fliegenklatsche, was den Fliegen auf den antiquarischen Lollis eine Verschnaufpause verschafft.

Der erste Wächter beim Gefängnis mustert mich skeptisch. Der Stempel der Botschaft von Simbabwe in Brüssel macht Eindruck. Wenn es nur offiziell aussieht! Aber er hat so seine Zweifel und verweist mich an die Prison's Headquarters im Stadtzentrum.

„See you“, versichere ich ihm und schwatze noch etwas mit den Frauen, die sich vor dem Tor postiert haben. Mit Nüssen und frischer Unterwäsche sind sie gekommen, um ihre Söhne und Männer zu besuchen.

Barney holt mich ab. Als wir aus der Stadt fahren, ruft er plötzlich: „Shit, Polizei!“

„Seatbelts!“ Er kurbelt das Fenster runter. Ich verstehe zwar keinen Buchstaben von ihrem Shona, rücke aber zur Seite. Einer der Männer setzt sich neben mich, während sich der zweite auf die Ladefläche schwingt. Er müsse jemanden verfolgen, meint Barney, und gibt Vollgas. Geschrei lässt ihn voll auf die Bremse treten. Der Polizist hinten hängt noch mit einem Bein in der Luft. Aber dann geht es im Rodeostil los. Barneys Erleichterung, dass er wegen der Autogurte keinen Strafzettel bekommt, entlädt sich in wilde Fußarbeit. Durch die aufwirbelnden Staubwolken rennen Hühner, die eine Menge Federn verlieren. Leute, die gerade noch rechtzeitig zur Seite hechten, sehe ich im Rückspiegel mit dem Zeigefinger an die Schläfe tippen. Glücklicherweise taucht eine Viertelstunde später der gesuchte Lastwagen vor uns auf. Aus dem Fahrerhaus springen drei Kerle und nehmen Reißaus. Den Rest erledigen die Polizisten-ohne-Fahrzeug, die in aller Gemütsruhe den Chauffeur in Gewahrsam nehmen. Barney hat es eilig, die Mission vollbracht, und während er wieder Gas gibt, schnallen wir uns an.

Er erkundigt sich beiläufig nach dem Stand meiner Bemühungen und erzählt mir ein Stück seiner Lebensgeschichte.

„Mit vierzehn war ich ein richtiger Gauner, ein Taschendieb und Straßenräuber. Ich erinnere mich, dass wir einmal einer Frau ihren Karren mitsamt dem Pferd klauten. Geradewegs über den Acker. Durch den Mais. Irgendwann wurde ich dann geschnappt. Zu viert ging es mit dem Zug angeblich zu einem Internat nach Kapstadt. Meine Mutter hatte mir einen Koffer voller neuer Klamotten mitgegeben und Essen für die dreitägige Reise nach Südafrika. Aber als wir ankamen, begann die Hölle. Jahrelang waren wir in einer Besserungsanstalt eingesperrt. Wir trugen Gefängniskluft und wurden kahl geschoren. Keiner verstand Englisch, und als ich Jahre später nach Hause durfte, hatte ich es verlernt. Ich habe noch die Kleider von Nelson Mandela gewaschen. Aber pst“, sagt er beschwörend, „der Chef und seine Frau wissen nichts von meiner Vergangenheit. Wenn wir diese Woche noch mal in die Stadt fahren, erzähle ich dir gerne noch mehr."

Eine hochgewachsene schwarze Dame in einem eleganten schwarzen Rock betritt die Herberge. „Irene, von der Prison Fellowship?", frage ich. Sie begrüßt mich so überschwänglich, dass ich mir den Kopf zerbreche, wann wir uns schon gesehen haben könnten. Frag mich nicht wie, aber Irene hat es hingekriegt, mich einbuchten zu lassen. Übermorgen werde sie mich abholen. Von der Polizeiwache in den Knast. „Du wolltest es doch möglichst wirklichkeitsnah, oder?", lacht sie schelmisch.

Der diensthabende Polizist öffnet mir freundlich eine schummrige Zelle. Es dauert fünf Minuten, ehe sich meine Augen an das Zwielicht gewöhnt haben, und ich stelle fest, dass ich nicht allein bin. Der andere scheint nicht die Absicht zu haben, sich für den Neuen zu interessieren. Mir bricht der Schweiß aus, Bilder von schwarzen Berserkern, die weiße Farmer jagen, entstehen vor meinen Augen. Ich reiße mich zusammen. Mein Zellengenosse ist so schlapp, dass er nicht mal einer Fliege was zuleide tun könnte. Wir verbringen schweigend eine halbe Stunde. Ich sende ein Stoßgebet zur Decke, mein Schicksalsgenosse möge ein paar Worte Englisch verstehen. Ich räuspere mich. Dann packe ich den Stier bei den Hörnern.

„Hi, I'm Jan."

Eisiges Schweigen. Wenn der Mann nicht schwer atmen würde, hätte ich ihn für tot gehalten. Auf einmal finde ich das ganze Unternehmen nur noch lächerlich. Um die halbe Welt zu reisen, um mich in einem dunklen Loch in Harare schuldig zu fühlen, weil ich in Gegenwart eines Schwarzen huste! Was für ein Idiot bin ich doch! Überheblich außerdem. Und wenn ich alles hinschmeiße? Einfach dem Polizisten sage, ich hätte genug? Die Koffer packe und zurückfliege, was mir zu Hause alle eh schon die ganze Zeit raten? Scheitern ist menschlich, es zeugt von Größe, wenn man sich das eingesteht, denke ich und richte mich auf.

„Rod", höre ich auf einmal. Oder träume ich? Wieder durchbricht eine Stimme die Stille. „I'm Rod." Die bleiche Handfläche des Schwarzen leuchtet im Halbdunkel auf. Nie hat mich ein Händedruck mehr entwaffnet als dieser.

„Nice to meet you." Ich höre Rod schlucken. Eine Sturzflut von Worten ergießt sich. Halleluja! In perfektem Englisch!

„Jahrelang war ich Beamter beim Gericht, meine Aufgabe bestand darin, so viele Leute wie möglich ins Gefängnis zu schicken. Jetzt bin ich selber der Lukas. Verurteilt wegen Betrugs. Wegen 350 Simbabwe-Dollars! Für so 'ne Lapalie hat man mir ein Jahr aufgebrummt."

Schlüssel rasseln. Das Schloss knarrt. Aggressives Licht fällt in die Zelle. Wir verstehen, dass wir aufstehen und nach draußen kommen sollen. Wir steigen auf einen Lastwagen, auf dem sich bereits fünfundzwanzig Häftlinge aus anderen Polizeirevieren befinden. Es ist vor allem die Gelassenheit der Gefangenen, die mich an einen Viehtransport denken lässt. Ich sitze neben Rod, der wieder in seine alte Rolle von Wilhelm dem Schweiger zurückgefallen ist.

Durch die in die Höhe wehende Plane meine ich den Weg wieder zu erkennen. Auch den ersten Posten am Gefängnis. Es ist merkwürdig. Die Anweisungen werden noch immer wortlos gegeben. Die Gefängniswärter, die bei jedem Zaun, bei jedem Tor Wache halten, zeigen in die Richtung, in die es weitergeht. Ich zwinge mich dazu, nicht misstrauisch zu sein, nicht zu denken, in den Blicken der schwarzen Häftlinge, mit denen ich vom Lastwagen springe, läge Hass.

Ich bekomme ein Handtuch und darf mich duschen. Es ist nur ein kümmerlicher Strahl, aber in der Stille macht er einen ohrenbetäubenden Lärm. Das Stimmengewirr, das durch die Tropfen zu mir dringt, lässt vermuten, dass man gerade die Personalien der Häftlinge prüft. Ich lege das zerschlissene Handtuch auf die Schulter und trockne mir den Rücken.

„Los, in die Reihe und ausziehen!", brüllen die Wächter. In der Eile, genau das Gegenteil zu tun, springe ich mit beiden Beinen in ein Hosenbein, stolpere und stoße mit dem Ellenbogen gegen den Hahn, unterdrücke einen Fluch und knöpfe den letzten Knopf zu, als die Tür auffliegt.

„Die Unterhose auch!", ruft ein Wärter, der einen Streifen mehr auf der Schulter hat. Die Demütigung ist vollkommen. Für die fünfundzwanzig, weil sie pudelnackt im Raum stehen, für mich, weil ich geduscht, angezogen und anders bin. Ich kann das Gefühl bewusster Diskriminierung nicht unterdrücken. Die mehr oder weniger freundlichen Aufseher verwandeln sich schlagartig in Teufel. Ruft die Verletzlichkeit eines Menschen in manchen das Dämonische wach, vor allem bei denen, die in strammen Uniformen stecken? Mit ihren Schlagstöcken defilieren sie vor den nackten Männern und messen ab und zu die Länge der Penisse.

„Was findet deine Frau von so 'm Stummel?" oder „So 'ne Gurke, das muss ihr doch wehtun!" Mit Tritten werden sie unter die Dusche getrieben. Eine für fünfundzwanzig Männer gleichzeitig. Es regnet Stockhiebe. Shorts und ein Hemd, damit müssen sie in Zukunft auskommen. Ich kann mich nicht mehr beherrschen und frage, ob ich wenigstens auch die gleiche Gefängniskleidung anziehen kann. Eine mehr oder weniger macht den Wärtern nichts aus und man wirft mir meine neue Kluft zu.

„Vergiss nicht, übermorgen deine Kleider zurückzuverlangen", sagt ein Uniformierter mit Schnurrbart, der dem Gesicht einen Ausdruck von Bekümmernis und Zynismus verleiht.

Wir werden in eine Zelle gestopft. Geplant für fünfundzwanzig, sind wir jetzt zu sechzig! Kranke, Gesunde, was macht es aus. Es sind noch zwei Weiße dabei, aber ich habe nicht das Bedürfnis, mit ihnen eine Schicksalsgemeinschaft zu bilden. Jeden Rempler, jeden Rippenstoß interpretiere ich noch immer als süße Rache für das Verhalten der weißen Farmer in diesem Land in all den Jahren. Doch die Geschichte von dem Weißen, der letzte Woche in einem der Gefängnisse ermordet wurde, hätte ich lieber nicht gehört.

Es gibt keine Kloschüssel. Oh ja, einen Eimer. Gegen Morgen wird er überlaufen. Die Nacht fängt um vier Uhr nachmittags an. Bis sechs Uhr früh sind wir hier eingesperrt. Schrecklicher Shitkübel, zumal einige Durchfall haben.

„Typhus", entschuldigt sich einer der Häftlinge, als er sieht, dass ich bedenklich nach dem Mann auf dem Eimer gucke. „Und der hat Tbc." Er zeigt auf einen mageren Mann in der Ecke, der nicht aufhört zu husten. Ich sehe das Gespenst der Ansteckung vor mir, finde aber, dass ich nicht das Recht habe, auch nur eine Andeutung zu machen. Übermorgen bin ich wieder ein freier Mann. Die schon länger einsitzenden Häftlinge knien vor jedem Wärter, und wer gerufen wird, muss mit „Yes, my Lord“ antworten.

Hinten in der Zelle geht es auf einmal hoch her. Jemand hat Rod als den Mann vom Gericht wiedererkannt, der andere ins Gefängnis schickte. Jetzt können sie sich revanchieren. Sie spucken ihm ins Gesicht. Einer tritt ihm gegen das Schienbein. Ich bin feige, bringe kein Wort heraus. Ob das Angst ist? Leim klebt an den Schuhen, aber irgendwie schaffe ich es dann doch, meine Füße in Bewegung zu setzen. Ich zwänge mich zu Rod durch. Marmorfarbener Schleim landet auf meiner Schulter. Dann lassen sie ihn in Ruhe. Zumindest vorläufig. Bis zur Essenszeit. Als wir für eine Kelle Maisbrei uns in die Reihe stellen, fällt scheppernd ein Blechgeschirr auf den Boden. Der Mann hinter Rod, der ihm einen Stoß in die Seite versetzt hat, stellt sich dumm. Rod bückt sich und nimmt mit den Händen das weiße Häufchen auf.

So gut es geht verteilen wir uns auf die Matratzen. Ein Wärter reicht Rod eine Decke. „Hat Ihre Frau für Sie abgegeben.“ Au, denke ich, das ist Salz in die Wunde. Ein älterer Mann macht mir Zeichen, dass ich seine Decke mit benutzen kann. Er versteht kein Wort Englisch. Oder besser, ich verstehe kein Wort seines Shona. Es ist ein kleines Wunder, dass ich einschlafe. Dieses Mal keine Ratten. Sie hätten einfach nicht mehr reingepasst.

Als ich am Morgen aufwache, sehe ich Rod vor sich hinweinen. In der Schlange für das Frühstück – eine Kelle Maisbrei, what's new? – flüstert er mir zu, dass jemand in der Nacht auf seine Decke „geschifft“ hat.

„Hast du das gemeldet?“, frage ich ihn.

„Ja“, nickt Rod.

„Und?“

„Sie lachten darüber.“

„Nur die Uniform unterscheidet die Aufpasser von uns“, sagt ein Mann, der unser Gespräch verfolgt hat. „Sie sind keinen Deut besser. Sie klauen uns das Essen und nehmen es mit nach Hause.“ Kann man es ihnen verübeln? Sie verdienen 8 000 Zim-Dollar im Monat. „Nur die kriegen einen Job in der Küche, die bereit sind,

Essen für sie rauszuschmuggeln", fügt Daniel hinzu. „Sie verhökern Zigaretten oder *dagga* (harte Drogen) gegen Schweinesteaks." Die Frau zu Hause wird sich freuen.

„Ja", sagt ein Dritter, „als ich das erste Mal auf dem Feld arbeiten musste, wurde ich von Mithäftlingen so verdroschen, dass ich mich offiziell beschwert habe. Mein Schwager arbeitet bei der Justizbehörde, und die Beamten bekamen Schiss und haben mich in ein anderes Gefängnis verlegt. Sechs Monate, Mensch, sechs Monate hat mich meine Frau gesucht. Und als sie mich endlich gefunden hatte, sagte der Wachoffizier: ‚Aber Miss, warum geben Sie sich mit diesem Dieb ab? Es laufen doch genug Männer in Harare herum!' Meine Tochter habe ich das ganze Jahr nicht gesehen, weil Kindern unter achtzehn der Besuch verboten ist. Einmal im Monat kann man einen Brief schreiben. Du kannst dir nicht vorstellen, wie schrecklich einsam man sich fühlt, Mann." Er schüttelt den Kopf, überzeugt, dass ich das in der Tat nie begreifen werde.

Wir dürfen auf dem Innenhof unsere Runden drehen. Eine Kinderhand ist schnell gefüllt. Die frische Luft ist eine Wohltat, wenn man fünfzehn Stunden am Stück eingesperrt war.

„Homosexualität ist eine Pest im Gefängnis", wechselt Denis das Thema. „Jeder Neuankömmling wird geprüft. Vielleicht eine neue Queen? Ihre Aasgeier werden ‚fathers' genannt. Für Kleider, Essen und Decken sind viele Jungen bereit, ihren Körper anzubieten. Siehst du den father da drüben?" Er zeigt auf die andere Seite des Platzes. Ich sehe ein wandelndes Skelett. „Sie sparen sich für Sex das Essen vom Mund ab. Aber es gibt auch viele, die ‚gepackt' werden. Wie oft bin ich nachts wach geworden, weil eine Queen von vier, fünf Mithäftlingen vergewaltigt wurde!"

Im Gefängnis hat man keinen Namen mehr. Ich werde mit „Bleichgesicht" angesprochen, aber das ist noch ein Ehrentitel, verglichen mit dem von Rod. Der heißt fortan „156 von 2001". Er ist der 156. Häftling in dieser Abteilung in diesem Jahr. Man ist eine Nummer, man gehört nicht mehr zur Gesellschaft.

Henry setzt sich zu mir auf die Bank. „Lust, Tricktrack zu spielen?" Oje, das ist lange her. „Ich hab schon mal gesessen", meint Henry zwischen zwei Würfen. „Ich bin hier zum zweiten Mal. Als ich nach einem Jahr freikam, fand ich nach langem Hin und Her eine Stelle bei einer Bank. Ich hatte meine Lektion gelernt. Ich war pflichtbewusst und war schon bald die rechte Hand des Chefs. Drei Jahre später erzählte ihm jemand, ich sei vorbestraft. Ich wurde fristlos entlassen. Ich musste meinen Sohn von der Schule nehmen und aufs Land schicken, weil ich das Schulgeld nicht mehr bezahlen konnte. Meine Frau musste arbeiten gehen. Sehr demütigend für einen Mann unserer Kultur. Es gab zwischen uns in dieser Zeit ziemlich viele Spannungen. Unsere Ehe stand auf der Kippe. Ich bin weggelaufen, landete auf der Straße und dann in der Gosse." Ich lasse Henry gewinnen. Er strahlt.

„Das eigentliche Gefängnis fängt an, wenn man rauskommt. Es gibt Freunde, die einen nicht mehr kennen. Und Arbeit findet man nicht mehr. Die Leute haben Angst vor einem. Einmal ein Dieb, immer ein Dieb. Verwandte, die nicht wissen, wo man sich das ganze Jahr rumgetrieben hat, muss man anlügen. Nein, deine ganze Umwelt, die ganze Gesellschaft stößt dich wieder in die Kriminalität zurück. Ach Mann, ich verstehe so gut, dass sich jemand dann umbringt."

Auch beim nächsten Spiel passe ich nicht gut auf. Henry packt die Steine und lacht sich ins Fäustchen. Er krempelt die Ärmel hoch. Ich unterdrücke den Schreck, als ich die Mondlandschaft auf seinen Unterarmen sehe.

„Den Ausschlag habe ich schon seit sechs Jahren. Die Decken", sagt er. „die werden nie, glaub's mir, nie gewaschen. Wenn meine Frau mich besucht, traut sie sich nicht, verdammt noch mal, mich anzufassen. Schimmel auf beiden Beinen! Und die Brille. Um die Zeit rumzukriegen, habe ich wahnsinnig viele Bücher verschlungen. Bei dem schlechten Licht habe ich mir die Augen verdorben. Wenn du wüsstest, wie viele hier krank werden." Es gibt in Simbabwe vier Ärzte für 22 000 Häftlinge in 42 Gefängnissen. „Irgendwann wurde ich Assistent vom Armeearzt, und als der versetzt wurde, musste ich seine Stelle einnehmen. Stell dir vor, ich kann kaum ein Zäpfchen von einem Aspirin unterscheiden! Gott weiß, wie viele ich in die ewigen Jagdgründe geschickt habe!", sagt Henry lachend.

„Wie ist es mit den Weißen und Schwarzen im Gefängnis?", will ich wissen.

„Früher bekamen die Weißen auch im Gefängnis eine Extrawurst gebraten. Jetzt sitzen sie hinter den gleichen Gittern. Sie sind jetzt, denke ich, schlimmer dran. Viele Schwarze sind ungebildet und folgen ihren Instinkten. Sie wollen es diesen Weißen, die ihnen ihr Land gestohlen haben, einmal richtig heimzahlen."

„Passiert hier auch mal etwas Menschenfreundliches, Henry?", frage ich neugierig, aber eigentlich rhetorisch. Henry lehnt den Rücken gegen die Mauer und streckt alle viere von sich.

„Man trifft hier auch gute Wärter. Solche, die sich zu einem setzen und sich erkundigen, was man nach der Entlassung vorhat. Oder wie es der Frau geht. Die Teilnahme zeigen, wenn man krank ist. You know, meistens sind das die jüngeren. Ein Mal war einer so von den Schlägen mitgenommen, die ich bekommen hatte, dass er mir spontan sein Mittagessen anbot."

„Es sitzen auch viele aufgeklärte Geister hinter Gittern. Pläne und Träume kann man nicht einsperren. Wenn das Personal wüsste, welche Talente es hier gibt… Ich habe hier Knastbrüder eine Show hinlegen sehen, die es mit jedem Programm im Fernsehen aufnehmen kann. Warte mal. Dickens, he, Dickens!", ruft Henry einem Mann zu. Ich sehe sie tuscheln, Dickens nickt, Henry kommt zurück und versichert mir zufrieden: „Heute Abend Broadway!" Werde daraus einer schlau.

Das Geheimnis wird rasch gelüftet. Kaum ist der Pfeifton von halb vier verklungen und wir sind alle wieder in der Zelle, treten die Kulissenschieber in Aktion. Weiß der Himmel, wie sie die Bretter reingeschmuggelt haben. Alle Decken werden eingesammelt, und im Handumdrehen ist der Raum in einen Gerichtssaal verwandelt. Dickens hat sich eine Unterhose über den Kopf gezogen. Jetzt erst fällt mir auf, wie sehr die Lockenperücken englischer Richter einer Unterhose ähneln. Dickens imitiert einen Lord und ruft mit seinem Hammer, einem Löffel mit einem Stück Seife drauf, das Publikum zur Ordnung. Wir biegen uns vor Lachen.

„Vorhang auf für die Grilling Stones!", ruft Denis, und der Gerichtssaal wird zu einem Rocktempel. Aus Essgeschirr und Löffel wird ein Schlagzeug. Was für eine Musik (sprich Krach) Gefangene machen können! Es gibt Erzähler, denen man stundenlang zuhören kann. Ihre Zungen lockern sich, sobald die Uniformträger außer Sichtweite sind.

Was mir gestern entging, fällt mir heute umso mehr auf. Einer unserer Zellengenossen packt eine Decke und faltet sie doppelt. Er dreht sich um 90 Grad und kniet sich auf seinen Teppich. Thomlinson Depot Prison ist auch eine Moschee.

„Häftlinge sind keine Glaubensfanatiker", sagt Henry, der meine Gedanken errät. „Was die Religion betrifft, sind wir sehr tolerant. Wir machen bei den Katholiken mit, bei den Protestanten und den Moslems." Sollte die Ökumene im Gefängnis entstanden sein?

Das Showbusiness-Treiben und die Gebete klingen allmählich ab. Der Tbc-Kranke bekommt wieder einen Hustenanfall. Der Stuhl des Richters wird wieder der Eimer für dringendere Geschäfte. Im Zwielicht sehe ich meinen Nachbarn etwas in einem Buch notieren. Er malt einen Kringel um Seite 330.

„Ein Ritual", flüstert George mir zu. Er fächert mit dem Daumen die Buchseiten auf, und ich kann sehen, dass die vorhergehenden 329 Seiten ebenfalls umrandet sind. „Dreihundertunddreißig", sagt er, „heute sitze ich dreihundertunddreißig Tage in Haft." Erst jetzt stelle ich fest, dass es eine Bibel ist. Ein verflixt dickes Buch. Und mein Zellengenosse hat noch nicht mal das Alte Testament fertig gelesen.

Mein Bibelnachbar ist früh wach. Ich auch. Erst jetzt wage ich, ihm zu erzählen, dass ich heute gehe. In ein paar Stunden holt Irene mich ab. Das hoffe ich zumindest. Der Nachbar will wissen, was in mich gefahren sei. Um die anderen nicht zu wecken, erzähle ich ihm im Flüsterton von einer Weltreise und verrückten Ideen. Eine ganze Weile bleibt es still. „Findest du nicht auch, dass die dicken Fische nicht im Gefängnis landen? Die Reichen kaufen sich immer frei. Oder hältst du es für ein großes Verbrechen, wenn ein Vater in einem Nationalpark einen Springbock schießt, um seinen Kindern etwas zu essen zu geben?"

Ich schlucke die Worte hinunter, um die Stimmung nicht zu verderben, und lege eine Hand auf seine Schulter. Ich sehe seine Kinder vor mir. Und die Seite 331.

Wir stellen uns für den *sadza*, den Maisbrei, an. Nach afrikanischer Sitte und nach dem Vorbild meiner Tischgenossen rolle ich den Brei mit der Hand zu einem Schneeball. Der Theologe von heute früh hat noch einiges auf dem Herzen.

„Weißt du, Jan, das Wichtigste für einen Gefangenen sind die sozialen Kontakte. Dass dir jemand zuhört, dass dich jemand unterstützt. Die Familie. Ein Freund. Wir brauchen Gefangene, die ‚heilend' sprechen. Und Menschen, die zuhören. So, wie ich jetzt mit dir rede, das konnte ich am Anfang der Haft mit meiner Frau leider nicht. Das änderte sich erst, als wir darüber lachen konnten. Zum Beispiel, wenn sie zu Besuch kam und ich zu schnell das Brötchen verschlang, das sie mir mitgebracht hatte, dann sagte sie spöttisch: ‚Schatz, immer mit der Ruhe. Ich bin nicht dein Wärter.'"

Ich gebe George meine Portion Mais. Auch den Kaffee, den mir Irene wahrscheinlich gleich im Büro servieren wird, würde ich am liebsten gegen einen weiteren Tag mit George und seine Geschichten eintauschen. Auf dem Morgenspaziergang nehme ich von ihm Abschied. Ich schleiche ins Büro des Kommandanten. Der Offizier zeigt auf den Sack mit meinen Kleidern und hält mir freundlich die Tür zum Duschraum auf. Während ich die Tropfen eines undichten Hahns zähle, kommt Irene. Sie ist klug und fragt mich nicht aus. Im Büro der Prison Fellowship serviert sie mir Kaffee.

Für Simbabwe haben alle Wohltäter und Geldgeber, Botschaften und NGOs die Hilfsgelder eingefroren. Die gegenwärtige politische Lage mache das erforderlich. Leidtragende sind die Menschen am Rand der Gesellschaft. Mugabe wird deswegen kein Aprikosentörtchen weniger verspeisen. So hängen die Projekte der Gefangenenhilfsorganisation Prison Fellowship am seidenen Faden, wie die Kinderkrippe im Frauengefängnis, die dafür sorgt, dass vierzehn Kinder bei ihren Müttern bleiben können.

„Wo sollen wir die 300 Dollar im Monat hernehmen?", grübelt Irene.

Irene hat das Bedürfnis, noch etwas über die weiblichen Häftlinge zu sagen: „Eine Frau, die im Gefängnis landet, hat es sich mit ihrer Familie verscherzt. Wenn sie entlassen wird, stellt sie fest, dass inzwischen eine andere Frau ihren Platz eingenommen hat. Es bleibt ihr kaum anderes übrig, wenn sie überleben will, als sich zu prostituieren. Kommt dagegen ein Mann ins Gefängnis, setzt seine Frau Himmel und Hölle in Bewegung, um ihn zu suchen und ihn mit Nahrungsmitteln zu versorgen. Sie wird geduldig und treu auf seine Rückkehr warten.“

In der Herberge lädt Agnes mich zu einem Ingwerbier ein. Sie hat gerade erfahren, dass sie eine Stelle als Reiseleiterin zu den ugandischen Gorillas bekommen hat.

Ich gehe zur besagten Hexe, um die Rechnung zu bezahlen. Während sie rechnet, murmelt sie, sie wolle um keinen Preis noch einmal ins Gefängnis. Ich blicke überrascht auf. Sie legt den Stift hin. Sie hat Tränen in den Augen. Ohne eine Pause zu machen, erzählt sie mir ihre Geschichte.

„Zehn Jahre hat meine Mutter im Knast gesessen. Einen Mann ermordet. Sie bekam 15 Jahre, aber wegen guter Führung kam sie vorzeitig frei. Ich war sechs, als es passierte. Ein Mal im Monat nahm Vater uns mit ins Gefängnis. Sie hat dort gelernt, Hühner und Kaninchen zu züchten. Und als sie auf den Geschmack gekommen war, wollte sie mit Schweinen anfangen. Daraus wurde dann nichts, es gab im Gefängnis nicht genug Platz. Als sie entlassen wurde, war der Spaß bald vorbei. Kurz danach ist sie durch einen dummen Unfall ums Leben gekommen. Von einem Militärlaster angefahren. Ach, this bloody life. Ich habe später zwei meiner Söhne verloren. Den einen auch durch einen Unfall, den anderen durch Malaria. Ein dritter ist nach Neuseeland emigriert.“

Ich revidiere meine Meinung über sie, bitte sie mit Blicken um Vergebung für alle früheren Böse-Fee-Gedanken. Habe ich denn immer noch nicht kapiert, dass sich hinter eigenartigem oder auch aggressivem Verhalten eine Welt voll unverarbeitetem Kummer verbergen kann? Plötzlich fällt mir auf, dass diese Frau ohne Zähne und mit einer Pseudo-Punkfrisur sogar schön ist. Mit dieser Gravur auf der Netzhaut meines Herzens nehme ich Abschied. Auf Wiedersehen Simbabwe.

In der Zeitung lese ich, dass Mugabe das Rote Kreuz ausgewiesen hat, weil es Lebensmittel in den ärmsten Gebieten des Landes verteilt hatte. „Eine Provokation", so der Präsident, „Publizität für die Opposition."

SÜDAFRIKA STIEHLT DAS HERZ

Mein Kopf ist schwer. Die Luft auch. Johannesburg ist das Mekka der Kriminalität, mit allen dazugehörigen Psychosen. Ich habe noch zwei Stunden, bevor mich Simba zu einer Fahrt nach Soweto abholt. Zwei Stunden für mich und mein Aspirin.

Wir haben einen neuen Zimmergenossen.

„Hi, I'm Eduardo from Mexico." Wir unterhalten uns weiter auf Spanisch. Eduardo möchte gerne mit nach Soweto. Es regnet dicke Tropfen. Simbas Auto will, aber kann nicht. Motorhaube auf. Drähte und Kabeln prüfen. Ein neuer Versuch. Prrrtt prrt prt… Simba schneidet sich in den Finger. Der Verbandkasten meiner Schwester leistet jetzt gute Dienste. Ich repariere seinen Finger, er das Auto. Und los geht's.

Soweto, die pulsierende Metropole, ist eine der berühmtesten Siedlungen Afrikas. Hier wurde in den Straßen, in den Schulen und in den Slums Südafrikas jüngere Geschichte geschrieben. Eine sehr verschiedenartige, aber gleichzeitig patriotische Gemeinschaft führte die politische Bewegung für Freiheit und Gerechtigkeit in den späten siebziger Jahren an. Heute ist Soweto ein lebendiges Denkmal der Geschichte des politischen Kampfes und ein Symbol der Hoffnung auf eine multikulturelle Gesellschaft.

Simba setzt uns am Rand einer der Shanty Towns ab. Es regnet jetzt in Strömen. Blitze ziehen kreuz und quer ihre Spuren. Elektrische Krampfadern.

Ich kenne dieses Ambiente niedriger Wellblechhütten und labyrinthischer Wege nur zu gut. Es gibt fünf Wasserhähne für achttausendfünfhundert Menschen, die von Elektrizität nur träumen.

„Sweets“ ist das Einzige, das ich aus dem Zulu der barfüßigen Kinder verstehe. Aber auch Luftballons kommen gut an. Knallgelbe, an diesem grauen Regentag.

Temba führt uns in den Schlaf-, Wohn- und Nähraum von „la máma“. Sie füllt drei Viertel des Betts, auf dem sie sitzt. Die Töchter liegen wie vestalische Jungfrauen am Fußende, und die Enkelkinder betteln wieder um Süßigkeiten. Aus der Mutter sprudeln nur so Geschichten über Soweto.

„Kein Bulldozer, keine zehntausend Mann, nicht der ganze ANC kriegen mich hier weg“, kommentiert sie die Pläne der Regierung, Anfang Dezember den Stadtteil dem Erdboden gleichzumachen und seine Bewohner umzusiedeln. Und ich fürchte, es wird tatsächlich keiner Planierraupe gelingen, sie zu bewegen.

„Nkosi Sikelele Africa“, pfeife ich aus dem Hintergrund. Aber das wird sofort im Vordergrund aufgegriffen und steigert sich zu einem Crescendo. Oh, wie habe ich hiervon geträumt! Dies in Soweto zu singen, zweistimmig, am Busen einer dicken schwarzen Mam. This is heaven. This is Soweto. Ich muss auf der Stelle eine ihrer Töchter ehelichen. Die Trauung findet zwischen der Nähmaschine und dem Bett statt. Eduardo ist der Fotograf.

Wenn man einen Tag zusammen verbringt, kommt man sich rasch näher. Eduardo vertraut mir einige Romanzen an. Er plant einen Abstecher nach Botswana. Von mir weiß er, dass ich mich für das Modderbee-Gefängnis in Johannesburg interessiere. Und dann konfrontiert er mich plötzlich mit einer Familienträgodie.

„Meine Schwester wurde vor zwei Jahren entführt und totgeschossen.“ Hier sitze ich im südlichsten Winkel des afrikanischen Kontinents im Zimmer einer Jugendherberge mit dem einzigen Nachkommen von Señor Gallo zusammen, der in Mexiko Schlagzeilen machte, weil er Polizei und Justiz blamiert hatte und den Kidnappern seiner Tochter auf die Spur gekommen war.

„Ich wusste nicht, dass ich so viele Aggressionen in mir habe. Dieses beängstigende Verlangen, Tod mit Tod zu vergelten. Nach dem Begräbnis fingen die Spannungen zu Hause an. Ich habe mich in Drogen und Alkohol gestürzt. Heute verstehe ich das Mitleid meines Vaters, habe beinahe Verständnis für den Täter." Eduardo wendet das Gesicht zum Raum. Er macht keinen Hehl daraus, dass er Gott verflucht hat. Jetzt tut es ihm Leid.

„Wenn du auf deiner Weltreise nach Mexiko kommst, hast du ein Zuhause", lädt er mich großzügig ein.

„Nos vemos en México", verspreche ich.

In der berüchtigten Rocky Street faxe ich einen Bittbrief mit meinem Lebenslauf an die Behörden in Pretoria. Manche Mühlen mahlen tatsächlich. Mehrmals werde ich von Menschen angerufen, deren Stimme das allerfreundlichste Gesicht vermuten lässt, und sie schaffen es sogar, dass man mir im Modderbee-Gefängnis geradezu den roten Teppich ausrollt.

„Mister Cook?", fragt der erste Wärter. „Mijnheer Jan Kok?", fragt der zweite. „The Sir from Belgium?", der dritte. Und nach meinem dreifachen Ja öffnen sich die Pforten der Hölle. Im Büro des Direktors erwartet mich eine Überraschung. Bequeme Sessel, Teppichboden, ein lederner Drehsessel, Pflanzen, indirekte Beleuchtung… Mister Möller, der nationale Gefängnisseelsorger, stellt mich Mkwanazi vor, einem waschechten Südafrikaner, der mir freie Hand lässt, das ganze Gefängnis zu sehen.

Vom Modderbee Prison, dem größten unter einem Dach im südlichen Afrika, gingen 1994 die Gefängnisrevolten aus. Die Häftlinge forderten Wahlrecht für die nächsten Präsidentschaftswahlen. Der Funke sprang auf andere Haftanstalten über.

Der ganze Komplex war auf einer früheren Goldmine errichtet worden. Ist noch niemand auf den Gedanken gekommen, die darunter verlaufenden neunzig Kilometer Tunnels für einen Versuch auszubrechen zu nutzen?

Das Modderbee-Gefängnis macht einen westlichen Eindruck. Es fällt anfangs schwer, die Wärter von den Gefangenen zu unterscheiden. Die einen tragen beige, die anderen khakifarbene Kleider, die Anklänge an Beige haben. Vielleicht finde ich diesen subtilen Unterschied noch das Beste an der Anstalt. Auf dem ganzen Rundgang werde ich ein ungutes Gefühl nicht los. An Pastor Möller liegt es nicht. Er steht kurz vor der Pensionierung, kann aber bestimmt noch als Weihnachtsmann Arbeit finden. Er bringt mich in Kontakt mit den weißen Südafrikanern. Er kann es nicht oft genug wiederholen, dass ich als Flame ihr Afrikaans *baie* gut verstehe. Einer von ihnen ist der Aufseher Steenberg. Er ist einer vom harten Schlag.

„Oh man, 1994 was the worst!", schnaubt er wie ein echter Sheriff.

„Waren Sie hier, als es losging?", frage ich ihn.

„No, no. Ich meine, seitdem ist es nur noch bergab gegangen. Mit der Entwaffnung haben wir unser eigenes Todesurteil unterschrieben. Von Respekt ist keine Rede mehr. Hier", sagt er und zeigt auf einen leeren Ring an seinem Gürtel, „wir tragen keine Waffen mehr, keinen Knüppel, nichts. Wenn einer der Gefangenen meckert, wir hätten ihn hart angepackt, sind wir die Gelackmeierten. Verklagt er uns, dann bekommt er immer Recht, und wir werden gefeuert. Nee, wir lassen den Stock schön zu Hause auf dem Nachtkästchen. Wir müssen das Gesindel mit Glacéhandschuhen anfassen. Disziplin, Mann, Disziplin! Sehen Sie, was draußen passiert? Die Kriminalität explodiert. Schauen Sie die Nachrichten an. Eine Schauergeschichte nach der anderen. Marike Declerck ermordet. Überfälle, Vergewaltigungen, Entführungen…" Ein Verbrechen, das die ganze südafrikanische Gesellschaft schockiert, einschließlich der Insassen dieses Gefängnisses, in das die Täter gerade eingewiesen wurden, hätte Steenberg noch erwähnen können. Am letzten Wochenende hat eine Mutter ihr fünf Monate altes Baby in einer Blutlache gefunden, nachdem es von mehreren Männern vergewaltigt worden war. Bereits einen Monat zuvor hatte ein ähnlicher Vorfall – es betraf ein neun Monate altes Kind – die Bevölkerung aufgeschreckt. „Vergreifen sie sich demnächst an einem Neugeborenen?", hatte ein Reporter gefragt. En passant erklärt mir jemand, dass es mit dem Einfluss der Wunderheiler zu tun habe, die HIV-infizierten Männern weismachten, Sex mit einer Jungfrau könne sie von ihrer Krankheit genesen lassen. Und um wirklich sicher zu sein, vergreife man sich an immer jüngeren Mädchen. 25 Prozent der Bevölkerung seien HIV-infiziert.

Die Baby-Vergewaltigungen verstärken die Vorurteile gegenüber den Häftlingen. „Verbrecherbande!“, „Abschaum!“, „Die Kugel!“, „Kastrieren!“... All die kleinen Diebe, die Venezolaner und Puertoricaner, die Marionetten der Drogenbosse, die kleinen Ganoven... sie werden schnell mit Kinderschändern in einen Topf geworfen.

Allein in diesem Gefängnis sterben wöchentlich ein bis zwei Insassen an Aids. „Aber es trifft auch die Wärter“, hatte Möller hinzugefügt.

Während wir uns unterhalten, schaue ich um mich. Die Gänge strukturieren dieses Gebäude, das 5000 Häftlinge beherbergt. 10 Prozent von ihnen sind Weiße, 90 Prozent Schwarze, Mestizen, Inder... In Gesellschft von Möller und Steenberg bleibe ich zu sehr Zuschauer, als würde ich durch eine Glasscheibe tropische Fische betrachten. Sie haben keine Angst, mir die Klassenräume, die Bibliothek (mit Computern) und die Küche zu zeigen. Zu dieser Stunde hält sich kein einziger Gefangener hier auf.

„Alles wird hier mit Dampf betrieben“, meint Müller. „Bügeln, Kochen, Waschen...Und jeder Insasse bekommt vierzehn Butterbrote am Tag.“

„Und morgens mit Margarine, zwei Eiern und Marmelade. Da soll noch einer sagen, wir sind nicht großzügig“, meint Steenberg. „Wir nehmen sogar Rücksicht auf Moslems, die kein Schweinefleisch essen. Sie schreiben das doch auf, meneer De Cock? Sagen Sie zu Hause nur die Wahrheit, dass die Häftlinge hier in Watte gepackt werden. Die Verlierer hier, das sind wir, die Wärter.“

Ich verdanke es der Sozialarbeiterin Elma, dass ich schließlich doch zu den Gefangenen vordringe. Wie eine zarte Alice im Wunderland schwebt sie in halblangem Rock auf Sandalen durch die Baracken. Die meisten Wärter ziehen sich zurück, wenn die Häftlinge für die Nacht, die auch hier um halb vier anfängt, eingeschlossen werden. In den Schlafsälen, die für zwanzig Personen gebaut wurden, hausen etwa fünfundvierzig Gefangene. Aus Platzmangel wurden die Betten entfernt, aber jeder hat zumindest eine anständige Matratze. Es ist offensichtlich, dass die Männer Elma akzeptieren und mögen. Sie bricht zwar das Gesetz des Gefängnisses, aber nicht das der Liebe, als sie links und rechts durch die Gitter ihre Zigaretten verteilt, bis die Schachtel leer ist.

„Es gibt kein heißes Wasser“, beschwert sich einer. „Ich werde es dem Direktor und dem Reparatur-Dienst melden“, verspricht Elma.

Steenberg hält sich den Bauch vor Lachen, als ich ihn auf eine Matratze für die Nacht anspreche. Aber er wird todernst, als er kapiert, dass ich es ernst meine. „Sie müssen nicht ganz richtig im Oberstübchen sein“, sagt er kopfschüttelnd. „Ist Ihnen der Heidenlärm noch nicht aufgefallen?“ „Nicht direkt.“ Es hilft auch nicht, als ich ihm von den Gesprächen erzähle, die ich in den Zellen mit Jorge aus Peru, Liam aus Soweto, Darcy aus Bloemfontein hatte. Es ist meinem Anliegen auch nicht gerade förderlich, dass in diesem Moment ein Wächter im Rollstuhl vorbeifährt.

„Na bitte!“ Steenberg zeigt auf seinen Kollegen. „In seinem Revier von einer Kugel erwischt und jetzt für allezeit gelähmt!“ Steenberg fährt sein schwerstes Geschütz auf: „Es wird regelmäßig jemand in den Zellen ermordet.“

Das heißt also Nein. Man hat mich im Haus von Pastor Möller einquartiert, der wie die meisten anderen Angestellten im „Dorf“ wohnt, das direkt an das Gefängnis grenzt. Es gibt einen Laden, ein Schwimmbad, eine Bibliothek und… kostenlose Bewachung. Frau Möller serviert Käsekroketten und Butterbrote mit hausgemachter Pfirsichmarmelade. Zwei Eier und vierzehn Butterbrote, denke ich.

Vom Nelson Mandela Gateway an der Waterfront legt die Fähre zur Robben Island ab. Es weht ein kräftiger Ostwind, und das Schiff kämpft gegen die Wellen an. Wie sehr ich mich auch anstrenge, es gelingt mir einfach nicht, mir vorzustellen, dass jemand hier einmal das Schiff bestieg, um achtzehn Jahre lang nicht zurückzukehren. Nelson Mandela, Nelson Mandela. Das Meer scheint vor Wut zu schäumen beim Rufen seines Namens. Man liest ihn auch in den Augen der Menschen, von denen einige allerdings jetzt mit grünem Gesicht über der Reling hängen. Es ist gut, dass ich hierher gekommen bin.

Robben Island ist mehr als ein Gefängnis. Die Insel ist mit dem Stigma eines Sammelbeckens von Ausgestoßenen behaftet: Sklaven,

Moslems, Leprakranke und (bis 1991) politische Häftlinge. Aber vor allem durch Mandela ist dieses Unesco-Kulturerbe auch zu einem Symbol der Toleranz und Versöhnung geworden. Inmitten des unendlichen Ozeans ist Robben Island ein Mahnmal für die ganze Welt, sie symbolisiert den Sieg des menschlichen Geistes über Unterdrückung und Leid.

Die Überfahrt führt zunächst am Bungalow vorbei, in dem Robert Sobukwe, Gründer des Pan African Congress, sechs Jahre in Einzelhaft verbrachte. An der Küste verstreut liegen die Wracks der an den Klippen zerschellten Schiffe und Boote. Eine kleine Herde Springböcke grast am Ufer, Pinguine verlassen das Wasser und machen sich auf den Weg zu ihren Brutplätzen.

In der Fantasie hört man noch das Echo der Spitzhacken auf Schiefer, Schwerstarbeit, zu der die Gefangenen verurteilt waren. Am Eingang türmen sich Steine, die die politischen Häftlinge nach ihrer Befreiung einer nach dem andern dort niedergelegt haben. Ihre Hände, zu Spaten geworden, rau und gezeichnet. Ihre Augen für immer vom grellen Sonnenlicht auf dem schneeweißen Schiefer geblendet.

Jeff, ehemaliger politischer Häftling des Hochsicherheitsgefängnisses, erzählt seine Geschichte im Tonfall seines Meisters Mandela. Er hege keinen Groll, was auch damit zu tun habe, dass sich in den letzten Jahren ihrer Haft viel geändert hatte. Man konnte studieren, Sport treiben, es gab die Solidarität.

„Welche Gefühle bewegen dich, Jeff, hier jeden Tag von dieser schrecklichen Zeit in deinem Leben zu erzählen?", will eine Dame wissen.

„Ich kann nicht schweigen, nicht nichts über meine tiefste Sehnsucht nach Freiheit, Frieden und Gleichheit erzählen. Ich betrachte es heute als meine Aufgabe, Jung und Alt daran zu erinnern."

Mandelas Zelle hat fast eine ähnliche Aura wie Bethlehem oder Lenins Mausoleum. Und doch kann man sich der traurigen Vorstellung nicht entziehen: eine der größten Persönlichkeiten des 20. Jahrhunderts in einer nur wenige Quadratmeter großen Zelle!

Esther ist eine joviale Dame. Sie hat etwas von Whoopi Goldberg, aber gleichzeitig auch das Elegante einer Whitney Houston. Sie arbeitet für das „Department of Correctional Services“. Die Fahrt zum Pollsmoor-Gefängnis ist gerade zu kurz für ihre Lebensgeschichte. Mit einem breiten Lächeln wickelt sie die Wächter um den Finger, sodass sich alle Türen öffnen. Ich versuche mir vorzustellen, was die Frauen der Aufseher heute Abend sagen werden, wenn sie Spuren von Lippenstift auf der Uniform entdecken.

Chris Malgan nimmt mich unter seine Fittiche. Die Häftlinge betrachten ihn als „father and brother“. Er hat mich bei der Gruppe der „Killers don't cry“ untergebracht. Diese BBC-Reportage ist der Anlass meines Besuches. Als ich sie vor Monaten sah, wusste ich sofort, dass ich diese Männer kennen lernen würde. Das Pollsmoor Prison beherbergt mehr als 7000 Häftlinge, 150 Prozent über seiner Kapazität. Die Hälfte von ihnen wartet noch auf ein Gerichtsurteil. Berüchtigt ist die Anstalt wegen der Gangs, die nicht davor zurückschrecken, einem Mithälftling die Gurgel durchzuschneiden.

„Be welcome“, schallt es im Chor. Aufrichtig! Ich begrüße sie der Reihe nach. Die meisten sind von oben bis unten spinnennetzartig tätowiert. Vielen fehlt ein Schneidezahn. Einige sind Muskelpakete, andere ausgemergelte Gestalten. Über die Ursache braucht man nicht zu rätseln. Aber sie sind schön. Wie geschälte Zwiebeln. Jede Tarnung ist abgeworfen. William in seiner Funktion als Zeremonienmeister steht auf und heißt mich förmlich willkommen. Schon bald bin ich mit ihnen in ein vertrauliches Gespräch verwickelt. Es ist ihr unbeschränktes Vertrauen, das mich fasziniert. Sie sind immer den Tränen nahe. Es geht, es ist möglich. Es sind gemütvolle Kolosse. Hier in diesen Raum würde ich am liebsten die ganze Welt einladen, Justizminister, Wärter, Opfer und den Leser, um zu beweisen, dass ein Mensch neu geboren werden kann.

„Die Veränderung fängt bei mir selbst an“, sagt Donovan. „Ich weiß, dass ich es wert bin. Wenn ich mir selbst wieder und gerne in die Augen sehen kann, kann ich vielleicht auch Dinge wieder gutmachen.“

„Ja“, stimmt David King zu, „so lernen wir, einen Konflikt als etwas Positives zu sehen, als etwas, das einen weiterbringt. So haben wir auch den Reichtum unserer Verschiedenheit entdeckt.“

Ian charakterisiert die Gruppe, die aus dem Ganzen hervorgegangen ist. Die „Friends Against Abuse“ treffen sich ein Mal pro Woche. „Die meisten von uns“, sagt Ian, „wurden als Kinder missbraucht. Sexuell, aber auch seelisch. Es hat uns fast ein Menschenleben gekostet, den Mut aufzubringen, darüber zu reden. In dieser Gruppe finden wir Resonanz. Aber es ist wichtig, dass auch andere Häftlinge über das Trauma in ihrem Leben nachdenken, dass sie darüber reden und versuchen es zu bewältigen.

HUHN MIT BOHNEN IN LESOTHO

Der Kleinbus ist schon seit einer Stunde unterwegs nach Lesotho, richtig wach bin ich aber noch immer nicht. Es ist wieder ziemlich eng. Mein Nachbar heißt diesmal Emerson. Er zieht einen Brief aus der Tasche mit der Adresse einer Belgierin, die er vor vier Jahren in einem Nationalpark in Simbabwe getroffen hat, einer Frau aus Schoten, mit der ich – so unwahrscheinlich es klingt – einmal einen Computerkurs besucht habe. Die Landschaft wird hügelig. Die Kühe blicken kaum auf, auch nicht, als ein weißer Ibis sich auf einer von ihnen niederlässt.

Lesotho ist das einzige Land der Welt, dessen gesamtes Gebiet mehr als tausend Meter über dem Meeresspiegel liegt. An diesem bewölkten Sonntagnachmittag ist in der Grenz- und Hauptstadt Masern kaum eine Menschenseele zu sehen, die mir eine billige und passable Unterkunft anbieten könnte. Ich überschreite mein Budget. Vom Hotelzimmer aus habe ich einen herrlichen Blick auf das Gefängnis.

Sogar in Afrika bekommt man Mitleid mit jemandem, der fünf Mal anklopft und eine Bitte äußert. Ich werde vom Direktor, Mister

Siimane, und seinem Stellvertreter, Mister Thulo, empfangen. Zum Tee. Eine Übernachtung im Gefängnis wird mit der Ausrede abgelehnt, dass dazu eine gründliche ärztliche Untersuchung nötig sei. Eine gelb-blaue Bescheinigung des Antwerpener Tropeninstituts und eine Urkunde meines Hausarztes finden vor ihren Augen keine Gnade. Aber ins Gefängnis darf ich. Sogar noch mehr. Sie überreichen mir die Schlüssel von drei Anstalten. „In einem davon werde ich schon unterkommen", denke ich im Stillen. Termin morgen um 8 Uhr.

„African time?", frage ich sicherheitshalber.

„No, European and Lesotho time!", lacht Thulo.

Das Juvenile Training Center auf einem der Hügel um Maseru ist das am höchsten gelegene von den drei Gebäuden. Mister Namole empfängt uns aufgeräumt in seinem Arbeitszimmer. „Hierher kommen Jugendliche unter achtzehn Jahren, die wegen Diebstahls oder Vergewaltigung angeklagt sind. Nach einem ersten Gespräch versuchen wir uns möglichst schnell ein Bild von ihrem sozialen Hintergrund zu machen. Wir legen deshalb auch großen Wert auf Hausbesuche. Unsere Mitarbeiter sind manchmal fünf Stunden zu Pferd unterwegs, um die abgelegenen Dörfer zu erreichen."

In einem der Schuppen bricht ein ohrenbetäubendes Gackern aus. Die Hühnerzucht ist eines der erfolgreichen Projekte. In dem Schuppen harren Tausende Tiere ihres Weihnachtsschicksals. Fünf Jungen hocken neben einem dampfenden Kessel und rupfen Hunderte Hühner für einen Kunden, der diese schon früher benötigt.

Eine andere Gruppe stopft Lehm in Formen. Das Backsteinprojekt. Eigenes Fabrikat. Dass man anständige Arbeit leistet, muss der Bau des angrenzenden neuen Direktionsgebäudes beweisen. Die Fundamente sind schon gelegt. Auch hier sind die Maurer in spe fleißig an der Arbeit. Nun ja, es bleibt ihnen nichts anderes übrig.

Des einen Tod, des andern Brot, haben sie sich bestimmt beim Start des Tischlerprojekts gedacht, denn hier werden Särge en gros gezimmert. Keine schlechte Geschäftsidee, die Nachfrage ist groß in einem Land, in dem jeder vierte HIV-infiziert ist. Da das Möbel unterirdisch Verwendung findet und die Kunden nie klagen, kommt es auf einen Spalt mehr oder weniger nicht an. Die Jungen können nach Herzenslust das Sägen lernen.

Auch wenn die Hühnerzucht floriert, es ist immer noch Platz für Innovationen. „Warum probieren wir es nicht einmal mit Kaninchen?“, hatte einer der jugendlichen Straftäter vorgeschlagen. Das Kaninchenpaar, ein Geschenk von den Männern des Zentralgefängnisses, ließ sich das nicht zweimal sagen. Aus den Erlösen der Hühner- und Kaninchenzucht wurden schon ein Fernseher und Fußbälle angeschafft. Es gibt noch eine Ausbildung zum Schuhmacher, und Jungen mit dem sprichwörtlich grünen Daumen sind im Gemüsegarten beschäftigt.

Die Schlafräume können sich sehen lassen. Es gibt tatsächlich Betten, die Matratzen sind allerdings aus Schaumgummi und hauchdünn. Die Nase weist auch hier den Weg zum Klo. Phamotse meint, es würde nächstens ein Boiler installiert. Heißes Wasser im Knast? Nicht zu glauben.

Durch das Tor kommt eine Schäferin hereinspaziert. Schwester Cecilia ist eine der „Sisters of the Good Shepherd“. Man kennt diese Rasse. Weltweite Galionsfiguren im Strafvollzug. Sie unterrichten weniger Religion denn Mathematik und Sprache und informieren über Alkoholmissbrauch, Drogen und Aids. Schafe in Löwenkäfigen; sie sind den Gefangenen zugetan.

Namole möchte doch kurz einmal klagen: „Es stimmt, dass wir seit ’72, als dieses Zentrum eröffnet wurde, Fortschritte erzielt haben. Davor gab es nur die Körperstrafe, von den Dorfältesten vollstreckt. Aber es ist doch verrückt, dass ein Jugendlicher, der zwei Maiskolben geklaut hat, hier für drei Jahre eingesperrt wird. Hier lernt er ganz andere Sachen. Wir müssten uns nach etwas anderem umsehen, einer Art Gemeinschaftsdienst.“ Wo habe ich das schon mal gehört?

Phamotse hat noch das Bedürfnis zu sagen, dass die Arbeit sehr befriedigend ist. „Es berührt mich, wenn die Eltern während ihres Besuchs ganz begeistert sind, dass ihre Söhne ‚so anständig‘ geworden sind. Weißt du, dass es einer unserer Zöglinge zum Polizeioffizier gebracht hat? Ein anderer arbeitet in der Versicherungsbranche und vier ganztägig am Bau."

Miss Tsidie hakt sich bei mir ein. Wir schauen uns bei den Nachbarn um. Die weibliche Hand ist überall sichtbar. Hier im Frauengefängnis entdecke ich nur mit Mühe eine Kakerlake. Ich fühle mich etwas unbehaglich, als „Mutter Oberin", eine sechzigjährige Frau in Armeeuniform, ihre Untergebenen in ihrem Büro zum Appell antreten lässt, um den ausländischen Gast zu empfangen. 32 uniformierte Aufseherinnen betreuen 46 Häftlinge und drei Babys. Fast ein Luxus.

Auf meine Frage, ob in der Gesellschaft ein Meinungswandel gegenüber Strafgefangenen herbeigeführt werden könne, legt eines der Mädchen sofort los: „Wir haben ein eigenes Radioprogramm und kommen immer wieder darauf zu sprechen, dass man tolerant und verständnisvoll den Frauen gegenüber sein solle, wenn sie aus dem Gefängnis entlassen werden."

„Was hat euch dazu gebracht, hier zu arbeiten?", frage ich.

„Es hätte genauso gut ein Supermarkt oder eine Snackbar sein können", gibt eine Wärterin offen zu.

Nach dem offiziellen Interview, wobei die Chefin diejenige anwies, die eine Frage beantworten durfte, treten wir den Rundgang an. Ich flaniere wie eine königliche Hoheit auf Inspektion durch Ausstellungsräume, Räume voller Spitzen und Stickereien, bestickter Tücher und mit Kreuzstichen übersäter Küchenhandtücher. An Kleiderständern hängen elegante Kostüme.

„For your wife", versucht eine der Damen-Offiziere mir eine Probe afrikanischer Haute Couture zu verkaufen.

„Wenn ich auch eine Frau dazukriege." Die Mädchen kichern.

Wir spazieren durch kleine, mustergültig angelegte Gemüsegärten. „Hier lernen die Häftlinge Wirsingkohl pflanzen", sagt eine Aufseherin. „Nach ihrer Entlassung können sie mit eigenem angebauten Gemüse auf die Märkte gehen."

Die Küche ist die sauberste, die ich je gesehen habe. Wenn die zwei Prinzessinnen nicht die Deckel von den Riesentöpfen hochgehoben hätten, hätte ich bei Gott geschworen, dass hier noch nie jemand gekocht hat. Ich habe es nicht eilig, und während sich der ganze Tross Richtung Ausgang bewegt, unterhalte ich mich mit den Köchinnen.

„Ich bin hier schon ein halbes Jahr", sagt Mary, „weil ich Süßkartoffeln für meine drei Kinder gestohlen habe. Mein Mann lässt sich nicht blicken. Ich bin überzeugt, er ist mit einer anderen auf und davon. Glücklicherweise kümmern sich meine Eltern um die Kinder." Es ist ein wunder Punkt. Die Gefahr, in die Kriminalität zurückzufallen, ist sowieso groß, aber bei afrikanischen Frauen kommt noch das Stigma der Familienschande hinzu.

„Aber es gibt hier auch wirklich schöne Dinge", sagt die andere. „Komm Weihnachten wieder, dann findet hier ein Konzert statt."

„Spielst du Volleyball?" Mary sucht noch eine Verstärkung für das Team. „Du kannst auch umsonst am Kursus Volkstanz teilnehmen." Sie biegen sich vor Lachen.

Befinden sich die Jugendlichen und die Frauen des Maseru-Gefängnisses im Aufwind, so geht es mit den 1075 männlichen Häftlingen des „Central Prison" bergab. In diesem 1956 für höchstens 700 Strafgefangene errichteten Gebäude schlage ich mein Zelt auf.

„Ort der Verdammnis", lachen Dan und Michael zynisch. Sie spielen zwei Komiker und liefern mir die amüsanteste Einführung, die ich je bekommen habe. Ihre Späße und Faxen sind meisterhaft, aber es zeugt auch von der Aufgeschlossenheit der Verwaltung, dass man ihnen die Gelegenheit gibt, Dampf abzulassen. Und das tun sie! Sie lassen kein gutes Haar am ganzen Strafvollzug. Und trotzdem haben sie Mitleid mit dem Direktor. „Der Mann hat eine lange Liste von Ideen, aber er kann sie nicht verkaufen. Eine Schreinerei, eine Schneiderei, Werkstätten für Maurer, Lederverarbeitung, ein Installationsbetrieb – alles sieht aus wie ein kambodschanisches Schlachtfeld. No money. Aber deshalb darf man doch, verdammt noch mal, nicht aufhören, Tag für Tag bei der Regierung Alarm zu schlagen."

„Du meinst, gegen Schienbeine zu treten", murmelt der andere.

Das ganze Gefängnis macht in der Tat einen desolaten Eindruck. Die Hälfte der Häftlinge, in verschlissene Decken gehüllt, gibt an diesem kühlen Novembernachmittag ein Stillleben mit Mumien ab.

„Sechs Jahre für nichts", seufzt Dan.

„Ich habe gewonnen", lacht Michael. „Ich habe hier schon zehn Jahre meine Hose abgewetzt." Er dreht sich um und streckt seinen Hintern in die Luft.

Dan hat einen halben Trödelladen um den Hals hängen. Rosenkränze und Skapuliere bewegen sich im Rhythmus seines Stoßgebets: „Sie sagen, ein Gefängnis sei dazu da, die Gesellschaft zu schützen. Aber wenn dies hier eine Besserungsanstalt sein soll, dann sollte sie das auch mal zeigen. Aber nein, Strafen, Strafen und nochmals Strafen! Es ist doch so wie bei jedem Menschen, wenn man motiviert, im Guten bestärkt wird, dann bringt einen das auch weiter. Im Ernst, ich glaube, ich habe mich in diesen sechs Jahren wirklich angestrengt, brav zu sein und zu zeigen, dass ich kein hoffnungsloser Fall bin. Und was bekommt man dafür? Anschnauzer von morgens bis abends."

Michael nickt zustimmend. „Ja, man müsste unterscheiden, wie in der Schule. Ein hyperaktives Kind behandelt man doch auch anders als ein autistisches oder eines mit einer Leseschwäche. Also, ein Psychopath braucht eine andere Behandlung als ein kleiner Dieb."

Während sie mir die verschiedenen Trakte zeigen, kann ich mir die Frage nicht verkneifen: „Und gibt es auch etwas Positives?"

„Äh?", lacht Michael schallend, „etwas Positives im Knast?"

„Ja", unterbricht ihn Dan, „sonntags! Dann kommt zumindest noch jemand von außen. Ein Pastor oder so."

„Oh ja", fällt Michael ein, „und noch etwas."

Er legt mir die Hand auf die Schulter und führt mich durch Schlamm und über einen Steinhaufen, der einmal den Namen Treppe verdiente. „Das ist unser Mehrzwecksaal", sagt er in offiziellem Tonfall. Er drückt die Tür auf, und ich sehe und höre die Maseru-Kosaken. Wenn es denn so etwas wie einen Himmel in dieser Hölle gibt, dann hier. Ein vierstimmiger Männerchor. Sie singen a cappella; eine musikalische Achterbahn. Der Dirigent wie ein Springinsfeld vor seiner Truppe. Ich bin sprachlos und zerdrücke eine Träne. Stimmbänder kann man nicht knebeln.

Mit Miss Tsidie habe ich mich arrangiert. Zwei Nächte im Gefängnis für eine Bestellung, die ich für sie übermorgen gerne in Johannesburg abliefere. Ich profitiere von ihrem fabelhaften Einvernehmen mit dem Direktor und bekomme einen Schlafplatz in einer sieben mal sieben Meter großen Zelle. Wir sind zu dreizehnt. Es sieht alles erstaunlich sauber aus.

Tagsüber liegt jede Schlafmatte zusammengerollt bei den ordentlich gestapelten Habseligkeiten jedes Häftlings. Manche haben sogar einen Karton. Ich sehe Bücher bei dem einen, Unterwäsche bei dem anderen.

„Was liest du?", frage ich meinen Nachbarn, der in ein Buch vertieft ist. Er hält es hoch, damit ich den Titel selber entziffere. Erst jetzt sehe ich, dass er die ganze Zeit seine Lektüre falsch herum hält.

„Hm, interessant."

„Du gehst am besten jetzt auf Klo", sagt jemand. „In zwanzig Minuten werden die Zellen abgeschlossen." Ich schaue auf die Uhr. Es ist 15.10 Uhr.

„Ja, ja", nickt der ganze Raum. „Bis morgen früh halb sieben." Ich sprinte los. Michael hat Recht. Von den vierzehn Schüsseln in einer Reihe funktionieren drei. Die elf anderen sind bis oben voll. Die WCs sind durch niedrige Mäuerchen voneinander getrennt. Wer will, kann seine Unterhaltung mit einem Zellengenossen in aller Ruhe fortsetzen. Der vertraute Geruch wird durch ein Aroma gemildert, an das ich mich auch schon seit längerem gewöhnt habe. Marihuana, geht es mir durch den Kopf und ich ziehe den Geruch etwas mehr ein, um einem Gespräch mit dem Nachbarn aus dem Wege zu gehen. Ich höre schwere Schritte und das Gebrüll eines Aufsehers. Ich gehe in Deckung.

„Who is smoking *dagga*?" Er inspiziert jeden Verschlag. Mein Nachbar wird ohne Pardon vom Sitz gezogen. Ich kann nicht sehen, ob er noch seine Hose hochziehen kann oder sie gleich für die üblichen Stockschläge runterlassen darf.

HARMONISCHES MADAGASKAR

Drei Stunden Wasser trennen die kreisförmigen Kornfelder Südafrikas von der terrakottafarbenen Erde Madagaskars. Die Landebahn säumen ein Dutzend alter kleiner Flugzeuge, das Hintergestell jeweils am Boden. Wie verrostete Heuschrecken. Hier gibt es noch echte rollende Treppen mit der Überdachung einer Jahrmarktsbude, die die Passagiere zur Landebahn bringen.

Antananarivo ähnelt ein wenig der chilenischen Hafenstadt Valparaiso, jedoch ohne Hafen. Uralte R4 und 2CVs klappern durch die Straßen, hügelauf, hügelab und heißen „Taxi". Auf einem steht „Belgacom". Über der Stadt schwebt noch ein Hauch Französisch-Kolonialafrika – und ein Dunst, der kein Nebel ist, Resultat der Entwaldung, durch die seit drei Jahren die Regenzeiten völlig durcheinander geraten sind.

Père Jérôme von den Trinitariern holt mich ab. Vier Stunden im Stau sorgen dafür, dass wir erst in der Nacht bei ihm ankommen. Wir scheuchen siebenundsiebzig Kakerlaken vom Tisch, und ich finde auf dem erloschenen Herd in der Küche noch Fritten und im Kühlschrank eine Banane. Jérôme hatte gesagt, ich solle mich wie zu Hause fühlen.

Es ist nur ein Vorgeschmack von „Tana", wie die Madagassen ihre Hauptstadt nennen. Ich lerne Pater Albert kennen, einen Italiener, der schon fünfundvierzig Jahre hier lebt. Sein Klosterorden, der 1198 gegründet wurde und die Aufgabe hatte, christliche Sklaven aus den Händen der Sarazenen freizukaufen, widmet sich der Missionierung in Gefängnissen. Pater Albert liest heute eine Messe für die Häftlinge, ihre Familien und die ehrenamtlichen Mitarbeiter.

Hery fährt mich auf seinem Moped zum Justizministerium, wo ich einmal mehr meinen Bittbrief abgebe. Die Stimmung ist nicht günstig, nachdem sich vor einem Jahr die Patres für einen italienischen Reporter eingesetzt hatten, der zu Hause das madagassische Gefängniswesen in Grund und Boden verdammte. Seitdem traut man einem, den die Patres empfehlen, nicht über den Weg.

„Sœurs trinitaires“, sage ich zu dem Fahrer. Er nickt übermütig und bringt das Zelt auf zwei Rädern in Gang. Viel Französisch versteht er nicht und ich noch weniger Madagassisch. Drei Mal dreht er sich um, sagt etwas Unverständliches, und ich antworte drei Mal mit „sœurs trinitaires“. Ebenso viele Male fragt er Passanten etwas, und ich habe den leisen Verdacht, dass er nicht wöchentlich bei den Schwestern zur Messe geht.

Und in der Tat setzt er mich nach einer halben schweißtreibenden Stunde vor dem Restaurant „Chez Hilaire“ ab. Ich will ihm nicht noch eine weitere Rikscha-Fahrt zumuten, gebe ihm seinen verdienten Lohn und überlege im Schatten eines Bananenbaumes, was ich nun machen soll. Fünf Passanten werden aus meinem Französisch nicht schlau. Nummer sechs ist eine Nonne, die bestimmt Französisch spricht und es mir nicht übel nehmen wird, dass ich mich nach ihrer Konkurrenz erkundige.

„Mais Monsieur“, sagt sie, die Arme in die Luft werfend, „das ist am anderen Ende der Stadt.“ Ich hatte es befürchtet. Auf einmal fällt mir ein, dass der Gefängnisgeistliche ein Jesuit ist.

„Père Anselme? Mais Monsieur, Sie stehen vor seinem Haus!“

Ich klopfe an. Pater Anselm, Jesuit, Finanzexperte des Bistums und Gefängnisseelsorger, weiß mehr über meine Expedition als ich über die Ordensregeln der Jesuiten. Er bietet mir Mangos an und packt den Stier bei den Hörnern. „Kommen Sie, wir fahren zum Krankenhaus. Dort gibt es eine Abteilung für Häftlinge. Ihr Bett ist gemacht.“

Wir fahren über die Sandwege von Tuléar bis zum Hôpital Communal. Anselm kurvt flott durch den Eingang und erklärt mir die verschiedenen Pavillons.

„Der ist für ansteckende Krankheiten.“ Er zeigt auf ein Gebäude, das wie eine Volksschule aussieht. „Auf dem Höhepunkt der Cholera-Epidemie vor zwei Jahren platzte es aus allen Nähten. Zwei unserer Häftlinge hatten alle Hände voll zu tun. Wochenlang haben sie die Toten begraben. Wofür Gefangene nicht gut sind.“

Das Krankenhaus macht einen ärmlichen Eindruck. Aber die Ruhe an diesem schattigen Ort ist wohltuend.

„Vor zwei Jahren bekam das Gefängnis diesen leer stehenden Flügel dazu.“ Anselm hält vor einem Gebäude, das nicht einmal besonders heruntergekommen aussieht. Obwohl Teil der Haftanstalt von Tuléar, steht die Tür offen. Zum ersten Mal sehe ich mehr Betten als Bewohner. Die Wärter sind von den kranken Häftlingen nicht zu unterscheiden.

„Njênvenu à a hihô“, sagt ein Mann, der sich als Nado vorstellt. Sein Gefährte übersetzt: „Bienvenu à la prison.“ Nado spricht keinen örtlichen Dialekt, sondern erholt sich gerade von einer Operation der Hasenscharte. Er ist ein sympathischer Mann und erzählt einen Witz nach dem anderen. Ich amüsiere mich köstlich, wenn ich auch weder seine Sprache noch seine Witze verstehe.

Alexis zeigt mir ein Notizbuch. „Hier trägt Juliette die Medikation und den Krankheitsverlauf ein.“ Juliette ist Krankenschwester und gute Fee, die täglich vorbeischaut. Die Chinin-Vermerke deuten darauf hin, dass Alexis an Malaria erkrankt ist.

Nado zeigt mir mein Bett. Wahrhaftig mit einer ganz „gewöhnlichen“ Matratze.

„Wir sind gerne krank“, lachen die sieben Patienten. „Verglichen mit dem Gefängnis ist das hier ein Schlaraffenland.“

„Alexis hat schon drei Monate Malaria“, ruft Nado spöttisch.

„Buona sera.“ Ein angegrauter Mann Anfang Fünfzig streckt mir die Hand entgegen. Giovanni ist ein italienischer Tourist, der vorige Woche von der Polizei gestoppt wurde, als er mit einem 17-jährigen Jungen auf dem Moped zu schnell fuhr. Er kam direkt in den Knast. „Sexueller Missbrauch eines Minderjährigen“, lautete das Urteil. In der Zelle hat er sich den Fuß gebrochen.

Pater Anselm verabschiedet sich. Und ich verbringe einen gemütlichen Abend unter Menschen, die nicht allzu ausgelassen ihre Freude darüber zeigen dürfen, für eine Weile den Martern des Gefängnislebens entkommen zu sein. Und wenn der einzige Aids-Patient nicht die ganze Nacht fürchterlich gehustet hätte, hätte ich wie auf Rosen gebettet geschlafen.

Es bleibt heiß. Saunaheiß. Die Hunde liegen wie betäubt an den Häuserwänden. Auch die Frauen hinter den Gemüseständen dösen vor sich hin. Ihre Siesta hat schon begonnen und wird acht Stunden dauern. Und sogar die Fliegen und Mücken hören auf zu fliegen. Es ist erst sieben Uhr morgens, und die Sonne heizt schon die ganze Stadt auf. Ich zögere, mir die Schuhe zuzubinden. Bei der kleinsten Anstrengung ist man in Schweiß gebadet.

Das „echte" Gefängnis von Tuléar liegt im Herzen der Stadt. Es könnte genauso gut ein Postamt, eine Kirche oder ein Kino sein. Der kleine Eingang befindet sich in einer Lücke der Marktstände, die an der Gefängnismauer kleben, die kaum höher als eine Bananenstaude ist.

Das Gespräch mit dem Gefängnisdirektor ist kurz. Ich darf gleich durch die nächste Tür weitergehen. Sie führt auf einen riesigen Sandplatz. In der Mitte stehen zwei große Bäume, zwar kahl, bieten aber doch Schatten. Die Geier scheinen sie gerade verlassen zu haben. Links befinden sich drei rußschwarze Baracken, rechts die Gebäude für die Frauen und Minderjährigen. Das Innere ist an Kargheit nicht zu überbieten – kein Bett, keine Matratze. Geradeaus befinden sich die Sanitäranlagen. Oh ja, und da ist auch noch ein zusammengebasteltes Schutzdach, unter dem Häftlinge in Grüppchen wie Rothäute um ihre Kochtöpfe sitzen. Aber heute ist ein Festtag. Neben der schmalen Eingangstür haben sich die Schwestern von Saint Paul de Chartres wie Soldatinnen der Nächstenliebe aufgestellt. Ihre Säbel sind Kellen. Zweimal wöchentlich bringen sie Reis, heute mit Bohnen garniert. Mit einem apokalyptischen Knall landet der Reis auf den Blechtellern. Man sieht sie gern, die Schwestern und die Bohnen.

Das Essen! Die EU hat ihre Lebensmittelspenden eingestellt, nachdem 1998 zahlreiche Container mit Milchpulver und Reis im Hafen verschimmelten, weil die Regierung Einfuhrzoll verlangte. Schlimm ist auch die Bürokratie. Als man voriges Jahr Häftlinge einsetzen wollte, um die Straßen zu verschönern, pochte die Stadt auf ihre Zuständigkeit.

Ich setze mich zu den Gefangenen. Wie schnell das Eis bricht! Nach einer Frage-und-Antwort-Viertelstunde über meine Absichten und Erfahrungen, geht es um ihre Bedürfnisse und Wünsche. Mit einem Schlag bin ich wieder in Chile, wo wir im Gefängnis von Talca nach dem Sonntagsgottesdienst auch mit praktischen Fragen und Aufträgen überschüttet wurden. Norbert möchte eine Kortisonsalbe. Er hat Ausschlag am ganzen Körper. Yves möchte ein Hemd, Gilbert Shorts. Florent fragt, ob ich seine Eltern in Antananarivo anrufen und ihnen sagen könnte, dass er schon zwei Monate hier im Gefängnis sitzt. Ach, es sind manchmal Pflaster auf ein Holzbein, aber ich werde mich gerne morgen mit dem Geldbeutel der großzügigen Spender um alles kümmern.

Alain darf morgen im Garten des Direktors arbeiten. Er ist einer der zehn Häftlinge, die beim Hausherrn kleine Arbeiten verrichten. „Für sie eine willkommene Abwechslung und für die Leitung eine Methode, das Gefängnis zu entlasten“, heißt es. Diese Nebenjobs reduzieren die Knastbevölkerung von 500 auf 260.

Ich drücke eine nächste Pforte auf, die die Männer- von der Frauenabteilung trennt. Man hält gerade unter dem einzigen Baum eine Sitzung ab. Die Animatorin ist Katia, eine französische Marokkanerin von der NGO „La Maison de l'Eau de Coco“. Die Organisation hat ein altes Kino in der Stadt gekauft. Zwei Fliegen mit einer Klappe: Die Jugend von Tuléar sieht (gute) Filme, und mit den Einkünften können die Frauen im Gefängnis ein Handwerk lernen. Faul sind sie nicht! Die eine breitet Gras zum Trocknen aus, die andere flicht Körbe. Andere sticken mit einer Geschicklichkeit, die bewunderswert ist.

„Seit fünf Monaten kümmert sich das Haus der Kokosmilch um uns“, erzählt Angèle. „Es gibt wieder einen Hoffnungsschimmer. Ich habe Weben gelernt und mit dem Verkauf der Matten kann ich das Schulgeld für meine Kinder bezahlen. Es bleibt sogar noch etwas übrig für Shampoo und eine Zahnbürste.“

„Es bringt ein kleines Stück Selbstvertrauen“, meint Katia und streicht Angèle durchs Haar. „Die Frau ist in dieser Gesellschaft die ewig Abwesende. Dabei zieht sie den Karren, der Mann schmückt sich mit den Federn.“

„Und wir vergessen auch die Männer und Jugendlichen nicht.“ Katia zeigt mir ein Projekt, das ganze Gefängnis wieder in Schuss zu bringen. Diese Frau schreckt auch vor nichts zurück. Die Schlafsäle sollen renoviert werden (kein übertriebener Luxus, da sie bei jedem Regenguss unter Wasser stehen), eine neue Sanitäranlage soll gebaut, die Verpflegung besser werden (Reis mit Hackfleisch!) und so weiter. Katia for president oder Justizministerin!

Pater Philippe oder Padre Felipe ist Baske. Das merkt man an dem Temperament, mit dem er Geschichten erzählt und Auto fährt. Seine Spezialität ist, in der Kurve zu überholen. Aber da er Madagaskar schon seit vierzig Jahren unsicher macht, fühle ich mich einigermaßen sicher. Wir sind unterwegs zur Haftanstalt von Antsirabe, 170 Kilometer südlich von Antananarivo. Als wir an einem anderen Gefängnis vorbeikommen, fällt ihm eine Geschichte ein.

„Dort sitzen die wirklich schweren Jungs. Pater Angelo, der frühere nationale Gefängnisseelsorger, der wegen des Vorfalls mit dem italienischen Journalisten vom Vatikan nach Rom zurückbeordert wurde, hat da einiges mitgemacht. 1996 war aus Kanada eine Ladung Bettwäsche angekommen, die Angelo dem Gefängnis schenkte. Aber nachdem einige Häftlinge sie zur Flucht genutzt hatten, wurde sie verbrannt. Im September '98 zelebrierte ich dort die Messe. Als ich gerade die Hostie weihte, und auch die Wärter fromm das Haupt senkten, wurden sie von Häftlingen niedergeschlagen und ihrer Waffen und Schlüssel beraubt. Ich habe die Lobpreisung Gottes eingetauscht gegen die flehentliche Bitte an die Häftlinge, doch drinnen zu bleiben, aber sage und schreibe neunzig Mann sind ausgebrochen."

Ich revanchiere mich. „Im Zentralgefängnis von Santiago in Chile sind 1990 einundsechzig Häftlinge ausgebrochen. Zwei Jahre hatten die Vorbereitungen gedauert. Es war ein kluger Plan. Man hatte von einer Zelle aus einen Tunnel gegraben, unter dem Innenhof und der Mauer bis zum Fluss Mapocho. Aus Eierschalen hatte man eine Kalkplatte gefertigt, mit der man jeden Tag das Zugangsloch bedeckte. Plastikflaschen, die Besucher mitgebracht hatten, wurden zu einem Röhrensystem für die Belüftung des Tunnels zusammengebastelt. In der Nacht des Ausbruchs schien alles gut zu gehen. Dutzende warteten noch, als Nummer 62 – oh Schicksal – wegen seiner Leibesfülle im Loch stecken blieb. Ihn und die anderen hat man anschließend ziemlich in die Mangel genommen."

Das Gefängnis von Antsirabe sieht auf den ersten Blick wie ein flämischer Beginenhof aus, mit weißen Mäuerchen, grünen Fensterläden und roten Geranien. Aber die Illusion trügt. Vom kleinen Innenhof geht es geradeaus zur Männer- und nach rechts zur Frauenabteilung. Ich gehe erst nach links zum Block für die Minderjährigen, die ich beim Gebet störe. Leiter des Gottesdienstes ist ein Häftling aus der Männerabteilung, der mit seiner Zeit etwas Sinnvolles anfangen will. Er weiß im Übrigen über viele Dinge Bescheid. Auf dem Stundenplan lese ich, dass er auch noch Französisch, Mathematik, Freizeitgestaltung und sogar Psychologie unterrichtet. Auf meine Frage, was es mit dem letzten Fach auf sich hat, antwortet er, es gebe hier schrecklich viele Wanzen.

Ich schaue mich vergeblich nach Decken, Matratzen oder Ähnlichem um. Die siebzehn kleinen Kerle liegen nachts einfach auf den übereinander angebrachten Brettern!

„Also gut", seufze ich, „wir können vielleicht zum Fussballplatz gehen..." Sie starren mich an, als wäre ich übergeschnappt.

„C'est tout", sagt der Lehrer in einem Ton, als müsse er sich entschuldigen. Noch ein paar Stunden und in Belgien ist Nikolaustag. Ich bitte ihn für dieses Jahr um einen Basketballkorb, einen Rasen oder einen Billardtisch, und Knecht Ruprecht, dass er diesen Schlaf- und Unterrichtsraum von zehn Quadratmetern in seinen Sack stecke. Ich muss mich unbedingt darüber informieren, welche Rechte Gefängniskinder haben.

In der Frauenabteilung ist es um kein Haar besser. Taubenzüchter haben mehr Platz für ihre Tiere. Als ich die 60 Zentimeter erwähne, mit denen die Frauen in Ruanda auskommen müssen, nehmen sie die Wette an und kriechen in ihre Verschläge. Sie liegen auf der Seite aneinander, die vorderste drückt ihren Busen gegen die Mauer, die hinterste ihr Hinterteil. Mir fallen die aufgereihten Silbergabeln im Samtetui meiner Großmutter ein. Die vier Knirpse, die noch gestillt werden, krabbeln über alle hinweg.

Wir weichen auf den vier mal fünf Meter großen Innenplatz aus, der als Waschstelle, Essraum, Aufenthaltsraum und Kapelle fungiert. Ich zähle 46 Frauen auf einem Platz, der nur ein Handtuch groß ist. 42 von ihnen, erfahre ich, sind wegen der gleichen Straftat verurteilt. Außer Colette, die wegen Brandstiftung einsitzt und Sylvie, die ihren Mann für immer zum Schweigen gebracht hat, verbüßen die anderen eine Strafe von einem bis fünf Jahren, weil sie für ihre Kinder Nahrungsmittel gestohlen haben. Odette übersetzt. Wir reden über ihre Kinder, ihre Männer, ihre Angst vor der Entlassung. Die Verurteilung durch die Menschen. Ich frage sie nach dem „schönsten" Augenblick im Gefängnis; ich meine es nicht zynisch.

„Wenn ein Belgier vorbeikommt", sagt Odette. Und alle prusten los.

Ein Hahn in diesem Hühnerstall ist sowieso nicht möglich, aber ich hätte auch nicht mehr hineingepasst. Meine Schlafstätte befindet sich im zentralen Teil des Gefängnisses von Antsirabe, in der Männerabteilung. Als ich das grüne Tor aufstoße, durchbohren mich 842 Augen. Häftlinge stehen an um eine Mahlzeit aus Maniok, die Löffel, mit denen sie auf die Blechteller trommelten, bleiben in der Luft stehen. Es wird mäuschenstill.

„Bonjour, je m'appelle Jan. Est-ce qu'il y a quelqu'un parmis vous qui parle le français – spricht hier einer Französisch?", durchbreche ich die Stille mit dem Gefühl, als hätte ich ein Weinglas auf ein blütenweißes Tischtuch ausgeschüttet.

„Je suis Salam", sagt Salam, schüttelt mir die Hand und fragt, ob ich Lust auf Maniok habe. Mit dem ersten Bissen bricht das Eis. Dann geht's zum Schlafsaal. Oder wie soll man es nennen? Die Enge spottet jeder Beschreibung. Tieren auf einem Bauernhof geht es besser.

Ich habe noch keine zwei Schritte in den fast lichtlosen Raum gemacht, da spüre ich schon zwischen meinen Strümpfen und meiner Haut das altvertraute Kribbeln. „Punaises!", fluche ich mit zusammengebissenen Zähnen, „Wanzen!" Und auch dadurch gehöre ich zu ihnen. Wir reden über Gott und die Welt, Ratten und Wanzen.

Als es nicht mehr auffällt, dass ich weiß bin, schlägt Antoine vor, Fußball zu spielen. Es würde der FIFA den Atem verschlagen: Teams von sechzig Mann, die gegen ein zusammengeschnürtes Stoffbündel kicken. Der Lederball sei, heißt es offiziell, über die Mauer geflogen, inoffiziell, weil sogar für einen Ball das Geld zu rar ist. Ich schicke ein Stoßgebet zum hl. Nikolaus.

Schlafenszeit. Die Bretter sind hart. Das sei gut für den Rücken, hatte Padre Felipe gemeint. In mein Schicksal ergeben, versuche ich bei jeder Wanze, die ich spüre und von denen einige die Leistengegend und meinen Rücken erreicht haben, Schafe zu zählen.

Einige haben sich etwas Maniok fürs Frühstück aufgehoben. Florent hat noch etwas Reis, den ihm seine Frau gebracht hat.

„Der hat Glück", sagt Salam.

Randy greift zur Gitarre. „Une chanson d'adieu, ein Abschiedslied", muss Salam übersetzen. Aber es handelt von Gott und wie Randy ihn im Gefängnis entdeckt hat. Die anderen stimmen ein. Und ich habe das Gefühl, dass die Wanzen aus meinen Haaren Reißaus nehmen, als die sich aufrichten.

Salam hält eine mit lautstarkem Beifall bedachte Rede auf Madagaskisch. Weil ich ihre himmlische Hölle verlasse? Dorthin gehe, wo es keine Wanzen gibt? Wo es statt Maniok Bananen und Mangos gibt?

Meine Blicke kreuzen sich mit denen Modestes. Neun Jahre wartet er schon auf seinen Prozess. Neun Jahre. Ich würde gerne bleiben, aber Padre Felipe wartet.

Ich verabschiede mich kurz vom Chef, der das Eisen schmieden will, solange es noch heiß ist. Er sucht Geld für den Bauernhof, auf dem Häftlinge arbeiten können. „Im Augenblick haben wir eine Kuh für neun Hektar", stöhnt er. Ich setze einen Bauernhof auf den Wunschzettel für den Nikolaus. Der Direktor schreibt mir seine Adresse auf einen Zettel. Inzwischen darf ich als Vertrauensbeweis Papiere durchblättern, auf denen die Namen und Straftaten aller Häftlinge stehen. Ich beschränke mich auf die linke Spalte und versuche den Namen Gesichter zuzuordnen. Nur bei Modeste gucke ich schnell nach rechts. „Brandstiftung" steht da, aber es kommt mir nicht wichtig vor. Ich erkundige mich nach dem größten Verbrecher unter den Jugendlichen.

„Fidson", sagt der Gefängnisdirektor, „der hat zwei Fahrräder gestohlen."

Die Tür zur Frauenabteilung ist offen. Ich stecke meinen Kopf hinein. Sie haben sich zu einem Chor aufgestellt. Marie beginnt zu singen und die gesamte Frauenmannschaft stimmt ein, ein-, zwei-, drei-, vierstimmig. Odette will das Lied übersetzen, aber ich winke ab, und sie übernimmt die fünfte Stimme. Die Männer nebenan trommeln auf Töpfe und Pfannen. Nur eine Mauer trennt den Chor vom Orchester. Ich bekomme eine Vision, diese Aufführung würde die Gefängnismauern zum Einsturz bringen. Oh mächtige Musik, oh herrliches Lied, oh Töne der Befreiung! Die ganze Not löst sich hier in Noten auf. Ich beiße mir auf die Zunge, um nicht loszuheulen. Am Ende schlucke ich den Kloß im Hals hinunter, um Platz zu machen für das Einzige, was ich über die Lippen bekomme: „Je vous aime." Die Frauen klatschen Beifall. Verkehrte Welt! Zu allem emotionalen Unglück ruft mir eines der Kinder nach: „Bye bye, daddy!"

VON PONTIUS ZU PILATUS IN NAMIBIA

In Windhoek weht der Wind aus vielen Ecken. Man findet hier eine Bismarckstraße, einen Ooievaarsweg und eine Florence Nightingale Street. Das eine Mal wähnt man sich in München, das andere Mal in Harare. Die Hauptstadt Namibias ist ruhig und ordentlich. Ich muss auf die Zustimmung des Chefs des Strafvollzuges warten, des Commissioner of Prisons, und besichtige schon mal das Zentralgefängnis in der, jawohl, Mahatma Gandhi Street von außen.

Man sollte besser nicht kurz vor dem Wochenende in einem Land ankommen. Zumindest nicht, wenn man verschiedene Stempel von verschiedenen Instanzen braucht. Aber der belgische Konsul ist bereit, auch am Sonntag einen Brief an das zuständige Ministerium zu schreiben. In aller Herrgottsfrühe hole ich ihn am Montag ab und eile vom Residenzviertel zum Ministerium für Justizvollzug und Resozialisierung.

Unterwegs will ich mich bei einem Mann, der gerade aus seinem Auto steigt, nach dem Weg erkundigen.

„Nein, nein", sagt er, noch bevor ich den Mund aufgemacht habe. „Ich kaufe nichts!" Anscheinend haben schlechte Erfahrungen mit Hausierern bei ihm ein Trauma hinterlassen.

„Entschuldigen Sie", lächle ich ihn an, „ich wollte nur nach dem Weg fragen." Er überschlägt sich mit Entschuldigungen und bietet mir an, mich zum Ministerium zu bringen. Während der Fahrt erfahre ich, dass mein improvisierter Chauffeur der ehemalige Chef des Geheimdienstes ist. Ich bedanke mich bei Herrn Francisco und verspreche ihm, das nächste Mal mit Tupperware-Schüsseln vorbeizukommen.

Ein Mister Martin, Assistent des Commissioner of Prisons, empfängt mich zwischen Tür und Angel, aber herzlich.

„Welche Gefängnisse möchten Sie besuchen?"

„Äh, also das Zentralgefängnis in Windhoek und Ondangwa im Norden", antworte ich, froh, dass alles so reibungslos verläuft. Martin verspricht, mich heute Nachmittag anzurufen. Ich hole meine Post ab, kaufe etwas Milch und wasche pfeifend die Wäsche.

„Ein kleines Problem", sagt Mister Martin um halb vier am Telefon. „Wir benötigen noch ein Papier für das Auswärtige Amt. Wenn Ihr Konsul uns das noch faxen könnte…" Mister Hailwax, der die belgischen Interessen in Windhoek vertritt, verspricht, alles Nötige zu erledigen. Das Auswärtige Amt ist am Zug.

Als sich am nächsten Tag nichts tut, gewährt man mir Audienz im Hauptquartier der Gefängnisverwaltung.

„Wir sind guten Willens, an uns liegt es nicht", heißt es. „Aber das Auswärtige Amt legt sich quer. Warum gehen Sie dort nicht selbst einmal vorbei?" Mister Isaacs bietet an, mich hinzufahren.

Im Außenministerium breite ich noch einmal alle meine Dokumente aus, meinen Antrag vor neun Monaten, die begeisterte Antwort der namibischen Botschaft in Brüssel, ihre Versprechungen, die Briefe des Konsuls, die des Leuvener Gefängnisses und so weiter. Mister Swarts, ein Malcolm-X-Typ, meint, das sei alles nur eine Frage von einer Viertelstunde.

„Ich setze schon mal einen Brief für das Ministerium für den Justizvollzug auf, dann können Sie vielleicht heute Nachmittag schon in die Haftanstalt. Ich werde das Ganze noch vom Protokollchef absegnen lassen." Und weg ist Swarts. Nach einer halben Stunde kommt er mit düsterer Miene zurück. „Herr Nandago gibt leider seine Zustimmung nicht."

„Merkwürdig", sage ich. „Hat Mister Nandago auch gesagt, warum nicht? Und wird er das selber dem Gefängniskommissar mitteilen?"

„Ich werde mich erkundigen." Swarts verschwindet wieder für eine halbe Stunde. Als die Antwort Nein bleibt und Nandago mich auch nicht empfangen will, kehre ich in der Mittagshitze wieder zum anderen Ministerium zurück. Ich hätte es wissen können, verkaufe das Fell des Bären nicht, ehe du ihn erlegt hast. Mister Martin traut seinen Ohren nicht. Ich halte eine bewegende Rede über das Los von Häftlingen, die ihm Tränen in die Augen treibt. Martin erhebt sich und beauftragt seinen Assistenten, sofort das Auswärtige Amt anzurufen und mitzuteilen, dass ich von der Gefängnisverwaltung grünes Licht bekommen habe. Es kommt mir so vor, als stecke Martin in der Klemme, weil er am ersten Tag so von der Effizienz der namibischen Verwaltungsbehörden geschwärmt hatte.

Es ist Mittagszeit. Bis um halb drei tut sich erst einmal nichts. Ich werde – ich gebe es gerne zu – von einigen Beamten sehr gut unterhalten und erfahre einiges über das namibische Gefängniswesen. Es gibt 13 Haftanstalten und etwa 5000 Häftlinge. Sie klagen darüber, dass sich keine Ärzte und Psychologen bereit finden, in Gefängnissen zu arbeiten. Nach zwei Stunden schwant mir nichts Gutes. Es würde mich wundern, wenn ich nicht bis fünf Uhr hingehalten würde. Und tatsächlich. Um fünf vor fünf darf ich das Büro von Mister Martin betreten.

„I'm so sorry, Mister De Cock. Wie gerne ich es Ihnen auch gegönnt hätte, Ihr Antrag wurde abgelehnt. Das Auswärtige Amt bleibt leider hart."

„Aber Mister Martin", sage ich fassunglos, „Ihre Vertretung in Belgien hat mir diesen Besuch fest zugesagt. Hätte ich das vorher gewusst, hätte ich Namibia erst gar nicht in meine Reiseroute aufgenommen. Dies kostet mich eine Stange Geld. Könnte ich den Kommissar persönlich sprechen?"

„Es tut mir Leid", sagt der Assistent, „aber er hat vor fünf Minuten das Haus verlassen."

„Aber hat man Ihnen gesagt, weshalb man mir den Zugang zu den Gefängnissen verweigert?", frage ich verzweifelt.

„Top secret", beendet Mister Martin das Gespräch. Ich komme mir vor wie ein gefährlicher Spion, Abschaum, von Amts wegen ausradiert.

Um mich abzureagieren, spaziere ich die Independence Street hinunter.

Ein Auto hupt und hält neben mir. Der Fahrer kurbelt die Scheibe herunter.

„How are you doing?", fragt Mister Francisco, der Exgeheimdienstler. Ich schütte ihm mein Herz aus.

„Steigen Sie ein." Nach rasanter Fahrt stoppen wir in einem Außenviertel bei einem Haus, vor dem ein funkelnagelneuer metallblauer Jeep steht.

„Er ist hier", sagt Francisco in sachlichem Ton.

„Wer?"

„The Minister of Prisons. Jeden Tag nach der Arbeit kommt er hierher. Zu seiner Geliebten."

Aber auch der Minister hat keine Lust, sich mit den Kollegen anderer Ministerien anzulegen. Auch er kann sich das Nein des Auswärtigen Amts nicht erklären.

Wieder im Auto gibt mir Francisco einen ersten Einblick in die Korruption in Namibia. „Bis vor zwei Jahren war ich tatsächlich Chef des Nachrichtendiensts. Aber als wir den Finanzminister wegen Diebstahls von Diamenten hinter Gitter brachten, war meine Karriere zu Ende." Nach einigen weiteren Anekdoten weiß ich, dass dieses Land nicht so progressiv und demokratisch, modern und geordnet ist, wie es auf den ersten Blick den Anschein hat.

Am nächsten Tag werde ich mit Wut im Bauch wach. Bei allem Respekt vor den Gepflogenheiten eines fremden Landes finde ich, dass ich zumindest das Recht habe, vom Auswärtigen Amt eine

Erklärung zu bekommen. Bereit, um der namibischen Botschaft in Brüssel für eventuelle falsche oder fehlende Informationen zu vergeben, mache ich mich auf den Weg.

Gerät man in die Mühlen der Bürokratie, hat man zwei Möglichkeiten: Man kann resignieren, das Handtuch in den Ring werfen oder sich auf die Hinterbeine stellen. Ich bin eigentlich kein Revoluzzer-Typ, aber ich würde es jetzt sowohl den offiziellen Instanzen als auch mir selbst zu einfach machen, wenn ich mich mit der Situation abfinden würde. Ich denke im Übrigen die ganze Zeit an die Gefangenen, die oft kein Recht auf Einspruch haben, die immer den Kürzeren ziehen, Jahre auf ihren Prozess warten, einfach alles schlucken und den Mund halten müssen. Gestern habe ich noch versucht, einen früheren Flug aus diesem verdammten Namibia zu bekommen, aber wegen der Weihnachtszeit war nichts zu machen. Dann eben die Revolution, denke ich. Jemand muss Farbe bekennen. Und wenn es mit „öffentlicher Sicherheit" oder „falschem Dienstweg" zu tun hat, sehe ich nicht ein, warum man mir das nicht einfach mitteilen kann. Das Auswärtige Amt ist mir eine Antwort schuldig.

Unterwegs komme ich an einem großen Plakat vorbei: „The Office of the Ombudsman". Genau der Richtige. Er macht seinem Amt alle Ehre, hört mir geduldig und interessiert zu und stellt Fragen. Sein Fazit, auf das ich auch schon gekommen war: Hier stimmt etwas nicht.

„Gehen Sie wieder zum belgischen Konsul, er hat die Autorität, das Ministerium um Aufklärung zu bitten." Er spricht noch von „bilateralen Verträgen", aber ich bin schon auf dem Weg zu Mister Hailwax.

„Er ist sehr beschäftigt", sagt die Sekretärin, aber ich darf ihm schließlich doch meine Beschwerden vorbringen. Meine Vermutung, es gebe Spannungen zwischen Belgien und dem Auswärtigen Amt räumt er sofort aus.

„Es gab ein delikates und kompliziertes Problem mit einem Belgier, der letztes Jahr wegen Spionage verhaftet wurde", sagt Hailwax, „aber das hat der Beziehung zum Auswärtigen Amt nicht geschadet. Sie rufen am besten den Botschafter in Pretoria an. Wir sind hier nur ein Konsulat. Mit den Briefen habe ich eigentlich meine Kompetenzen schon überschritten. Oder schreiben Sie am besten den ganzen Hergang und Ihre Beschwerden auf. Der Botschafter wird die Sache dann bestimmt bei nächster Gelegenheit zur Sprache bringen." Er gibt mir Namen und Telefonnummer der Botschaft in Südafrika, und ich rufe die Sekretärin in Pretoria an. Der Botschafter persönlich werde mich sofort zurückrufen. Anscheinend hat auch er viel zu tun, und nach anderthalb Stunden gebe ich auf.

Es wird Zeit für eine radikalere Methode. Mit Blasen an den Füßen, schwitzend, aber entschlossen mache ich mich auf den Weg zur nächsten Polizeiwache. Es herrscht eine hektische Betriebsamkeit wie auf einem morgendlichen Markt. Leute, die eine Geldbuße bezahlen (oder nicht), Leute, die einen Diebstahl melden wollen (oder eine Fundsache), Leute, die aus der Zelle raus wollen und einer, der in eine hinein will. Ein Polizist mit drei Sternen auf jeder Schulterklappe geht an mir vorbei, er sieht über mich hinweg, als sei ich Luft.

Er dreht mir den Rücken zu und ich sage: „Ich möchte verhaftet werden. Fast wäre ein Stern von seiner Schulter geplumpst. Er dreht sich um und sieht mich beunruhigt an. Sollte er schlecht gehört haben? Er scheint geradezu erleichtert, als ich wiederhole: „Können Sie mich verhaften?"

„Why?"

„Einfach so. Ein Weihnachtsgruß für die Gefangenen. Sie sollen wissen, dass sie nicht allein sind. Weil…"

„Nein, nein", sagt er bestimmt, „das geht nicht! Ich kann keinen Unschuldigen verhaften. Wenn Sie ein Gefängnis besuchen wollen, wenden Sie sich an…"

„Den Commissioner of Prisons", unterbreche ich ihn. „Und wenn es ein Ausländer ist, auch noch an das Außenministerium." Ich erzähle ihm meine Geschichte.

„Dafür bin ich nicht zuständig. Kommen Sie mal mit zum Chef." Wir gehen durch einige Gänge und mein Führer klopft an die vorletzte Tür. Hinter einem imposanten Schreibtisch sitzt ein Mann, zwei Sterne mehr auf seiner Schulterklappe und umringt von drei Mitarbeitern. Ich wiederhole meine Frage: „Können Sie mich verhaften?" Alle schauen mich entgeistert an, unsicher, ob sie lachen oder einen Krankenwagen anrücken lassen sollen.

„Was haben Sie verbrochen?“, fragt der Kommissar.

„Nichts.“

„Dann kann ich Sie nicht verhaften lassen“, antwortet er lächelnd.

„Ich habe ziemlich böse Dinge über den Protokollchef Ihres Auswärtigen Amts gedacht.“

„Das reicht nicht.“

„Was muss ich dann anstellen, um hinter Gitter zu kommen?“, frage ich die Gesellschaft.

„Ein Auto stehlen“, ruft einer. „Mord“, lacht ein anderer. „Vergewaltigung!“ Als würden wir Pictionary spielen.

„Und was, wenn ich passiven Widerstand leiste? Wenn ich hier auf diesem Stuhl sitzen bleibe, bis ihr mich in Handschellen abführt und einsperrt?“

Zum achtundzwanzigsten Mal erzähle ich meine Geschichte. Die Herren und eine Dame sind ganz Ohr und der Meinung, ich hätte Anspruch auf eine Erklärung, aber sie haben Feierabend und verlassen einer nach dem andern das Zimmer.

„Würden Sie bitte gehen, dann kann ich abschließen“, sagt der Letzte.

„Nur wenn Sie mich verhaften“, antworte ich ohne mit der Wimper zu zucken und bleibe wie angenagelt auf dem – nebenbei bemerkt – recht bequemen Stuhl sitzen. Auch der letzte Polizist verschwindet. Nach einer Weile taucht ein Polizist auf, der anscheinend bei seiner Ausbildung im Fach Psychologie am besten abgeschnitten hat. Olzholzen wirkt gesetzt, ist ein freundlicher Mann. Der Kinnbart steht ihm gut. Er zeigt vollstes Verständnis für mein Schicksal und nickt bei jedem Wort, das ich sage, als hätte er das Gleiche schon einmal erlebt.

„Meneer De Cock, Sie glauben gar nicht, wie gut ich Sie verstehe. Aber vielleicht dürfte ich Sie jetzt bitten, dieses Zimmer zu verlassen.“

„Das dürfen Sie“, antworte ich in ebenso freundlichem Ton, „aber verhaften Sie mich dann?“

„Wenn ich einen Unschuldigen einloche, stehe ich morgen auf der Straße.“ Eine neue Masche also. Unverrichteter Dinge zieht Olzholzen ab, wahrscheinlich, um sich mit den Kollegen, die noch nicht gegangen sind, zu besprechen. Es dauert nicht lange. „Sie heißen auch Jan“, lacht er herzlich, „genau wie ich. Darf ich Sie Jan nennen?“

„Gewiss, Herr Olzholzen.“

„Meine Frau kommt aus den Niederlanden. Gelderland“, sagt der gutmütige Popeye.

„Oh“, ich spiele das Spiel mit, „da wohnt eine Schwester von mir.“

„Sie haben eine sehr interessante Mission, Jan. Wie sehen die Gefängnisse in anderen afrikanischen Ländern aus?“ Ich beantworte seine Frage. Auf diese Weise können wir uns noch Stunden anregend unterhalten. Aber für ihn scheine ich nun wirklich mit dem Stuhl verwachsen zu sein. Als uns der Gesprächsstoff ausgeht und es still wird im Büro des Kommissars, schreibe ich etwas in mein Notizbuch, das ich immer bei mir habe. Nach zehn Minuten verliert Olzholzen die Geduld.

Auf einmal – Recht hat er – reicht es ihm. „Shit, was mache ich hier eigentlich. Soll sich doch der Kommissar selbst drum kümmern!“ Und weg ist Olzholzen. Zum fünften Mal.

Einige Zeit später kommt ein anderer, von einer höheren Charge. Er ist aus anderem Holz geschnitzt und ruft mir schon in der Tür zu: „Sie haben zwei Minuten, dann sind Sie hier verschwunden, sonst…“

„Sonst was?“, frage ich ebenso freundlich wie tollkühn. Er kann eigentlich nicht antworten, dann werde man mich verhaften, also kommt er nicht weiter als: „Das werden Sie schon sehen!“ Und weg ist auch er. Jetzt wird es spannend.

Drei Minuten später kommt Olzholzen zurück, auch er verlegt sich nun aufs Drohen. Ich bleibe ruhig, freundlich. „Wir werden dich jetzt mit Gewalt hinausbefördern“, sagt er. „Auf die Straße.“ Er muss nun allerdings auch bei der Vorstellung lachen, dass man jemanden gewaltsam aus einer Polizeiwache entfernt. Olzholzen verschwindet wieder kurz. Dann der nächste Schachzug: „Hast du Familie? Leben deine Eltern noch?“ Als er zum siebten Mal den Raum betritt, ruft er laut: „My goodness, bist du immer noch da?“ Er hat sein psychologisches Pulver verschossen. Was kommt jetzt? Militärpolizei? Die Armee?

Schritte im Flur kündigen eine Delegation an. Vier Männer und eine Frau betreten das Zimmer. Ziemlich normale Leute.

„Wir kommen vom Innenministerium, Polizeiverwaltung." Es gibt für sie, Olzholzen und noch einen Beamten nicht genügend Stühle. Beinahe hätte mich meine gute Kinderstube auch noch meinen Stuhl gekostet. Zum Glück darf ich sitzen bleiben. Man versucht es wieder mit Freundlichkeit. Zum neunundzwanzigsten Mal erzähle ich meine Geschichte. Sie sind ganz Ohr und begutachten die Kopien all meiner Dokumente. Alles in chronologischer Reihenfolge. Sollte sich irgendwann einmal jemand für diesen Fall interessieren, wird er feststellen, dass es in Namibia keine Kommunikation zwischen den verschiedenen Instanzen gibt.

„Warum respektieren Sie den Dienstweg nicht?", platzt plötzlich einer von ihnen los, deutlich zur Unzufriedenheit der anderen.

„Ich respektiere ihn ganz und gar", antworte ich ruhig. „Ich habe mich zuerst an Ihre Botschaft in Brüssel gewandt. Vor neun Monaten. Dann an die Gefängnisverwaltung, den belgischen Konsul und das Auswärtige Amt. Das Einzige, worum ich bitte, ist eine klare Antwort, warum man mir den Besuch eines Gefängnisses verweigert. Zumindest, wenn ich auf eine solche Erklärung Anspruch habe."

„Das haben Sie", sagt der Gesprächsleiter, der sich als Thomas vorgestellt hat. Ich appelliere an seine Ritterlichkeit und erwähne, dass ich in dieser ganzen Affäre sehr zuvorkommende Personen getroffen hätte. „Fast ausnahmslos", übertreibe ich. „Vielleicht abgesehen von Herrn Nandago, dem Protokollchef des Auswärtigen Amts, der mich nicht empfangen wollte."

„Sie beleidigen unsere Regierung", poltert der, der anscheinend cholerisch veranlagt ist, wieder. Ich wittere meine Chance: „Sehen Sie, ein Grund, mich zu verhaften." Thomas und die anderen versuchen, die Gemüter zu beruhigen.

„Wenn ich Ihnen verspreche, für morgen eine Verabredung beim Auswärtigen Amt zu arrangieren, wären Sie damit zufrieden, Mister De Cock?", schlägt Thomas diplomatisch vor.

„Das versuche ich schon seit fünf Stunden deutlich zu machen", antworte ich.

„Problem gelöst", sagt Thomas und gibt einem der fünf den Befehl, mich nach Hause zu bringen. Wahrscheinlich, um sicher zu sein, dass sie mich wirklich los sind. Man werde mich morgen abholen. Wenigstens der Transport ist umsonst.

Um neun Uhr klingelt das Telefon. „Wir versuchen schon seit einer Stunde, das Auswärtige Amt zu erreichen. Sobald wir mehr wissen, hören Sie von uns, Meneer De Cock.“ Das alte Lied, denke ich.

In der Tat, denn erst um 12 Uhr, als ich mich gerade auf den Weg zum Außenministerium machen will, ruft ein Abgesandter von Thomas an: „We are so sorry, Mister De Cock, im Auswärtigen Amt meldet sich niemand. Wir schlagen daher vor, es hierbei zu belassen. Ich soll Ihnen von Mister Thomas ausrichten, dass er Ihre Mission über alle Maßen bewundert und dass es in anderen Ländern zu guten Kontakten kommen möge. Wir hoffen, Namibia hat Ihnen gefallen und please feel always welcome. Ich wünsche Ihnen noch eine gute Reise.“

Ich lege brav den Hörer auf und verlasse das Haus. Letzter Versuch: das Auswärtige Amt.

Ein Sitzstreik wäre nichts Neues, und ich installiere mich vor Mister Swarts Büro, der wohl gerade Mittagspause macht. Eine Sekretärin, die durch den Gang hüpft, meint, Mister Swarts sei heute nicht erschienen.

„Ich warte“, sage ich.

Nach einer Stunde bekommt sie Mitleid mit mir und erkundigt sich, ob Sie mir helfen könne. „Ich möchte jemanden sprechen.“ Nach zwei Minuten kommt sie zurück mit der Mitteilung, Mister Mavulu könne mich empfangen. Mavulu ist die Nummer zwei des protokollarischen Diensts. Hinter seinem gewaltigen Schreibtisch sitzt ein Mann, der die schwarze Ausführung des belgischen Außenministers Michel sein könnte. Vielleicht müssen anno 2001 alle diese Würdenträger dick und bärtig sein. Hinter ihm prangt die namibische Flagge und ein Riesen-Foto von Präsident Sam Nujoma. Mavulu blickt kaum auf, als er mich zum Sitzen auffordert. (Er weiß nicht, wie gefährlich es ist, wenn man mir einen Stuhl anbietet.) Er liest aufmerksam die Zeitung und wird das die ganze Zeit über tun.

„What’s the problem?“, fragt er herablassend. Ich deponiere sämtliche Dokumente auf der aufgeschlagenen Zeitung und erzähle zum letzten Mal – das weiß ich jetzt – meine namibische Geschichte. Er wirft einen gelangweilten Blick auf den Stapel.

„Wo ist der offizielle Antrag der belgischen Regierung?“ Seine Stimme klingt vorwurfsvoll.

„Der belgischen Regierung?“

„Ja. Ihre Regierung hätte sich offiziell an unsere wenden müssen. Wenn jemand hier einen Fehler gemacht hat, dann sind Sie es, Herr De… äh De Cock.“

„Ich habe mich an das gehalten, was mir sowohl Ihre Botschaft in Brüssel als auch Ihr Ministerium für den Justizvollzug geraten hat“, kontere ich. „Nach monatelangen Kontakten mit Ihrer Vertretung in Belgien und zehn Tagen Klinkenputzen hier in Windhoek sind Sie der Erste, der von einem offiziellen Antrag der belgischen Regierung spricht.“

„Sie hätten sich besser informieren müssen“, meint das Walross. Er zieht eine Schublade auf, holt eine Flasche Aftershave heraus und patscht sich possierlich die Flüssigkeit ins Gesicht. Filmreif.

„Sie wären übrigens der erste Ausländer, der unsere Gefängnisse besucht“, murmelt er über das Fläschchen hinweg.

„Oh“, widerspreche ich ihm, „da habe ich von der Gefängnisverwaltung etwas anderes gehört. Es ist noch gar nicht so lange her, dass eine Gruppe Kanadier genau das getan hat.“

„Irrtum“, spricht der, der sich für Gott hält, während er eine Zeitungsseite umblättert. „So, Herr De Cock, ich bin sehr beschäftigt. Ich rate Ihnen, fahren Sie nach Hause und beschreiten Sie den vorgeschriebenen Dienstweg. Nächstes Mal mehr Glück.“

Ich sage nichts, starre ihn nur an, in der eitlen Hoffnung, dass dadurch das Pompös-Karikaturhafte dieses Protokollarbeamten umso deutlicher zutage trete. Aber eigentlich empfinde ich tiefes Mitleid mit dem Mann und dem Volk, das von ihm und seinesgleichen regiert wird. Zugleich überkommt mich eine tiefe Ruhe und die Gewissheit, dass ich „loslassen“ muss. Ich will es mir nicht länger zumuten, hier auf diesem Stuhl zu sitzen.

Im Aufzug stoße ich mit Herrn Swarts zusammen. Er sieht bedrückt aus.

„Haben Sie zwei Minuten?“, frage ich ihn. Er führt mich in sein bescheidenes Büro.

Noch bevor wir uns hingesetzt haben, sagt er: „Ich habe den ganzen Vormittag im Krankenhaus verbracht. Meine Tochter ist schwer krank.“ Eine Stunde lang höre ich der Geschichte eines Vaters zu, dessen Kind in kritischem Zustand ins Krankenhaus eingeliefert wurde. Auch Gefängnisse sind irgendwann unwichtig. Zum Schluss kommt Swarts von sich aus darauf zu sprechen. „Ich hätte Ihnen so gerne geholfen, Mister De Cock, aber ich bin nur ein einfacher Untergebener. Meine Vorgesetzten treffen die Entscheidungen. Hat Mister Nandago Sie noch angerufen?“

„Aber nein“, sage ich leise.

„Aber er sollte Ihnen noch mitteilen, warum das Auswärtige Amt ihren Antrag abgelehnt hat! Aus guter Quelle habe ich erfahren, dass man Sie mit einem Belgier in Zusammenhang bringt, den man letztes Jahr wegen Spionage für paramilitärische Gruppen verhaftet hat.“ Da haben wir die Bescherung, denke ich. Weil ich zufällig den gleichen Pass wie ein Spion habe, bin ich auch einer! Die Logik des Auswärtigen Amts.

Die Gebäude der Ministerien leeren sich. Es ist wieder fünf Uhr. Die Weihnachtsferien haben begonnen.

„Herr Swarts“, sage ich in der Tür, „ich danke Ihnen für Ihre Hilfsbereitschaft. Unkompliziertheit ist eine Tugend. Ich wünsche Ihnen alles Gute für Ihre Tochter. Und gesegnete Weihnachten.“ Ich meine es aufrichtig.

Fast befreit schlendere ich durch die belebte Einkaufsstraße. Bei der Kathedrale fällt mir ein, dass es ja so etwas wie eine Gefängnisseelsorge gibt. In der Kirche nimmt kaum jemand an der Messe teil. Anschließend frage ich den Pastor.

„Ah, Father Hermann, just around the corner.“

Man würde nicht vermuten, dass sich im Schatten der Kathedrale eine ganz andere Welt auftut. Vor dem kleinen Haus von Father Hermann sitzen zwei Frauen, jede mit einem Baby. Alle vier sehen nicht gerade gesund aus.

„Ich habe Aids“, sagt eine ungefragt. „Mein Sohn auch.“ Sie holt ihn von ihrem Rücken und versucht ihm ein Lächeln zu entlocken.

Armando ist drei Monate alt, sieht aber aus, als wäre er gestern geboren worden.

Pater Hermann lädt mich ohne viel Aufhebens in sein Haus ein, eine Erholung nach den vergangenen Tagen.

Über Pakete und Kartons stolpernd erreichen wir sein Büro. Der Tisch ist eine Replik der Schulbank, auf der ich Lesen und Schreiben gelernt habe.

„Natürlich", sagt er mit einem deutschen Akzent, den er auch nach dreißig Jahren in Namibia nicht verleugnen kann. „Kein Wunder, dass sie dich nicht ins Gefängnis gelassen haben. Mir haben sie vor sechs Monaten den Zugang mehr oder weniger verweigert. Eine Sekte hat jetzt meine Aufgabe übernommen. Es ist drinnen nicht alles so rosig, wie man glauben machen will. Es wird sogar wieder gefoltert, hörte ich. Ja, Jan, du verstehst, einen belgischen Topfgucker können sie wirklich nicht gebrauchen."

„Lieber Herr! Namibia ist nicht der Garten Eden. Fahr aus Windhoek raus in die Dörfer! Kein fließendes Wasser. 55 Prozent der Leute sind arbeitslos. Ich habe dem Präsidenten geschrieben, er solle mir 50 Millionen namibische Dollar geben und er könne sicher sein, dass jeder Groschen den Armen zugute kommt. Einige Wochen später las ich in der Zeitung, dass er für 750 Millionen ein zweites Flugzeug „für Privatzwecke" anschaffen will und vor seiner Haustür eine Landebahn anlegen lässt für die Kleinigkeit von weiteren 40 Millionen."

Ich bedanke mich bei Pater Hermann für diese Hintergrundinformation und verabschiede mich von Armando, Hoffnung einer Nation. Das Lächeln will einfach nicht glücken und sein schon etwas glasiger Blick wird noch durchsichtiger. Er sieht aus, als hätte er sein kurzes Leben bereits beendet.

„Ein Bier, bitte." Ich sitze am Tresen einer Kneipe, um Namibia runterzuspülen, zu vergessen.

„Auf Safari gewesen?", fragt die Bardame.

„Nee, eigentlich nicht. Auf Durchreise."

„Wo kommen Sie her?"

„Belgien."

„Was Sie nicht sagen." Sie winkt in die Richtung eines Mannes, der vier Hocker weiter sitzt. „Eddy, was sagst du dazu? Noch ein Belgier!"

Eddy, schon ziemlich angeheitert, schenkt sich ein Bier ein.

„Was führt dich nach Windhoek, hick?" Seine Fahne lässt auf einen Blutalkoholspiegel von 2,5 Promille schließen.

„Ich versuche mir ein Bild von der Innenseite von Gefängnissen und ihren Gefangenen zu machen." Eddy verschluckt sich. „Äh? Gefängnisse?!" Es ist schon spät, und Eddy sieht jetzt wohl nur noch rosa Elefanten. Obschon… „Weil du mein Freund bist, verrate ich dir mal was." Er schiebt seinen Hocker etwas näher. „Erst war ich in Simbabwe, dann habe ich ein bisschen für paramilitärische Gruppen in Angola und Südafrika spioniert. Letztes Jahr haben sie mich erwischt. Ich kenne das Gefängnis von Windhoek in- und auswendig. Als erster und einziger Belgier, ha, ha. Kann ich dir noch ein Bier spendieren?"

„Ja!", sage ich aufrichtig. Und schweige… Ich habe mir das Bier meines Landsmanns Eddy mehr als verdient.

GALEONEN AUS GHANA

Ich mag die Lässigkeit manch afrikanischer Funktionäre. Den Oberkörper auf der Schreibtischplatte abgestützt, kauen sie zur Zahnpflege auf ihrem Süßholz, und macht man einen Witz, klatschen sie. Das weibliche Personal in mokkafarbenen Uniformen im Gefängnis von Accra ist nicht anders. Sie versuchen es sich vorzustellen: einen Tag mit mir hinter Gittern! Ihr Chef ist jedoch von der Idee weniger erbaut; er kennt den Amtsweg.

Die Sekretärin im Innenministerium ist nicht ganz bei der Sache. Sie telefoniert und schreibt gleichzeitig ihre Weihnachtsgrüße, was dazu führt, dass sie irgendwann „Hello, Ministry of Interior Affairs" auf eine Karte schreibt und sich ein anderes Mal mit „Happy New Year" am Telefon meldet. Und als sie dem Minister die Tür aufhält, der mit einer Delegation aus seinem Arbeitszimmer kommt, hat sie vergessen, die Schuhe anzuziehen.

Ich müsse für eine Arbeitserlaubnis die blauen Formulare ausfüllen, meint sie, nachdem ich ihr lang und breit mein Anliegen vorgetragen hatte.

„Oh sorry", sagt sie lachend und unterschreibt noch eine Karte. „Ich habe Sie mit einem Deutschen verwechselt, der vorige Woche hier war." Ich verfasse an Ort und Stelle den Brief an den Minister und muss wieder wie ein Taubenzüchter auf wolkenfreies Wetter warten.

Drei Tage später bricht die Sonne durch. In einem offiziellen Schreiben fordert der Minister den Direktor des Gefängniswesens auf, mich in allem zu unterstützen. Wenn das nicht ein Grund ist, sich in Ghana zu verlieben.

Allerdings weiß ich aus Erfahrung, dass man sich nie zu früh freuen darf. Die ersten Funktionäre sind überaus freundlich, aber der Direktor will sich wohl der Verantwortung entziehen. Er hat den Brief des Ministers verlegt, die Verabredung vergessen und lässt mir durch seinen Stellvertreter ausrichten, ein Gefängnisbesuch sei nicht möglich. Im Unterschied zu Namibia reizt mich diesmal nichts, noch weitere Schritte zu unternehmen. Ich habe noch andere Dinge in petto.

Auf nach Agona Swedru. Ich kann stundenlang vom Bus aus den Frauen, Kindern und Jugendlichen zusehen, die wandelnde Supermärkte sind. Körbe mit Wasserschläuchen, Kartons voller Brote, Kekse, Wecker, Zahnpasta tragen sie auf den Köpfen. Sie stapfen an den offenen Fenstern entlang. Eine Frau greift sich mit einer Hand zwei Apfelsinen vom Zehn-Kilo-Stapel auf ihrem Kopf und mit der anderen ein Messer, um sie zu schälen, ohne auch nur im geringsten das Gleichgewicht zu verlieren. Ein Fahrgast möchte ein Ei. Eine der Frauen schafft es, eines über ihrem Kopf zu pellen, es mit Salz zu bestreuen und auch noch Geld zu wechseln, ohne ihr zerbrechliches Gepäck in Gefahr zu bringen. Ein kleines Mädchen bringt es sogar fertig, mit einer Schale Wasserbeutel auf dem Kopf zu tanzen.

Man kann den Fortschritt eines Landes auch an seinem ökologischen Bewusstsein ablesen. In dieser Hinsicht hat Afrika noch einen weiten Weg vor sich. Leere Joghurtbecher, Plastiktüten, Bananenschalen... alles landet auf der Straße. Männer urinieren, wo sie gerade stehen. Wenn ein Mann eine sitzende Haltung einnimmt, kann man sicher sein, das er Moslem ist. Kodjo meinte, ihre Religion schreibe vor, dass sie ihren Pimmel säubern müssten. Auf dem Boden fände sich immer etwas, das als Klopapier dienen könne.

Ben Ackah ist das Sprachrohr einer Gruppe Jugendlicher, die sich für die Gefangenen einsetzen will.

„Als deine erste E-Mail kam", sagt Ben, „saßen wir gerade mit einigen Freunden zusammen. Wir wollten einfach ‚etwas Gutes' tun. Du hast uns auf eine Idee gebracht, und stell dir vor, letzte Woche haben wir hier in Agona Swedru zum ersten Mal ein Gefängnis besucht."

„Und die Behörden sind sogar ganz begeistert!", ergänzt Ernest. „Die Jüngeren sind sehr interessiert an den Vorschlägen, Werkstätten für die Häftlinge einzurichten. Ich mache mit ihnen einige Entspannungsübungen und eine Sitzung ‚Phantasie'. Statt Lieder der irischen Sängerin Enya hören wir gregorianische Gesänge des senegalesischen Männerchors des Benediktinerklosters Keur Moussa. Denn auch bei ‚Carillon pour deux koras' kann man sich entspannen."

Einer will mich seiner Schwester vorstellen, ein anderer seiner Großmutter. Und alle möchten mit aufs Foto. Sie wollen auch einen Kieselstein werfen, um festzulegen, wer mich nach Cape Coast begleitet, aber ich möchte dort lieber allein sein.

Einen Führer brauche ich auch nicht. Ich finde leicht den Weg zur Küste und zur Festung, die sich, weiß getüncht, vor dem schäumenden Ozean abhebt. Der Gouverneur muss damals von seinem Schlaf- und Empfangszimmer aus eine grandiose Aussicht aufs Meer gehabt haben. Der Parkettfußboden wirkt robust. Aber die Geschichte ist ein ewiges Schandmal und ihr Schrei ohrenbetäubend. Von hier aus wurden Millionen Sklaven auf Galeonen nach Portugal, Amerika und zu den karibischen Inseln verfrachtet. Tabak, Baumwolle und Gold notierten auf der kolonialen Börse höher als Menschenleben.

Die goldene Tafel am Eingang zu den Kerkern erwähnt, dass hier die Männer zusammengepfercht wurden, bevor sie zu unbekannten Horizonten verschifft wurden. Die Möwen scheinen Namen zu kreischen. 10, 12, 20 Millionen?

„Door of no return", steht über der letzten Pforte, die direkt zum Meer führt.

Ich lasse mich auf der Brustwehr nieder, der Blick geht ins Unendliche. Auf den Kanonen liegt das Salz der See. Die Bedingungen für die Sklaven des 16. und 17. Jahrhunderts unterschieden sich nicht viel von denen der afrikanischen Häftlinge anno 2002.

Ich finde auf der Straße einen 2000-Cedi-Schein. Wie es heißt, dürfen Afrikaner kein Geld vom Boden aufheben, weil das Unglück bringe. Umso besser, denke ich, stecke ihn ein und weiß, dass er nicht für mich bestimmt ist. Zwei Ecken weiter werde ich von einem Mann und einer Frau angesprochen, die ein Baby auf dem Rücken trägt. Sie brauchen unbedingt Geld, um in ihr Dorf zu kommen.

Ich gebe ihnen den Geldschein.

„God bless you." Sie lachen von einem Ohr zum anderen.

FRÖHLICHE WEIHNACHEN IN BURKINA FASO

Der Bus von Accra nach Ouagadougou fährt mit zweistündiger Verspätung ab, was teilweise daran liegt, dass das Gepäck statt auf drei Busse auf einen verstaut werden musste. Sehr zum Verdruss der Besitzer, die ihre in Ghana eingekauften Waren in Burkina Faso an den Mann bringen wollten, winken wir Tischen und Stühlen, Matratzen und Schafen, die weder unter noch auf dem Bus Platz hatten, zum Abschied nach. Sie, die sich ins Fäustchen lachen, weil sie ihre Sachen mitnehmen konnten, werden das bald bereuen.

Die Landschaft geht langsam über von der tropischen Küstengegend zur Savanne in der Sahelzone.

Der Bus stoppt mindestens so oft, wie er Fahrgäste hat. Das eine Mal wegen Kontrollsperren, dann für eine Pinkelpause, dann, damit sich jeder mit Bananen versorgen kann. An einer Haltestelle muss für einen einzigen Passagier der ganze Bus ausgeladen werden. Als der Fahrer den Kofferraum öffnet, fallen Gepäckstücke heraus, man hört das Brechen von Glas. Der Chauffeur schreit „Scheiße", denn die Flüssigkeit ergießt sich über Taschen und Koffer. Es ist selbstgebrannter Schnaps.

„Nummer 49!", ruft der Fahrer, einen Gepäckschein in der Hand. Totenstille. Der Fahrer räumt alles auf und rettet, was noch zu retten ist. Keine Frage, er wird sich wohl heute Abend einen hinter die Binde kippen – und auf die Gesundheit des generösen Spenders anstoßen.

Mitten in der Nacht hält der Bus erneut – wegen eines technischen Defekts. Keinen der Fahrgäste scheint das zu stören, weder die Frau mit ihren zwei Kindern auf dem Schoß noch den Mann, der den Anschluss nach Bamako erreichen möchte. Sie strecken sich auf ihrem *pagne* auf dem Boden aus und dösen weiter oder kaufen sich die x-te Banane.

Aber an der Grenze hört der Spaß endgültig auf. Hatte uns die Panne schon drei Stunden gekostet, für den burkinischen Zoll benötigen wir nochmals fünf Stunden. Ihr Wenn-nicht-heute-dann-morgen-Tempo wäre ja noch zu akzeptieren, aber sie bestehen darauf, dass alles, aber auch wirklich alles ausgeladen wird. Etwas, was ich seit Tel Aviv nicht mehr erlebt habe, wo sie erst mich auf dem Ben-Gurion-Flughafen bis auf die Unterwäsche durchsuchten und dann jede Leonidas-Praline mittendurch schnitten. Diesmal kommt der Weiße gut weg. Ich habe ja auch keine Polstergarnitur, keinen Koffer voller Jeans, keine gebrauchten Handmixer, keine Schafe und keine Weihnachtsgeschenke dabei. Die meisten anderen werden es sich beim nächsten Mal gründlich überlegen, was sie einkaufen. Als sich der Bus schließlich wieder in Bewegung setzt, sehe ich hinter dem kleinen Zollgebäude die Beute des heutigen Tages: sechs Kühlschränke, drei Sofas, ein halbes Dutzend elektrischer Ventilatoren und einen Berg Kleider. Frohe Weihnachten! Zehn Stunden später als geplant kommen wir in Ouagadougou an.

„Le Laurier", steht auf dem Zettel. An, die meinen Aufenthalt in Burkina Faso vorbereitet hat, hat mir in diesem katholischen Schwesternhaus ein Zimmer reserviert. Ein Taxi setzt mich im Garten hinter der Kathedrale ab. Ich überquere den riesigen sandigen Vorplatz und stecke den Kopf durch die Tür der Rezeption.

„Bonsoir, ma sœur", grüße ich wohlerzogen.

„Qu'est-ce que c'est ça?", tönt es rabiat zurück. Es ist ein Glück, dass ich mit dem Rucksack in der Türöffnung stecken bleibe. Ich versuche, den Weihnachtsfrieden zu wahren.

„Excusez-moi, ma sœur. Aber könnten Sie vielleicht, wenn es irgend möglich wäre und wenn es nicht zu viel verlangt ist, mal nachschauen, ob für mich ein Zimmer reserviert ist, s'il vous plaît, merci, vielen Dank, bitte, und entschuldigen Sie nochmals..."

„Pas de réservation!", schnauzt die Nonne mich an. „Votre nom?" Ich bin versucht, mich als Josef von Nazareth vorzustellen, aber die Schwester wird nicht gerade eine hochschwangere Frau in meinem Rucksack vermuten, also nenne ich brav meinen Namen.

„Ah non, ah non! Je ne connais pas ce nom. Und außerdem nehmen wir keine Männer ohne Begleitung auf", womit sie sagen will, dass nur allein stehende Frauen und verheiratete Paare unter ihrem Dach ruhen dürfen.

Ich wünsche der Schwester noch gesegnete Weihnachten und betrete frohen Mutes wieder die Esplanade.

„Monsieur! Monsieur!", ruft mir jemand nach. Ein Mann meines Alters hatte mein Gespräch mit der Nonne mitgehört und Mitleid mit dem Obdachlosen bekommen.

„Enchanté. Ich bin Stéphane. Warum versuchen Sie es nicht bei den Patres? Da kommt man auch als Single unter. So gut wie umsonst. Der Eingang ist gleich da drüben."

Stéphane ist Schweizer und hat eine kongolesische Freundin. Sie hatten sich der Nonne als verheiratet vorgestellt und eine Bleibe bekommen. Er arbeitet für das Rote Kreuz und ist Beobachter in palästinensischen Gefängnissen. Wir verabreden uns auf ein Bier gegen Ende der Woche, und innerhalb einer Viertelstunde werfe ich mich bei den Ordensbrüdern auf ein Bett mit Moskitonetz in einem von Staub vergilbten Zimmer mit Ventilator.

Zum ersten Mal seit Monaten stehe ich vor einem Spiegel. Es fällt mir auf, dass meine Rippen wieder sichtbar sind. Und es gibt Ameisen. Ich finde sie am Morgen im Bett, in meinen Schuhen, zwischen den Zehen, in den Ohren.

Adama von der Organisation Prisons Sans Frontières holt mich ab. Er bringt mich mit dem Moped zum großen Boss, dem Herrn aller Haftanstalten. Es geht ungezwungen, aber auf afrikanische Art doch offiziell zu. Ich höre, was ich schon weiß.

„Monsieur De Cock, wir hätten Sie gern in einem Gefängnis untergebracht, aber nach den Vorfällen der vergangenen Wochen ist das unmöglich. Père Celestino, der italienische Gefängnisseelsorger, wurde auf dem Innenhof von einem Häftling ermordet. Mit einer Axt. Ich kann noch immer nicht schlafen. Aber tagsüber können Sie das Gefängnis ohne weiteres besuchen. Ich werde die Beamten benachrichtigen und dafür bürgen, dass Ihnen nichts passiert. Wollten Sie noch ein anderes Gefängnis außer dem M.A.C.O. besuchen?"

„Äh, vielleicht in einer anderen Provinz?"

Der Direktor telefoniert bereits, um den Verantwortlichen in Kaya zu instruieren. Ich bedanke mich und werde von Adama sofort zur größten Haftanstalt von Burkina Faso gefahren.

Maison d'Arrêt et de Corrections de Ouagadougou oder M.A.C.O. Als wir auf dem Innenhof stehen, ragt vor uns ein rechteckiger Block auf, der mit seiner düsteren Form und seinem Röhrensystem die Kulisse für einen Science-Fiction-Film abgeben könnte. Wäre sein Inhalt bloß auch von einer anderen Welt! Erst kommen wir an den Schweineställen vorbei. Noch weiß ich nicht, dass es ihnen im Gefängnis von Ouagadougou besser geht als den Häftlingen. Oder haben mich die bisherigen Erfahrungen zu sehr verwöhnt? Aber auch die Schafe sind hier zu beneiden. Ich könnte auch zwischen ihnen die Nacht verbringen.

Prisons sans Frontières hat die Küche renovieren lassen, was dem Vernehmen nach eine beträchtliche Verbesserung ist. Direkt vor dem offenen Raum hackt ein Häftling Holz. Von hier ging der Mörder von Pater Celestino zum Innenhof. Der Kaplan beobachtete an jenem Unglückstag die Arbeiten an der Kanalisation.

Vor der Küche und neben den Schweinen steht ein Lehmofen, in den ein Häftling Teigwürste schiebt und knusprige Brötchen herausholt. Er verkauft sie spottbillig und bringt anderen gerne die Kniffe des Fachs bei.

„Essayez Monsieur." Er steckt mir ein Brötchen zu. Ich beiße erwartungsvoll hinein und – höre es knirschen. Meinen Zahn auch. Die Füllung fällt heraus.

„Wunderbar", heuchle ich und überlege, ob ich hier einen Zahnarzt aufsuchen soll oder erst in Sankt Petersburg.

Links stehen drei kleine Gebäude, Gotteshäuser für die Protestanten, Muslime und Katholiken brüderlich nebeneinander. Ein viertes beschließt die Reihe, in dem sich die Salle de l'Amitié befindet, der Freundschaftsraum, auch ein Geschenk von Prisons sans Frontières.

Die Jugendlichen in der Schneiderei heißen mich willkommen, indem sie die Füße stillhalten und die Nähmaschinen zum Schweigen bringen. Auf meine vielen Ahs und Ohs angesichts der farbenprächtigen Haute Couture bietet einer der Jungen, Bernard, mir seinen Stuhl an. Ich kann zwar einen Knopf annähen, aber ein Hosenbein nähen ist eine andere Sache. Der Faden schießt aus der Nadel, ich trete zu schnell oder zu langsam, und als ich endlich fertig bin, habe ich das Hosenbein zugenäht. Die Jungens können darüber nur lachen. Meister Matthieu ebenfalls.

„Wie kommt ihr dazu, nähen zu lernen?", frage ich sie.

„Mein Vater, mein Großvater und mein Urgroßvater waren Maßschneider", sagt Jean, der kleinste des Trios. „Irgendwie fühle ich mich dadurch wie zu Hause."

„Ich komme hierher, weil es hier einen Ventilator gibt", gibt Bernard unumwunden zu.

Meine Weihnachtsnacht ist eine mit peristaltischen Zuckungen, sich drehendem Magen und ständigem Erbrechen.

Trotzdem bin ich früh aus den Federn, um als einer der ersten in Bethlehem anzukommen. Im M.A.C.O. hört man schon das Gloria. Ich begegne Vincent de Paul, der sich sichtbar im siebten Himmel fühlt. Heute wird er entlassen. Wir machen es uns auf einer Bank unter dem Mangobaum bequem.

„Vor drei Jahren", erzählt er, „wurde ich festgenommen, weil ich desertiert bin. Ich hatte erfahren, dass meine Frau todkrank war. Drei Wochen später haben sie mich verhaftet. Drei Monate später ist meine Frau gestorben. Zugegeben, es war anständig, dass man mir erlaubte, zu ihrer Beerdigung zu gehen. Aber ich musste meine drei Jahre absitzen."

„Hast du Kinder, Vincent?"

„Trois", sagt er und dieser afrikanische Schwarzenegger zerdrückt eine Träne. „Heute sehe ich sie zum ersten Mal wieder, nach drei Jahren."

Ich steige aus „in the middle of nowhere". Ich weiß nicht, was schwerer wiegt, die Hitze oder die Stille. Alles Leben in den fünf Häusern, an denen ich vorbeikomme, scheint gewichen zu sein. Aus dem einzigen verdorrten Gestrüpp weit und breit fliegt ein Vogel auf. Das Gefängnis von Kaya erhebt sich wie eine Festung in der Wüste.

„Bienvenu“, empfängt mich der Anstaltsleiter, ein Mann, dem die Arme gebunden sind. Er lamentiert, dass die Gelder aus der Hauptstadt die Provinz nicht erreichen. Geld hat der Mann nicht in der Schublade, wohl einen Revolver.

„Um Aufstände niederzuschlagen“, sagt er mit entschlossener Miene. „Und um unseren Brunnen zu verteidigen!“

Würde man ein Kind bitten, ein Blatt Papier ockergelb oder mausgrau zu bemalen und in die Mitte ein schwarzes Viereck zu zeichnen, dann hätte man eine genaues Abbild vom Gefängnis von Kaya aus der Vogelperspektive. Das heißt, man muss das Viereck noch mit zweihundert Mann füllen, die hier ihre Strafen absitzen. Sechs Monate, zwei Jahre, fünf Jahre. Schon der Gedanke erfüllt einen mit Grauen.

„Sie sind gefährlich“, hatte mir der Direktor gesagt, auf den Tod des Seelsorgers in Ouagadougou anspielend. Jetzt, da ich mitten zwischen diesen „tückischen Menschen“ stehe, kommen sie mir eher wie Pietas vor. Ich sehe in ihren Gesichtern Qual und Erschöpfung. Eine Schar Schornsteinfeger, die gelassen auf den Einsatz warten, der nie kommen wird. Ich fühle mich dreckig und staubig, bin schweißgebadet und mein eigener Körpergeruch widert mich an. Aber hier wirke ich noch zu anständig. Und ich habe Durst. Einige der Häftlinge bereiten sich eine Mahlzeit über einem Holzfeuer zu. Aber das sind große Worte für etwas, was sich vor meinen Augen abspielt. Sie verwenden Konservenbüchsen, der Inhalt ist kochendes Spülwasser, das Feuer ein paar Flämmchen aus dürren Zweigen. Dies ist ein Gefängnis der Hoffnungslosigkeit und des Schreckens.

Hier sitzt man um 6 Uhr morgens da und starrt Löcher in die Luft, und um 6 Uhr abends sitzt man noch immer da. Ab und zu hört man in der Nacht einen lauten Schrei, der vom Innenhof zwischen den Wachtürmen aufsteigt und in der Wüste verklingt, die uns in ihrem Griff hält. Ansonsten sind wir schweigsame, verängstigte Geiseln. Sogar der nächtliche Albtraum unterscheidet sich kaum von den Gespenstern des Tags. Ich schlafe schlecht. Es ist kalt, und es gibt schrecklich viele Stechfliegen. Zu dritt werden wir am Morgen rausgerufen.

„Wasser holen!“ Mit zwei Eimern gehen wir in Begleitung eines wachsamen Wärters durch die Tore. Die Sonne erwärmt die Wüste so rasch, wie die Nacht sie abgekühlt hat.

„Der Brunnen ist Eigentum des Gefängnisses“, sagt Dieudonné. „Er wurde letztes Jahr mit dem Geld einer ausländischen Organisation gebohrt.“ In der Ferne taucht er auf, von Frühaufstehern umringt, die mit Eimern und Plastikschüsseln das flüssige Gold nach oben holen.

„Dafür müssen sie zahlen“, sagt François, der Wärter. „Es ist eine Einnahmequelle. Davon lebt das Gefängnis.“ Wir warten, bis wir an der Reihe sind. Es ist verboten, mit den Leuten aus dem Dorf zu sprechen, die sich in gedämpftem Ton unterhalten. Wir kurbeln das Wasser in einem Eimer hoch und leeren ihn in unsere Behälter. Die Zunge klebt mir am Gaumen, wir stinken drei Meilen gegen den Wind, niemand könnte verdreckter aussehen als wir. Das aus dem Brunnen aufsteigende Wasser kommt mir wie Diamanten in einer schwarzen Samtschatulle vor. Etwas Köstliches und Wertvolles. Ich schwöre beim Brunnen dieses burkinischen Gefängnisses, dass ich nie mehr im Leben einen Wasserhahn, eine Dusche aufdrehen werde, ohne alle Register eines Händelschen Halleluja zu ziehen. Mit unseren Eimern und Schüsseln kehren wir zum Staatshotel zurück.

Die Wasserausgabe ist jeden Tag der ersehnteste, unvergleichlichste Augenblick. Wir stellen uns in Reihen auf und nehmen den Becher in Empfang. Die Zeremonie wiederholt sich zweimal täglich. Es ist ein Drahtseilakt, keinen der Häftlinge verdursten zu lassen. Und ich beschwöre alle Mikroben, als ich das Wasser trinke. Ein paar Eimer werden für die Küche beiseite gestellt. Mit dem, was übrig bleibt, dürfen sich heute fünf Häftlinge waschen, unter den Achseln und in der Schamgegend. Das Nötigste. Der Rest ist Luxus.

„Mein Körper hat vor drei Monate zum letzten Mal Wasser gespürt“, sagt Yanogo. „Wenn ich Glück habe, bin ich nächste Woche an der Reihe.“

FROHES NEUES JAHR IN BENIN

Es ist vier Uhr morgens, als der Nachtwächter an die Tür klopft. „Monsieur Jan!“ Er ist eine Stunde zu früh, aber besser als eine Stunde zu spät. Aus einem der staubigen Außenviertel fahren die *taxibrousses* nach Togo und Benin. Einige Reisende haben die Nacht im Depot verbracht, um sich auf jeden Fall einen Platz zu sichern. Zu Recht, wie sich bald herausstellt. Ich habe in Afrika schon einiges erlebt, was den Kompakttransport betrifft, aber zu zehnt in einem Personenwagen für eine zwanzigstündige Fahrt schlägt alles Bisherige.

Einige sind etwas morgenmuffelig. Eine Dame, die gerade erst angekommen ist, hat sich auf den Sitz direkt bei der Tür niedergelassen, den sich ein anderer mit einem Päckchen bereits reserviert hatte. Es folgt ein komisches Theaterstück. Die Dame hat nicht die geringste Absicht, auch nur ein Glied zu rühren. Teils stoisch, teils beleidigt lässt sie die Schimpfkanonaden der anderen Passagiere, des Fahrscheinverkäufers und des Fahrers über sich ergehen. Ich brauche kein Wörterbuch, um die Schimpfwörter zu verstehen. Ab und zu bedient man sich der Sprache Molières: Salot! Imbécile! Marie-salope! Schließlich müssen wir alle aussteigen.

Das Ganze erinnert mich an meine Kindergartenzeit, als uns Schwester Barbara vom Spielplatz scheuchte, weil wir nicht aufhörten, uns zu streiten. Aber wir sind in Afrika, und schon kurze Zeit später sitzen alle wieder friedlich eingeklemmt zwischen denen, die vor kurzem noch Erzfeinde waren. Ja, kaum sind wir endlich unterwegs, schlummert die Dame an der Schulter ihres Nachbarn, den sie vorhin noch beschimpft hatte; wie Boxer sind die beiden, die sich nach einem heftigen Kampf erschöpft in die Arme fallen. Man möchte meinen, wir seien eine marokkanische Familie auf dem Weg in die Heimat. Ich darf in dem Peugeot-Kombiwagen vorne neben dem Fahrer sitzen. Burkinische Höflichkeit, denke ich. Aber nicht für lange. Ich teile den Sitz mit einer nigerianischen und einer beninischen Lady. Ich habe meinen Rücksack auf den Knien, Lady 1 eine Stereoanlage, Lady 2 einen Schuhkarton voller Gebäck. Für die Beine ist kaum Platz, denn der Fahrer hat dort seinen Koffer abgestellt. Meine linke Hüfte ist ein Garderobenständer, an den die Nigerianerin Teile ihres Hinterteils aufgehängt hat. Nur so bekamen wir die Tür überhaupt zu. Ihre Stereoanlage reibt zwischen meinen Rippen. Bon voyage! Für die nächsten zwanzig Stunden.

Vor uns geht die Sonne auf. Runde Hütten und zylindrische Speicher, von niedrigen Mauern aus Lehm umgeben am Straßenrand. Die ersten Frauen schreiten zu den Brunnen. Ein Boabab, zwei, drei... zu Hunderten bilden die Affenbrotbäume die imposante Skyline in diesem westlichen Teil Afrikas. Jemand hatte behauptet, irgendwo gäbe es ein Gefängnis, wo die Häftlinge in einem dieser Bäume hausten. Ich sehe nur spielende Kinder, die uns zuwinken, ihre Hände flattern wie die Flügel von Kolibris.

Auch auf dieser Reise gibt es Kontrollsperren und technische Pannen. Irgendwann auf halber Strecke stoppen wir bei einer Tankstelle, wo man das Benzin flaschenweise kaufen kann. Der Fahrer verschwindet und taucht erst nach einer Stunde wieder auf. Die Proteste seiner Fahrgäste versteht er falsch, und schon geht sein französisches Temperament mit ihm durch.

„Ist das Ihre Dankbarkeit, Herrschaften? Habe ich Sie nicht heil von Ouaga bis hierher gebracht? Seien Sie froh, dass ich rechtzeitig unter die Motorhaube geguckt und entdeckt habe, dass ich ein Ersatzteil brauche." Ein anderer Nigerianer unter den Fahrgästen gießt Öl ins Feuer mit der Bemerkung, so einen Gummiring bekomme man in jedem Dorf nachgeworfen, dafür brauche man keine geschlagene Stunde. Nur weil Schaulustige unseren Chauffeur zurückhalten, gibt es kein Unglück. Aber wir wären nicht in Afrika, wenn wir nicht kurze Zeit darauf alle wieder, harmonisch wie in einer Sardinenbüchse zusammengedrängt, holpernd dahinfahren würden.

Meine Nachbarin bewirtet uns mit Erdnüssen, die cholerische Dame mit Wassermelonen, der cholerische Herr mit Schweinefleisch, und ich habe noch ein halbes Päckchen Ingwerkekse. Kilometer um Kilometer unter Mangobäumen dahinfahren und Affen davonstieben sehen, erscheint idyllisch. Das ist es auch. Bis das Blut in den Beinen nicht mehr strömt. Bis die Sonne die rechte Seite des Autos unter Beschuss nimmt. Die Fahrt scheint endlos. Unser Chauffeur legt wieder eine Pause von einer Stunde ein, für das Gebet, wie er uns diesmal vorher mitteilt. An der zweiten Tankstelle rollt er mitten auf der Straße seine Matte aus, und alle Passagiere üben sich diesmal brav in Geduld.

Es ist zwei Uhr nachts, als wir in Cotonou einfahren, politische Hauptstadt von Benin. Gerädert von der Fahrt nehme ich ein Zimmer in der billigsten Absteige in der Nähe des Busbahnhofs, merke aber zu spät, dass ich mitten im Rotlichtviertel gelandet bin. Mit letzter Energie schließe ich die Tür zu und schlafe trotz quietschender Betten in den Nachbarzimmern ein. Die Bettwäsche ist nicht frisch, hatte ich noch bemerkt.

Erleichtert verlasse ich am nächsten Morgen die muffige Pension. Wie komme ich an die Adresse der Fraternité des Prisons? Vielleicht sollte ich zuerst ein Internet-Café suchen. Cotonou scheint auf Sand gebaut. Sobald man die Hauptstraßen verlässt, kommt man nur schwer voran. Ich folge der Nase und dem Wind.

In einer der sandigen Gassen entziffere ich auf einem verwaschenen Schild: téléphone, fax, internet und darunter – ich traue meinen Augen nicht – prangt das Emblem der Fraternité. Es geschehen noch Zeichen und Wunder! Das gibt es doch nicht, dass ich im nächtlichen Dunkel ein Zimmer direkt über der FP von Benin bezog!

Das beschwingte Gefühl hält an, als ein freundlicher Nestor zwischen Staub und Papieren mit dem Direktor telefoniert, ein Moped mich fünf Minuten später abholt und ich mich zehn Minuten später im Gefängnis befinde. Auch dies ist also in Afrika möglich!

Ich fühle mich in meiner neuen Gefängnis-Herberge sofort zu Hause. Heute bekomme ich eine Führung, die Übernachtung ist für übermorgen geplant. Ich schließe Freundschaft mit Zaccharie, der mir alle Ecken und Winkel zeigen will. Auch die seiner Lebensgeschichte. Als er erzählt, dass er aus einem Dorf auf dem Weg nach Abomey stammt, verspreche ich ihm, morgen seine Familie aufzusuchen.

Mir fällt sofort auf, dass auf dem Innenhof Frauen umhergehen. Es ist das erste Gefängnis, in dem die weiblichen Häftlinge zwar eine eigene Abteilung haben, sich aber „frei" bewegen können, um die Kapelle oder den Markt zu besuchen. Ja, ja, es gibt hier wahrhaftig einen kleinen Markt mit einem Dutzend Ständen, wo man Waschpulver, Hühner, Zahnpasta, Tomaten und anderes kaufen kann. Sie verleihen dem Gefängnis von Cotonou ein „normaleres" Aussehen. In wie vielen Haftanstalten herrscht nicht noch das Vorurteil, Frauen würden in den Männern alle Triebe wecken und beim ersten Blick von vorn und von hinten genommen werden? Cotonou beweist schon seit zwölf Jahren das Gegenteil.

Benin ist auch das erste Land auf meiner Reise, wo Besuche jeden Tag möglich sind. Der Weg an den Kontrollstellen vorbei erfordert allerdings Trinkgelder en masse – wobei übrigens auch Häftlinge Wache stehen und ganz besonders streng sind. Aber ich werde es bis in alle Ewigkeit wiederholen: Besuch von Angehörigen ist die beste Voraussetzung für eine erfolgreiche Resozialisierung.

Bevor ich übermorgen einziehe, will der Direktor noch einige Dinge besprechen. Wir trinken in einer Bar gegenüber dem Gefängnis ein Bier. Er lobt die Fraternité des Prisons. Die ehrenamtliche Arbeit der beninischen Abteilung der Prison Fellowship International wirft in der Tat, auch wenn die finanziellen Mittel beschränkt sind, Früchte ab: ein Weihnachtsfest für dreihundert Kinder von Häftlingen, ein Managementkurs, Reinigung der Abflussrohre, Herstellung von Seife, medizinische Betreuung. Es sind noch andere Projekte in Vorbereitung, etwa der Anbau von Ananas, die Errichtung einer Poliklinik und Studienprogramme für die Häftlinge.

Um mich mit eigenen Augen davon zu überzeugen, fahren wir am nächsten Tag vor Tagesanbruch Richting Cove, einem Dorf drei Stunden entfernt. Hier will die FPB in einem leer stehenden Gebäude eine kleine Klinik einrichten.

Wer in Afrika aus dem Hexenkessel einer Großstadt wie Cotonou kommt, für den ist das Landleben eine Erholung. Hier fährt man Moped ohne Mundschutz gegen die Abgase. Ein weißer Mann, ein *jovo*, ist spannender als das Rind, das auf dem Dorfplatz geschlachtet wird. Das blutige Spektakel kündigt das Neujahrsfest an. Ziegen spazieren in den Hütten rein und raus. Die Brüste der Frauen hängen wie zwei flache Schiefersteine über dem Brunnen oder dem Topf mit Maniok. Sie bewegen sich im Rhythmus des Stößels.

„Jovo! Jovo!", rufen die Kinder. Ich nehme einen Stock und zeichne in den Sand. Das wirkt wie ein Magnet, und im Nu drängt sich die Hälfte der Dorfkinder um die unbeholfenen Skizzen: Kinder mit Krügen auf dem Kopf, ein Eselsgespann und ein Jovo mit einem Luftballon. Drei Kieselsteine und drei Eukalyptusblätter, und wir spielen mit den ältesten Tricktrack.

Toussaint, der Direktor des FPB, winkt uns. Wir lernen den Chef des zukünftigen Projekts kennen. Sein Optimismus ist grenzenlos. Schon im nächsten Monat sollen in dem jetzt noch verfallenen Haus die ersten Kranken behandelt werden. Die Einnahmen kommen der Drogenhilfe im Gefängnis zugute. Darauf müssen wir trinken. Und essen. Im Schatten von Büschen muss und werde ich Bisamratte probieren.

Den Rest des Tages verbringe ich im Gefängnis von Abomey. In einer ländlichen Haftanstalt und ihrer Umgebung geht es für gewöhnlich etwas gemütlicher und ruhiger zu. Am lautesten ist ein Affe, der an einem Baum vor dem Gefängnis angekettet ist. Ein Sinnbild?

Ration hält wahrscheinlich den Rekord der längsten Untersuchungshaft. Er ist ein leutseliger alter Mann, der gerade zweiundsiebzig geworden ist. Mit sechzig wurde er wegen Brudermords verhaftet, obwohl er, wie er sagt, zum fraglichen Zeitpunkt nicht im Dorf war. Zwölf Jahre – zwölf Jahre! – wartet er auf seinen Prozess. Und allem Anschein nach wird er dies auch weiterhin tun. Seine Familie behauptet, dass ein Fluch auf ihm liege, und die Richter sind der gleichen Ansicht. Deshalb hat ihn seine Frau mit den Kindern verlassen. Deshalb findet sich im ganzen Land kein Richter, der den Fall übernehmen will.

„Entschuldige, dass ich weine", sagt er. „Ich freue mich so über Besuch."

Zaccharies Familie zu finden, ist gar nicht so einfach. Seine Frau haust mit fünf kleinen Kindern in einer Elendshütte und hält sich mühsam über Wasser.

„Mein Mann hat ein goldenes Herz. Aber das ist sein Verhängnis. Schon zum dritten Mal. Er ist ein ausgezeichneter Elektriker, aber seine Kunden zahlen nicht. Statt sie zu mahnen, macht er verrückte Sachen. Jetzt muss er schon wieder sitzen."

„Er sagt, es sei das letzte Mal", versuche ich sie zu trösten.

„Und das glauben Sie?"

Den letzten Tag und die letzte Nacht des Jahres verbringe ich hinter Gittern. Es muss ja nicht immer der Time Square sein.

Im Zentralgefängnis von Cotonou befinden sich derzeit mehr als 1600 Gefangene; erbaut wurde es für 400. 300 von ihnen sind Nigerianer. Für Ausländer ist der Aufenthalt im Gefängnis zusätzlich erschwert. Besuch bekommen sie selten oder nie. Sie müssen sich mit einer Kelle Maisbrei am Tag begnügen. Von einer Matte können sie nur träumen. Und der nigerianische Botschafter existiert nur auf dem Papier.

Stichwort Verpflegung. Jeder hat so seine eigene Geschichte: dass faule Bohnen nie vom Rest getrennt werden, dass die Köchin die Frau eines Beamten ist und dass Mehl manchmal mit Motoröl vermischt wird (wo habe ich das schon mal gehört?). Für den, der Zahlen liebt: 70 Prozent der Insassen sind Drogenkonsumenten. 35 Prozent sind zum ersten Mal während der Haftzeit mit Rauschgift in Berührung gekommen. 65 Prozent der mehr als 5000 Häftlinge in diesem Land bekommen nie Besuch.

Christopher kommt aus São Tomé. Seine schwarzen Augen glühen wie Kohlen, als er nach vier Jahren wieder einmal Portugiesisch sprechen kann. Und Zaccharie hört sich meinen Bericht vom Besuch seiner Familie an.

„Was schenken Sie uns zum Neujahrsfest?“, werde ich von allen Seiten gefragt. „Mon amitié“, antworte ich aufrichtig. Sie lachen und sind damit zufrieden.

Wir gehen durch einen Gang und kommen zum großen Innenhof. Wie riesige Hangars sehen die Blocks aus. Im Schatten der Latrinen dösen Dutzende Häftlinge vor sich hin.

„Das sind die, die heute Nacht im Sitzen schlafen müssen“, sagt Christopher zu mir.

„Wieso?“

„Weil nicht für alle Platz ist.“ Ich werde es noch am eigenen Leib erfahren.

Aber es ist ein Unterschied wie Tag und Nacht, ob es Wasser gibt oder nicht. Nun ja, die Abflussrohre sind natürlich auch hier verstopft, und der Gestank ist der Gleiche.

Es fällt mir auf, dass man nirgends einen Wärter sieht. Sie halten sich alle am Eingang auf. Einer von ihnen erzählt mir, ohne mit der Wimper zu zucken, dass er seit acht Monaten Block B nicht mehr betreten hat, weil es dort einen Tbc-Fall gibt. Dass sich zweihundert andere Gefangene mit ihm den Schlafraum teilen, stört die Nachtruhe des Wächters nicht.

Christopher meint, es sei höchste Zeit, für mich einen Platz für die Nacht zu suchen, wo ich mich ausstrecken kann. Olivier, kongolesischer Herkunft, will seine Matte mit „le tonton belge“ teilen. Es herrscht eine ganz gemütliche Atmosphäre. Nichts deutet darauf hin, dass sich hier in wenigen Stunden ein Drama abspielen wird.

Ein Trio trommelt noch mit großer Hingabe auf Djembés. Vier andere spielen Karten. Ansonsten heißt es zusammenrücken. Schließlich müssen 250 Leidensgenossen einen Platz in dem Raum finden, der ursprünglich für 50 vorgesehen war.

17.45 Uhr, die Wächter verriegeln die Türen. Olivier macht sich so seine Gedanken über den Bürgerkrieg im Kongo und über Kabila, den Kleinen. Mein anderer Nachbar erzählt einen Witz, dessen Pointe mir wieder einmal entgeht, über den ich aber herzlich lache.

Neben der Tür stehen ein Ölfass und eine riesige blaue Fünfzig-Liter-Tonne, zum Scheißen die eine, zum Pinkeln die andere. Bei 250 in einem Raum zusammengepferchten Männern kommt in einer Nacht einiges zusammen. Wie lange ist es her, dass ich einen elektrischen Duftzerstäuber einstöpselte, weil mich der Geruch aus dem Waschbecken störte?

Drei Ventilatoren hängen hoch oben an der Decke. Gott sei Dank arbeitet der erste für drei, der zweite braucht für eine Umdrehung zwei Minuten, und der dritte hat sich schon seit Monaten nicht mehr gerührt, wie die Spinnfäden beweisen.

Es ist 20 Uhr. In der fast völligen Finsternis hat der Raum etwas von einem Sklavenschiff des 16. Jahrhunderts. Auf einmal bricht in einer Ecke Tumult aus.

„Les guardiens! Ruft die Wärter!!" Ich erfahre, dass gerade ein Mann an einem Malariaanfall gestorben ist. Die Hitze hat ihm den Rest gegeben. Zwei Mithäftlinge versuchen noch, Leben in den Körper zu pumpen, aber es ist zu spät. Was sich dann abspielt, hat etwas Gespenstisches. In einem Ausbruch von Solidarität und Wut trommeln hunderte Fäuste gegen Türe und Wände. Draußen regt sich nichts. Wenn hier Feuer ausbricht, denke ich, verbrennen alle bei lebendigem Leib, weil sich kein Wärter traut, die Türen zu öffnen. Es wird von Minute zu Minute heißer und stickiger. Alles, was nicht niet- und nagelfest ist, fliegt durch die Luft: Löffel, Teller, Badelatschen und Strohmatten. Einige werfen sich in blinder Raserei gegen die Wand, treten mit aller Kraft, die noch in ihnen steckt. Es zeigen sich erste Risse. Es ist ebenso beängstigend wie unwirklich, dass ich mich mitten in einer Revolte befinde, deren Gewalt sich immer mehr steigert. Die dicke Mauer hält stand. Die Sturheit der Wärter ebenfalls. Oder ihre Skepsis. Morgen werden sie sagen, sie hätten alles für ein abgekartetes Spiel gehalten, Vorwand für einen Ausbruchsversuch, für einen Silvesterscherz.

Man sollte es nicht für möglich halten, aber um Punkt sechs Uhr morgens erscheint ein Trupp Wärter zur „normalen" Zeit. Die Nacht, die keine Nacht war, ist zu Ende. Aber nicht der Albtraum. Wenn die Ordnungskräfte einen Ausfall erwartet hatten, sehen sie sich enttäuscht. Wehrhaft halten die Häftlinge bei dem Toten Wache; sie wollen ihn nur herausgeben, wenn der Justizminister ihnen persönlich bessere Haftbedingungen garantiert. Ein leichter Verwesungsgeruch liegt in der Luft.

„In Kandi", erzählt Zaccharie, „hat man vor kurzem einen toten Häftling drei Tage lang unter 150 Gefangenen liegen lassen, weil niemand die Kosten übernehmen wollte."

Um sieben Uhr taucht der Gefängnisdirektor auf. Der Teufel weiß, wie es ihm gelingt, die Gemüter zu beruhigen. Tatsache ist, dass er einen Kompromiss aushandelt, mit dem alle einverstanden sind. Der Leichnam von Charles wird hinausgetragen. In Zukunft werden die „Pforten der Hölle" erst um halb sieben statt um viertel vor sechs verschlossen. In Zukunft dauert der Tag für die Insassen des Haftanstalt von Cotonou fünfundvierzig Minuten länger. Also doch noch ein Neujahrsgeschenk. Ein Tod, der nicht ganz sinnlos war.

Ich schaue bei den Jugendlichen vorbei. Zwanzig Jungen haben die Ereignisse, die sich zwei Mauern weiter abspielten, aufmerksam verfolgt. Dindin ist in seine Schulbücher vertieft. Er erzählt mir, dass er vor drei Wochen verhaftet wurde, weil in der Nähe seines Elternhauses ein brutaler Mord verübt wurde. Es ist hier üblich, dass jeder, der in einem Umkreis von 300 Metern um den Tatort erwischt wird, im Gefängnis landet. In den folgenden Wochen und Monaten wird sich dann schon herausstellen – oder auch nicht –, ob jemand schuldig oder unschuldig ist. Dindin hat zum Glück eine Familie, die sich um ihn kümmert, ihm Essen bringt und – seine Schulbücher.

Alle laufen mit nacktem Oberkörper und in Shorts herum, bis auf einen, der einen Dschellaba trägt und das Sagen hat. So klein und schon so groß. In vielen Gefängnissen gibt es diese Praxis, dass Häftlinge wegen Personalmangels die Aufgaben der Wärter übernehmen. Man kann sich vorstellen, dass dies Missständen und Bestechung Vorschub leistet.

Sie führen mich in den Schlafraum. Mehr als drei Strohmatten kann ich beim besten Willen nicht entdecken.

„Und worauf schlafen die anderen?", frage ich doch etwas überrascht, weil es bei den Erwachsenen genügend von ihnen gab.

„Auf dem Boden", sagt der kleine Chef. Das heißt also auf dem nackten Beton.

Eine synthetische, ungezieferresistente Matte, finde ich heraus, kostet ganze 2500 CFA-Francs. Dafür kann man sich bei uns noch keinen Kissenbezug kaufen. Dank der Hilfe der flämischen Basis schlafen die Jugendlichen im Gefängnis von Cotonou ab dem 2. Januar 2002 auf Matten.

Kurz nach Mittag erscheinen Toussaint, Hounkpé und Job von der Fraternité. Alle sind noch ziemlich aufgeregt. Aber es gibt auch einen Trost. Sie haben ein Schwein mitgebracht, in Stücke geschnitten und gebraten. Die Frauen haben *akasa* gekocht, einen gelatinösen Teig aus Mais. Alles, worauf man trommeln kann, wird hervorgeholt. Frohes neues Jahr 2002! Ein Jahr mit etwas mehr Gerechtigkeit, der Freiheit etwas näher.

UNTERTAUCHEN IN RUSSLAND

Statt mit Temperaturen von über 40 Grad habe ich es jetzt mit 10 Grad unter Null zu tun. Knäckebrot statt Maniok und Couscous. Auf dem Flug nach Kopenhagen fällt mir plötzlich auf, dass ich bei einem Zwischenstopp meinen Daunenmantel bei der Handgepäckkontrolle liegen gelassen habe. Nur in Pullover und Regenjacke werde ich in St. Petersburg ganz schön bibbern und mit den Zähnen klappern.

Es liegt Schnee in Tallinn, der Hauptstadt von Estland. Der Mensch ist ein merkwürdiges Wesen und mit ihm die moderne Zeit, in der man in vierundzwanzig Stunden von einem Pol der Erde zum anderen reisen kann. Und es ist ein Auftakt nach Maß, als ich auf einer vereisten Stelle ausrutsche. Afrika liegt Lichtjahre entfernt.

Der Bus legt die 395 Kilometer von Tallinn nach St. Petersburg in aller Gemütsruhe zurück, vorbei an Kiefernwäldern und kleineren Städten, in deren Straßen sich der Schnee grau auftürmt. Frauen in Pelzmänteln tragen eine Bärenmütze auf dem Kopf statt Körbe tropischer Früchte. Wie bleich sie sind! O Gott, wie bleich sind wir! Esten sind freundlich, aber reserviert. Und still. Niemand im Bus sagt etwas. Nur in Narva, wo wir Aufenthalt haben, stürzen sich drei Jungs schreiend auf uns. Wollen sie mir eine Zeitung verkaufen oder mein Gepäck tragen? Erst als ich „njam, njam" zu verstehen meine, begreife ich, dass die Welt doch sehr klein ist. Und schon bin ich meine letzten Kekse los.

Wir fahren in die Nacht und nach Russland hinein. Ich hatte ganz vergessen, wie sich kalte Füße anfühlen.

„Hotel Sowetskaja?", frage ich meinen estnischen Nachbarn, der wöchentlich zwischen Tallinn und Petersburg pendelt. Petrograd, Leningrad… St. Petersburg hat viele Namen. Sag einfach „Pite", lautet der Tipp der Einheimischen. Im Baltischen Bahnhof radebrecht mein Nachbar in besserem Englisch als mein Russisch je sein wird, dass sein Neffe ihn abhole und dass ich mit ihnen mitfahren könne. Erst muss allerdings noch ein Reifen gewechselt werden. Kein Honiglecken in dieser eiskalten Nacht.

„*Spasibo*", bedanke ich mich, als sie mich bei einem riesigen Hotel aus Beton absetzen. Im dreizehnten Stock hoch über der Zarenstadt sinke ich ins Bett, um den Schlaf nachzuholen, habe aber die Rechnung ohne die *Matrjoschkas* gemacht.

Es klopft an die Tür, draußen steht die Etagenfrau und zieht drei mit der Isaak-Kathedrale und der Eremitage bemalte Holzeier aus der Schürze. Ich verstehe ihre Absicht besser als ihr Russisch und sie mich, als ich meine leeren Hosentaschen nach außen kehre. Der Beginn einer russischen Nacht.

Wieder klopft es. Ich suche im niederländisch-russischen Wörterbuch nach „keine Rubel, keine Eier", aber als ich die Tür öffne, steht eine elegante junge Frau vor mir, eine Tasche über der Schulter, mit dem Blick einer Intellektuellen. Sie kommt sofort zur Sache. „Do you want to play with girl? Ich biete alles, sanfte Massage, harte Massage, erotische Massage, mit Mund…" Ich muss merkwürdiger dreingeschaut haben als ein in Spiritus konserviertes Monstrum aus dem Raritätenkabinett in der Kunstkammer Peter I., denn auf mein „*njet*" dreht sie sich wortlos um und verschwindet. In der Nacht träume ich von einem Dutzend russischer Frauen, die mein Zimmer in Beschlag genommen haben. Noch nie im Leben habe ich mich so erschreckt.

Oleg, die personifizierte russische Herzlichkeit, holt mich ab. Zusammen mit Jura hat er ein Künstlerprojekt aus dem Boden gestampft. Ich kann zwischen ihren Staffeleien und unvollendeten Bildern übernachten. Die Tüte mit verfaultem Fisch wird noch rasch entsorgt, und dann umgibt mich nur noch der Geruch von Ölfarben und verstopftem WC. Aus dem Hahn kommt rostbraunes Wasser. Morgen werde ich, falls ich nicht noch etwas anderes finde, meine Wäsche in einer Kaffeetasse waschen.

Ich fühle mich sofort zu Hause hier im fünften Stock in einem Arbeiterviertel, wo die Atmosphäre der Revolutionszeit noch durch die Löcher der Gullydeckel aufzusteigen scheint. Oleg und Olga kochen Kaffee und schneiden Scheiben vom Käse. Ich bekomme einen Mantel umgehängt, in dem ich noch Breschnew habe herumlaufen sehen.

Oleg wirft eine Packung *Pelmeni* ins Kochwasser, gefüllte Teigtaschen. Bei einer starken Bouillonsuppe und drei Spiegeleiern für jeden unterhält er uns mit Geschichten über Kunst und Politik. Inzwischen ist es zwei Uhr nachts.

„Genau die richtige Zeit für einen Stadtbummel“, meint er. Olga sucht vernünftigerweise ihr Bett auf. „Piter“ bei Nacht ist in der Tat feenhaft, und ich entdecke den Charme klassizistischer Paläste, der zugefrorenen Newa und der pompösen russischen Kirchen. Drei Mal umkreist Oleg den Winterpalast. Das Pistaziengrün seiner Fassade ist trügerisch zart, und fast vergisst man darüber all das Blut, das vergossen wurde, damit sich die Stadt in solch prunkvolles Gewand kleiden konnte. Ich krieche um halb vier, von Bildern umrahmt, unter die Decke. Oleg hält das für die ideale Zeit zum Malen.

Ich stehe in der Frostluft auf dem Bürgersteig und warte. Elena hat sich verschlafen. Sie ist meine private Dolmetscherin. Auf den längsten Rolltreppen der Welt gleiten wir hinab in die Tiefe; man hätte genug Zeit, eine ganze Zeitung auszulesen. Eine bunte Kollektion von Mützen zieht an uns vorbei, Bären-, Kaninchen-, Wolfsmützen. Wir spielen Tiere-Raten.

Bevor ich mich um eine Gefängnisunterkunft bemühe, gewöhne ich mich erst einmal zwei Tage an die Temperaturen und studiere den Stadtplan. Die Haftanstalt liegt an der Newa und ist zu besichtigen. Catharina, sag ruhig Katia, führt uns – ganz strafende Zarin – durch das Gefängnis, das einmal als Weinkeller und später als Fabrik gedient hat. Die Verwaltung befindet sich in einer ehemaligen Kirche. Trotz seines riesigen Umfangs ist das Petersburger Gefängnis, ursprünglich für 2000 Häftlinge konzipiert, viel zu klein. Momentan sitzen hier 8000 in Haft. Damit ist es das größte Untersuchungsgefängnis Europas.

„Im Volksmund heißt es ‚die Kreuzchen'", sagt Katia. „Wegen der Form der beiden Komplexe. Jeder Arm ist ein Flügel, in dem etwa tausend Häftlinge leben. Ein neunter Flügel, eine Art freie Rippe, ist für die Tbc-Kranken. Zusammen mit denen, die an Aids erkrankt oder HIV-positiv sind, sind das um die 1500. Sie kommen nicht in den Hof, sondern drehen ihre täglichen Runden oben auf dem Dach."

Katia nimmt uns mit in die Kellerräume. Wir kommen in einen ersten Gang mit zwölf Zellen, in denen gerade Häftlinge verhört werden. Im letzten befindet sich noch ein extra Käfig. „Für die Schwerverbrecher", erläutert Katia. Jede Tür, durch die wir gehen und die wieder zu einem nächsten Raum führt, wird elektronisch entriegelt.

Ich will mich mit einem der Wärter unterhalten, aber das ist schwierig. Er steckt in einer Khakiuniform und mit seinem vermummten Gesicht sieht er aus wie ein Paramilitär. „Gegen die Kälte", heißt es offiziell. „Um auf der Straße nicht von ehemaligen Häftlingen erkannt zu werden", heißt es inoffiziell. Allerdings erfahre ich von ihm, dass die Häftlinge ein Mal täglich auf den Innenhof, ein Mal in der Woche duschen und zwei Mal im Monat Besuch bekommen dürfen.

Eine Zelle wird geöffnet. Das Klosettbecken nimmt merkwürdigerweise einen zentralen Platz ein. Links und rechts steht ein Etagenbett für jeweils drei Leute.

„Als das Gefängnis 1892 gebaut wurde, waren die Zellen für zwei Insassen gedacht; heute befinden sich bis zu zwölf Häftlinge darin", meint Katia.

Am Ende eines Ganges hängen hunderte Fotos. Keine stereotypen Fahndungsfotos im Stil von „most wanted", sondern Fotos von Tätowierungen auf allen erdenklichen Köperteilen. Hast du dich in Petersburg verlaufen? Es gibt bestimmt einen Exhäftling mit dem Stadtplan auf dem Hintern. Ein Porträt der Muttergottes gefällig? Auf dem Rücken eines Gefangenen.

Die Tür neben dieser Ausstellung führt zu einem Raum mit anderen Kuriositäten, Bastelarbeiten der Häftlinge. Es gibt einen Stuhl und einen Tisch aus Zigarettenpackungen, eine Balalaika aus einem halben Schachbrett. Ein anderer hatte nun gerade ein Schachbrett nötig. Die Figuren sind aus Brot geknetet, die weißen sind Karikaturen von Häftlingen (die Königin ist ein Transvestit). Die Gegenpartei sind Richter und Aufseher. Die Bauern, Pferde und Türme sind mit Kulis geschwärzt oder mit der Asche angekohlter Schuhsohlen. Es ist ein Meisterwerk. Sein Schöpfer verdient es, zur Hebung der Kultur stante pede entlassen zu werden.

In einer Vitrine liegen Waffen, die man in den Zellen sichergestellt hat – Paradebeispiele fachmännischer Arbeit: Pistolen, Messer und ein kleines Maschinengewehr aus Brot und Zeitungspapier! Sogar ein Fernrohr aus dem gleichen Material.

Ich lese zwischendurch „In russischen Gefängnissen" von Jacob Israel de Haan, der in den Jahren 1912 und 1913 in Russland die Rechtsprechung und das Gefängniswesen studierte. Es hat sich seit Anfang des letzten Jahrhunderts nicht besonders viel in den Haftanstalten der ehemaligen Sowjetrepubliken geändert. Aber zumindest die Todestrafe wurde 1996 offiziell abgeschafft. Und im Gefängnis von St. Petersburg ist die Zentralheizung ständig in Betrieb.

Ich koche Tee. Oleg und Jura kommen heute Abend vorbei. Und Mishai. Noch ein Künstler, ein Bildhauer. Nach und nach erzählen sie zwischen Maler- und Bildhauergeschichten auch von ihren Knasterfahrungen. Sie haben alle drei gesessen.

„Weißt du", sagt Oleg, „mit Geld kann man es sogar in russischen Gefängnissen weit bringen. Willst du ein anständiges Essen? Schmier einen Wärter. Einen Joint? Schmier einen Wärter. Eine Frau? Schmier einen Wärter."

„Und wie soll ich mir das Letztere vorstellen?", will ich denn doch wissen. „In einer Zelle sind doch mindestens sechs Leute. Du willst doch nicht sagen, dass…"

„Du bezahlst natürlich", unterbricht mich Jura, „nicht nur für die Frau, sondern auch für ein lauschiges Plätzchen." Sie kommen auf die brutalen Verhörmethoden der Polizei zu sprechen.

„Ich blieb von Schlägen verschont", meint Mishai, „weil ich Brillenträger bin. Intellektueller Look, verstehst du?" Sie müssen alle drei lachen.

„Das Unvergleichlichste ist der Augenblick der Entlassung", sagt Oleg. „Freiheit ist eine Droge." Er meint Rausch, glaube ich. „Ich bin aus dem Gefängnis direkt ins Schwimmbad. Dieses Gefühl der Freiheit! All die halb nackten Menschen, wie sie lachten, tauchten, planschten! Nach all den Tagen der Haft, an denen mein Körper keinen Tropfen Wasser gespürt hatte, sprang ich jetzt ins Becken. Unter Wasser öffnete sich mir die Welt! Ich sah links und rechts all die schönen Frauenbeine. Ich atmete, ich schwamm, ich lebte, ich war frei." Oleg blickt in die Ferne, als befände sich das Schwimmbad hier im fünften Stock. Jura wechselt ins Russische und tuschelt mit den anderen. Sie führen irgendwas im Schild. „Hast du Lust, die Freiheit zu feiern?", fragt mich Oleg. Misstrauen ist nicht meine stärkste Seite, außerdem sind meine Erfahrungen mit Exhäftlingen mehr als positiv, und diese hier haben ihre Anständigkeit schon bewiesen.

Ich muss die Reliquie des Kommunismus, den Bärenmantel, mitnehmen. Wir steigen ins Auto und fahren zu Jura, Handtücher holen. Mir schwant nichts Gutes. Wir verlassen Petersburg. Der Weg zum Finnischen Meerbusen führt an Birkenwäldern vorbei, die der Nacht einen Strichkode verpassen.

Mishai bereitet mich vor. Es sei alles eine Sache der Einstellung. „Sag zu dir selbst: I'm strong. Dies tut mir gut. Ich werde nicht krank."

Oleg biegt in einen Pfad ein, wo schon seit längerer Zeit niemand mehr gewesen ist. Die Reifen drucken Firestone-Muster in den unberührten Schnee. Bei einer Kreuzung stoppen wir. Es ist fast Mitternacht. Das Thermometer zeigt 20 Grad unter null. Es wird nicht mehr viel geredet, wir sind Teil des Kanons der stillen Birken und der frostigen Kälte, die etwas Friedliches hat. Am Ende eines Saumpfads haben Wald und Geheimniskrämerei ein Ende. Ein Holzsteg ragt zwanzig Meter in einen völlig zugefrorenen See hinaus. Der Vollmond gießt wie mit Kübeln sein Licht über uns aus und beleuchtet uns wie Artisten im Pariser Odéon. Aber wir sind allein auf der Welt.

Ich spüre auf einmal eine seltsame Kraft. Ist es das völlig Unvernünftige dieses Unternehmens? Das nächtliche russische Wintermärchen? Das Fest der Freiheit ehemaliger Knastbrüder? Wir legen die Bärenhäute ab, Schal und Handschuhe, Pullover, Hose, Strümpfe, Unterwäsche. Und das Denken. Dies ist nur noch natürliche Bewegung. Wie eine langsam fallende Schneeflocke, wie ein Seehund, graziös und selbstvergessen, gleite ich zwischen Eisschollen ins Wasser. Einmal eins mit dem Element, werden die Sekunden zur Ewigkeit. Kälte wird Wärme. Mensch wird Wasser, wird Eis, wird See. Wie ein Schneekönig schwinge ich mich wieder auf den Steg. Dann steigt ein Urschrei auf. Wie bei einer Entbindung. Dies ist eine Leben spendende Erfahrung. Befreiend fürwahr. Ein winterliches Fest der Freiheit.

Ich trockne mich in aller Ruhe ab, ziehe mich an und mache fünfzig Liegestützen, trotzdem frieren meine Haare fest. Als Eiszapfen kräuseln sich mir die Locken um die Ohren. Das Künstlertrio holt – gut geraten! – den Wodka hervor, der wie die Scheiben Brot mit Speckschwarten zum Ritual gehört. „Typisch ukrainisch", sagt Mishai.

Im Atelier werden noch Sardinenbüchsen aufgemacht, die letzten Teebeutel übergossen und Pelmeni gekocht. Und als nichts mehr übrig ist, gibt es immer noch eine Flasche Wodka. Und hätte Jura nicht irgendwann angefangen, Akkordeon zu spielen („Nächte in Moskau"), und wäre nicht die Hälfte der Gesellschaft darüber eingeschlafen, dann würden wir morgen hier noch sitzen und über

Gefängnisse debattieren, über ihren Sinn für Buddhisten oder über Kunst im Knast. Halb fünf ist übrigens eine akzeptable Zeit, ins Bett zu kriechen.

„*Blötnije*", hatten die Künstler-Freunde mir erzählt, „ist eine Idee, die im Gefängnis entstanden ist." Es gibt eine Rundfunkstation, die nur Blötnije, Knastmusik, sendet. Überhaupt gibt es in Russland einen reichen Schatz an Liedern, die im Gefängnis entstanden sind. Mit Elena mache ich einen Einkaufsbummel, und in einem Geschäft holt der Verkäufer tatsächlich ein Dutzend Sammel-CDs mit Blötnije aus dem Regel. Eine Musik, die sich hören lassen kann. Da sage einer noch, der Knast sei kein kultureller Nährboden.

Ansonsten scheint heute nicht mein Tag zu sein. Das Shampoo ist im Rucksack ausgelaufen, die Heizung im Atelier streikt, der Strom fällt aus, und statt Joghurt habe ich saure Sahne eingekauft. Und zu allem Überfluss gerate ich in die Fänge von Taschendieben. Ich hatte gerade Geld für die Busfahrt nach Litauen nächste Woche abgehoben. Als ich auf dem Newski-Boulevard die Tür zur Metro aufstoße, spüre ich in der Menschenmenge, in die ich eintauche, eine negative Energie. Ich merke rasch, dass es jemand auf mich abgesehen hat, er telefoniert mit seinem Handy, und ein zweiter taucht auf. Die Hände möglichst in den Hosentaschen, springe ich beim nächsten Stopp aus dem Zug, in der Hoffnung, meine Verfolger abzuschütteln. Es scheint allerdings nicht meine Spezialität zu sein, denn zehn Minuten später sehe ich die beiden wieder in der U-Bahn, in die ich umgestiegen bin. Aber einmal an der Endhaltestelle bin ich sicher, ihnen entwischt zu sein.

Im Geschäft an der Ecke kaufe ich Brot und Tee. Als ich zahlen will und in die Hosentasche greife, stelle ich fest, dass sie mich doch reingelegt haben! Ich muss es zugeben: eine wahre Meisterleistung. Aber wem das je passiert ist, weiß, dass es angenehmere Dinge im Leben gibt, als zu entdecken, dass man bestohlen wurde. Und jetzt muss ich der Verkäuferin auch noch auf Russisch erklären, dass sie

Tee und Brot wieder ins Regal legen kann und warum. Im selben Augenblick tippt mir jemand auf die Schulter. Eine ältere Frau hält mir einen Hundert-Rubel-Schein hin.

„Äh, äh…“, stottere ich.

„Don't worry“, sagt die Fee, „das ist auch Russland.“ Ich verspreche Julia, ihr das Geld morgen zurückzugeben, obwohl das ihre geringste Sorge zu sein scheint.

„Und warum kommen Sie heute Abend nicht zum Essen zu uns?“

„Äh, äh…“

Julia hakt sich bei mir ein und ich spaziere – im siebten Himmel – mit ihr durch die verschneiten Straßen von St. Petersburg. Nach einer halben Stunde Rutschpartie steigen wir die Treppe zur Wohnung hinauf. Das Treppenhaus ist ein einziges Graffiti-Gemälde. Mariana empfängt uns in einem Zimmer des Apartments, in dem sie und ihre Mutter wohnen. Hunderttausende leben so in Russland. Weil die Mieten unerschwinglich sind, teilen sich mehrere Familien eine Wohnung. Das erklärt auch teilweise das Phänomen der *Banjas*, der öffentlichen Dampfbäder.

Es ist, als hätte man mich erwartet. Ich komme mir vor wie im Märchen von Varenka, der alten Frau, die einem Maler Essen und Obdach gibt, bis die Soldaten und der Schnee fort sind. Julia und Mariana verstehen sich auf die Kunst der Improvisation: Brötchen und Salate, Gebäck und Tee und… Kaviar. Und so wurde ich zum Millionär.

Oleg lässt alle seine Beziehungen spielen, um mich doch noch in ein Gefängnis zu lotsen, nachdem die offiziellen Wege, die Faxe und Briefe von Wochen und Monaten zu nichts geführt haben. Ich will mich auf jeden Fall nicht auf Bestechung einlassen, obwohl man damit in Russland weit kommt.

Elena hatte mir noch vorgeschlagen, ich sollte mir einmal die Webseite der russischen Mafia anschauen. Als die Zeit wirklich knapp zu werden beginnt, kommt endlich der erlösende Bericht.

Bevor Oleg mich zum Gefängnis bringt, erkundigt er sich noch bei seinem Freund, dem Rechercheur, ob eine Flasche Wodka wirklich ein angemessenes Gastgeschenk ist.

„Njet, njet", meint Igor, „die Genehmigung stammt von einem hohen Tier, da reicht kein einfacher Wodka, es muss schon Cognac sein!" Oleg tröstet mich. Hier handle es sich nicht um Korruption, sondern um die Erwiderung russischer Großherzigkeit. Ich gebe mich damit zufrieden und begebe mich mit einer Flasche Cognac für Nicolai Romanov hinter Gitter.

Vor der Zelle sitzt beziehungsweise schwankt ein Mann, der sturzbesoffen zu sein scheint. Der Wärter gibt mir zu verstehen, ich solle ihm nicht zu nahe kommen.

„Tuberkulose", sagt er auf Russisch und in Gebärdensprache und führt mich in die Zelle. Über das Geröchel des Kranken hinweg höre ich das metallene Geräusch eines sich im Schloss drehenden Schlüssels.

Zuvor hatte es noch Diskussionen zwischen Romanov und den Aufsehern gegeben, denen es nicht wohl in ihrer Haut ist. Was, wenn mir etwas zustoße, „ein Angriff oder so"? Aber der Cognac hat den Ausschlag gegeben, und so sitze ich denn hier. Ich bin nicht allein. Auf der Pritsche hockt ein junger Mann, den die Ankunft eines neuen Zellengenossen nicht sonderlich interessiert. Neben ihm steht eine Tüte, aus der ein halbes Brot hervorschaut, und in der Ecke zwei mit Urin gefüllte Plastikflaschen. Durch das Gitter sehen wir den Tbc-Mann Blut spucken.

„Ekelhaft", sagt mein Nachbar auf Russisch. Zumindest nehme ich das an und stimme ihm zu: *„Da!"*

„Freut mich, dich kennen zu lernen. Jan." Ich strecke ihm die Hand hin.

„Sergej." Er zieht einen Handschuh aus und drückt mir die Hand. Sein Englisch ist derart, dass wir nur seufzend und lachend kommunizieren können. Lächerlich findet er es, dass man ihm die Schnürsenkel abgenommen hat.

„Poliski, bangski, suicidiski", sagt er und illustriert die Wörter, indem er mit den Händen einen Strick um seinen Hals zieht. „Marihuana", verstehe ich ebenfalls. Mit Händen und Füßen erklärt mir der zwanzigjährige Sergej, dass man ihn beim Drogenhandel erwischt hat. Und weshalb sei ich hier? All mein Gestikulieren hilft nichts. „Warte", sage ich und hole aus der Gesäßtasche ein Stück Papier und einen Kuli. Ich zeichne eine Weltkugel und ein Männchen hinter Gittern. Und durch dieses Piktogramm lichtet sich der Nebel.

Vor der Zelle tut sich etwas. Eine medizinische Delegation ist eingetroffen. Bevor die Sanitäter sich an den Patienten herantrauen, ziehen sie Gummihandschuhe an. Der Mann, der zu krank oder zu betrunken ist, lässt die Untersuchung widerstandslos über sich ergehen. Man reißt ihm den Mund auf, als würde man einem Gaul ins Maul schauen.

Wir sind auf den Geschmack gekommen, Sergej und ich, und geben einander Sprachunterricht. Wenn er ein englisches Wort nicht kennt, mache ich eine Zeichnung und schreibe das russische Wort phonetisch auf: von „Brot" über „Guten Tag" bis „Entschuldigen Sie, aber ich spreche kein Russisch", von *„chlép"* über *„dobredzjeni"* bis *„izvenitshé, ya njê Ruskoko yazeka"*. Er amüsiert sich köstlich über meine Aussprache.

Sergej will wissen, wo Belgien liegt und ob es ein amerikanischer Bundesstaat ist. Triumphierend zieht er seine Mütze vom Kopf und zeigt mir das Etikett „Made in the USA". Meine kommt aus China. Sergej streckt eines seiner langen Beine in die Luft und hält mir den Schuh unter die Nase. „Made in England" steht auf der Sohle.

„Teufel! Quality!" Außer tiefen Profilen befindet sich auf meinen Schuhsohlen nichts, also bleibt mir nichts anderes übrig, als sie auszuziehen. Zu meiner Schande stelle ich fest, dass sie aus Indonesien kommen. Aber mit meiner Regenjacke aus Spanien sind wir wieder quitt, denn sein Mantel ist made in Bangladesh. Womit sich ein Mensch im Knast nicht alles die Zeit vertreibt!

So kommt man sich trotz Sprachbarriere näher. Ich verstehe sogar einen Witz, den Sergej mir erzählt. Von Elena hatte ich schon gehört, dass der selige Breschnew nicht gerade für seine Intelligenz bekannt war.

„Als die Olympischen Spiele in Moskau ausgetragen wurden, musste Breschnew die Eröffnungrede halten. Nach vielem Hüsteln und einem Schluck Wodka zog er ein Papier aus der Tasche seines Bärenmantels, rückte seine Bärenmütze zurecht und begann: ‚Kameraden und Bürger der Welt. O o o o o…‘ Sein Sekretär stieß ihn an, worauf Breschnew fortfuhr: ‚O o o o o…‘. Der Sekretär zog ihn am Ärmel. Breschnew beugte sich zu ihm, und der Mann flüsterte ihm ins Ohr: ‚Herr Breschnew, das müssen Sie nicht lesen. Das ist das Symbol des Internationalen Olympischen Komitees.‘"

Als ich einige Tage später um 17 Uhr aus dem Gefängnis entlassen werde, ist es schon dunkel. Ich klappere mit den Zähnen, denn es ist eisig kalt. Auf dem von Neonreklamen erleuchteten Newski-Boulevard geht das Leben seinen gewohnten Gang: der Einkaufsrummel, der alte von Schneeflocken eingehüllte Akkordeonist, die Bettler, die hastenden Menschen. Ich steige wieder zur U-Bahn hinunter und stehe wahrhaftig einem der Taschendiebe Aug in Aug gegenüber. Kurz spüre ich die Anziehungskraft der negativen Energie, aber ich reiße mich zusammen. Ich will Russland nicht mit Hass auf den Jungen verlassen. Ruhig gehe ich auf ihn zu.

„Do you speak English?", frage ich ihn hoffnungsvoll.

„Little, da da", sagt er kluger- oder unklugerweise. Er wird rot. Dazu hast du allen Grund, denke ich, aber ich will ihn nicht lächerlich machen.

„Wenn du es warst, der mich vor einigen Tagen bestohlen hast, dann sollst du wissen, dass ich dir verzeihe. Aber ich würde Wert darauf legen, wenn du die Beute mit einigen von denen da teilen würdest", und ich zeige auf die alten barfüßigen Leute, die den vorbeihastenden Pendlern die Hand entgegenstrecken. Er ist jetzt rot wie die ehemalige Sowjetfahne, sein nervöses Lächeln ist ein einziger Sichelmond. Und mit diesem Anblick gebe ich mich zufrieden. Wer bestohlen wurde, braucht nicht unbedingt als Verlierer aus dem Kampf hervorzugehen. Und so habe ich mich auch in Russland verliebt.

STÖRRISCHES BALTIKUM

Es gibt nur eine Farbe: weiß, white, blanc. Der Schneesturm wütet unvermindert. Äste und Zweige sind rundherum weiß. Eine Schneewüste ohne Ende. Durch diese unwirkliche Landschaft, in der sogar ich mir russische Märchen ausdenken könnte, fahre ich nach Tallinn zurück.

In der Baltic Times lese ich einen Artikel über Proteste ehemaliger Häftlinge in Riga, die keine Wohnung finden und damit auch keinen Job. Auch Ausweispapiere können viele sich in den Wind schreiben. Nach dem Gesetz hat jeder Exhäftling Anspruch auf warme Kleidung und 5 *Lats* Taschengeld, aber das wurde – so die Regierung – aus Geldmangel dieses Jahr nicht ausgezahlt. Und es lässt sich raten, wer bei der Zuweisung der Sozialwohnungen gegenüber Rentnern und großen Familien immer den Kürzeren zieht. Im Westen, so der Artikel, würden sich Sozialarbeiter schon ein halbes Jahr vor der Entlassung um einen Häftling kümmern. In Spanien erhielten entlassene Straftäter sogar 75 Prozent des Mindestlohns über einen Zeitraum von sechs Monaten. In Lettland sei die Situation so ernst, dass es nicht verwundere, dass so viele wieder straffällig würden.

Vilnius ist eine Metropole, die offensichtlich alles daran setzt, den Wettlauf um die Aufnahme in die EU zu gewinnen.

Ich treffe mich im Café eines Supermarkts mit Zulinas, der für mich eine Verabredung mit dem Direktor der Abteilung für das Gefängniswesen arrangiert hat.

Er erscheint in Begleitung einer aufgedonnerten Dolmetscherin, die meine Worte so zurechtbiegt, wie sie es braucht. Nach den Erfahrungen der vergangenen Monaten fühle ich sofort, wie weit die Kooperation geht und wie stark das Engagement für Strafgefangene ist. Das will noch keineswegs heißen, dass jemand, der mir die Zellen nicht öffnet, ein Unhold ist. Ganz und gar nicht. Aus manch offiziellen Ablehnung spricht eine aufrichtige Anteilnahme an den Gefangenen, manchmal bezieht sie sich auf ihre Integrität, manchmal auf meine Sicherheit. Aber hin und wieder stößt man an eine Mauer. Der Hinweis auf Dienstwege und meine Sicherheit ist oft nicht mehr als ein Vorwand. Also erkläre ich Herrn Blazevicius noch einmal alles in Ruhe, angefangen vom Briefwechsel mit der litauischen Botschaft ein halbes Jahr zuvor, den Versprechungen, dem Schweigen.

„In Ihrem Land wird es auch so etwas wie einen Dienstweg geben", herrscht mich die Dolmetscherin an, wobei ich nicht weiß, ob dies eine Übersetzung ist oder eine persönliche Bemerkung. „Vielleicht sind Sie ja ein Spion", lacht sie hinterhältig. „Ihre Botschaft hätte den Antrag stellen müssen. Und wo ist das Dokument des Auswärtigen Amts?" Litauen liegt sehr nahe bei Namibia.

Natürlich ist Sicherheit ein wichtiges Argument. Aber es kommt mir so vor, als wäre Angst der dominierende Faktor. Angst davor, dass Häftlinge ausbrechen könnten. Dass dem Besucher etwas zustoßen könnte. Dass „etwas anderes" hinter dieser Reise steckt. Dem halte ich entgegen: Jede Initiative, die über den reinen Freiheitsentzug hinausgeht, kommt einem Sprung ins Ungewisse gleich.

Das Risiko gehört zum Wagnis der Rehabilitation. Alle Mann müssen an Deck, um dieses Wagnis so gering wie möglich zu halten. Aber Angst darf uns nicht am Auslaufen hindern. Wenn wir davon überzeugt sind, dass Häftlinge eine neue Chance verdienen, dann müssen wir hinaus aufs Meer. Man kann dies naiv nennen. Wer nur die Entfernung unliebsamer Elemente aus der Gesellschaft bezweckt, tut halbe Arbeit. Führt der Weg zu den Häftlingen immer nur über Behörden, große Organisationen, Ministerien und Botschaften? Die Male, da ich durch ein Gefängnistor gehen konnte, verdanke ich meist einem Direktor, einem Beamten, einem Menschen, dessen Tür zu seinem Herzen offen stand.

Ich lernte Jos in Namibia kennen und mit ihm fünfzehn neue Vogelarten. Jos hat eine Leidenschaft für alles, was Flügel hat. Nachdem er in Litauen Vögel beringt hatte und zwei Jahre per Anhalter durch die Welt gereist war, widmete er sich der Vogelbeobachtung im Süden Afrikas.

Heute soll ich in seiner Schule, in der er Erwachsenen Englisch beibringt, einen Vortrag halten. Einige Schüler werden bei dieser Gelegenheit die Rolle einer Gefängniskommission übernehmen, vor der ich mein Anliegen – der Besuch der litauischen Haftanstalten – noch einmal vortragen darf. Ein Teil der Klasse versucht, meine Argumente zu widerlegen, der andere übernimmt den Part der Verteidigung. Ich beginne mit einer kleinen Geschichte des Gefängniswesens.

„Freiheitsentzug ist ein Phänomen, das erst im 16. Jahrhundert als Strafe angewandt wurde. Davor dienten Gefängnisse vor allem dazu, Straftäter bis zur Gerichtsverhandlung festzuhalten. Die eigentliche Strafe bestand dann oft aus einer anderen Sanktion: Körperstrafe, Verbannung oder Hinrichtung. Später trat auch die Besserung der Straftäter in den Vordergrund. In Frankreich prangerte Vinzenz von Paul um 1619 die Missstände an, denen die Häftlinge ausgesetzt waren. Voltaire und Howard schlugen im 18. Jahrhundert ebenfalls Alarm. Ursprünglich wurden Männer und Frauen, Jung und Alt, zusammen eingesperrt.

Völlige Isolation – die Einzelhaft – hat ihren Ursprung in Nordamerika. Benjamin Franklin war einer ihrer Verfechter. Für die Quäker in Pennsylvania diente die strenge Einzelhaft der inneren Einkehr. Das Gefängnis als Strafvollzugsanstalt. In New York wurden die Gefangenen nachts getrennt, tagsüber arbeiteten sie zusammen in großen Werkstätten. Großbritannien führte das Progresssystem ein, den Stufenstrafvollzug. Auf Einzelhaft folgte schwere Arbeit. Bei guter Führung kam der Häftling für Gemeinschaftsarbeit in Betracht. Hatte er ein Drittel der Haftzeit verbüßt, konnte er auf Bewährung entlassen werden. Der durchschnittliche Strafgefangene kam meist aus der unteren Bevölkerungsschicht und hatte eine ‚gebrochene' Kindheit hinter sich. Bis auf den heutigen Tag ist man sich nicht darüber einig, ob Freiheitsentzug die beste Form der Bestrafung ist. Heute berücksichtigt man jedenfalls und glücklicherweise mehr das Individuum, wenn es auch deutlich ist, dass Einzelhaft ihren Tribut fordert auf geistiger und moralischer Ebene. In vielen Ländern sind alternative Strafen immer noch mehr Diskussionsstoff als Realität."

Ich erzähle „meinen“ Schülern von meinen Erlebnissen in Afrika, von den 4 000 Unschuldigen im Gefängnis von Ruanda, der Herstellung von Särgen in Losotho, dem Frauenchor in Madagaskar und der Haftanstalt ohne Wasser in Burkina Faso. Ich schließe mit einem Plädoyer für einen Aufenthalt im Gefängnis von Vilnius. Dann bekommen die Studenten das Mikrophon. Sie bombardieren mich in baltisch gefärbtem Englisch. Vor der Abstimmung muss ich das Klassenzimmer verlassen. 55 Prozent schlagen sich auf meine Seite, 45 Prozent lehnen meinen Antrag ab. Es bleibt noch viel zu tun.

Im Bus von Vilnius nach Warschau lese ich einen Artikel über den Besitzer eines großen Warenhauses in Polen und seine Methode gegen Ladendiebstahl. Wer erwischt wird, hat die Wahl, entweder in einem Käfig mitten im Geschäft auf die Polizei zu warten oder sein Konterfei im Schaufenster ausgestellt zu sehen.

„Bisher hat noch jeder das Foto vorgezogen“, sagt Kaczynski, „und das heißt, dass sie nie mehr wiederkommen, wenn wir sie laufen lassen.“ Das ist zumindest auch eine Form alternativer Bestrafung.

Bei polnischen Freunden hole ich verspätete Weihnachtspost ab. Es ist ein Brief von Odette aus Madagaskar dabei, der Wortführerin der Häftlinge im Antsirabe-Gefängnis.

Cher Jan,

Zuerst wünsche ich dir noch das Allerbeste für das neue Jahr…

Man hat mich zu acht Monaten verurteilt. Das ist sehr hart. Ich muss also noch fünf Monate absitzen und werde nicht vor dem 18. Juni freikommen. Und du, der du so gerne mit Gefangenen zusammen bist!? Nun, es ist natürlich etwas anderes, das weiß ich auch; man kann sich noch so sehr anstrengen, in die Haut eines anderen zu schlüpfen, es ist doch nicht dasselbe. Es ist entsetzlich! Terrible! Das Schlimmste ist, dass ich von meinen zwei Kindern getrennt bin: ein Junge von fünfzehn und ein Mädchen von elf. Sie gehen beide hier in Antsirabe auf das Joseph-College bei den Frères Maristes, sie sind im ersten und sechsten Jahr.

Ich bin seit elf Jahren von meinem Mann geschieden (nun ja, er war es, der sich von uns getrennt hat). Ich war damals mit unserer Tochter schwanger. Und seitdem habe ich nicht wieder geheiratet. Nie mehr!

Ich habe an der naturwissenschaftlichen Fakultät studiert und das Staatsexamen absolviert. Dann habe ich bei den Jesuiten und den Maristen unterrichtet und nebenbei drei Jahre Theologie studiert. Aber wegen meiner Herzprobleme musste ich aufhören. Ich wurde Verkäuferin in einer schicken Boutique von „Madagascar Autruche“, wo mir das mit dem Geld passiert ist. Ich war es Leid, zu betteln und meine Kinder betteln zu schicken. Et voilà. Jetzt sitze ich hier.

Und mein Mann, der hat das Sorgerecht für die Kinder beantragt. Ich darf gar nicht dran denken! Was bleibt mir dann noch? Als Vorbestrafte habe ich doch keine Zukunft! Zum Glück bin ich gläubig. Sonst…

Aber es ist schwer, weißt du, diese „Hoffnung des Glaubens“ zu erleben, den Kopf über Wasser zu halten. Wer weiß, ob ich mich da je noch durchschlage?…

Vielleicht hat dir meine Geschichte etwas Anregung für dein Buch gegeben, auf das ich ungeduldig warte…

Kann ich nicht alles wunderbar beschreiben? (Wie du übrigens!) Genug davon.

Alle schlafen; ich bin die Einzige, die keinen Schlaf finden kann. Weißt du, Jan, im Dezember hat man mich zum „chef de chambre“

gewählt, das heißt, ich bin für die andern verantwortlich. Keine leichte Aufgabe, weil wir alle so verschieden sind und weil manche wirklich solche Säue sind. Aber es gelingt mir, sie zu „zähmen", indem ich ihnen alle meine Liebe gebe und das Beste von mir selbst. Und, hier liebt man einander aufrichtig!…

Adressiere deinen Brief an das Josephs-College, jeder kennt mich dort. Die Patres werden ihn an den Wärtern vorbeischmuggeln. Deren Frauen sind ja so neugierig! Dieser Brief geht übrigens auch an der Zensur vorbei. Unser Bischof wird ihn in Frankreich aufgeben.

Je t'embrasse très fort.

Odette

SLOWENISCHE HÄFTLINGE LÖSCHEN DEUTSCHES FEUER

David arbeitet als Wehrdienstverweigerer bei den Franziskanern. Statt in der slowenischen Armee zu dienen, entwirft er eine Website für den hl. Franziskus und seine Nachfolger. Und da seine Mutter mit dem Mann in die gleiche Schule ging, der heute in Slowenien das Zepter über die Gefängnisse schwingt, trifft nach einiger Übersetzungs-, Computer- und Faxarbeit die Entscheidung ein: Jana de Cocka blablabla kazenskih sankcij odlocil upravnik zavoda Dob, was soviel heißt wie „Jan De Cock erhält die Erlaubnis, das Gefängnis von Dob zu besuchen". Auf diese Wehrdienstverweigerer kann man sich verlassen!

Es ist eine gute Stunde Autofahrt bis zur größten Haftanstalt Sloweniens. Dob liegt in einem von malachitgrünen Hügeln umgebenen Tal. Was die Naturschönheit betrifft und die Aussicht der Häftlinge, fällt es mir schwer, mich zwischen dem Gefängnis von Kampala in Uganda und dem von Dob zu entscheiden. Auffällig ist die Sauberkeit, die überall herrscht, ohne dem Ganzen ein krankenhausmäßiges Aussehen zu geben. Man wähnt sich in einem städtischen Schwimmbad, aber das kommt eher durch die Sportpokale in der Eingangshalle als durch Chlorgeruch. In einem Warteraum hängt ein von einem Insassen gemaltes Stillleben mit Melonen, so wirklichkeitsgetreu, dass einem das Wasser im Mund zusammenläuft. Der Gemeinschaftsraum im ersten Stock ist gemütlich. Der Gefängnisleiter empfängt mich mit Händedruck. Aus seinem milden Blick, der soviel sagen will wie „ach, du bist dieser belgische Kauz", ist die ganze Politik des Direktors Podrzajem beschlossen, eines visionären Vierzigers, zu lesen. Nachdem ich viele Haftanstalten besucht und viele Direktoren kennen gelernt habe, kann ich mit einiger Bestimmtheit sagen, dass es ein Segen ist, wenn der Leiter Psychologe ist. Bei einem „Militär" steht doch immer die Sicherheit im Vordergrund. Für Jozetom Podrzajem hat Resozialisierung absolut Vorrang. Er hat sehr viel Zeit. Ich könnte noch stundenlang auf seiner Couch sitzen und mich mit ihm unterhalten, aber ich kann es nicht erwarten, die Theorie am eigenen Leib zu erfahren.

Mit seinen zwei Millionen Einwohnern ist Slowenien ein kleines Land. Von den 1200 Häftlingen, auf sieben Gefängnisse verteilt, befinden sich 388 in Dob, das auf einer Fläche von neun Hektar über eine offene, halb offene und eine geschlossene Abteilung verfügt. Die erstere ähnelt einem Schweizer Chalet, bereit, eine Horde Ski-Anfänger zu empfangen. Sie wird von vierzig Straftätern bewohnt, die vier Mal im Monat Freigang haben. Sie tragen die Verantwortung für eine Ranch, auf der Pferde grasen, friedlich wie auf einem Hamilton-Foto in der Camargue. Es weht eine leichte Winterbrise, aber das Licht ist sanft an diesem späten Nachmittag. Die Häftlinge im halb offenen Vollzug (oder halb geschlossenen für Pessimisten) beziehen einen neuen Komplex, sie können drei Mal im Monat nach Hause.

Ich bekomme Zugang zur geschlossenen Abteilung und zwar aufgrund einer bemerkenswerten Novität. In Dob können sich nicht nur Häftlinge mit ihren Frauen zu einem intimen Tête-à-tête treffen, der Besuch kann auch über Nacht bleiben. Das ist nicht nur eine einmalige Chance für Romantiker, sondern auch für Besucher aus dem fernen Ausland. Da Süleymans Zellengenosse mit seiner kroatischen Frau einige Nächte im Liebes-Pavillon verbringt, steht mir sein Bett zur Verfügung. Wenn es ein Gefängnis auf der Welt gibt, dessen Zellen man als Zimmer bezeichnen könnte, dann ist es

Dob. Und auf den blitzblanken Korridoren fällt sofort psychologisches Fingerspitzengefühl auf. Das monotone Weiß der Wände ist bis auf Brusthöhe durch farbenfreudige Tupfer aufgelockert.

Süleyman ist Türke und Anfang sechzig. Da er jahrelang im Schatten des Kölner Doms gewohnt hat, spricht er ziemlich gut Deutsch und hat sich bereit erklärt, den sonderbaren Belgier bei sich zu empfangen. Er springt von seiner Pritsche und begrüßt mich, als wären wir alte Freunde. Ein breites Lächeln von Ankara bis Istanbul erhellt sein gegerbtes, stoppelbärtiges Gesicht.

Die Wände des geräumigen Zimmers sind gerade frisch gestrichen und noch kahl. Die Betten verdienen den Namen zu Recht, eine Decke ist hier eine Decke, und die Bettwäsche macht einen sauberen Eindruck. Hier möchte sich jeder getrost schlafen legen. Süleyman zeigt auf einen Stuhl und setzt sich mir gegenüber an den Tisch.

„Ich habe ein Problem", sagt er auf Deutsch und stützt müde den Kopf in die Hände. „Ich habe einen achtjährigen Sohn, Yunus. Meine Frau ist gestorben und einer meiner Brüder hat die Vormundschaft für ihn übernommen, aber ich habe schon lange nichts mehr von ihnen gehört. Meine Familie weiß noch nicht, dass ich hinter Gittern sitze. Meine größte Sorge ist, weißt du, dass ich nicht weiß, ob der Junge auch weiter zur Schule geht."

„Wo wohnt deine Familie, Süleyman?" Er steht auf und holt ein Blatt Papier aus dem Metallschrank. „Arifiye", schreibt er in großen Buchstaben. Ich erzähle ihm, dass ich in vierzehn Tagen in der Türkei bin und mich vielleicht darum kümmern könnte. Ich will ihm aber auch nicht zu viel Hoffnung machen.

„Es ist wirklich mein einziges Problem. Die Wärter sind hier anständig. Das Essen ist gut…" Aus berufenem Mund, denke ich. Das Sauerkraut mit Wurst ist zwar nicht von höchster kulinarischer Güte, aber nicht zu vergleichen mit bitterem Maniok.

Nach einem Aufstand vor vier Jahren gibt es heute in jeder Zelle einen Fernseher. Damals saß man im Gemeinschaftsraum vor dem Bildschirm, als die slowenische Fußballnationalmannschaft ein wichtiges Qualifikationsspiel für die Weltmeisterschaft austrug. Punkt neun Uhr, fünf Minuten vor Abpfiff des Spiels, gingen die

Lichter aus. Neun Uhr ist neun Uhr! Bei den Häftlingen brannten die Sicherungen durch. Der Aufstand, der folgte, kostete zwei Wärtern das Leben, eines für jedes Tor, das die Mannschaft erzielt hatte. Seitdem gibt es, wie gesagt, in jeder Zelle einen Fernseher. Aber auch die Einstellung hat sich geändert. Es gibt auch mehr Menschlichkeit im Gefängnis von Dob.

Ich schlafe wie ein Murmeltier. Wir frühstücken im großen Speisesaal. Es gibt Knoblauchwurst, frisches Brot und Zichorienkaffee.

Heute begleite ich Süleyman zur Fabrik. Auch in dieser Hinsicht ist Dob ein Unikum. Direktor Podrzajem hat vor einigen Jahren einen Geschäftsmann engagiert, der tatsächlich auf dem Gelände eine Fabrik errichtet hat, in der Feuerlöscher hergestellt werden, hauptsächlich für den deutschen Markt. Aber das Erstaunlichste ist, dass 75 Prozent der Häftlinge hier vollzeitbeschäftigt sind und mit ihrem Lohn ihre Familien unterstützen oder für ihre Freilassung Geld sparen können. Ich befestige einen ganzen Tag sechseckige Schrauben an rot angestrichenen Zylindern.

Bevor ich Dob und das Gefängnis verlasse, will ich noch den Mann kennen lernen, der drei Nächte anderswo bei jemandem ins Bett gekrochen ist und mir seine Pritsche überlassen hat. Lojzek hat sich für 72 Stunden freigenommen. Ich treffe ihn nicht nur in Gesellschaft seiner Frau Cvetka, sondern auch ihrer drei Kinder! Das Gefängnis von Dob bietet seinen Häftlingen sogar einen Kurs „Vater sein“ an. Darauf muss man erst mal kommen. Wir bilden Menschen zu Tischlern oder Computerspezialisten aus und liegen ihnen mit Moral und Selbstbehauptung in den Ohren. Aber will man lernen, wie man seinem Kind bei der Schularbeit hilft, wie man ihm ein Gesellschaftsspiel erklärt, wie man es sexuell aufklärt oder wie man die eigene Tochter um Verzeihung bittet, dann muss man sich ins Gefängnis von Dob begeben.

Es gibt drei dieser Apartments, in denen Paare sich treffen können. Cvetka serviert Brot mit Meerrettichsoße. Lojzek kocht Tee.

„Noch zwei Monate“, sagt er.

„Dann bekomme ich denselben Mann wieder“, lacht Cvetka, „aber die Kinder einen anderen Vater.“ Lojzek schweigt, aber als die 5-jährige Milanka quengelt, weil sie mit ihm ein Puzzle zusammensetzen will, und der Papa steht auf, da begreife ich, was sie meint.

VON ZÜGEN UND TRICKS IN RUMÄNIEN

Das Abteil leert sich, sodass ich ab der ungarischen Grenze allein mit meinem Buch bin. Ich lese „Levenslang“ von Bart Demyttenaere und bekomme Heimweh nach dem Zentralgefängnis von Leuven. Plötzlich nimmt eine Armee von Zollbeamten den Zug ein. Slowenen und Ungarn.

„Sprechen Sie Deutsch?“, will einer wissen. „Wo kommen Sie her?“ Beinahe hätte ich gesagt „aus dem Gefängnis von Dob“, aber beschränke mich wohlweislich auf „aus Ljubljana“. Hinter ihm durchsucht jemand mit Hilfe einer Leiter die Gepäckablagen nach Schmuggelware.

In Budapest habe ich vierzig Minuten Zeit, von einem Bahnhof zum anderen zu kommen. Von den letzten ungarischen Forint, die mir die jungen Franziskaner in Ljubljana noch geschenkt hatten, kaufe ich in der U-Bahn eine Fahrkarte. Die Zeit ist knapp und ich spreche den Erstbesten auf dem Bahnsteig an. „English? Deutsch?“, probiere ich und erwarte einen ungarischen Redeschwall.

„English!“, sagt der kahl werdende Sechziger. „I'm from New York, aber kenne Budapest wie meine Westentasche.“

„Das trifft sich gut“, sage ich erleichtert. Er muss zur gleichen Haltestelle wie ich.

„Urlaub?“, frage ich, während die U-Bahn unter Budapest dahin rast.

„No, ich gehe zum Zahnarzt.“ Man fliegt mal schnell von New York nach Budapest und lässt sich eine neue Krone verpassen, das ist trotz Hotel- und Reisekosten in Ungarn immer noch billiger als in Manhattan!

Und so beginnt eine vermutlich ruhige Reise in einem Zug ohne Speisewagen, wie ich vor Abfahrt feststellte, als ich meinen Durst löschen wollte. Bis um fünf Uhr morgens jemand ins Abteil kommt, das ich für mich alleine habe, und mich auf Englisch in ein Gespräch verwickelt. Ich schiebe es auf den unterbrochenen Schlaf, dass ich sein Verhalten ziemlich merkwürdig finde. Ich erfahre allerdings, dass ich meine Uhr eine Stunde vorstellen muss. Kurze Zeit später gesellt sich ein zweiter Mann zu uns. Er hat drei Konservendosen mitgebracht und eine Kugel. Mann 1 übersetzt, dass Mann 2 ein Spiel spielen möchte. Er legt die Kugel unter eine der umgedrehten Dosen, und während er diese mehrmals verschiebt, murmelt er einen rumänischen Zauberspruch. Mann 1 findet das witzig, aber ich bin zu verschlafen, als dass ich für meine Ruhestörer das geringste Verständnis aufbringen könnte. Mann 2 will jetzt um Geld spielen. Als Mann 1 ziemlich rasch anbeißt, wittere ich Gefahr. Sie kennen einander und stecken unter einer Decke. Schlechte Schauspieler. Mann 1 zieht viel zu bereitwillig einen 5000er-Schein aus der Tasche und scheint es nicht einmal besonders schlimm zu finden, als er verliert. Beim nächsten Spiel bekommt er das Doppelte zurück. Jetzt bin ich an der Reihe.

„Umsonst", sagt Mann 1. Ich will die beiden loswerden und zeige auf eine Dose. „Gratuliere! Gut geraten!" Er schiebt mir einen 50-Dollar-Schein zu. Ich leiere alle Neins herunter, die mir einfallen, von ‚no' bis ‚njet', fuchtle mit den Händen und schüttle den Kopf. Ein dritter Mann ist mittlerweile aufgetaucht, der vom Gang aus als ‚zufälliger Passant' durch die Türscheibe neugierig zuschaut. Ich lege meine Hände auf die Hosentaschen, den Kopf auf den Rucksack und rufe meine Schutzengel an.

„Sie möchten schlafen?", fragt Mann 1.

„Jetzt haben Sie mal richtig geraten."

„Darf ich Sie zu einer Tasse Kaffee im Speisewagen einladen?", versucht er es auf die höfliche Tour. Wenn es jemanden gibt, der weiß, dass es in diesem Zug keinen Speisewagen gibt, dann bin ich es. Ich höre meine Engel Gloria in excelsis Deo singen, als die Jongleure abziehen. Kurz darauf klopft der Schaffner an und warnt mich vor drei Dieben, die mit dem Hütchenspiel ahnungslose Reisende um ihr Geld bringen wollen. Ein gewarnter Mensch zählt für zwei, nein drei, denke ich. Willkommen Rumänien!

Sanda ist eine zierliche, hellwache Frau. Ich schätze sie auf fünfundzwanzig. Sie hat für mich den Kontakt zu einem rumänischen Gefängnis hergestellt. Durch sie lerne ich auch ihre Familie kennen, in einer der kleinen Wohnungen in den Betonburgen in einem der Vororte der Stadt.

Die Nachwehen des Kommunismus sind immer noch zu spüren. Wenn der Name Ceausescu fällt, überläuft es Sandra und ihre Altersgenossen kalt. Das Wohnzimmer ist nicht so karg eingerichtet, dass man von Armut sprechen müsste. Immer wieder heißt es: „Früher gab es nichts zu essen, dafür hatten wir Geld; heute sind die Regale in den Geschäften voll, aber wir können die Sachen nicht bezahlen." Sandras Eltern scheint es nicht zu kümmern, zum Essen gibt es reichlich *sarmale*, mit Fleisch gefüllte Kohlblätter, und *tuicá*, einen einheimischen Pflaumenschnaps.

Wir brechen auf zum *puscàrie*. Das Sicherheitsgefängnis von Gherla liegt etwa 45 Kilometer von Cluj Napoca entfernt. In der 1754 zu einer Haftanstalt umgebauten ehemaligen Burg aus dem 16. Jahrhundert sperrte das kommunistische Regime zwischen 1945 und 1989 seine politischen Gegner ein. Tausende wurden hier gefoltert; viele fanden den Tod. Die Mauern waren wegen der eisigen Temperaturen im Winter und der unerträglichen Hitze im Sommer aus Salz gebaut. Nicht zu Unrecht trägt die Anstalt den Namen „Die Burg der Schmerzen". Mit dem Fall des Eisernen Vorhangs wurde 1990 auch diese bittere Vergangenheit abgeschlossen. Die Gebäude wurden gründlich restauriert, und die Anstaltsleitung kümmerte sich mehr um das Wohl der Gefangenen.

Die männlichen Häftlinge wirken in ihrer eintönigen Anstaltskleidung wie vom Wind zerzauste Postboten. Die Frauen tragen ausnahmslos einen Schal um den Kopf. Ihre zweiteiligen Ensembles mit Hose oder Rock sehen aus wie gestreifte Pyjamas.

„Zehn Jahre“, sagt Ciprian. „Zehn Jahre bin ich jetzt hier. Manchmal denke ich, ich bin hier zur Welt gekommen.“ Vor mir sitzt ein 43-jähriger beleibter Mann. Das Haar ist an den Schläfen leicht ergraut.

„Ein Mal hat mich eine Schwägerin besucht. Sie war die einzige Verwandte in all den Jahren.“

„Unsere Familien lassen uns oft im Stich“, meint Branko. „Sie können das Schreckliche, was wir getan haben, nicht verkraften.“

Ciprian zuckt die Achseln, die rechte aus Verständnis, die linke aus Verzweiflung. „Ich habe meinen Freund ermordet, weißt du. Wir waren zwei Saufbolde. Am Neujahrstag vor zehn Jahren haben wir uns wieder einmal vollaufen lassen, wir tranken Tag und Nacht bis Dreikönige. Irgendwann ging mein Freund mit einer zerbrochenen Flasche auf mich los. Ich hab ihm einen Hieb versetzt. Und noch einen. Und noch einen. Bis er tot war.“

Branko fragt, ob ich Kaffee möchte. Ich nicke. Ciprian bekommt sowieso eine Tasse, ungefragt.

„Als ich kapierte, was ich getan hatte, wurde mir schwindlig. Kalter Schweiß brach mir aus. Wie hatte ich meinen Freund ermorden können? Ich flüchtete, wurde aber bald gefasst. Es ist nichts weiter als ein Traum, es ist nur ein Albtraum, hoffte ich.“

Es regnet schon seit zwei Stunden in Strömen, das Wasser fließt an den Gitterstäben entlang auf den Hof des Gefängnisses von Gherla. Wir schlürfen gierig unseren Kaffee, als würde er dadurch besser schmecken.

„Hunderttausend Mal habe ich die Szene aufs Neue erlebt. Wie einen Spuk. Es fraß meine Seele auf.“

Ciprian spricht die Worte aus, die so viele, denen ich begegnet bin, aussprechen wollen. Könnte man doch alles ungeschehen machen…

„Aber jetzt“, und Ciprian lächelt, als würde er den Vorhang ein wenig aufziehen, „ist eine Stille in mein Herz gekommen. Etwas Neues ist in mein Leben gekommen. Nenn es Gott. Oh ja, Schuldgefühl und Gewissensqual stellen sich immer wieder ein, aber durch eine Art Demut habe ich innerlich Ruhe gefunden. Ob das Vergebung ist? Es ist verrückt, für die Außenwelt bin ich ein Gefangener, aber innerlich bin ich freier als je zuvor.“

TÜRKISCHES OBST UND TÜRKISCHER HUNGER

„*Multumesc*, danke!“, rufe ich aus dem offenen Zugfenster Sandra nach, bis sie nur noch ein Pünktchen in der Ferne ist.

Meine Reise nach Istanbul beginnt so klischeehaft wie komisch. Züge fahren in dieser Region auf die Minute ab. Ich sollte es zu spüren bekommen, beziehungsweise mein Hintern. Ich hatte zwar in Bukarest sechs Stunden Aufenthalt, aber ich bin ein Last-minute-Typ und riskiere immer, Zug, Straßenbahn oder Bus zu verpassen. Allerdings hatte diesmal auch die Dame in der Wechselstube Schuld. Für den Umtausch meiner letzten rumänischen Lei – in fünf Euros! – musste sie meinen Pass kopieren, musste ich ein Dokument unterschreiben, musste sie den Schlüssel zum Tresor suchen und in ihm einen Fünf-Euro-Schein finden. Schon auf dem Bahnsteig kontrolliert ein Schaffner meinen Fahrschein so andächtig, als sei Anthrax-Alarm geschlagen worden. Ich habe einen Platz im vordersten Abteil, also noch ein Marsch von zehn Minuten. Gerade als ich den Fuß auf das Trittbrett stelle, setzt es sich in Bewegung. Wie ein Stuntman will ich mich und mein Gepäck in den fahrenden Zug katapultieren, aber ich habe nicht mit dem schweren Rucksack gerechnet und mit dem extrem hohen Trittbrett dieser Züge und werde in hohem Bogen zurück auf den Bahnsteig geschleudert. Hinter den Fenstern werfen die Passagiere erschrockene Blicke auf den unglücklichen Belgier. Gott sei Dank hat der Rücksack meinen Sturz gebremst. Plötzlich werde ich von hilfreichen Armen mitsamt den 30 Kilo Extragewicht wieder auf die Beine gestellt. Engel schlagen mit ihren Flügeln und versuchen den Zug zum Stillstand zu bringen. Und das Wunder geschieht! Voller Beulen und blauer Flecken, die verdreckte Fahrkarte in der Hand, werde ich an Bord gehievt.

Ich habe das Abteil für mich allein, was mir in meinem lädierten Zustand entgegenkommt. Ich bin heilfroh, dass ich den Zug nicht verpasst habe. Während ich mir noch die Hose einigermaßen sauber mache, klopft jemand an die Tür des Abteils. Etwas unwirsch rufe ich, dass ich keinen rumänischen *lei* mehr habe und nichts zu kaufen wünsche.

„Äh, Monsieur“, hustet der Mann, „verzeihen Sie, aber ich kontrolliere die Fahrkarten.“ Also doch mit dem Kopf auf den Bahnsteig gefallen?

An der bulgarischen Grenze hält der Zug. Zollbeamte, die unsere Pässe kontrollieren, warnen uns vor Banditen, die hier gerne zusteigen. Dann schließt doch wenigstens die Türen ab, denke ich, als ich die Ganoven in eben diesem Augenblick sich hineinschleichen sehe. Und wahrhaftig! Der Schaffner ist noch nicht aus dem Abteil, als ein gewisser Ahmed sich mir andient. Erst um Geld zu wechseln, dann um Zigaretten zu verkaufen, dann um etwas Essbares zu bekommen. Das geht so weiter, bis die Türen plötzlich zuschlagen und sich der Zug in Bewegung setzt. Jetzt ist Not am Mann. Ahmed läuft zum Ausgang. Keine Tür lässt sich mehr öffnen. Aus reinem Mitleid helfe ich dem Dieb und halte ihm den Steigbügel, sodass er aus dem Fenster klettern kann, noch bevor der Zug in die Wälder und die Nacht rast.

Bei der nächsten Grenzkontrolle sagt ein Beamter mit schrägem Blick auf meinen Pass: „Jan, hast du ein Bier für mich?“ Es ist mir schleierhaft, woher all diese uniformierten Gesetzeshüter plötzlich herkommen, jedenfalls öffnet ein bulgarischer Schaffner zum zweiten Mal die Abteiltür, zwei andere im Gefolge.

„Schaut mal“, sagt er zu seinen Kollegen, während er mit dem Kopf in meine Richtung weist, „da sitzt Harry Potter.“ Gott weiß, aus welchem Hut sie die Ähnlichkeit zaubern. Jedenfalls fehlen mir jedwede Zauberkräfte, den Mann mit der Mütze zu entmaterialisieren. Ich soll eine Zollgebühr von 10 Euro oder 20 Dollar – merkwürdige Umrechnung – für meinen Rucksack bezahlen.

„Verehrter Herr“, sage ich freundlich, „beim Kauf meines Rucksacks war die Mehrwertsteuer bereits im Preis inbegriffen, und auch der Kauf der Fahrkarten hat der rumänischen und bulgarischen Eisenbahn zum Vorteil gereicht. Falls Sie kein Dokument vorweisen können, auf dem schwarz auf weiß steht, dass ich meinen Rucksack verzollen muss, wenn ich bulgarischen Boden betrete, können Sie sich ihre Vorfreude und meine Euros abschminken.“ Derweil ist seine Mütze so verrutscht wie seine Rechtschaffenheit. Er murmelt etwas zu seinen Kollegen und zieht mit roten Ohren ab.

Aber um drei Uhr nachts rütteln sie wieder an der Tür. Mit der gleichen Litanei. Um noch etwas von der Nacht zu haben, beschließe ich, den Stier bei den Hörnern zu packen. „Könnte es sein, lieber Freund, dass es Ihnen weniger um die Verzollung meines Rucksacks geht als um ein Freibier?" Nach seinem Schmunzeln und dem seiner Kollegen zu urteilen, habe ich ins Schwarze getroffen. Ich gebe jedem einen Dollar. Am liebsten würden sie mich küssen. Wie Frühlingslämmer oder wie überglückliche Schaffner hüpfen sie durch den Gang. Nach dreistündigem Schlaf begrüßt mich im sich lichtenden Nebel die Türkei mit hunderten Bienenkästen und riesigen Wiesen voller Schneeglöckchen.

Beim Istanbuler Bahnhof lasse ich mich auf einer Terrasse nieder und mache, was ich immer mache, wenn ich in einem neuen Land ankomme. Ich ziehe mein Notizbuch hervor, sperre die Ohren auf und notiere ein halbes Dutzend Ausdrücke, wie „Guten Tag" und „Vielen Dank", mit denen man in jedem Land ein ganzes Stück weit kommt. Während mir ein Ober *lahmacum* (eine Pizza) mit *ayran* (ein Joghurtgetränk) serviert, lasse ich mir von ihm die erste Türkischstunde geben.

Ich schlendere über den Kapali Carsi, den größten überdeckten Basar, vorbei an Ständen mit gerösteten Kastanien, Juwelen und BHs Richtung Istanbuls Zentralgefängnis, Bayrampasa. Eine Straßenbahn setzt mich am Fuß des Hügels ab.

Die geduldigsten Menschen der Welt sind die Frauen, die darauf warten, ihre eingesperrten Angehörigen besuchen zu können. Sie harren im Regen, in der Sonne, Körbe und Taschen voller Lebensmittel und Lesefutter, vielleicht mit einem Joint zwischen zwei Kuchenhälften. Zwischen ihnen stehe ich in einer langen Schlange vor der großen, berüchtigten Haftanstalt Bayrampasa. Berüchtigt, weil hier vor gar nicht allzu langer Zeit Lale Colak nach einem Hungerstreik von 222 Tagen starb. Ab und zu drehen die drei Metalldrehtüren wie Petersilienmühlen Büschel von Besuchern ins Innere.

Mohammed und Muzaffer bieten mir geröstete Sonnenblumenkerne an. Ein Mann mit dem Aussehen eines englischen Gentleman scheint auch die Sprache Shakespeares zu sprechen. Yasar stellt sich als Anwalt vor.

Alles ist so chaotisch, dass ich die Gelegenheit nutze und hinter ihm einfach mit hineingehe. Ich lache mir ins Fäustchen. Mehrmals hatte ich vor der Reise die türkische Botschaft in Antwerpen besucht, den freundlichen Vizekonsul auf meine Seite gebracht, viele Tassen Kaffee getrunken, gewartet und gehofft, aber eine eindeutige Antwort hatte ich nie bekommen, und jetzt spaziere einfach in das Haus der Schande hinein.

Wir gehen durch die Gänge des Gefängnisses, das schon aufgrund der jüngsten Ereignisse Schauder erregt. Die Atmosphäre unter den 2000 Häftlingen ist noch immer zum Zerreißen gespannt. Momentan befinden sich zwanzig im Hungerstreik.

Yasar vertritt die Interessen eines Mannes, der auszubrechen versuchte. Erst stellt er mich den Zellengenossen von Deniz vor, eines anderen jungen Aktivisten, der nach 174 Tagen den Hungerstreik zu Hause fortsetzt.

Saban serviert eine Tasse *sahlep*, Zimtmilch, deren Aroma hier orientalischer duftet als anderswo. Ich rieche Asien. Für einen Augenblick ist es mir unangenehm, in der Nähe von Menschen etwas zu trinken, die in den Hungerstreik getreten sind, um auf ihre Rechte aufmerksam zu machen. Aber dieser Gedanke lässt mich auch erkennen, wie wichtig gemeinsames Essen und Trinken ist. So oft habe ich in Gefängnissen erlebt, dass das Eis bricht, sobald man zum Essen und Trinken eingeladen wird. Das bedeutet, dass „Essen" nicht nur biologisch unverzichtbar ist, sondern auch den seelischen Kontakt zwischen Menschen nährt. Gemeinsam um einen Tisch sitzen, gemeinsam um eine Teekanne, das stärkt das Zusammengehörigkeitsgefühl mehr, als Worte es vermögen. Deshalb ist ein Hungerstreik auch eine so kräftige Waffe, nicht nur, weil er den Menschen physisch schwächt, sondern auch, weil er die zwischenmenschliche Harmonie antastet. Sogar meine süße Zimtmilch schmeckt hier ein wenig sauer.

Saban erzählt in gebrochenem Englisch: „Die Hungerstreiks fingen am 20. November 2000 an, nachdem die türkische Regierung die Entwürfe für Haftanstalten des so genannten ‚F-Typs' vorgestellt hatte. Die traditionellen Schlafsäle sollten durch Einzelzellen ersetzt werden, angeblich, weil die Schlaftrakte von terroristischen Gruppierungen beherrscht würden. Eine reine Einschüchterungsaktion! Wir wollen einfach menschenwürdig behandelt werden, wir haben ein Recht auf Kontakt und auf den Besuch unserer Angehörigen."

Einige Häftlinge kommen hinzu und nicken zustimmend, auch wenn sie unser Feld-Wald-und-Wiesen-Englisch nicht verstehen. Sie wissen einfach, worum es geht.

„Am 19. Dezember", fährt Saban fort, „stürmten Armee und Sondereinheiten der Polizei zwanzig Gefängnisse. Es kostete dreißig Häftlingen und zwei Wärtern das Leben. Wer glaubt uns denn, dass Gefangene gefoltert und vergewaltigt wurden?"

„Im April 2001 starb der erste Hungerstreikende", meint ein anderer und bietet einen Zug aus seiner Zigarette an. Saban übersetzt.

„Anwälte haben noch versucht, einen Kompromiss zu erreichen. Sie schlugen vor, drei Dreierzellen zusammenzufügen, aber der Justizminister Hikmet Sami Turk wies diesen Vorschlag sofort zurück. Sogar der Europarat hat die Türkei aufgefordert, den Häftlingen mehr Zeit außerhalb der Zellen einzuräumen."

Ein anderer berichtet, auch die Hungerstreikenden hätten Vorschläge abgelehnt. „Noch diesen Monat hat der Minister ihnen angeboten, Häftlinge könnten sich einmal in der Woche für fünf Stunden in Gruppen von höchstens zehn Personen in Aufenthaltsräumen innerhalb des Gefängnisses treffen. Die Häftlinge haben dies abgelehnt."

„Der Tod von Lale Colak am 8. Januar", sage ich, „hat für ziemliches Aufsehen gesorgt." Saban wendet sich an einen Mann, der sofort aufsteht. Sie würden versuchen, mich in die Frauenabteilung zu lotsen. Lales Zellengenossin könnte mir mehr erzählen. Es werden wohl einige Zigaretten den Besitzer gewechselt haben… jedenfalls sitze ich, eh ich mich's versehe, in Colaks ehemaliger Zelle Sevgi gegenüber.

Sie liegt auf einer schmalen Pritsche, die Kissen und Decken stammen bestimmt von Angehörigen und Freunden. Es berührt sie, über ihre Freundin zu sprechen. Sevgi hält mich für einen Abgesandten der europäischen Kommission und meint, was hier geschehen sei, müsse der Welt bekannt gemacht werden. Ich höre ihr gespannt zu. Sie spricht Deutsch, setzt ihre Worte äußerst vorsichtig.

„Lale wurde an ihrem siebenundzwanzigsten Geburtstag aus der Haft entlassen. Aber sie ist nie nach Hause gekommen, sie wurde gleich ins Krankenhaus gebracht. Sie war nur noch Haut und Knochen. Ihr Haar war schneeweiß geworden." Ich betrachte Sevgi, die, schätze ich, etwa so alt wie Lale sein muss und deren Haar ebenfalls merkwürdig grau ist.

„Weißt du", schluchzt Sevgi trotzig, „Lale ist das 45. Opfer dieses Hungerstreiks, der bereits der längste in der Geschichte ist. In diesem Augenblick verweigern einhundertvierzig Häftlinge innerhalb und außerhalb türkischer Haftanstalten die Nahrungsaufnahme aus Protest gegen die Isolationszellen."

Während der Diktatur von Pinochet habe ich manchmal in Chile Hungerstreikende unterstützt, die nach einigen Tagen oder höchstens Wochen ihre Aktion beendeten, mit oder ohne Resultat. Jetzt sitze ich neben einer Frau, die dem Tod näher als dem Leben ist und die von ihrer kargen Matratze nur noch ihren fünfundvierzig Kameraden in den Tod folgen kann.

Mit kalter Nüchternheit spricht sie weiter. „Einer unserer Kameraden hielt es mehr als ein Jahr aus, er nahm nur Wasser, Zucker, Salz und Vitamin B zu sich. Als er starb, hatte er nur noch den Verstand eines Babys."

„Sevgi, gibt es keine Bestimmung, auf die du dich berufen kannst, sodass man dich entlassen muss? Es ist doch absurd, dass Menschen, die dem Koma nah sind, eingesperrt bleiben."

„Schon möglich", antwortet sie resolut, „aber für unsere sieben Gruppen von Hungerstreikenden ist unsere Überzeugung wichtiger. Lieber sterben wir."

„Wie reagieren eure Familien?"

„Lale Colaks Mutter hat bis zum Schluss gehofft, ihre Tochter würde ihre Aktion abbrechen. Sie hat sie oft angefleht. Manchmal hat sie ihr heimlich Schokolade mitgebracht, worauf Lale versessen war. Aber meistens haben die Wärter sie entdeckt."

„Und deine Angehörigen?"

„Ach, meine Mutter sitzt hier auch oft und malt mir in den schönsten Farben aus, wie wir zusammen zu Hause frühstücken. Aber ich sage ihr immer: ‚Ma, du weißt nicht, wie schrecklich das Leben hier ist. Wir machen dies, um das Leben aller Menschen zu verbessern.'" Sevgis Blick ist glasig. Sie sieht etwas, was ich nicht sehen kann. Lastende Stille hängt im Raum.

„Wir wurden beide vom Kartal-Gefängnis hierher verlegt, weil es hier ein Krankenhaus gibt", sagt Sevgi in einem Ton, der zeigt, dass sie sich im Klaren ist über ihre Lage. „Lale hoffte, vor Dezember freizukommen. ‚Dann schaffe ich es', hat sie gesagt. Die Behörden haben absichtlich ihre Entlassung verzögert. Als man ankündigte, sie würde am 20. Dezember, ihrem Geburtstag, entlassen werden, lag sie praktisch schon im Koma. Auch Zwangsernährung half nicht mehr. Ich habe sogar einen Arzt weinen sehen. Lale war wie aus Kristall. Durchsichtig und zerbrechlich. Sie war eine schöne Frau." Sevgi erzählt mit solcher Leidenschaft, dass ich dieses idealistische Schneeweißchen deutlich vor mir sehe. „Sie hat nie ans Sterben gedacht. Die letzten Tage konnte sie nicht mehr sprechen. Ihr Mund war voller Geschwüre. Sie verlor das Bewusstsein. Dilek, ihre Schwester, erzählte mir, zum Schluss sei ein schwaches Lächeln über ihr Gesicht gehuscht."

Sevgi lächelt auch. Es ist ergreifend, neben einem Menschen zu sitzen, der für ein Ideal sein Leben opfern will. Wie anders ist dies als ein Selbstmordattentat! Denn wer wird hierdurch erschüttert, außer dem, dessen Gewissen sich regt? Neben mir liegt ein nur noch aus Haut und Knochen bestehender Mensch, dem der Tod auf den Fersen ist. Sevgi, Lale, Deniz und einhundertvierzig andere, euer Leben und euer Tod werden nicht sinnlos sein.

Yasar klopft an die Tür. Wie müssen aufbrechen. Ich nehme Abschied. Für immer. Yasar hat zwar eine Verabredung mit seiner Freundin auf dem Taksim-Platz, meint aber, ich könnte sicher Gesellschaft und eine Stärkung gebrauchen.

Hüseyin Akbas, Manolya sok Nr. 62, Arifiye steht auf dem Zettel, den mir Süleyman, mein türkischer Zellengenosse im slowenischen Gefängnis von Dob gegeben hatte.

Ich nehme die Fähre über den Bosporus und lasse Europa hinter mir. Die Sonne taucht das ehemalige Konstantinopel, einst Hauptstadt des Osmanischen Reichs, in funkelndes Licht. Tatsächlich eine goldene Stadt. Die Blaue Moschee und die Hagia Sophia beherrschen die Skyline an diesem frühen Morgen. Unter mir im blauen Wasser treibt die Gelatine tausender Quallen.

In Harem steige ich in den Bus nach Sakarya. Überall in der Türkei wird maßlos gequalmt und es gibt wohl kein anderes Land, in dem so viele Liter Parfüm und Rasierwasser vergossen werden. Kaum ist der Bus abgefahren, geht der Schaffner mit einer Flasche Kölnisch Wasser herum und begießt reichlich die Hände und Nacken der Passagiere. Er ist überhaupt sehr aufmerksam und bringt regelmäßig Mineralwasser, Limonade und Tee. Einmal taucht er vor mir auf mit einer Liste in der Hand und fragt mich etwas Unverständliches. Es erscheint mir nur naheliegend, dass er eine Bestellung aufnehmen will, Beefsteak mit Kartoffelpüree oder Huhn mit Reis.

„Huhn“, sage ich und bewege gackernd die Ellbogen gegen die Rippen. Als mich alle anstarren, als sei ich verrückt geworden, dämmert es mir, dass der Mann nur wissen wollte, ob ich bis zur Endstation oder eine Haltestelle früher aussteigen will.

Arifiye leckt seine Wunden. Die Spuren des großen Erdbebens vom August 1999 sind noch überall sichtbar. Schutthaufen, wo man hinschaut. Ein Taxifahrer regt sich über den blutverschmierten Kofferraum auf, in dem sein Fahrgast ein Schaf verstaut hatte. Es ist *kurban bayram*, das „Fest des Schafes“. Muslimische Familien, die es sich leisten können, lassen ein Schaf schlachten und teilen es mit den Armen. Der Passagier weigert sich, wegen der Blutflecken auch nur eine Lira mehr zu bezahlen.

Jemand nimmt mich im Auto mit zum Viertel, in dem, wie ich hoffe, die Familie Hüseyin wohnt. Zwei Jungen begleiten uns auf der Suche. „Hüseyin?“, fragen sie einen Mann mit grauem Schnurrbart, der vor seinem Haus auf einer Bank sitzt und den herrlichen Frühlingstag genießt. Er nickt huldvoll.

„Ich bringe Ihnen die Grüße von Süleyman.“ Er lächelt. Wie sich herausstellt, ist es Süleymans Bruder. Ich frage die Umstehenden, ob jemand Englisch spricht. Zwei Minuten später taucht ein Metzger auf, Adem, der nach seinem blutigen Kittel zu urteilen, gerade dabei war, das Schaf zu schächten. Sein Englisch ist ziemlich gut, sein Deutsch fast perfekt.

„Sieben Jahre in Köln“, erklärt er. Wir setzen uns auf die Bank neben Hüseyin.

„Süleyman richtet Ihnen Grüße aus. Vor zwei Wochen habe ich mit ihm eine Zelle in Slowenien geteilt.“ Alle spitzen die Ohren.

„Es geht ihm gut, aber er macht sich Sorgen um seinen Sohn. Er hat gehört, dass er nicht mehr bei Ihnen wohnt, Herr Hüseyin.“

„Ja, er ist jetzt bei einem anderen Bruder in Adana, der letztes Jahr seinen eigenen Sohn verloren hat und gerne Yunus aufziehen will. Im August habe ich einen Herzanfall bekommen, mein Bruder kann sich besser um das Kind kümmern. Adana ist zwar eine ärmere Gegend als unsere, aber wie ich gehört habe, geht es Süleymans Sohn gut.“

Die Frauen des Hauses unterbrechen das Gespräch mit Tellern voller Süßigkeiten und einer Schale Obst. Der Honig tropft vom Gebäck wie ihre Gastfreundlichkeit. Von allen Seiten werde ich mit Fragen über das Gefängnis in Slowenien bombardiert. Ich bin froh, dass ich ihnen sagen kann, wie „gut“ es ist.

Es gibt mir ein unglaublich warmes Gefühl, wenn ich daran denke, dass ein Häftling in einer Zelle in Slowenien diese türkische Familie und mich zusammengeführt hat. Wir sitzen in der Sonne und feiern das gute Leben.

„Sollen wir ein Foto für Süleyman machen?“ frage ich. Alle wollen mit drauf.

Adem lädt mich in ein Haus auf der anderen Straßenseite ein, wo sich fünf Familien zum Verzehr des Schafes versammelt haben. Ich bekomme den Ehrenplatz am Tischende. Der Duft von gekochter Leber, Herz und Nieren steigt mir in die Nase.

„Und das ist *sarma*", sagt eine der Töchter. Ich erkenne die zigarrenförmigen mit Reis gefüllten Weinblätter. Die größeren Kinder wollen jetzt ihr Englisch üben. „Watis yeur nehm?"

„My name is Jan." Und so geht es der Reihe nach. „Maai Nehm is Nagihan." „Maai Nehm is Berk..."

Wir kommen, wie könnte es auch anders sein, auf das Erdbeben vor zweieinhalb Jahren zu sprechen.

„Siehst du die Baracken da?" Adem zeigt zwischen den Häusern hindurch auf die Holz- und Wellblechhütten. „Da haben wir Wochen, Monate gelebt." Jeder hat Angehörige oder Bekannte, die die Katastrophe nicht überlebt haben.

„Eine Freundin von uns", so Adem, „hat ihre beiden Kinder und ihren Mann verloren. Sie fährt immer noch einmal im Monat zur psychologischen Behandlung nach Ankara. Die meisten Menschen sind übrigens von fallendem Mobiliar erschlagen worden. Wir befestigen jetzt alle Schränke und Regale an den Wänden. Übrigens, Jan, hättest du Lust, mal die Erdrisse zu sehen?" Es müssen ja nicht immer Museen, Moscheen oder Gefängnisse sein.

Die anwesenden Männer steigen mit ins Auto, aber ich muss unbedingt vorne sitzen. Wer unter mangelndem Selbstwertgefühl leidet, mache sich auf den Weg in die Türkei. Hier wird man noch mit Ehren überhäuft. Wir fahren über Brücken, an Eisenbahnlinien und renovierten Häusern vorbei. Ab und zu steigen wir aus, um die Narben, die das Erdbeben im Boden hinterlassen hat, zu betrachten. Dreißigtausend Menschen wurden von Mutter Erde verschlungen, wurden Opfer ihrer Launen. Auf den uns umgebenden Hügeln liegt Schnee. Die Türkei ist ein schönes Land, fast so schön wie ihre Bewohner. Wenn die Natur nur gnädiger wäre. Und die Demokratie...

Vor meiner Rückkehr nach Istanbul wird noch einmal Tee serviert. Ich trinke an diesem Nachmittag so viele Liter, wie die Blaue Moschee Minarette zählt. Bevor eine Schachtel Schokolade die Runde macht, träufelt ein Mädchen jedem Parfüm auf die Hände. Das sollte man auch in nördlicheren Gefilden einführen.

Hüseyins Frau ruft ihre zwei heiratsfähigen Töchter herbei. Ich habe die Auswahl. Aber Entscheidungen zu treffen, ist eh nicht meine starke Seite, zumal in einer solchen Angelegenheit. Ich gelobe, wiederzukommen, um zu sehen, welche von beiden die leckersten Süßigkeiten zubereiten kann.

„*Tesekür ederim, tesekür ederim, vielen Dank, vielen Dank*“, wiederhole ich hundert Mal, und weiß doch, dass diese Worte nur ein schwacher Ausdruck für meine Dankbarkeit sind.

„Gern geschehen. Weißt du“, sagt Adem noch zum Abschied, „in der Türkei sagen wir: Unerwarteter Besuch ist der Besuch Allahs.“

RUSSISCHE EIER IN DUBAI

Eine andere Welt. Und doch durch die Freundlichkeit der Menschen immer die gleiche. Angefangen bei der Frau auf dem Flughafen von Dubai, die mich umsonst telefonieren lässt, sodass ich meine ersten Verabredungen treffen kann. Eine Flasche Wasser bekomme ich obendrein, weil ich ja so viel reden müsse. Die Taxiuhr gibt wahrscheinlich zuverlässig den Preis an, und der ist hier saudisch teuer. „Aber wenn Sie nicht bezahlen können“, sagt der Mann, der aus dem Sudan kommt, „dann geben Sie mir einfach weniger.“

Es ist eine wahre Erleichterung, einmal in einem Land zu reisen, in dem man nicht übers Ohr gehauen wird. Und wo sind die Bettler? Ich vermisse sie geradezu in diesem makellosen Emirat.

Die Frauen sind wie pechschwarze Briefkästen, die Männer in gebügelten weißen Gewändern tragen ein Kopftuch, die Ledersandalen sind oft mit einer goldenen Schnalle verziert.

„Erinnern Sie mich in dreißig Minuten noch einmal daran“, sagt der Busfahrer, als ich ihn bitte, mir Bescheid zu sagen, wenn wir beim Gefängnis sind.

„Okay, ich setze mich direkt hinter Sie.“

„Nein, nein, der Platz ist für Ladies.“ Erst jetzt sehe ich, dass die Trennung nach Geschlechtern sogar für öffentliche Verkehrsmittel gilt. Glas trennt die Männer von den sechs engen Sitzen für Frauen und Kinder.

Linie 6 führt mich fast bis zum Gefängnis. Ich frage noch zwei Mal nach dem Weg und erhalte jedes Mal zur Anwort „um die Ecke", was soviel heißt wie anderthalb Wüsten weiter. Schließlich taucht die Haftanstalt vor mir auf.

Die verschiedenen Wärter, die mich von einem Gebäude zum anderen schicken und von einem Tor zum nächsten, sind alle gleichermaßen freundlich, und kein einziger findet es befremdlich, dass ich hier Häftlinge besuchen will. Niemand will wissen, warum, wer mich geschickt hat oder wo das oder jenes Dokument ist. „Der Mensch geht vor", steht auf Arabisch in großen Buchstaben auf der Außenfassade. Und es scheint ihnen ernst damit zu sein.

Ich muss mich noch etwas gedulden, denn ein Dutzend Häftlinge wartet auf dem Vorplatz auf den Transport in die Freiheit. Ein Bus fährt vor. Mit ihrer wenigen Habe steigen sie ein. Unser Lächeln kreuzt sich. Wir sagen nichts und viel. Die meisten kommen aus Pakistan und Indien und werden direkt zum Flughafen gebracht.

Die Gebäude heben sich kaum vom Sandgelb der Umgebung ab. Meine Schuhe sind vom weichen Sand weiß gerändert. Die Temperatur bewegt sich auf 35 Grad zu. Für alle am Bau Beschäftigten muss die Hitze eine wahre Tortur sein. Dieses Land wird von den „Gastarbeitern" aufrechterhalten. Pakistaner, Somalier, Philippiner… Sie ziehen dieses arabische Singapur hoch, bauen Riesenhotels und Bürotürme aus Stahl, Vinyl und Glas. Für die *dirhams* müssen sie durch die Hölle in den Himmel.

„Alle Gefängnisse in Dubai haben Klimaanlagen. Manchmal wollen die Häftlinge sogar, dass wir sie abschalten, weil es zu kühl ist." Mansoor muss der jovialste Vollzugsbeamte der Vereinigten Arabischen Emirate sein. Durch ein kleines Fenster im Tor der Haftanstalt hatte ich meine Bitte vorgetragen, jemanden zu sprechen. Wieder werden mir keine Daumenschrauben angelegt, werde ich nicht nach Hintergedanken gefilzt, mit Fragen durchlöchert und dann in die Wüste geschickt. Nein, Dubai darf es sich hoch anrechnen, dass ihre Justizbeamten wissen, wie sie einen Menschen empfangen müssen. Ein großer junger Wärter, made in Pakistan, schaut mir durch eine blaue modische Brille von der anderen Seite ins Gesicht. Kurz erkläre ich ihm den Zweck meiner Reise, aber es scheint, als verfüge er über paranormale Fähigkeiten.

„Ha, du bist der Mann, dem ich begegnen musste", ruft er aus. „In sechs Monaten mache ich mein Master-Examen. Ich schreibe ein Buch über die Psychologie des Verbrechers. Let's shake hands." Und er streckt mir seine dicken Finger durch das Drahtgeflecht der Öffnung entgegen. Es hat etwas Symbolisches, wie wir mit verschlungenen Händen, die kein Gitter trennen kann, in der Sonne stehen. Wir setzen uns auf den Boden. Der Vorhang geht auf für einen spannenden Einakter mit einem Gefängniswärter.

„Vielleicht gibt es nur fünf Prozent, die sich wieder erfolgreich in die Gesellschaft eingliedern, aber auch dann lohnen sich die Resozialisierungsprogramme, nicht wahr? Menschen müssten begreifen, dass Straftäter Teil unserer Gesellschaft sind." Mansoor ging mit achtzehn zur Polizei, um sein Studium finanzieren zu können. Erst war er bloß Türhüter, ab und zu musste er nachts einen Block inspizieren und kam so in Kontakt mit den Häftlingen. Er kennt ihre Tricks, ihre kleinen Schwächen und großen Herzen, ihre Sorgen.

„Ich kann mit Fug und Recht sagen, dass dies hier ein Drei-Sterne-Hotel ist. Oft ist mir das Essen der Häftlinge lieber als das für die Wachmannschaft. Es gibt jede Woche Fisch, Fleisch und Gemüse. Es gibt Sportangebote, anständige Bettwäsche, eine Möbelfabrik etc."

Einer der Häftlinge bringt uns breit grinsend Kaffee. Er trägt eine weiße Anstaltskluft mit einem grünen Band auf Brusthöhe, Muster und Farbe wiederholen sich auf der Hosennaht.

„Das sind diejenigen, die zu weniger als einem Jahr verurteilt wurden", erklärt Mansoor. „Wer länger als ein Jahr einsitzen muss, hat ein blaues Band. Bei den Männern im Nachbarblock ist die Farbe rot, sie verbüßen ziemlich lange Haftstrafen."

„Hm, habt ihr euch von den Judokas inspirieren lassen?"

„Ha, ha", lacht Mansoor, „give me five!" Wir klatschen trotz Maschendraht unsere Hände aneinander. „Solange sie sich nicht einen Sport daraus machen, das rote Band zu bekommen."

Obwohl es hier in der „milden“ Abteilung recht locker zugeht, scheinen die schweren Jungs, wie Mansoor behauptet, auch nichts zu klagen zu haben. „Der Unterschied besteht in der Konstruktion des Blocks. Zwölf Mauern und vierzehn Metalltüren trennen sie von der Außenwelt. In den letzten fünfundzwanzig Jahren hat es nur ein einziger geschafft auszubrechen, und den haben sie auch bald wieder geschnappt.“

Ein Mann gesellt sich zu uns, der für einen Freund, der hier einsitzt, eine Telefonkarte abgeben will. Mansoor nimmt sie in Empfang und ruft von seinem Büro aus Namen und Nachricht durch die Lautsprecher. Ein Klingelzeichen schallt durch das Gefängnis.

Der Kollege, der die „Illegalen“ zum Flughafen gefahren hat, kommt zurück und fährt den Bus auf den Hof. „Es ist immer wieder etwas Besonderes, wenn Häftlinge freikommen, auch wenn sie, wie in diesem Fall, abgeschoben werden“, meint Mansoor. Ich erzähle von dem Gefühlsausbruch, als ich Fidel aus Kolumbien bei seiner Entlassung aus dem Leuvener Gefängnis begleitete. Er stimmte seine „Canciones de libertad“ an, die er in seinem Gedächtnis bewahrt hatte. Und ich erzähle von dem Bad im eisigen Meer, mit dem die Russen ihre Freiheit feierten.

„Apropos Russen. Da kann ich dir auch eine lustige Geschichte erzählen. Wir wurden einmal zum Flughafen beordert, weil ein russischer Passagier die Hunde in helle Aufregung versetzt hatte. In den Koffern und in der Kleidung hatte man nichts gefunden, aber die Drogenhunde husteten und bellten fröhlich weiter. Schließlich wurde der Mann gescannt, und wir entdeckten sage und schreibe achtzig rosafarbene Beutelchen im Darmtrakt. Gefüllt mit Kokain. Es hat dann drei Tage gedauert, bis er alle achtzig Eier gelegt hatte.“

„Ja, lach du nur ruhig. Aber ich hatte den Auftrag, eines nach dem anderen abzuspülen. Jedes Ei hatte einen Marktwert von 15 000 Dirham.“

„Was ist aus dem Mann geworden?“, will ich wissen. „Eier legen ist noch kein dealen.“

„Er sitzt bei den schweren Jungs nebenan. Er bekam acht Jahre.“

„Das ist dann ein Jahr pro zehn Eier“, berechne ich zur Erheiterung von Mansoor.

„Bei welchen Delikten kommt man in welche Abteilung?“ Mansoor wischt Tropfen Kaffee von seiner Uniform.

„Zu den kleineren Verstößen gehören etwa Diebstahl oder Scheckbetrug. Das kommt ziemlich oft vor. Vergewaltiger, Mörder und Drogenhändler kommen in den roten Block.“

„Merkwürdig, ich dachte, dass die gehängt würden.“

„Ho ho“, protestiert Mansoor, „du verwechselst uns mit Saudi-Arabien. Dort sind die Strafen ziemlich drakonisch. Wir wurden dort ausgebildet. Ich war Zeuge, wie einem Mann die Hand abgehackt wurde. Ohne Narkose. Der Arm wird dann sofort in heißes Öl getaucht, um Sehnen und Blutgefäße zu schließen. Ich habe in meinem Leben mehr Blut in Gefängnissen gesehen als in noch so vielen Schlachthäusern.“

„Aber Drogen in Dubai?“

„Ja, stimmt, nicht für Drogenkonsum, aber für Drogenhandel bekommt man auch in Dubai die Todesstrafe.“ Er stockt und beißt sich auf die Unterlippe. Nach einer Weile sagt er: „Das Schwierigste in all diesen Jahren war für mich die Hinrichtung von drei Indern, an der ich selber teilgenommen habe. Weil ich Pakistaner bin und mich auf Hindi verständigen kann, hat mich der Direktor gebeten, den Tag vor der Hinrichtung mit ihnen zu verbringen. Den ganzen Tag, die ganze Nacht habe ich den Erzählungen über ihre Frauen und Kinder zugehört. Ich musste, wie es Brauch ist, ihre letzten Wünsche entgegennehmen. Man hatte in ihren Zimmern Kilos Rauschgift gefunden, aber ich kann dir versichern, wenn man einige Stunden vor dem Tod Menschen und ihrer Lebensgeschichte so nah kommt, macht auch Drogenhandel die Teilnahme an einer Hinrichtung nicht weniger schlimm. Meine Hände zitterten. Stell dir vor: Die ganze Nacht warst du ihr Halt, ihr Vertrauter, ihr Psychologe und Beichtvater, und ein paar Stunde später bist du… ihr Mörder.“

„Du hast vielleicht die Holzkugel abgefeuert, Mansoor“, versuche ich ihn zu trösten.

„Möglich. Aber das beruhigt mein Gewissen kaum. Ich weiß, es war ein Befehl und ich tat nur meine Pflicht. Aber ich habe in den drei Nächten danach kein Auge zugetan. Und weißt du, was das Schrecklichste ist? Sogar nach nur einem Mal gewöhnt man sich irgendwie daran. In dieser Woche habe ich für das Opferfest ein

Rind geschlachtet. Ich fand es grässlich festzustellen, dass mir das so gut wie nichts ausmachte, während ich früher nicht mal einer Fliege etwas zuleide tun konnte."

Ein Frau rüttelt am Tor. Sie hat eine Plastiktüte mit Unterwäsche für ihren Mann bei sich. Mansoor ist korrekt, aber freundlich. Er untersucht jedes Stück, bevor er wieder seine Supermarkt-Klingel läuten lässt und den Häftling aufruft.

„Es ist die Sympathie, die Anteilnahme, die Häftlinge wieder aufrichtet", sagt Mansoor.

„Eigentlich müsste jeder Mensch ein Mal in seinem Leben ein Gefängnis von innen kennen lernen. Um das Gute vom Bösen, Licht von Dunkel, Freiheit von Hilflosigkeit unterscheiden zu lernen." Und warum nicht, denke ich. Wenn man in der Schule oder zu welchem Zeitpunkt auch immer einmal erfahren würde, was es heißt, eingesperrt zu sein, blind, gelähmt, abhängig, bettlägerig, taub, einsam – vielleicht wären wir dann weniger voreilig mit unserem Urteil. Was, wenn sich jeder Arzt vor seiner Approbation erst vierzehn Tage in ein Krankenbett legen, sich waschen und füttern lassen müsste? Wenn jeder Richter vor seinem ersten Urteilsspruch erst einige Wochen hinter Gittern verbringen müsste?

Die Schatten werden länger, die Pausen in unserem Gespräch auch. Und es gibt noch so viel zu erzählen.

„We'll keep in touch", sagt Mansoor.

„Promised", lache ich und zum letzten Mal greife ich durch den Maschendraht. Dies sind die Finger, die den Abzug des Gewehrs betätigt haben. Hätte ich jemals ahnen können, dass mich noch einmal dieselben Gedanken mit einem Vollstrecker der Todesstrafe verbinden würden?

HOCHZEIT IN PAKISTAN

Keine Trocken-, keine Regenzeit, sondern die Zeit der Hochzeiten. Während ich darauf warte, ins Gefängnis von Hyderabad gelassen zu werden, bin ich Zeuge von arrangierten Eheschließungen.

Rex von den Philippinen, den ich in Kenia kennen gelernt hatte und der in Pakistan mein Führer ist, gibt mir eine *shalwar kameez*, eine Kombination aus weiter langer Hose und knielangem dazugehörigen Hemd. Aus der Hose hätte man auch eine Gardine schneidern können, ich kann nur hoffen, dass sie nicht plötzlich runterrutscht.

Zwei Hochzeitsfeste an einem Tag, dafür muss man nach Pakistan reisen. Das erste findet unter der unbarmherzigen Sonne statt, das zweite bei Vollmond. Für das letztere haben wir eine Fahrt von zweieinhalb Stunden vor uns. Der Jeep holpert über staubige Wege. Wasserbüffel suhlen sich in Tümpeln. Auf einem Feld verbeugen sich Sonnenblumen und nehmen Abschied vom Tageslicht. Wilde Pfaue paradieren zwischen reifen Ähren.

Das Dorf Roshenabad, was soviel wie „Ort des Lichts" bedeutet, zählt fünfzig Einwohner. Die Begrüßung dauert eine halbe Stunde, aber dann hat man jedem Einzelnen guten Tag gesagt. „Isunijé", lerne ich schon bald den Gruß, wobei ich mit beiden Händen die des anderen fasse und anschließend meine Rechte auf die Brust lege. Wenn ich allerdings ein Mädchen begrüßen will, dann lege ich ihr die Hand auf den Kopf. Bei einer älteren Frau sind die Rollen umgekehrt. Dann beuge ich demütig den Kopf, auf den die Frau die Hände legt. Manche lassen es sich nicht nehmen, auch noch einen Kuss darauf zu drücken.

Hier steht die Welt still. In Hyderabad öffnet heute der erste McDonald's. Der einfachste Hamburger kostet 85 Rupien oder knapp 0,17 Euro. Aber da ein einfacher Gefängniswärter nur 2 500 Rupien monatlich verdient, ist der Fresstempel nur Landlords und ihren Familien zugänglich. Hier in Roshenabad gibt es keine Elektrizität und nur drei Wasserpumpen. Zwischen den Lehmhütten in allen Schattierungen von Ocker, Braun und Beige scharren Hühner und laufen Ziegen mit gewaltigen Hängeohren. In ihren langen Kameezen und weiten Hosen haben die Männer etwas Würdevolles. Die Frauen in roten und türkisfarbenen Kleidern mit farbenprächtigen Schals über dem Kopf sitzen im Schneidersitz bei den Feuerstellen und bereiten Tee.

„What's your name?“, lautet unweigerlich die erste Frage. „What's your cast?“, die zweite. Ich gehöre weder zu den Parkari noch zu den Koli, aber mit „christian“ geben sie sich zufrieden.

Dadji hätte früher einen guten Stammeshäuptling abgegeben, heute ist er Schulleiter. Er besteht darauf, dass wir ihn zum Schulgebäude am Dorfrand begleiten. Er nennt Zahlen. Tatsache ist, dass Pakistan mit etwa 80 Prozent Analphabeten zur Weltspitze gehört. Vor Dadjis Haus sind zwei Betten aufgestellt, ein Bretterrahmen mit kräftig gewebten breiten Bändern. Das Ritual des An- und Ausziehens der Schuhe werde ich heute Abend noch fünfunddreißig Mal wiederholen. Uns wird ein Kissen in den Rücken gedrückt und wir bekommen Tee mit Ziegenmilch.

Rex als Pastor und ich als hoher weißer Besucher werden von den Frauen ganz besonders geehrt. Sie sitzen vor dem Haus, in dem die Braut zurechtgemacht wird. Es ist eine große Ausnahme, dass wir in das Zimmer geführt werden und einen Blick auf die junge Frau werfen dürfen. Wäre nur bei dem schwachen Licht in dem stockdunklen Zimmer etwas zu sehen! Man möge es mir vergeben, dass ich statt der Braut versehentlich der Großmutter die Hand auf den Kopf lege.

Die Hochzeitszeremonie kommt nur langsam in Schwung. Eine ganze Reihe von Ritualen geht ihr voraus. Es herrscht ein ständiges Kommen und Gehen zwischen den Hütten von Braut und Bräutigam. Geschenke werden ausgetauscht und es wird über den Brautschatz verhandelt. Der Bräutigam ist noch keine zwanzig, die Braut bestimmt viel jünger. Eine arrangierte Ehe ist hier noch ein wichtiger Teil der Familientradition. Oft kommt es vor, dass Braut und Bräutigam einander erst am Tag der Hochzeit zum ersten Mal sehen. Und sogar das ist relativ, denn sobald das Mädchen die Hütte verlässt, ist sie von Kopf bis Fuß verhüllt, ja oft bis zum nächsten Tag. Die Frauen achten streng darauf, dass auch nicht das kleinste Stückchen Haut sichtbar ist.

Im Lager der Herren hat man inzwischen dem Bräutigam ein Dreieck aus Glasperlen auf die Stirn gebunden. Um den Hals trägt er eine Schnur von Geldscheinen. Eine Gruppe von singenden Mädchen und Frauen nähert sich mit einer Schale und einer Öllampe auf einem Dreifuß aus Ästen. Vor dem von zwei Trauzeugen flankierten Bräutigam wird die Lampe angezündet. Die älteren Männer reichen Datteln und werfen einige auf die Schale. Singend kehren die Mädchen zur Hütte zurück. Dies findet mehrmals statt, einmal mit Pfeil und Bogen, dann mit einer Kanne Milch oder einer Schale ungekochtem Reis. Jedes Geschenk muss der Bräutigam drei Mal mit einem Messer antippen, und den ganzen Abend über muss er ein Taschentuch vor den Mund halten, um die bösen Geister abzuwehren.

Ein Trommler will, dass ich den Takt angebe. Die Tänzer nehmen mich in ihre Reihen auf. Jetzt versammeln sich Frauen wie Männer auf dem offenen sandigen Platz. Zur allgemeinen Heiterkeit verwechselt der weiße Gast Arme und Beine. Harji, ein anderer Schullehrer des Dorfes, hat Mitleid mit mir und weiht mich sehr pädagogisch schrittweise in das Geheimnis des pakistanischen Tanzes ein. Erst die Füße bewegen, dann in die Hände klatschen. Als der Kreis auf 78er Touren kommt, gebe ich auf.

Der Mond leuchtet jetzt wie ein Heiligenschein am Himmel. Man könnte eine Zeitung bei seinem Licht lesen.

Uns wird noch vier Mal Tee mit Ziegenmilch serviert, zehn Mal Datteln und zwei Mal ledriges *chapati*, Brotfladen.

Gegen ein Uhr beginnt schließlich die Trauzeremonie. Vor der Hütte der Braut steht jetzt ein *monwo*, eine Laube, geschmückt mit bunten Bändern und Girlanden. Es sind deutlich hinduistische Einflüsse erkennbar. Davor sitzt Rex im Schneidersitz. Während ein Mann mit Reis einige Kreuze in den Sand zeichnet, aus Lehm und einer halben Kokosnuss eine Öllampe bastelt und Kupfertöpfchen mit Datteln füllt, begrüßt die Schwiegermutter den Bräutigam, indem sie mit einer ausladenden Bewegung der Hand Reiskörner verstreut. Der junge Mann steigt über eine Bank und hockt sich im Monwo auf den Teppich, das Taschentuch noch immer fest gegen den Mund gedrückt. Jetzt wird die Braut wie eine farbenprächtige Mumie hinausgeführt. Auch sie wird mit einer Banknotenschnur und einer dreieckigen Krone geschmückt und darf neben ihrem

Zukünftigen Platz nehmen. Dann wird das Zeichen gegeben, dass das Paar einander die rechte Hand reichen darf, was gar nicht so einfach ist, denn die ältesten Frauen des Dorfes müssen ihre Hand unter den Tüchern und Schals zum Vorschein holen, ohne ein Stück Haut zu entblößen. Das Paar bleibt stumm. Was würden Sie auf die Frage antworten: „Bist du aus freien Stücken hierher gekommen?" Es genügt, eine Hand auf die Bibel zu legen. Unter monotonem Gesang schreitet das Brautpaar – das jetzt mit den Gewänderzipfeln aneinander geknotet ist – um die Öllampe. Zwei, drei, sieben, dreißig Mal. Im Schneckentempo. Als Rex schließlich die Heiratsurkunde hervorzieht und ein Stempelkissen, sodass Braut und Bräutigam ihren Fingerabdruck eintragen können, ist die Zeremonie fast zu Ende. Fast. Denn es gehört zur Tradition, dass die Braut, die jetzt auch über die „Brücke" der Bank steigt, in lautes Jammern ausbricht, weil sie von ihrer Familie Abschied nehmen muss. Sie gehört von nun an ihrem Ehemann.

Bruder Philip, der Direktor der National Commission For Justice and Peace, liegt mit Gelbsucht im Bett, aber er hat seine Söhne beauftragt, mich durch das Labyrinth der Gefängnisse von Hyderabad zu führen. Sooba würde mich am liebsten unter allen Dokumenten begraben, die die Kommission bisher aufgestellt hat.

Im Nara-Gefängnis werden wir vom Direktor empfangen. Mister Hussain ist ein überarbeiteter Demis Roussos. Als er von Urdu auf Englisch umschaltet, ist sein Nervenzucken unübersehbar. Tee wird serviert. Er wird einen bitteren Geschmack haben. Hinter uns werden elf neue Gefangene ins Büro geführt.

„Sollen wir…", frage ich höflichkeitshalber und stehe auf. Aber mit einer großen Hand, die einen unsichtbaren Ballen Baumwolle auf den Schreibtisch zu drücken scheint, bedeutet uns Mister Hussain, ruhig sitzen zu bleiben.

„Was hast du ausgefressen?", fragt er mürrisch, während er eine Akte durchblättert und über seine Brille den ersten Häftling hinter uns mustert.

„Ich trank gerade Tee, als die Polizei kam und mich beschuldigte, ich würde Likör trinken."

„Ab, marsch!", sagt der Boss.

„Name?", fragt er den zweiten. Die knappe Antwort scheint ihm nicht zu gefallen, er sagt etwas. Aus den Winkeln meiner Brille sehe ich, wie ein kleiner, etwa 60-jähriger Mann zwei gewaltige Ohrfeigen bekommt. Mir dreht sich der Magen um. Während der Mann aus dem Zimmer befördert wird, versuche ich meine Gedanken zu ordnen. Links und rechts von mir sitzen zwei Mitglieder der einheimischen Kommission für Menschenrechte, aber das scheint den Direktor und die Wärter nicht zu beeindrucken.

Beim Häftling Nr. 3 wiederholt sich der Vorgang. Zwischendurch befiehlt Mister Hussain, den Ventilator einzuschalten. Ein nächster Gefangener berichtet, er habe Obst von einem Karren gestohlen. Nummer 6 hat das Pech, dass er seinen Namen nicht deutlich genug ausspricht. Ich fühle es förmlich, wie seine Backen glühen. Abstoßend ungerührt gibt der Direktor dann auch noch den Befehl, ihn kahl zu scheren. Ich gelobe mir, wenn noch ein einziges Mal Schläge fallen, aufzustehen und zu protestieren. Ich fühle, wie der Tee im Magen sich auf den Rückweg macht.

Hat Mr. Hussain gemerkt, dass ich nervös huste und kreideweiß geworden bin? Oder nennen die nächsten Straftäter ihre Namen fehlerfrei? Jedenfalls werden keine Ohrfeigen mehr ausgeteilt. Mit gesenktem Kopf und barfuß schlürfen sie aus dem Raum und links durch das große Tor in ihr neues Domizil.

Mehre Male klingelt das Telefon, Wärter kommen und gehen, die eine Unterschrift brauchen, ein Händler erscheint, der etwas verscherbeln will.

„Morddrohungen", wendet er sich an uns, als wäre nichts vorgefallen, „Morddrohungen. Ich bekomme sie regelmäßig, immer aus öffentlichen Telefonzellen. Freunde von Häftlingen, die finden, dass ich sie entlassen, sie anders behandeln soll, wenn nicht, würden sie mich einen Kopf kürzer machen. Ich frage sie dann immer, ob sie das übers Telefon erledigen können, ha ha."

„Mit welchen Problemen haben Sie es als Direktor am meisten zu tun?", frage ich vorsichtig.

„Ohooooo“, sagt Hussain mit einem Seufzer, der kein Ende nimmt, „Probleme gibt es massenhaft. Ich muss den Betrieb aufrechterhalten mit 11 Rupien pro Häftling pro Tag. Das ist Irrsinn! Wie soll ich damit die medizinische Versorgung, die Infrastruktur, drei Mahlzeiten am Tag und auch noch Arbeitsprojekte finanzieren? Der Lohn für die Aufseher ist ein zusätzliches Problem. 2800 Rupien, meine Herren, davon müssen sie ihre Familien ernähren! Und dann verlangen sie von mir, die Korruption aus dem Gefängnis zu verbannen.“

Hussain rülpst vernehmlich und ergeht sich in endlosen Jeremiaden. Sooba kommt auf mein Anliegen zu sprechen. Der Chef hält es für eine gute Idee, mich bei den Afrikanern unterzubringen.

„Nigerianer?“, frage ich hoffnungsvoll.

„Hauptsächlich.“ Otuya, Fidel John und Mousa werden ins Büro gebracht. Wahir und Asim kommen hinzu. „Das wird unsere internationalste Zelle“, witzelt der Gefängnisleiter, „zwei Nigerianer, ein Sierra-Leoner, zwei Pakistani und ein Belgier.“ Wir werden einander vorgestellt und ich erzähle von meinem Projekt.

„Sympathisch“, meint einer. „Unbegreiflich“, ein anderer. Der Chef fordert sie auf, mir ihre Probleme zu unterbreiten, vielleicht in der Hoffnung, dass ich für ihn die Kastanien aus dem Feuer hole.

„Ich wurde zu zwei Jahren verurteilt“, beginnt Fidel John. „Inzwischen sitze ich hier schon vier Jahre. Meine Familie kann den Flug nach Nigeria nicht bezahlen.“

„Und wir auch nicht!“, meint Hussain. Otuya und Mousa befinden sich in der gleichen Lage. Sie haben ihre zweijährige Haftstrafe verbüßt, aber kein Geld für die Heimkehr. Also behält man sie einfach hier.

Zwei Wärter bringen uns ins Gefängnis und direkt zur Zelle, in der zwei Holzbänke stehen. Wir setzen uns und Wahir fragt, ob ich Kaffee oder Tee möchte. Pakistanische Gastfreiheit auch hinter Gittern.

„Hast du von den Anschlägen vom 11. September letztes Jahr gehört?“, fragt Asim. Ich bin etwas verwirrt, ich weiß nicht, ob dies ein Witz sein soll. „Ich habe ein Gedicht darüber geschrieben. Soll ich es vorlesen?“ Und mit dem Tee bekomme ich ein Stück Heldenepos serviert. Es entspinnt sich ein Gespräch über Macht und Terrorismus, über Armut und Religion, über Frieden und Missverständnisse. Einer der Pakistani hat noch einige Jahre mehr aufgebrummt bekommen, weil er aus einem Provinzgefängnis ausgebrochen war.

„Zusammen mit vier anderen", sagt Asim. „Wir haben den Wärtern Cayennepfeffer in die Augen gestreut."

„Lächerlich", sagt Wahir und zwängt sich zwischen Asim und mich. „Das ist doch nichts, verglichen mit einer Flugzeugentführung."

„Flugzeugentführung?", frage ich überrascht.

„Du hast richtig gehört. Vor drei Jahren haben die tadschikischen Behörden mich an Pakistan ausgeliefert. Eine Art Tauschhandel. Nach dem Aufenthalt – nun ja, dem Überleben – im russischen Knast bin ich hier, muss ich zugeben, auf Rosen gebettet." Wahir spricht vom Kaschmir-Konflikt, von Widerstand und Luftpiraterie. Mit Al-Qaida will er nichts zu tun haben. „Wir werden alle in einen Topf geworfen. Seit den Anschlägen auf die Twin Towers werden alle Probleme in diesem Weltteil auf die lange Bank geschoben. Man interessiert sich nicht mehr für uns, wir sind ja doch nur Terroristen. Denkst du, dass es Blair noch kümmert, dass die Briten vielleicht eine Verantwortung für Kaschmir tragen?"

Mir schwirrt der Kopf. Otuya gibt mir einen Zettel mit seinem Namen. „Für den Fall, dass dir ein Mäzen über den Weg läuft, der meine Heimreise bezahlen will." Fidel John und Mousa halten das für eine glänzende Idee und folgen seinem Beispiel.

Wir strecken uns auf dem Boden aus. Wahir schläft unruhig. Als er mir das soundsovielte Mal die Decke wegzieht und den Arm um mich legt, gebe ich es auf. Hier liege ich also, den Arm eines pakistanischen Flugzeugentführers um mich, dessen Idealismus nicht der meine ist. Neben dem klopfenden Herzen eines Menschen.

INDIEN ZINDABAD

Es gibt angenehmere Dinge als eine nächtliche Fahrt von Hyderabad nach Lahore, wenn man Durchfall hat. Zwei Mal wasche ich in der „französischen Toilette" des Bummelzugs meine Unterhose aus.

Die Nachricht von einem Erdbeben verbreitet sich. Im Norden seien mehr als fünfzig Menschen umgekommen. Da wir noch einige Hunderte Kilometer vom Epizentrum entfernt sind, sind die seismischen Erschütterungen die geringste Sorge der Reisenden. Ein paar Mal werde ich auf David Pearl angesprochen, den amerikanischen Journalisten, der vor einigen Tagen entführt und ermordet wurde. Das Gespräch dreht sich vor allem um die Unruhen im indischen Bundesstaat Gujarat, denen bisher 400 Menschen zum Opfer gefallen sind. Werde ich überhaupt über die Grenze kommen?

Meine Befürchtungen sind unbegründet. Der Grenzposten Wagha strahlt eine himmlische Ruhe aus. So möchte ich jede Grenze überschreiten, auch die vom Leben zum Tod. Vögel zwitschern. Rotkehlchen zu Hunderten. Zwischen Rapsfeldern spaziere ich nach Indien. Die Zollbeamten machen große Augen. Überall hängen Schilder „Stellen Sie sich hinten an", aber ich bin der Erste und Einzige, der heute die Grenze passiert. Der Posten hat ruhmreichere Tage erlebt. Man hält zwar noch abends mit Pauken und Trompeten eine Flaggenparade ab, aber Kaschmir ist der Spielverderber.

Ein älterer Mann nimmt mich auf seinem Fahrrad mit zur Bushaltestelle von Atari. In Amritsar lasse ich den goldenen Tempel rechts liegen und nehme den Zug nach Neu-Delhi. Allerdings steigt leiser Zweifel in mir auf, ob ich wirklich im richtigen sitze. Das Abteil ist ein fahrender Salon. Klimaanlage, emsige Stewards, bequeme Sitze – all das macht das Reisen mit der Eisenbahn in Indien zu einem denkwürdigen Erlebnis. Wir durchqueren den Bundesstaat Punjab. Pun bedeute fünf und jab Fluss, klärt mich mein Nachbar auf.

Indien muss man nehmen, wie es ist. Wer sich an den heiligen Kühen stört, die sich an keine Verkehrsregel halten, an den Rikschas, die einem über die Zehen fahren, an den Bettlern oder dem Müll auf den Straßen, wird das Land auf den Tod nicht leiden können. Man liebt es oder man hasst es. Ich habe das Gefühl, dass für mich eher das Erste zutrifft.

Zum ersten Mal seit Wochen sehe ich wieder Touristen, die meisten sind vom melancholischen Schlag, voller Nostalgie nach der Flower-Power-Bewegung. Sie sind in den Sechzigern stecken geblieben und wünschen sich, die ganze Welt wäre ein einziger Ashram.

„Es gibt die Welt. Und es gibt Indien", sagte jemand zu mir. Und vielleicht hat er Recht. Wo sonst habe ich einen Mann beim Friseur gesehen, der sich die Achselhaare schneiden lässt? Wo sonst betätigt man erst die Hupe und dann das Gaspedal?

„Wir sind für Sie da!", hat sich die Polizei Neu-Delhis auf die Fassaden ihrer Gebäude und auf ihre Autos pinseln lassen. Das ist schon die halbe Miete, denke ich.

Einer steht vor dem Spiegel und zupft sich die Nasenhaare aus. Zwei andere nehmen ihre Mittagsmahlzeit zu sich. Sie nicken mir zu, lassen sich aber beim Nasebohren nicht stören. Als es mir zu bunt zu werden beginnt, bringt mir jemand ein Getränk, ein anderer bietet mir Marzipan an.

Der Chef, Mister Nafe Singh Joon, hat das Herz auf dem rechten Fleck. Kaum habe ich zwei Worte gesagt, schon unterbricht er mich mit „no problem" und fragt seine Männer, wo sich das Jugendgefängnis befindet. Ein Lastwagen, Baujahr 1969, aber frisch hellblau lackiert, auf dem vorne und hinter der beruhigende Slogan prangt, bringt mich zum Majnu Ka Tilla-Distrikt und zum Polizeibüro Mister Jitender Dagars, dem das Gefängnis untersteht.

Während ich auf ihn warte, bietet mir seine Sekretärin Wasser und Tee an, sie scheint es als willkommene Abwechslung zu betrachten. Unser englisch-hindisches Kauderwelsch reicht aus, um mir die zwanzig Fotos von ermordeten Kindern an der Pinnwand zu erklären. Es scheint mir hoffnungslos, in einer Stadt wie Neu-Delhi solche Verbrechen aufklären zu wollen. In nicht allzu ferner Zukunft wird Indien, was die Einwohnerzahl betrifft, China überholt haben.

Einige Polizisten zeigen mir einen Karton mit Plasmabeuteln, aber gefüllt mit einer gelben Flüssigkeit.

„Illegal gebrannter Whisky", sagt einer augenzwinkernd und bietet mir einen Beutel an. Ich führe einen verdorbenen Magen als Entschuldigung an, und das ist nicht einmal gelogen. Sie kommen nicht mehr dazu, meine Frage zu beantworten, wo sie den Fang gemacht hätten, denn als der Kommissar angekündigt wird, verschwindet der Karton derartig rasch, dass man sich zumindest über die Bestimmung des Whiskys keine Illusionen zu machen braucht.

Herr Dagar ist durchaus bereit, meinen Besuch im Gefängnis zu regeln.

„Aber zuerst noch etwas Tee, Mister De Cock?" Und während ich den Tee literweise schlürfe, verspricht er mir für morgen eine Antwort. Er ruft eine Motorrad-Rikscha, notiert sich das Nummernschild und ermahnt den Fahrer, mir keine einzige Rupie zu viel zu berechnen, sonst bekäme er es mit ihm zu tun…

An der nächsten Straßenecke fällt mein Blick zufällig auf ein Schild, auf dem „Missionaries of Charity" steht. Ich lasse meinen Fahrer anhalten, denn ich erinnere mich, dass diese Schwestern auch etwas mit Strafgefangenen zu tun haben.

Schon bald erscheint ein auf bloßen Füßen wandelndes Geschirrtuch mit doppeltem blauen Zierstreifen, das Markenzeichen der Schwestern von Mutter Teresa. Schwester Clementina teilt mir mit, dass ihre Mitschwestern von Mehrauli im Tihar-Gefängnis tätig sind, fast fünfzig Kilometer entfernt.

„Aber du kannst auch meine ‚Gefangenen' besuchen", sagt sie offenherzig. Hundertdreißig zähle ich, 130, um die sich diese Schwester von morgens bis abends allein kümmert. Hundertdreißig Kranke, Sterbende und Genesende, Alte und Kinder. Im Saal neben den Männern liegen noch etliche Frauen. Auf dem Innenhof genießen einige, die nicht bettlägerig sind, die angenehme Wärme der Nachmittagssonne. Ein Dutzend kniet Richtung Mekka. Ein Mann gesellt sich zu uns und streichelt Schwester Clementinas Gesicht.

Er muss sich ziemlich strecken, denn sie überragt ihn um einige Köpfe. Die Zärtlichkeit dieses geistig Zurückgebliebenen verrät etwas von der Liebe, mit der dieses Hospital geführt wird. Diese Nonnen! Sie flehen allzu rasch um Gottes Gnade, aber sie handeln auch danach. Ihre Spiritualität tragen sie hier mit Würde.

Mit Engelsgeduld versuche ich den ganzen Vormittag vergeblich, den Teekommissar an die Strippe zu kriegen. Nach zwölf gehe ich zur nächsten Polizeistation und bitte den Kommandanten, seinen Kollegen in Majnu Ka Tilla anzurufen. Ich werde über den Innenhof in ein kleines Zimmer gebracht, das nach Schweißfüßen stinkt. Es gibt einen Tisch, zwei Stühle und ein Bett. Über das Mobiliar verteilt liegt da die gesamte Belegschaft. Der Bauch des Nachbarn dient als Kopfkissen.

„Indien-Simbabwe", sagt einer und zeigt auf den Fernseher, auf dem gerade ein Kricketspiel übertragen wird. Selbst wenn Miss India hereinspazieren würde, ein Bollywoodfilm den Oscar bekäme oder Pakistan Kaschmir, es würde sie nicht interessieren.

Ein Mann kommt herein, eine blutende Wunde am Hals. Aus seinem Wortschwall entnehme ich, dass es sich um einen Fall von Verkehrsaggression handelt. Man würde erwarten, zumindest einer der Polizisten würde aufstehen und eine Anzeige zu Protokoll nehmen, aber mit tröstenden Worten und breitem Lächeln wird der übel zugerichtete Bürger zum Mitschauen eingeladen. Das Spiel dauert noch zwanzig Minuten. Indien gewinnt, und das Leben kann wieder weitergehen.

„Weshalb kamen Sie doch gleich?", fragt ein Polizist mit einem Whiskybauch, während er sich mit einem Kamm durchs Haar fährt. Dass Kommissar Dagar telefonisch nicht zu erreichen ist, kommt ihnen merkwürdig vor. Sie beratschlagen auf Hindi. Wie Lausbuben versammeln sie sich um das Telefon, und der größte Schauspieler unter ihnen führt mit dunkler Stimme das Gespräch. Sie biegen sich vor Lachen. Einer von ihnen sieht meine verständnislos hochgezogenen Augenbrauen und klärt mich auf: „Ha, ha, ha. Er hat Dragons Sekretärin angerufen, sich für einen Inspektor ausgegeben und sich darüber beschwert, dass ihr Chef den ganzen Vormittag nicht zu erreichen sei. Es handle sich um eine äußerst wichtige Angelegenheit. Wenn Dragon nicht binnen fünf Minuten zurückrufe, dann könne er was erleben."

Tja, wenn die Hüter des Gesetzes sich darüber königlich amüsieren können, ist mir das recht. Sie haben zwar seit anderthalb Stunden keinen Finger gerührt, aber ihr Gehalt wird auch dementsprechend niedrig sein. Nach einer weiteren halben Stunde reicht es mir, ich besteige eine Rikscha nach Majnu Ka Tilla.

Dagar sitzt brav hinter seinem Schreibtisch und verschluckt sich beinahe, als ich hereinkomme.

„Oh Mister De Cock, nehmen Sie doch Platz. A cup of tea?"

Ich rühre einen Löffel Zucker in den Tee. „Herr Dagar, ich habe den ganzen Tag versucht, Sie zu erreichen."

„Entschuldigen Sie, entschuldigen Sie. Ich komme gerade vom Gericht. Und äh, dieser Apparat funktioniert nicht mehr so richtig." Aber ich sehe die Kricketbälle noch auf seiner Netzhaut fliegen. Inzwischen ist es fünf Uhr geworden, die obligate Ausrede, weitere Schritte zu verschieben. Wir unterhalten uns über dies und das. Beiläufig bemerke ich: „Indien hat gut gespielt, nicht wahr?" Dagar ist ganz meiner Meinung, rührt in seiner Teetasse und meint: „We are there for you."

Als ich erwähne, dass ich vielleicht die Schwestern von Mutter Teresa in Mehrauli besuchen werde, die auch etwas mit Strafgefangenen zu tun hätten, lässt Dagar einen Motorrad-Polizisten anrücken.

Mehrauli liegt ein ganzes Stück außerhalb der Stadt. Wir fahren über Neu-Delhis grüne Boulevards. Aha, die reichen Inder, diese Kaste gibt es natürlich auch. In Bhatti Mines müssen wir vor einer heiligen Kuh stoppen, die uns ihren Hintern zukehrt und sich vor unseren Nasen erleichtert.

Der majestätische Chattarpur-Tempel mit seinen weißen Zinnen beherrscht die Umgebung, von der anderen Straßenseite hypnotisch beäugt von einer rosafarbenen Göttin mit Rüssel.

Schwester Nishaj ist eine hübsche Nonne. In Mehrauli kümmern sich die Missionarinnen der Nächstenliebe um einige Hunderte geistig und körperlich behinderte Menschen. „Alles ist so ordentlich“, bemerke ich.

„Damit waren wir aber heute Morgen auch drei Stunden beschäftigt“, sagt Nishaj lachend, während sie das Bein eines Mannes streichelt, das einen Winkel von neunzig Grad beschreibt. „Vor Jahren gebrochen. Er konnte nie mehr laufen. Nächste Woche wird er operiert.“

Nishaj breitet ein Taschentuch auf einer niedrigen Mauer aus, um ihren weißen Sari nicht zu beschmutzen. Und für mich rollt sie einen roten Läufer zum Gefängnis aus. Wir sitzen in der Sonne zwischen Blumen und unterhalten uns über unsere Erfahrungen. Sie erzählt von der Arbeit ihres Ordens im Gefängnis. Von Salim aus Afghanistan, der sich im Tihar-Gefängnis einen Monat lang nicht waschen konnte, weil er nur ein Paar Kleider hat. Von dem Mann, der bei seiner Entlassung seine Kleider den anderen schenkte, von den Exhäftlingen, die den Weg zum Ordenshaus finden. Das Leitmotiv der Schwestern ist das Bibelwort: „Ich war nackt und ihr habt mir Kleidung gegeben. Ich war krank und ihr habt mich besucht. Ich war im Gefängnis und ihr seid zu mir gekommen.“

„Bei unserer Kapelle notieren wir auf einem Brett die Namen der Häftlinge, für die wir an dem Tag besonders beten. Und auch alle, die vor Gericht erscheinen müssen. Neulich waren es fünfundzwanzig, alle wurden freigesprochen. Gut gebetet, Schwester, sagte einer hinterher. Ist das nicht wunderbar?“

Schwester Nishaj ruft das Tihar-Gefängnis an, und als würden wir einander schon Jahre kennen, spricht sie von mir als einem guten Freund. Wenn die Schwestern von Mutter Teresa die Himmelspforte so leicht aufbekommen wie die Gefängnistore, dürfen sie für den Rest ihrer himmlischen Tage den Aufzug von Petrus bedienen.

Das Tihar-Gefängnis ist das größte des asiatischen Kontinents und mein Taj Mahal. Als einen „überladenen Lastwagen" bezeichnete Kiran Bedi es einmal, „mit 2000 Verurteilten und 10 000 Wartenden". Mit fast 12 000 Häftlingen ist das Zuchthaus in der Tat schwer zu übertreffen. Shiva verzeihe mir, dass ich nicht alle Namen auswendig lerne.

Indien bringt noch Ghandis hervor. Wie den Inspector General und seinen Law Officer. Der Erste, Herr Sidku, ist ein Sikh. Er lacht so breit, dass ich für kurze Zeit befürchte, das Gummiband könnte reißen, mit dem er seinen Vollbart eingerollt hat. Der Zweite, Herr Sumil Kumar, erklärt mir, warum ich mich hier so frei bewegen kann.

„Kiran Bedi", sagt er mit großem Respekt. „Sie hat als Inspektorin das ganze Gefängnissystem reformiert. Sie wollte die Mauer zwischen der Gesellschaft und den Haftanstalten einreißen und vertrat eine Politik der Transparenz. Sie hat die Presse und mehr als fünfzig NGOs, die immer noch mit uns zusammenarbeiten, hierher geholt. Sie hat ein Rehabilitationsprogramm für Drogensüchtige aufgebaut, das auch international Beachtung gefunden hat. Wegen Kiran Bedi sind Sie hier und werden Sie jetzt eingesperrt", lacht Kumar. Aber zuerst... gibt es Tee. Kumar zeigt mir einen Artikel aus der Times of India mit der Überschrift „Besser als erwartet" über die Schriftstellerin Arundhati Roy, die gerade aus diesem Gefängnis entlassen wurde. Fragen Sie mich übermorgen, ob ich ihr Recht gebe.

Herr Kumar bestellt einen Wärter in sein Büro, der mich begleiten soll. Ich bekomme noch eine Broschüre in die Hand gedrückt: Prisoner's Hand Book. „Wir beten für deine frühe Entlassung", schreibt der Direktor im Vorwort. Auch das gibt es nicht alle Tage.

Ich werde zum Block D gebracht. Die Häftlinge werden hier alphabetisch verteilt. Wer Madhu mit Nachnamen heißt, kommt in die Abteilung M, Sindu in die Abteilung S.

Rishi ist der Erste, der mich anspricht. Er will dolmetschen, wenn die Kombination Hindi-Englisch nicht funktioniert. Dreimal unterbricht er unser Gespräch und verschwindet aufs Klo, die Alkoholfahne wird jedes Mal stärker.

„Indischer Wodka“, sagt er mit breitem Grinsen, er weiß, dass ich ihn nicht verraten werde. Es macht ihn gesprächiger, aber nicht weniger scharfsinnig.

„Rishi“, flüstere ich, „ich lese hier in dieser Broschüre, dass Drogen und Alkohol strengstens verboten sind.“ (Das gilt sogar für Zigaretten – ich male mir die Aufstände aus, würde diese Maßnahme weltweit eingeführt.)

„Das Beste an Indien“, grinst Rishi, „ist die Korruption. Do you smoke?“ Er schüttelt einen Glimmstängel aus dem Ärmel. Die Aufseher bekommen einen Hungerlohn von 4000 Rupien, da kann man doch nicht widerstehen.

„Hi, nice to meet you“, ruft ein Schwarzer, der sich uns anschließt. Emmanuel ist einer der 250 Ausländer.

„Nigeria?“, frage ich, mehr aus Witz, aber Emmanuel blickt überrascht, als würde ich über telepathische Fähigkeiten verfügen. Was man in Nigeria darüber denkt, weiß ich nicht, aber Tatsache ist, dass ihre Söhne weltweit das größte Kontingent ausländischer Häftlinge stellen.

„Es gibt noch einen, aber weil er noch keine einundzwanzig ist, sitzt er im Block für Minderjährige.

„Und meine Süße ist dort“, meint Rishi und winkt zur Frauenabteilung.

Die Haftanstalt von Tihar ist ein Konglomerat von sechs Gebäudekomplexen. Konzipiert für 3700 Häftlinge beherbergt es augenblicklich 12000. Es müssen einige physikalische Gesetze außer Kraft gesetzt worden sein. Überbelegung, es ist das alte Lied. „Das würde man mit Schweinen nicht machen“, hatte Kumar mir gesagt. „Vielleicht mit Hühnern, aber die haben zumindest noch Fürsprecher.“

„Und die Todesstrafe?“, möchte ich wissen, neugierig, wie sich das Land gegenüber Leben und Tod verhält.

„Es ist schon eine Weile her“, meint Rishi, „dass der Letzte gehängt wurde. Beanet Singh, der Leibwächter, der ’84 Indira Ghandhi ermordete. Jetzt finden keine Hinrichtungen mehr statt.

Der letzte Henker ist gestorben, und niemand ist mehr bereit, die Schlinge zuzuziehen."

Ein Aufseher ruft uns etwas auf Hindi zu, was Rishi übersetzt mit: „Raucht hier jemand?" Eine Banknote von zehn Rupien wechselt den Besitzer. Der Wärter beteiligt sich an dem Gespräch.

„In den fünf Jahren, die ich hier arbeite, gab es, glaub ich, sieben Selbstmorde." Das sind noch keine zwei pro Jahr, rechne ich aus. Ziemlich moderat für eine Haftanstalt dieser Größe. „Aber was noch bemerkenswerter ist", meint der Wärter, „dass es so gut wie keine Ausbruchsversuche gibt."

„Übertriebene Sicherheitsmaßnahmen", schlage ich als Erklärung vor.

„Überhaupt nicht", werfen die anderen ein. „Ich wäre bescheuert", sagt Basil. „Ich habe hier in einem Jahr mehr gelernt als in meinem ganzen Leben." Kumar hatte mir gesagt, das Ziel sei es, jeden Häftling als einen „besseren" Menschen zu entlassen.

„Jeder muss studieren", fährt der Wärter fort. „Wer nicht studiert, muss Unterricht geben."

„Ja", bestätigt Basil, „und ein Analphabet, der nur eine Woche abbrummen muss, muss zumindest lernen, seinen Namen zu schreiben. Das liegt dem Direktor ganz besonders am Herzen."

Mit der Schaffung der IGNOU (Indira Gandhi National Open University) und der NOS (National Open School) macht dieses Gefängnis dem Slogan „Reform durch Erziehung" alle Ehre. Mehr als 800 Häftlinge nehmen an einem Postgraduiertenstudium teil. Es gibt einen vollständig ausgerüsteten Computerraum und die angeblich größte Bibliothek aller indischen Gefängnisse.

„Wir haben Bücher über Mathematik und Pschologie, über Management und Religionswissenschaft", sagt der Bibliothekar. Und stolz wie ein Pfau: „Eine Enzyklopädie, Bücher über Computer und die gesammelten Werke von Mahatma Gandhi!"

Die Kurse sind so breit gefächert wie die indische Küche: ein Bakkalaureat in Kunst, Tourismus, einen Master-Studiengang in Informatik und Wirtschaftswissenschaften, ein Postgraduiertenstudium in den Fächern Journalistik oder Ernährungswissenschaft. Man kann auch ein Diplom über Menschenrechte erwerben. Die Statistik kann sich tatsächlich sehen lassen. Nahmen 1993 nur 27 Häftlinge an Kursen der IGNOU teil, inzwischen haben 1967

(Ex-)Gefangene ein Studium erfolgreich abgeschlossen, obwohl die Hälfte vorher keinen regulären Unterricht genossen hatte.

Ein Mann schaut von seinen Tabellen auf und zwinkert mir über seine Brille hinweg zu.

„Nice to meet you. Ich habe diesen Job bekommen, nachdem ich hier das Diplom erworben habe."

„Herzlichen Glückwunsch", sage ich aufrichtig.

„Ich habe zwar lebenslänglich bekommen", sagt er und lacht herzlich, „aber ich bin immerhin Buchhalter geworden."

„Bonjour Monsieur", spricht mich plötzlich ein grauhaariger Inder in perfektem Französisch an. „Ich höre, dass Sie aus la Belgique kommen. Enchanté. Ich bin Professor Arokiasamy, der Französisch-Lehrer hier an der IGNOU. Vielleicht möchten Sie sich einmal unser Klassenzimmer anschauen."

„Natürlich, Monsieur Accroché…"

„Arokiasamy", lächelt der alte Mann verständnisvoll. Vier Männer schreiben fleißig Worte von der Schultafel ab. Man ist gerade beim „subjonctif". Der Lehrer schlägt eine Frageviertelstunde vor. Sie wollen alles wissen: Wer die Reise bezahlt hat, bis wie lange ich ohne Freundin durchhalten kann. Und ihr Französisch kann sich hören lassen. Als ich sie frage, warum sie gerade diese Sprache lernen wollen, erklärt der eine, dass er eine Geliebte in Paris hat, ein anderer, dass seine Großmutter Französin und ein dritter, dass Montpellier ein guter Absatzmarkt für Opium sei.

„Come on man!", drängt Rishi und drückt mir eine verkürzte Bäckerschaufel in die Hand. „Wir spielen Kricket!"

„Äh, ich habe in meinem ganzen Leben noch nie Kricket gespielt." Aber ich werde ohne Pardon in das IGNOU-NOS-Team aufgenommen, das mir auf dem Weg zum Umkleideraum noch mitteilt, dass es in der letzten Saison den Cup gewonnen hat. Der Umkleideraum ist sehr bescheiden, die Trikots nicht weniger. Dann lieber mit nacktem Oberkörper. Spurten, das geht noch. Aber den Ball treffen, ist etwas anderes. Ich blamiere mich bis auf die Knochen. Aber nicht in den Augen von Rishi und den andern, die sich köstlich amüsieren. Und wenn ich doch mal treffe, bricht ein Beifallssturm los, als wäre gerade eine allgemeine Amnestie erlassen worden.

Ich bekomme zwei Decken. Weil es auch nachts ziemlich warm bleibt, können beide als Matratze dienen. Ein Latoflex-Gesundheitsbett wäre besser, aber ich habe schon Schlimmeres erlebt. Trotz der Enge schlafe ich ganz ordentlich.

Rishi geht am nächsten Morgen zur Tischlerei, in der Büromöbel hergestellt werden.

Andere wie Basil basteln Ordner. „Ist das nicht komisch? Wir falten und kleben Pappe zu Ordnern, in die dann hinterher unsere Akten kommen."

Es gibt auch eine Weberei, aus der die Mützen und Schulterklappen der Wärter stammen.

Ich bleibe noch ein wenig in der Zelle; ich möchte die Yogaübungen nicht verpassen. Kiran Bedi hat den Mythos der Sicherheit gehörig in Frage gestellt. Durch die Initiativen von außen hat die Unruhe im Gefängnis abgenommen. Arbeit, Entspannung und Schulung war ihre Maxime, die bis heute in die Praxis umgesetzt wird. Bei einer Stichprobe merke ich, dass die meisten zum ersten Mal im Gefängnis sind. Das ist in anderen Haftanstalten anders. Die Rückfallquote beläuft sich in manchen Ländern auf 50 bis 75 Prozent.

Das Paradepferd ist das Entziehungsprogramm. 8 Prozent der eingelieferten Häftlinge sind drogenabhängig. Das Programm wird von der UNO gefördert, und wenn ich meinen Gewährsmännern glauben darf, treffen regelmäßig Sachverständige aus aller Welt ein, um sich über das New Delhi Correctional Model zu informieren. Spezialisten aus Skandinavien, Therapeuten aus China, Gefängnispersonal aus Kanada.

Vipassana ist eine uralte, angeblich auf Buddha zurückgehende indische Meditationstechnik, von der es heißt, sie baue Spannungen ab und verhelfe zu mentalem Frieden. Durch ihre Einführung in das Tihar-Gefängnis unterscheidet sich diese Strafanstalt von allen anderen auf der Welt. Die Geschichte geht bis Mai 1993 zurück, als Kiran Bedi Generalinspektorin für die Gefängnisse in Neu-Delhi wurde.

Kiran Bedi ist eine schöne zierliche Frau, eine Frau nach meinem Herzen. „Sind wir nicht alle Gefangene unserer Sehnsüchte oder unserer Enttäuschungen? Wollen wir es nicht dem, der uns weht tut, mit gleicher Münze heimzahlen? Wir sind alle potenziell Kriminelle“, gibt Bedi zu bedenken.

„Kann ein Gefängnis ein Ashram sein, ein Ort der geistigen Einkehr?“, sagt sie mit Augen, die wie Kohlen glühen, und mit einem Mund aus Marzipan. „Ich wollte, dass wir als Team zusammenarbeiten: Häftlinge, Wärter, Verwaltung... Eine Familie. Ist ein Wärter ein Kontrolleur oder ist er mehr als das? Man muss Straftätern das Gefühl geben, dass sie normale Menschen sind und sie auf die Gesellschaft, wie sie ist, vorbereiten. Deshalb muss man für anständige Kleidung sorgen, für ein Radio, dass sie Besuch von außen bekommen können. Es ist wichtig, dass man ihnen positiv begegnet, damit sie sich innerlich ändern. Wir haben der Gemeinschaft geschadet, jetzt suchen wir Vergebung. In dieser Erkenntnis liegt die größte Magie.“

Erste Vipassana-Kurse hatten bereits 1975 im Zentralgefängnis von Jaipur stattgefunden, es war aber bei einem Experiment geblieben. Als Bedi von der alten Meditationstechnik hörte, war sie sofort Feuer und Flamme. Sie schien genau das Werkzeug zu sein, nach dem sie immer gesucht hatte. Seitdem werden in Tihar zwei Mal im Monat zehntägige Meditationskurse angeboten, an denen sowohl Häftlinge wie Gefängnisbeamte teilnehmen können.

„Es geht um die Reinigung des Geistes. Denn wer nur von Mutlosigkeit, Groll und Hass beherrscht wird, wird stehlen, morden und lügen“, glaubt Kiran Bedi.

„1993 haben wir in Tihar damit angefangen. Später dachte ich, wenn es mit sechzig Leuten geht, müsste es auch mit tausend möglich sein.“ Ich versuche mir eine solche schweigende Menschenmenge vorzustellen. „Edle Stille“, nennt Kiran Bedi es.

„Die ersten Tage sind verflixt schwierig“, erzählt Mustafa, der wegen Babymords verurteilt wurde und den Weg des „Hasses und der Liebe“ beschritt, wie er selbst sagt. „Sich drei Tage auf die eigenen Nasenflügel zu konzentrieren, drei Tage konzentriert zu atmen – ich kann dir versichern, es sind drei Tage des Kampfes.“

„Aber dann wird dein Geist so feinfühlig, dass Vipassana, Einsicht, wirklich eintritt. Dann erst findet man den Zugang zur inneren Welt“, ergänzt Anand, ein Taschendieb, der schon seit sechs Jahren auf seinen Prozess wartet.

Es ist eine bizarre, aber wohltuende Erfahrung, als ich mit hundert Häftlingen zehn Tage lang an einem Kurs teilnehme. Die Kombination von Stille und gesteuerter Meditation hilft einzusehen, dass nicht die Welt, sondern dass man selbst für seine Taten verantwortlich ist.

Die meisten der Teilnehmer sind Inder, aber es sind auch ein Engländer, ein Australier und zwei Nigerianer dabei. Auch die Religionen sind sehr unterschiedlich. Die Hindus sind in der Mehrheit, aber es gibt auch Buddhisten, Muslime, Christen…

„Kultur und Traditionen mögen verschieden sein", hatte Kiran zu mir gesagt, „aber der Mensch ist überall der Gleiche."

Häftlinge, die bereits an einem Kurs teilgenommen haben, übernehmen freiwillig die Küchenarbeit.

Es spricht für sich, dass in den Gefängnissen, in denen die Vipassana-Kurse angeboten werden, die Rückfallquote drastisch gesunken ist.

„It made my prisoners weep; something had changed", sagte Kiran Bedi nach den ersten Sitzungen in Tihar. Jetzt stehen mir selbst Tränen in den Augen. Nicht nur, weil die Erfahrung mein eigenes Leben mit seinen Verstrickungen bloßgelegt hat, sondern weil sich am Ende des zehntägigen Kurses Häftlinge und Wärter in die Arme fallen. Das kommt nicht alle Tage vor. *Zindabad* Indien, lang lebe Indien!

DAS ANGEKETTETE THAILAND

War das Personal von Thai Airways getreu ihrem Werbespruch schon „smooth as silk", die Zollbeamten fassen mich geradezu mit Samthandschuhen an. Nachdem ich Steve jahrelang im Leuvener Zentralgefängnis besucht hatte, hat er mir jetzt seinen Bruder geschickt, der sich in Bangkok um mich kümmern soll. Bevor ich mich in die Schlange vor der Passkontrolle einreihen kann, taucht Lester mit einem Polizisten auf, einem „Bekannten", der mir, schneller als ich Lester guten Tag wünschen kann, ein Visum in den Pass stempelt und sogar mein Gepäck trägt. Lesters Chauffeur hat das Auto direkt vorm Ausgang geparkt. Er wäre auch bis zum Gepäck-Laufband gefahren, wenn es möglich gewesen wäre. Steve fand, dass ihn die belgische Polizei nicht gerade zuvorkommend behandelt hätte. Wenn er seinen Bruder beauftragt hat, mich von der Gastfreundlichkeit seines Landes zu überzeugen, dann ist ihm das schon in den ersten fünf Minuten gelungen.

Die Ankunft beim Klong-Prem-Gefängnis ist etwas verwirrend. Es könnte genauso gut der Zugang zu einem internationalen Flughafen oder zu einem Feriendorf sein. Der Verkehr kreist um einen Rasen mit Springbrunnen. Links liegt ein Teich mit tiefroten Lotussen. Rechts dringt Beatmusik aus einer Bar. Taxis und Dutzende Motorräder kommen und fahren wieder ab. Nur ein kleiner Lastwagen, der von zwei Kombis mit roten Blinklichtern eskortiert wird, verrät, dass wir es hier mit einem Gefängnis zu tun haben.

Ich bin mit Cosmos verabredet. Er ist Ghanaer und sollte nicht schwer zu finden sein. Zusammen mit vier anderen kümmert er sich um die Häftlinge in Bangkok.

Heute merke ich, wie wichtig direkter Kontakt mit einem Häftling ist, ihm in die Augen sehen, ihm auf die Schulter klopfen zu können. Heute bin ich ein inhaftierter Besucher, vom Gegenüber durch ein Drahtgeflecht getrennt. Die winzigen Löcher machen mir Kopfschmerzen. Und zu allem Überfluss fällt das Tageslicht aus einem so ungünstigen Winkel in den Raum, dass ich – wenn ich Nelsons Gesicht überhaupt erkennen will – den Kopf mit den Händen abschirmen und das Gesicht an die Maschen pressen muss. Nach zehn Minuten hat sich in meine Haut deren Muster eingeprägt. Aber ich will keine Minute von den Stunden verpassen, die uns zur Verfügung stehen. Nelson macht seinem Herzen Luft.

„Fünfundzwanzig Jahre! Fünfundzwanzig Jahre habe ich bekommen, weil ich 200 Gramm Heroin in der Tasche hatte. Zwölf habe ich inzwischen hinter mir. Und vor zwei Jahren wurde der König 72, da habe ich fünf Jahre geschenkt bekommen.“ In Thailand folgen große Feiern einem Zyklus von zwölf Jahren. Zum 75. Geburtstag des Königs Bhumipol Aduljadej ist allerdings auch ein großes Happening geplant. Eine Viertelmillion Häftlinge haben sich angemeldet: Sie werden in gelber Kluft eine halbe Stunde lang gymnastische Übungen vorführen (lang lebe der König!) und ihre Unterschrift unter eine Erklärung setzen, nie mehr mit Drogen zu handeln. Wie Nelson geht es vielen. Afrikaner, die aus Naivität das Risiko eingehen und schon beim ersten Mal erwischt werden.

„Wenn ich Europäer oder Amerikaner wäre, wäre ich schon längst draußen. Aber von der Botschaft lässt sich nie jemand blicken, stattdessen schicken sie ein ärztliches Attest. Es gibt übrigens kein Abkommen mit Thailand, dass die restliche Haftstrafe in Ghana verbüßt werden kann."

„Hast du Kontakt zu deiner Familie?" Ich presse das Gesicht noch etwas tiefer in die Maschen.

„Meine Töchter", Nelson hat Mühe, sich zu beherrschen, „...meine Töchter schreiben mir noch. Der letzte Brief meiner Frau kam vor vier Jahren. Sie schrieb mir vom Tod meiner Mutter. Seitdem habe ich nichts mehr von ihr gehört. Sie ist es wohl leid. Sie hat es aufgegeben."

„Und deine afrikanischen Mithäftlinge, Nelson?"

„Ich teile eine Zelle mit drei anderen. In dieser Hinsicht ist man hier sehr verständnisvoll. Es gibt in Klong Prem im Ganzen etwa 250 Afrikaner. In den zwölf Jahren meiner Haft sind schon zwanzig gestorben."

„Woran?"

„Tja, Aids, Hepatitis, Gott weiß woran."

„Wie sieht dein Tag aus?"

„Um halb sechs werde ich wach, dann dusche ich. Um sieben nach dem ersten Appell jogge ich. Um acht ist der nächste Appell, um neun gibt's Frühstück und zwischen zwölf und zwei das Abendessen."

„Mittagessen meinst du."

„Nein, nein, Abendessen. Um drei kann man noch mal duschen, und um halb vier wird zugesperrt. Dann fängt die Nacht an. Ich lese oder schreibe dann meist noch was."

„Nelson, gibt es keine Arbeit oder ähnliches?"

„Jobs in der Schusterei oder Elektrowerkstatt gibt's nur für Thailänder. Die verdienen allerdings meist nur 10 oder sogar nur 5 Baht im Monat."

Ich überlege, wie ich es bei dieser Monotonie 4380 Tage, Schaltjahre nicht mitgerechnet, aushalten würde.

„Aber dafür teilen wir eine Zelle höchstens mit vier oder fünf anderen. Unsere thailändischen Freunde sind mindestens zu zehnt. Und noch was: Ich habe immer das Angebot abgelehnt, Thailändisch zu lernen. Es wäre eine Abwechslung gewesen, aber ich kann mich einfach nicht überwinden, die Sprache des Landes zu lernen, das mich an die Kette legt."

„Wenn du was zu sagen hättest, was würdest du mit einem Mann machen, der mit 200 Gramm Heroin erwischt wird?"

Nelson hat die Antwort parat: „Ich habe aus dieser Erfahrung sehr viel gelernt. Aber schon nach drei Jahren. Jetzt sind es schon zwölf verlorene Jahre. Ich habe keinen Job und habe hier auch nichts Neues gelernt. Ich bin jetzt 43 und wenn ich rauskomme, habe ich in Ghana keine guten Chancen auf dem Arbeitsmarkt. Es ist doch kein Wunder, dass viele wieder in ihre alten Gewohnheiten zurückfallen. Mit der Unterstützung meiner Familie brauche ich nicht zu rechnen. Gott weiß, ob ich überhaupt das Geld für den Rückflug auftreiben kann. Ich würde einen Unterschied machen, ob jemand ein Wiederholungstäter ist oder nicht. Wer zum ersten Mal beim Drogenschmuggel erwischt wird, sollte zwei bis drei Jahre bekommen. Wer rückfällig wird, fünf Jahre. Mensch, ich schwöre, ich will nie mehr was mit Drogen zu tun haben. Ich will nie mehr hinter Gitter. Glaub mir. Das stand für mich schon vor zehn Jahren fest. Aber ich muss noch so verdammt lange hier bleiben."

„Weißt du, Nelson, ich kannte mal einen spanischen Häftling im Gefängnis von Leuven…", und ich erzähle ihm von Alberto. Ein Meter über uns, da, wo die Maschen aufhören, befindet sich Fensterglas. Ich halte Albertos 35 Kunstwerke eines nach dem anderen vor die Scheibe. Nach einer zweiten Vorführung tippt Nelson auf „Die Lilie und die Rose". Es gibt keinen Spalt, durch den ich ihm das Geschenk der Solidarität zuschieben könnte, aber ich verspreche ihm, es ihm durch einen Wärter zukommen zu lassen.

Ein schrilles Signal beendet die Besuchszeit.

„Etwas Positives?", wage ich noch zu fragen.

„Gott", sagt Nelson, „ja, von Gott habe ich im Knast etwas mehr begriffen."

Ein Wärter in Shorts und Tennisschuhen und mit einer goldenen Trillerpfeife im Mund, tippt Neslon zum zweiten Mal auf die Schulter. Ich drücke „Die Lilie und die Rose“ gegen das Netz. Nelson hebt den Daumen und weg ist er. Die Monotonie wurde für einige Stunden unterbrochen. Es ist fast zwölf Uhr. Das Abendessen wartet auf ihn.

Wir gehen mit Cosmos noch kurz zu einem anderen Block, zum Krankenhaus. In dem Augenblick öffnet sich das Tor des Gefängnisses, um ein Fahrzeug durchzulassen. Ich sehe einen grünen Rasen, Volieren, Blumen. Es könnte auch ein Klostergarten sein.

John aus Nigeria sitzt im Rollstuhl. Auch hier trennt uns wieder ein Drahtgeflecht. Er soll operiert werden.

„Meine Beine wollen nicht mehr; manchmal habe ich schreckliche Schmerzen.“ Es ärgert mich, dass nur mein tausendfach durchlöcherter Blick diesem Häufchen Elend näher kommen kann. Könnte ich ihm über die Beine streichen, ihm die Hand auf die Schulter legen, ihn an den Volieren vorbeischieben. Dazu sind Hände doch da, oder?

Nebenan verabschiedet sich ein fünfjähriges Kind von seinem Vater. Es legt die Handflächen aneinander und beugt den Kopf ehrerbietig vor dem Mann, der zum tausendsten Mal auf der anderen Seite zurückbleibt.

Regen über Bangkok ist wie eine warme Dusche. Die Schauer sind heftig, aber lokal, schon einen Block weiter kann es trocken sein.

Inzwischen kenne ich den Weg nach Klong Prem. Heute steht Lateinamerika auf dem Programm. Ich warte auf einen gewissen Daniel Torres.

An einem Schalter liest ein Zeuge Jehovas aus dem „Wachtturm“ vor. Beim nächsten sitzt eine Frau und weint. Vor Nummer 24 trägt ein Mädchen ein Gedicht aus einem Buch vor. Nummer 25: Eine Frau zeigt Kinderfotos. 26: wieder eine weinende Frau. Etwas weiter wiederum eine Art Seelenfänger: „Gib mir lieber was zu essen!“, höre ich.

Ich warte auf Daniel. „Usted es Daniel Torres?“ Heute scheine ich Thailänder mit Peruanern zu verwechseln, aber beim dritten Mal stimmt es.

Daniel könnte Jean-Claude Van Damme doubeln. „Das kommt vom Thaiboxen“, sagt er.

Es erstaunt mich immer wieder, wie rasch manche Häftlinge ihre Geschichte erzählen.

„Ich gehöre zu den 10 Prozent Ausländern, die nicht wegen Drogen verurteilt wurden. Ich bin hier wegen versuchter Körperverletzung. Zwölf Jahre hat man mir aufgebrummt. Im Aufzug eines Hotels hat ein Freund, mit dem ich zusammen war, einige Leute angerempelt. Die haben uns angezeigt, wir hätten sie überfallen wollen. Nun ja, ich habe inzwischen fünfeinhalb Jahre abgesessen, und am Geburtstag des Königs bekam ich noch Strafnachlass. Si Dios quiere, komme ich in zweieinhalb Jahren frei. Vielleicht sollte ich dem König noch eine Geburtstagskarte schicken. Vielleicht werde ich dann sofort entlassen.“

Daniel hält nicht viel von den Afrikanern. „Sie verstehen es, sich bei den Wärtern anzubiedern. Die Aufseher sind korrupt, sie schmuggeln haufenweise Heroin. Und diese schwarzen Arschkriecher glauben, sie könnten durch ihre Statur die anderen einschüchtern. Aber“, und Jérôme lässt seine Muskeln spielen, „da sind sie bei mir an der falschen Adresse. Ich habe Inkablut, vestehst du?“

„Gibt es hier noch andere Lateinamerikaner?“

„Nein, ich bin soviel ich weiß der Einzige. Ich bin viel mit meinem europäischen Freund Machiel zusammen. Er ist mein Thaibox-Meister.“ Machiel, Machiel, irgendwo habe ich diesen Namen vor kurzem gehört.

„Man muss hier für alles bezahlen. Nur wer Geld hat, überlebt. Kannst du dir vorstellen, durch welche Hölle ich am Anfang gegangen bin? Ohne Familie, ohne Beziehungen, kein Wort Thailändisch oder Englisch. Und niemand von der peruanischen Botschaft hat sich um mich gekümmert. Aber ich bin nicht von gestern. Die Chinesen hier sind verrückt auf Pokern. Ich hab’s ganz gut gelernt. Einmal habe ich auf einen Schlag 75 Päckchen Zigaretten gewonnen. Ich rauche nicht, ich habe davon zwei Monate zu essen gehabt.“

„Was muss man sich unter Thaiboxen vorstellen?“

Daniel springt auf und gibt mir eine kurze Demonstration.
„Verstehe."
„Ach, die Heimat!", seufzt Daniel. „Ich habe seit zwei Jahren nichts mehr gehört. Weder von meiner Mutter noch von meinen Kindern. Andy ist jetzt acht. Wetten, dass er sich noch gut daran erinnert, wie wir immer durch den Park gerannt sind. Alexandra ist sechs. Nein, sie kennt ihren Papa nicht mehr. Sie war kaum fünf Monate alt, als ich verhaftet wurde."
Wir unterhalten uns über Peru, über den Staatspräsidenten Toledo und seine First Lady Eliane – eine Belgierin –, über San Juan de Lurigancho, das berüchtigte Gefängnis von Lima. Als Daniel hört, dass ich in einigen Monaten vielleicht in Peru bin, gibt er mir sofort die Adresse und Telefonnummer seiner Familie. Ich verspreche ihm, wenn alles klappt, ein Foto seiner Kinder zu schicken.
Ich stehe bereits an der Bushaltestelle, als mich etwas wieder zum Gefängnis zurücktreibt. Es ist zwölf Uhr. In einer Stunde kann ich mich für ein weiteres Gespräch mit einem Häftling anmelden. Vielleicht sollte ich diesmal einen Europäer nehmen. Es gibt zwar keinen Belgier in Klong Prem, wie ich von meiner Botschaft erfuhr, aber in einem Internetcafé war ich zufällig auf die Namen von vier Holländern gestoßen, die auf einem Zettel zwischen hundert anderen hingen – von Verkaufsangeboten für Wohnmobile bis zu einer Gratisstunde Massage – und die ihre Landsleute beschworen, sie einmal im Knast zu besuchen. Ich zahle Beatrix zwar keine Steuern, kann mir aber vorstellen, dass meine nördlichen Nachbarn gegen einen Besuch eines Belgiers nichts einzuwenden hätten. Aber welchen solch ich wählen? Ich blättere in meinem Notizbuch und mein Blick fällt auf den Namen Machiel, Daniels Thaiboxer-Freund.

Sechs Millionen Touristen suchen jedes Jahr Entspannung und Abwechslung an Thailands Stränden, aber in der Cafeteria des Gefängnisses von Klong Prem hat man mit Touristen wenig Erfahrung. Als ich eine Schale Reis bestellen will, hilft mir „rice", „riz" oder „arroz" nicht viel weiter. Schließlich werde ich auf dem Bangkoker Stadtplan unter der Rubrik „Wichtigste Wörter für Ausländer" fündig:
„Khao paad!", krähe ich.

„Oh, khao paad!“ Und sofort bringt man mir drei Schalen Reis. Auf dem Stadplan steht auch, dass die Thailänder zu den anmutigsten Völkern der Erde zu zählen sind und „dass ihr berühmtes Lächeln ein leuchtender Spiegel heiterer Herzen“ ist. Und bescheiden heißt es weiter: „Das Einzige, was Thailänder in ihrem gesegneten Land noch glücklicher machen würde, ist, ihre Liebeswerke mit allen zu teilen.“

Das hatte die Frau, bei der ich gestern die Visa für Vietnam und Kambodscha und eine Fahrkarte nach Laos bestellte, wohl nicht gelesen. Vielleicht störte es sie, dass ich den billigsten Platz wollte, kein Bett mit Klimaanlage, jedenfalls wurde sie zur Furie, als ich mich zum vierten Mal nach der Abfahrtszeit des Zuges erkundigte: „Ich verkaufe Ihnen nichts, Sie stellen zu viele Fragen!“ Während ich den Reis hinunterschlinge und Hunderte von Thailändern um mich herum das Gleiche tun oder sich den Film über thailändische Gefängnisse anschauen, der zum sechsten Mal davor warnt, sich mit Drogen einzulassen, und den Strafvollzug in Klong Prem preist, die vielen Computer, die es dort gibt und die gute Ausbildung des Wachpersonals, mache ich mir so meine eigenen Gedanken über die thailändische Höflichkeit. Ich habe schon Hunderten zugenickt und vergeblich darauf gewartet, dass man mir mit einem Lächeln antwortet. Spröde und cholerisch sind die Thailänder, wenn man mich fragt.

Ein Mann setzt sich mir gegenüber und „stäbchelt“ seinen Reis. Eine Kellnerin kommt mit einem Wägelchen vorbei und räumt das schmutzige Geschirr ab. Ich reiche ihr die leeren Schüsseln vom Tisch und hebe die Stäbchen auf, die sie fallen lässt.

„You are very kind“, sagt auf einmal mein Gegenüber. Beschämt widerrufe ich im Stillen mein vorschnelles Urteil. Er ist Anwalt und vertritt verschiedene Häftlinge unentgeltlich. König Bhumipol Aduljadej lacht uns freundlich vom eingerahmten Foto zu. Wäre er doch schon morgen zwölf Jahre älter.

Es ist ein Uhr, und alle steuern auf den Eingang zu. Als ich das Formular für Machiel K. ausfülle, tauchen plötzlich noch drei Bleichgesichter auf. Rob aus Kanada, Frieda aus Schweden und Marilin aus Dänemark. Sie haben sich etwas satt gesehen an den Tempeln und Palmen. Ob ich nicht Leute wüsste, die sie besuchen könnten.

„Das trifft sich", sage ich. Rob wird an Richard gekoppelt, Frieda an Marinus und Marilin an Ronald. Während wir auf das holländische Quartett warten, erzählen sie, dass sie wie magnetisch angezogen zum Klong-Prem-Gefängnis gekommen seien.

Ich blicke in zwei delftblaue Augen. „Soll ich dir was von mir erzählen?", fängt Machiel an, nachdem er sich für den Besuch bedankt hat. „Soll ich mit einer guten Nachricht anfangen? Wenn ich Glück habe, bin ich nächsten Monat draußen. Letzte Woche hat das Gericht endlich nach fünf Jahren das Urteil gesprochen. Ich wurde freigesprochen. Wenn die Staatsanwaltschaft nicht in die Berufung geht, bin ich Ende April ein freier Mann. Obwohl man mir noch mit der Todesstrafe gedroht hat." Er erzählt ruhig und ausführlich von seinen acht „fetten" Jahren in Thailand, von seiner thailändischen Freundin, dem Leben wie Gott in Frankreich, äh Thailand, von ihren beiden Kinder, die jetzt bei seinen Eltern in den Niederlanden leben, von dem Drogengeschäft, an dem er und seine Freundin beteiligt gewesen sein sollen, der Korruption im Justizapparat, von der thailändischen Sonne und den Terrassen in Amsterdam. Und von zwei Päckchen Kaffee, die er bei der holländischen Botschaft bestellt hat, und der Milchpackung, die stattdessen ankam.

„Ich habe dir noch nicht alles erzählt", sagt er stockend, „meine Freundin wurde letzte Woche zu 33 Jahren verurteilt."

„Was?"

„Sie hat zum Glück einen niederländischen Pass. Wenn die Götter ein Einsehen haben, kommt sie vielleicht in fünf, sechs Jahren raus." Ich bewundere, dass Machiel völlig ohne Bitterkeit spricht.

„Wie hast du das durchgehalten, fünf Jahre mit dem Damoklesschwert der Todesstrafe über dir?"

„Ich habe mich dazu gezwungen, nicht aufzugeben. Ich habe schrecklich viel Sport getrieben." Machiel zieht den Pullover hoch und lässt seine Bauchmuskeln spielen.

„Und ich habe gebüffelt, dass die Fetzen flogen. Ich schreibe und spreche Thailändisch fließend. Ich habe noch nie so viele Bücher verschlungen wie hier im Gefängnis. Oh Jan, ich habe so viel über das Leben gelernt. Hier lernt man, was Freundschaft bedeutet. Zwei, zwei echte Freunde habe ich in dieser Zeit gefunden."

Ich verabschiede mich von Machiel, der von einem Wächter in Shorts abgeführt wird. Die Kantine und der Laden sind eigentlich schon geschlossen, aber ich bekomme noch zwei Päckchen Kaffee. Ich klebe einen Zettel drauf: „Die nächste Tasse Kaffee trinken wir zusammen auf einer Amsterdamer Terrasse."

Mit Marilin, Frieda und Rob mache ich eine Bootsfahrt auf dem Chao Phraya. Die Sonne geht blass und orangefarben unter. Tempel und Pfahlhäuser wechseln einander am Ufer ab. Die Brise tut gut.

Ich gebe Frieda einen Zettel. „Lars Eberstein, der Zellengenosse von Machiel. Ein Schwede."

„Ich gehe morgen wieder hin", sagt sie entschlossen. „Ich habe Marinus versprochen, seine Frau zu besuchen, die auch im Gefängnis ist. Und heute habe ich mich etwas sagen hören, was ich in meinem ganzen Leben noch nicht über die Lippen gebracht habe. Beim Abschied habe ich ganz spontan zu Marinus gesagt: „Ich werde für dich beten." Friedas feuchte Augen suchen die Sonne, die nicht vor viertel vor sieben wieder aus dem Wasser aufsteigen wird.

„Was für ein Tag!", schnauft Rob. „Ich bin froh, dass ich gegangen bin."

„Tja, wer weiß, vielleicht gibt es ja auch Strafgefangene in Calgary."

„Daran hatte ich auch schon gedacht", sagt Rob lachend.

„Ich habe ein gelbes Kostüm an und warte auf dich in der Kantine des Bangkwang-Gefängnisses", hatte Saijit mir am Telefon gesagt. In ihrem kanariengelben Kleid hat sie etwas von der philippinischen Exstaatspräsidentin Corazon Aquino. Zusammen mit Cosmos, dessen Frau und Pater Olivier besucht sie achthundert Häftlinge im Monat, fünf am Vormittag und fünf am Nachmittag. Meine Bewunderung für dieses kleine Team wächst minütlich.

„Am Anfang“, erzählt Saijit, „hatte ich ziemliche Probleme mit den Stimmbändern. Es ist schrecklich anstrengend, sich mit jemandem auf zwei Meter Abstand zu unterhalten, getrennt durch zwei Reihen Maschendraht.“ Erst jetzt sehe ich, dass man die Besucher in der Tat auf Distanz hält.

„Angeblich zur Sicherheit“, sagt Saijit. „Für die Anstaltsverwaltung sind zum Tod Verurteilte gefährliches Gesindel.“

Wie soll ich unter diesen Umständen überhaupt Kontakt zu Abdul aus Bangladesh herstellen, dem ich gleich gegenüber sitzen werde? Ich betrachte Saijit, die schon seit Jahren fünf Tage in der Woche zehn Häftlinge täglich besucht, ihnen zuhört, ihnen etwas zuschreit, zwei Meter von ihnen entfernt. Kraft und Mitgefühl strahlt ihr Wesen aus, Tod und Auferstehung das Goldgelb ihrer Kleidung.

„Im letzten Jahr fanden nach dem thailändischen Neujahr die vorläufig letzten Hinrichtungen statt. Sechs wurden durch Erschießen hingerichtet. Das Fernsehen brachte die Nachricht unter der Rubrik Vermischtes“, seufzt Saijit. Neben mir sitzt eine Frau, die sich darauf einlässt, aus Liebe zu leiden. Jeder Häftling wird ein Teil von ihr. Bei jeder Hinrichtung stirbt ein Stück in ihr.

„Man muss sich an das Klirren der Ketten gewöhnen“, sagt sie.

„Ketten?“

„Ja, alle zum Tod Verurteilten – und das sind dreihundert Thailänder und wer weiß wie viele Ausländer – tragen Ketten an den Füßen. Vom ersten Tag der Verurteilung bis zum letzten ihres Lebens. Schlafen, Duschen… alles müssen sie angekettet erledigen. Die Dinger wiegen acht Kilo. Aber natürlich hat auch hier die Korruption ihre Hand im Spiel. Wer Geld hat, kriegt eine leichtere oder ein Band um den Hals, das an der Kette befestigt ist. Es bleibt nicht aus, dass man an den Knöcheln Wunden bekommt. Die Ketten rosten auch schnell. Nur die zum Tod verurteilten Frauen brauchen keine zu tragen. Sie sind auch nicht in speziellen Abteilungen untergebracht und dürfen ihre Kinder bis zu einem Jahr bei sich behalten. Mit Unterstützung aus Neuseeland wurde ein Haus für Häftlingskinder eingerichtet.“

Ich höre ein metallenes Geräusch. Langsam schlurfen die Todeskandidaten herein. Mir läuft eine Gänsehaut über den Rücken.

Aber Abduls entwaffnendes Lächeln macht den traurigen Anblick vergessen. Er ist sichtlich froh über den Besuch. Ich entschuldige mich, dass Bangladesh nicht auf meiner Reiseroute liegt. Abdul lacht:

„Das nächste Mal. Ich werde dich allerdings nicht empfangen können, mich führen sie ja wahrscheinlich zur Schlachtbank, aber ich kann dir einen Stapel Adressen mitgeben, damit du in Dhaka fürstlich empfangen wirst."

Als Touristenmanager wurde Abdul wegen Drogenschmuggels angeklagt, weil ein Gast im Hotel das Zeug in seinem Zimmer hatte. Fünf Jahre hat er inzwischen hinter sich, fünf Jahre in Fesseln.

„Die Todesstrafe wird zu 85 Prozent wegen Drogen verhängt", sagt Abdul. An dem Tag, an dem man weltweit einen ganz neuen Weg in der Drogenpolitik einschlägt, werden sich die Gefängnisse leeren.

Abdul hält ein Foto hoch. „Das sind meine drei bildhübschen Töchter", strahlt er. Ich starre angestrengt durch die Löcher des Maschengitters. Das Foto ist zerknittert vom vielen Betrachten.

„Kommen deine Töchter dich manchmal besuchen, Abdul?" Es ist, als würde eine tiefe Stille eintreten, obwohl sich ringsum Häftlinge und ihre Besucher schreiend unterhalten.

„Zwei Jahre", ruft Abdul, „zwei Jahre habe ich meine Mädchen nicht mehr gesehen." Seine Stimme bricht.

„Am Anfang war ich noch voller Hoffnung. Meine Frau und meine Kinder kamen mich regelmäßig besuchen. Ich schien einen prima Anwalt zu haben. Nach dem Todesurteil kam meine Frau immer seltener. Lange dachte ich, es fiele ihr einfach schwer, immer wieder mit einem Mann konfrontiert zu werden, der jeden Augenblick hingerichtet werden kann. Bis ich..." Abdul schluckt. Er gönnt sich einen Blick auf das Foto. „Bis ich erfuhr, dass meine Frau und mein Anwalt... Sie haben inzwischen geheiratet." Er wischt ein Träne weg.

„Ich musste einen neuen Anwalt suchen. Als ich ihn mit meinem über Jahre sauer verdienten Geld bezahlen wollte, stellte ich fest, dass sie mein ganzes Konto geplündert hatten. Tja, wer einen Anwalt heiratet, holt sich einen Experten ins Haus. Ich habe keine rote Baht mehr."

Was soll ich dazu sagen? Ich rutsche auf dem Stuhl hin und her und drücke mich noch mehr gegen den eisernen Vorhang, der zu einem Abgrund wird.

„Um vier Uhr stehe ich auf und bete. Um zwölf esse ich mit zwei Pakistanern und einem Esten. Der heißt übrigens auch Jan, Jan.“ Er kann sich nicht mehr einkriegen vor Lachen.

„Die Ketten, Abdul, wie wirst du damit fertig?“

Er stellt sich auf die Bank.

„So mache ich es, wenn ich duschen will.“ Abdul demonstriert, wie er gelernt hat, seine Shorts durch den linken und rechten Ring zu ziehen. Fünf Jahre lang. Mit derselben Kette. Unter die Dusche, aufs Klo, runter vom Klo, essen, schlafen, Besuch empfangen, zum Gericht, Gespräch mit dem Anwalt, sich die Scheidungserklärung seiner Frau anhören, aufstehen, sich hinsetzen… Immer mit derselben Kette. Aufwachen, träumen, rauchen, trinken. Immer mit derselben Kette. Nie mehr Sport treiben, nie mehr rennen, Treppen steigen, jemandem einen Tritt geben, kein Yoga, kein Sprung, kein Tanz. Immer mit derselben Kette.

Es ist halb drei nachmittags. Der Tag ist zu Ende für Abdul und die anderen. Ein Stück gehen wir in die gleiche Richtung, aber meine Schritte sind zu schnell für einen Mann mit einer acht Kilogramm schweren Kette zwischen den Knöcheln. Am Ende des Gangs biegt er nach links, ich nach rechts ab. Durch drei Türen in die Freiheit. Abdul werde ich nicht mehr wiedersehen. Partir, c’est mourir un peu. Heroin als Äquivalenz für ein Menschenleben. Je deutlicher ich mich an Abduls Eichhörnchenaugen erinnere, desto schwerer fällt mir diese Rechnung.

One night in Bangkok and the world’s your oyster
The bars are temples but the pearls ain’t free
You’ll find a god in every golden cloister
And if you’re lucky then the god’s a she
I can feel an angel sliding up to me.

One night in Bangkok makes a hard man humble
Not much between despair and ecstasy
One night in Bangkok and the tough guys tumble
Can't be too careful with your company
I can feel the devil walking next to me.

Meine letzte Nacht in Thailand. Das Hotelzimmer in der Nähe der Kao San Road hat etwas von einer ausrangierten Frittenbude. Kein Fenster, eine lädierte Tür, Kakerlaken und der Geruch früherer Gäste, die die Zimmerdecke rostbraun geraucht haben. Aber man gewöhnt sich rasch an solche Club-East-Unterkünfte.

Ich wasche in der Dusche meine Wäsche. Als ich sie unter einem Ventilator zum Trocknen aufhängen will, stoße ich mit der spärlich bekleideten Nina zusammen. Oder sie mit mir? Nina ist einer der unzähligen Ladyboys in Bangkok, beliebter Tummelplatz für Schwule und Transsexuelle. Ihre Frisur macht den Eindruck, mit Bleichlauge behandelt worden zu sein, mit ihren (oder seinen) Stöckelschuhen könnte man von der Straße aus Dachrinnen reinigen.

„Sie können Ihr Handtuch besser auf der Terrasse aufhängen", meint sie und geht mir voran. Hoch oben auf dem Guesthouse bläst ein trockener Wind.

„Thanks, eh..."

„Nina", sagt Nina. „I'm Nina."

„Thanks Nina. Very kind of you." Ich will wieder nach unten gehen, aber Nina hat andere Pläne.

„Möchtest du nicht kurz mal spielen?"

„Nein, vielen Dank." Und während ich ihr (oder ihm) erkläre, was ich noch alles zu tun habe, sehe ich die Prostituierten von Cotonou und St. Petersburg wieder vor mir.

„Aber ich wurde operiert", spielt Nina ihre Trumpfkarte aus, und lädt mich mit einem Ruck am Slip dazu ein, den Wahrheitsgehalt ihrer Worte zu prüfen. Ich hebe noch einmal dankend die Hände in die Höhe und will mich an ihr (oder ihm) vorbeischieben. Eine völlig falsche Verteidigungsstrategie, wie sich herausstellt. Blitzartig greift er (sie?) mir zwischen die Beine. Ich schreie auf, kann mich aber aus ihren (seinen) Klauen befreien. Arme Nina, ein Körper mit Gittern, angekettetes Geschlecht. Ich höre wieder die

Geschichten von Menschen, die Gefangene ihres Körpers sind, in dem sie sich nicht zu Hause fühlen.

Ich fliehe in ein Geschäft an der Ecke und tippe für Saijit eine Liste zum Tod verurteilter nepalesischer Häftlinge im Bangkwang-Gefängnis, die nie Besuch bekommen. Arun Tamang, Dhan Bahadur, Chandar Kumar Rai, Robin Gurung, Singh Bahadur Tamang. Dazu eine Wegskizze. Aber zu dieser Nachtzeit hat sogar in der Kao San Road kein Kopierladen mehr auf, um die Liste zu vervielfältigen, und morgen muss ich in aller Herrgottsfrühe auf dem Flughafen sein. Es bleibt mir nichts anderes übrig, als Passanten anzusprechen.

„Kein Problem“, sagt das Mädchen in perfektem Niederländisch. „Ich mache davon morgen ein paar Kopien und hänge sie in Internetcafés und kleineren Hotels auf.“ Ich würde ihr am liebsten einen Kuss geben, aber ihr Freund – der von der ganzen Idee wenig begeistert ist („Sind es Junkies? Die sorgen schon für genug Probleme in Amsterdam.“) – beobachtet mich mit Argusaugen. Aber meine letzten Bahts schlagen sie aus, diese netten, großzügigen Holländer.

Es ist merkwürdig. Ich lasse wieder etwas von mir selbst in dieser Stadt zurück. Die Begegnungen mit den Gefangenen am Rand des Todes machen den Aufenthalt in Thailand zu einem Höhepunkt meiner Reise.

EINE EIDECHSE IN LAOS

Reisen mit dem Zug ist irgendwie nicht meine Sache. Von Bangkok nach Nong Khai im Norden von Thailand habe ich Gott sei Dank keinen Durchfall. Keine Räuber lassen sich blicken. Es gibt keine unfreiwillige Begegnung mit dem Bahnsteig. Aber ohne Zwischenfall scheint es auch nicht zu gehen. Zunächst verläuft alles ganz normal. Zum ersten Mal seit einer Woche bin ich wieder der einzige Weiße inmitten thailändischer Familien, in einem Abteil mit Deckenventilatoren. Zwei Schaffner betrachten verwundert meine Fahrkarte. Die Liegewagen mit Klimaanlage befänden sich am

Anfang des Zugs. Ich beschränke mich auf ein beruhigendes Nicken, denn die Erklärung, dass ich es hier, verglichen mit den Bedingungen mancher Haftanstalten, geradezu luxuriös finde, übersteigt mein Thailändisch.

Ich schlafe bis zum Morgen wie auf Lotosblumen. Wenn man meint, inzwischen jedes WC-Design zu kennen, wird man eines Besseren belehrt. Dieses im Zug ist eine Kreuzung zwischen französischem Klo und Amboss. Ich muss mich einen halben Meter hinaufschwingen, und komme mir vor wie ein Huhn auf der Stange. Die thailändischen Schnörkel an der Wand sagen mir nichts, aber der Hebel hinter dem Thron scheint mir zur Spülung wie geschaffen. Gedacht, getan. Plötzlich verlangsamt der Zug seine Fahrt und kommt inmitten von Reisfeldern zum Stillstand. Jemand hämmert an die Tür. Zerknirscht und rot wie die Streifen der thailändischen Flagge versuche ich dem Schaffner mein Missgeschick zu erklären. Er bricht in schallendes Gelächter aus. Ich kann Gott auf den Knien danken, dass mir dies nicht in London passiert ist, wo ich die ganze Railway lahm gelegt hätte. Meine unausgesprochene Frage, ob man mich nun ins Gefängnis sperrt, beantwortet der Steward, indem er an dem Hebel Nummer 2 zieht. Der Zug setzt sich wieder in Bewegung.

Laos, Lan Xang, bedeutet „Land der Millionen Elefanten“. Ich sollte stattdessen fünfzehn Gefängniswärtern begegnen, die sich wie die wild gewordenen Affen benahmen. Laos ist eines der rätselhaftesten Länder Asiens. Und in der Geschichte der Kriege eines der am meisten bombardierten. Während des Vietnamkrieges wurden über Laos mehr Bomben abgeworfen als im Zweiten Weltkrieg über Deutschland und Japan zusammen. Die Menschen sind auffallend freundlich, und Eile muss hier noch erfunden werden.

Nach Bangkok ist Vientiane wie ein sonntägliches Kaffeekränzchen nach einer samstäglichen Disko. Asiatischer Charme und Klasse. Hier kommen die Mädchen dir noch mit dem Lachen zuvor.

„Ach Laos!“, seufzt Monsieur Charroin, der französische Konsul. „Der Schein trügt. Wissen Sie, ich bekomme Häftlinge immer nur im Einwanderungsamt zu Gesicht. Man will einfach nicht, dass wir auch nur etwas von den Haftbedingungen zu sehen bekommen. Sie müssen schrecklich sein.“

Wir sitzen in einer Kolonialvilla, die, wären da nicht die sieben Meter hohen Papyrusstauden und die exotischen Sukkulenten im Garten, genauso gut an der Avenue de Tervueren stehen könnte. Vom belgischen Konsul in Bangkok hatte ich erfahren, dass sich in Laos ein Landsmann im Gefängnis befindet und dass die französische Botschaft auch die Interessen ihrer nördlichen Nachbarn vertritt.

„Seit Herr D.B. im Juli letzten Jahres verhaftet wurde, habe ich ihn zwei Mal besuchen dürfen, im Einwanderungsamt, wie ich bereits sagte, n'est-ce pas? Es ist ja so, dass die Behörden in Laos die betreffende Botschaft nie informieren. Wir erfahren nur über das Herkunftsland oder über Angehörige, wenn jemand inhaftiert wurde.“

„Sie haben also in Laos noch nie ein Gefängnis von innen gesehen?“

„Es ist einfach nicht möglich!“

Ich habe mir ein Fahrrad gemietet, ein Mountainbike mit sieben Gängen, die sicher funktionierten, als das Rad importiert wurde.

Im Einwanderungsamt wird leidenschaftlich Tischtennis gespielt. Die Schreibtische, die sich unter den wichtigen Akten biegen, wurden zu dem Zweck beiseite geschoben.

„Heute ist Sporttag“, klärt mich einer der Spieler auf.

„Lobenswert, aber gibt es hier jemanden, der mir sagen kann, wie ich einen belgischen Gefangenen besuchen kann?“

„Erster Stock“, meint einer, während er mit einem Smash den Satz für sich entscheidet.

Ich klopfe an die erste Tür. Stille. An die zweite Tür. Stille. An die dritte Tür. Ich drücke die Klinke herunter und öffne die Tür. Ein Beamter hängt reglos über seinem Schreibtisch. Da ich weder

Blutspuren noch Einschusslöcher entdecken kann, ist anzunehmen, dass er ein Nickerchen hält. Na gut, auf zur nächsten Tür. Das gleiche Bild, nur hat es sich dieser Beamte in einem Sessel bequemer gemacht. Vielleicht hat er gerade ein anstrengendes Match hinter sich.

Ich huste. Der Mann rührt sich, tastet nach seiner Brille und schaut mich an, als wäre ich Teil seines Traums.

„Man hat mir gesagt, ich könnte hier die Erlaubnis bekommen, einen Häftling zu besuchen."

„Herr Don", sagt er schläfrig, „da müssen Sie sich an Herrn Don wenden. Zimmer Nr. 11." Bevor ich mich bedanken kann, hat er die Brille schon wieder abgesetzt und schläft selig.

Herr Don schläft nicht. „Wenn überhaupt, dann kann Ihnen nur das Auswärtige Amt diese Erlaubnis erteilen", sagt er freundlich. Geht das schon wieder los? Werde ich wieder von Pontius zu Pilatus geschickt? Aber ich lasse es mich nicht verdrießen und schwinge mich aufs Rad.

Ein Rikscha-Fahrer mit vier jungen Mädchen will gerade losbrausen, als ich ihn nach dem Weg zum Ministerium frage.

„Häng dich dran", sagt er, „ich fahre in die Richtung." Er tritt den Fußhebel herunter, ich halte mich mit einer Hand am Dach fest und so sausen wir durch die Straßen von Vientiane. Die laotischen Schönen lachen und kichern. Eine Fahrt mit einem Ausländer als Anhängsel – da bekommen sie doch einiges geboten für ihr Geld.

Herr Chato vom Auswärtigen Amt versteht mehr von französischen Châteaus und Weinen als von Dokumenten, die einem Belgier den Zugang zu einem Gefängnis verschaffen könnten. Er würde sich liebend gern noch Stunden mit mir über Brügge und Brüssel unterhalten. Aber ansonsten hat er nichts zu sagen.

Dann eben auf eigene Faust. Ich zeige den Zettel mit dem Namen des Phontong-Gefängnisses, den James mir in laotischer Schrift aufgeschrieben hatte, zwei Jungen, die sich bereitwillig auf ihre Fahrräder schwingen, um mir den Weg zu zeigen. Aber nach einer halben Stunde erkenne ich die Straßen wieder. Wir sind wieder beim Einwanderungsamt. Ich habe anscheinend den falschen Zettel erwischt. Ich bedanke mich bei meinen Führern, zu beschämt über meinen Irrtum, als dass ich ihn eingestehen würde. Als die Beiden hinter der nächsten Ecke verschwunden sind, spreche ich einen Polizisten an, der stolz seinen vergoldeten Sheaffer-Kuli zückt und schwungvoll eine Wegskizze zeichnet. Man muss allerdings die Reinkarnation von Sherlock Holmes und Baden-Powell in einem sein, um etwas mit ihr anfangen zu können.

Das Zentrum von Vientiane ist so groß wie ein Tischtuch. Wenn man es einmal hinter sich gelassen hat, befindet man sich in Laos. Keine Rucksacktouristen mehr und keine pensionierten Skandinavier, die ihrem fünfundvierzigsten Hochzeitstag eine exotische Note verleihen wollen.

Ich radle an Dorfschulen vorbei und frage mich, warum es hier nach Kommunismus riecht. Die Flaggen? Die Slogans? Aber die Kinder spielen so unbeschwert wie überall. Eidechsen huschen vor mir über den Weg. Das Gras steht hoch. Die kleinen Tempel etwas höher. Dann taucht ein Turm auf, der eher auf etwas Gefängnishaftes hinweist als auf den Thron Buddhas. Ich habe die Haftanstalt von Khuk Phontong gefunden.

Als käme ich, um bei einem Schulfreund Hausaufgaben zu machen, fahre ich über den Kiesweg und stelle das Rad am erstbesten Pfahl ab.

„Könnte ich ins Gefängnis?“

„Nein, es ist seit halb fünf geschlossen“, sagt ein junger Wärter in Shorts, der etwas Französisch spricht.

„Dann habe ich ja Glück, es ist erst vier.“

„Eh, das Gefängnis schließt um vier. Und außerdem habe ich Feierabend. Wie heißen Sie eigentlich?“

„Jan De Cock. Und Sie?“

„Das sage ich nicht.“

„Wunderbar. Sie wollen meinen Namen wissen, aber ich darf nicht erfahren, wie Sie heißen.“

„Wo wohnen Sie?“

„Meistens in Belgien.“

„Nein, ich meine hier in Vientiane?“

„Oh, im Lao Sakon Guesthouse. Und Sie?“

„Das sage ich nicht."

2:0, denke ich. „Könnten Sie mir wenigstens sagen, wo der Eingang ist?"

„Es gibt keinen Eingang."

Ich setze mich auf eine Bank zwischen zwei Bäumen. Ein Dutzend junger Gefängniswärter stellt sich um mich herum. Einige tragen Uniform, andere nur Shorts. Sie scheinen alle in dem Lehmgebäude vor dem Gefängnis zu wohnen. Wer in Laos Vollzugsbeamter werden will, muss sein Zuhause verlassen, er lebt zusammen mit anderen in einer Gemeinschaft. Sie stellen mir Fragen über Europa, ob es stimmt, dass Männer Männer heiraten können. Mit der Sonne sinkt auch ihr Misstrauen ein wenig.

Somchanh spricht genug Französisch, um meine dürftigen Kenntnisse von Jean-Claude van Damme zu übersetzen, dem einzigen Belgier, den sie kennen.

Einige fangen an, Netzfußball zu spielen. Besser als Häftlinge bewachen. Etwa vierzig, alle Anfang zwanzig, hausen in einem Schlafsaal. Somchanh zufolge ist es im Gefängnis nicht anders. Die gleichen Duschen, das gleiche Essen.

„Sie haben manchmal besser zu essen als wir. Sie kriegen das von ihren Angehörigen. Wir kommen aus den Dörfern und sind alle Junggesellen. Für uns gibt es kein Laap.

„Wie viel verdient ihr?"

„Ich bekomme als Rangniedrigster monatlich 150 000 *Kips*. Kost und Logis ist gratis." Immerhin, aber mit 15 Dollar kann man auch in Laos keine großen Sprünge machen.

Den Zufahrtsweg zum Gefängnis säumen violette und orangefarbene Schwertlilien. Von dem gleichen Orange wie die Sonne, die sich anschickt unterzugehen. In solchen Momenten greift der Mensch gerne zum Kugelschreiber und lässt seinen poetischen Inspirationen freien Lauf. Vom Spielfeld wirft man mir argwöhnische Blicke zu. Schließlich hören sie auf zu spielen.

„Was schreiben Sie da?", ruft einer.

„Ach, Gedichte."

Ihr Misstrauen, ihre Angst und Aggression werden wieder wach. Das Notizbuch von acht mal sechs Zentimeter wird zum Stein des

Anstoßes. Gefährlicher als ein Molotowcocktail, von gleicher Brisanz wie sieben Kilo Haschisch.

„Was ist das?“ Ein grobschlächtiger Wärter zeigt auf ein Blatt.

„Das hat mir jemand vorhin aufgezeichnet, es ist der Weg hierher.“ Aber ich kann ihre Gedanken erraten. Ich entwerfe gerade den Plan für einen Ausbruchsversuch.

Mein Dolmetscher von vorhin reißt mir das Notizbuch aus der Hand. Ich weise sie ruhig darauf hin, dass es mein Eigentum ist. Auf einmal bricht Hektik aus.

Walkie-Talkies beginnen zu rauschen. Wahrscheinlich erkundigen sie sich bei ihren Vorgesetzten, was sie mit dem Terroristen anfangen sollen. Ein Wärter muss mein Rad sicherstellen, um jeglichen Fluchtversuch zu verhindern. Und all dies nur, weil mich der Sonnenuntergang zu einem Liedchen inspirierte.

Ich stehe auf, um einen Spaziergang um den Komplex zu machen. Als ich dem Eingangstor zu nahe komme, richten sich plötzlich mehrere Gewehrläufe auf mich. Ich lächle. Bleibe stehen. Aber die Nerven liegen blank, drei Soldaten packen mich und werfen mich zu Boden. Kein Kunststück. Eine Schlägerei und ich sind nie gute Kumpel gewesen, ich zucke mit keinem Muskel.

Sie lassen mich aufstehen, ich klopfe den Staub von der Hose und hebe die Brille auf.

„Ausweis!“, schnauzt mich der Anführer in Shorts an.

„Gerne, aber nicht Ihnen, Sie hatten doch Feierabend, oder?“ Er beißt die Zähne zusammen und gibt einem uniformierten Kollegen den Befehl, sich meinen Pass zeigen zu lassen. Zehn Wärter durchblättern ihn. Die Vielzahl der Stempel scheint sie völlig durcheinander zu bringen. Sie kreisen mich ein und starren mich wie auf Verabredung martialisch an. Ist dies, was man Einschüchterung nennt? Ich versuche, ruhig zu bleiben, aber diesmal fällt es mir schwer. Einer der Wärter blättert noch immer im Pass, als wäre er ein ellenlanges Strafregister. Wieder knackt ein Walkie-Talkie. Plötzlich erscheint ein Helikopter und fliegt tief über uns. Es muss sich hier um ein zufälliges Zusammentreffen handeln. Einen der Halbstarken drängt es, seine Muskeln spielen zu lassen, er packt meine Arme von hinten, ein anderer legt mir Handschellen an. Ich stoße ein nervöses Lachen aus. Die Situation ist einfach zu verrückt. Nein, ich werde nicht anfangen zu heulen. Das Nächste, was ich spüre, ist ein Schlag in die Nieren. Es tut weh. Ich hatte mir meinen Besuch eines laotischen Gefängnisses wirklich anders vorgestellt. Zu viert schieben sie mich jetzt vorwärts, auf ein kleines Gebäude an der Nordseite der Haftanstalt zu. Noch ein Schubs und ich stolpere in den Raum, die Tür schließt sich hinter mir.

Bin ich in einem schlechten Film gelandet? Vielleicht habe ich deshalb nicht wirklich Angst, weil alles so schnell ging. Die Situation ist so unwirklich, so im Widerspruch zu meinen Absichten, dass ich auch nicht allzu niedergeschlagen bin. Es gibt so viele Menschen auf dieser Welt, die unschuldig im Gefängnis sitzen. Zu Hunderten warten sie in diesem Augenblick auf die Vollstreckung der Todesurteile, obwohl sie niemandem ein Haar gekrümmt haben. Es muss schrecklich sein. Ob sie noch bis zur letzten Sekunde, wenn sich die Injektionsnadel schon füllt, daran glauben, dass ihre Unschuld sie retten wird?

Ein Gecko klettert die Wand hinauf. Seine schuppige Haut leuchtet benzingrün im letzten Lichtstreifen, der durch einen Spalt hereinfällt. Diese nachtaktive Echse gilt in vielen Ländern als Glücksbringer.

Erst jetzt merke ich, dass ich mir den Rücken einer Hand aufgerissen habe. Ich entferne ein paar Kieselsteinchen. Erst jetzt, da es still wird in der Zelle und in Laos, höre ich, wie heftig mir das Herz bis zum Hals schlägt. Wenn man eingesperrt ist und sich die Nerven beruhigt haben, schweifen die Gedanken unwillkürlich nach Hause, erinnert man sich an die vielen unbeschwerten Abende mit Freunden, als alles noch eitel Sonnenschein war. Man kann sich nur schwer vorstellen, dass es derselbe Planet ist, auf dem gerade Lehrer Schülern das Dividieren beibringen, im Parlament über die Altersversorgung debattiert wird, in Schaufenstern Muttertagsgeschenke angepriesen werden. Zeit zu beten, sagen viele. Wie rasch kann man einen Mensch in ein Häufchen Elend, einen Prügelknaben, ein Nichts verwandeln!

Hier hilft nur eins: die Methoden anwenden, die ich selber so oft propagiert habe. Drei Mal ein- und ausatmen. Leer werden. Aber ich fülle mich nur mit Schreckensgedanken. Mit Wut auf mich selbst und die ganze Mischpoche, als da sind: die Großen der Erde, Amnesty International, Human Rights Watch, der Papst, Buddha, D.B., der Landsmann, der ganz in der Nähe in seiner Zelle hockt.

Der Gecko hat sich schon seit zehn Minuten nicht mehr bewegt. Abgesehen von der Kehle, die ununterbrochen unter seinen Riesenaugen pulsiert. Ich merke, dass ich schon eine ganze Weile vor mich hin summe. Eine Melodie von Cinema Paradiso. Wie komme ich bloß darauf? Jedenfalls nicht vor lauter Freude. Bin ich schon am Durchdrehen? Ich kriege Kopfschmerzen. Wie spät mag es sein? Ich gehe zu „lalalala“ über und lasse den Geräuschpegel anschwellen.

„D.B.?“, klopfe ich gegen die Wand. „Vous êtes là?“ Nichts rührt sich. Auch die Eidechse nicht.

Plötzlich geht die Tür auf. Ein etwa fünfzig Jahre alter Mann in Uniform kommt herein. Er hat meinen Pass in der Hand, was mir merkwürdigerweise die Gewissheit gibt, dass man mich freilässt. Sein Französisch ist nicht zu verstehen, er deutet auf die Tür. Die jungen Gefängniswärter sind verschwunden bis auf einen, der mein Rad hält.

„Merci“, sage ich und nehme Pass und Rad in Empfang, weiß aber nicht, ob ich das wirklich meine. Ich zittere. Auch das hätte ich gern unter Kontrolle gehabt.

Ich radle über den Kiesweg und fühle das Blut auf meiner Hand klopfen. Die Halme wiegen sich im Abendwind. Als ich die Asphaltstraße erreiche, werfe ich noch einen letzten Blick zurück und sehe zwei Wärter an den Ecken der Mauer. Sie halten ihr Gewehr mit beiden Händen, den Lauf nach unten. Ich drehe mich um und radle weiter. Und weine.

DER MANDELBAUM IN VIETNAM

Es ist Palmsonntag. Keine Zweige des Buchsbaums in Vietnam. Die Menschen, die in die Kathedrale von Hanoi strömen, halten in den Händen etwas, was wie Lauchstängel aussieht. Hunderte Männer sitzen im linken Schiff, Hunderte Frauen im rechten. Kein einziger Infiltrant im anderen Lager. Auffällig viele junge Leute, Typ Bibliothekar oder Student. Die Bänke sind für Größe 1,58, also zu klein für Kirchgänger wie mich. Das Vorlesen ist ein Singsang, vom hohen C zum tiefen A. Die Stimme steigt und fällt, nur die Vokale schweben noch eine Weile im Raum. „Balabas!

Balabas!“, singt der Chor. Die Lieder klingen alle wie die Nationalhymne; ich erwarte jeden Augenblick, dass die vietnamesische Flagge neben dem hl. Joseph gehisst wird. Man hört es der Stimme des Vorsängers an, dass Karaoke zum Volkssport Nummer eins geworden ist. Zwischen den Bänken spielen Kinder mit Disney-Figuren aus Plastik, die wie Mäuse piepsen. Vietnamesen lieben Kitsch. Der hl. Antonius aus PVC als Badeente oder eine blau fluoreszierende Katze. Der Friedensgruß dauert eine Minute. Alle senken den Kopf und noch einmal zum Nachbarn oder der Nachbarin gewandt.

Nach dem Ende der Messe gehe ich zur Sakristei und warte im Sprechzimmer des Priesterseminars hinter einem Paravent auf Pater Thai. Auf dem Couchtisch stehen echte Lilien und Papyrusstauden. Pater Thai, ein Salesianer, ist die Verkörperung des vietnamischen Charmes. Sein Englisch ist fast perfekt. Aber von Gefängnissen hat er keinen blassen Schimmer.

„Man muss Sie falsch informiert haben. Ich bin kein Gefängnisseelsorger. Aber Sie bringen mich da auf eine Idee. Wissen Sie, nach dem Tauwetter haben wir uns darum eigentlich nicht gekümmert. Früher kam das überhaupt nicht infrage. Die Kirche musste sich bedeckt halten. Vielleicht ist es jetzt an der Zeit, die Behörden darauf anzusprechen. Ist unser Platz nicht zwischen den Hungrigen, Kranken und Gefangenen?“

Morgen packe ich den Stier bei den Hörnern, heute flaniere ich durch das sonntägliche Hanoi bei strahlendem Wetter. Parkwetter. Die Vietnamesen sind der gleichen Meinung. Sie sitzen schwatzend am Rand der Teiche oder spielen Dame. Aber die meisten scheinen auf Mopeds und Fahrrädern unterwegs zu sein.

Ich esse ein in Stücke geschnittenes Brötchen mit Minze und Gurken und einem Haar der Köchin.

Einen inhaftierten Belgier gibt es dem Auswärtigen Amt zufolge in Vietnam nicht. Trotzdem erkundige ich mich bei der belgischen Botschaft im neunten Stock des Hanoi Tower, des höchsten Kolosses der Stadt. Den Laden im Erdgeschoss, der von belgischen Pralinen überquillt, muss ich leider links liegen lassen. Aber ich tue so, als würde ich Preise vergleichen und schnuppere gratis am Aroma von Guylian-Meeresfrüchten und roten Elefanten von Côte d'Or.

Frau Jamart ist fast so freundlich wie ihre vietnamesische Rezeptionistin und Sekretärin. Ihr Niederländisch ist besser als das von Fabiola, Paola und Mathilde zusammen. Stolz und erleichtert kann sie mir mitteilen, dass in den drei Jahren, die sie über Hanoi wacht, noch nie ein Landsmann eingesperrt wurde.

„Aber kommen Sie doch heute Abend noch einmal vorbei. Ich werde mich bei meinem französischen Kollegen erkundigen, ob es möglich ist, Häftlinge zu besuchen. Obwohl ich noch nicht mal weiß, wo sich das Gefängnis befindet."

Vietnams Söhne sprechen gerne ein paar Brocken Englisch. Es sind die unzähligen Straßenhändler, die Postkarten, Feuerzeuge und Sonnenbrillen verkaufen. Und Bücher, bei denen man sich einen Teufel um das Coypright schert.

„Whe aoj ju flom?" „Feulst tam in Hanoi?" „Ju baaj postkads?" Sie haben alle in derselben Klasse aus demselben Schulbuch gelernt. Don ist keine Ausnahme, wenn auch sein Englisch etwas besser ist. Von ihm erfahre ich einiges über das neue Hoa-Lo-Gefängnis, 20 Kilometer außerhalb der Stadt.

Es ist kühl am Morgen. Und auf einem Moped mit 50 km/h sogar kalt. So weit das Auge reicht Mopeds, Motorräder, Mofas, Hondas und Vespas. Mein Fahrer fragt Dutzende Passanten nach dem Weg – mit umso größerem Erfolg, je näher wir dem Gefängnis kommen. Die Stadt liegt hinter uns. Wir sausen an Feldern und Äckern vorbei, bis in der Ferne ein Wachturm auftaucht.

Hoa Lo ist wie ein großes Landgut in Ockergelb. Ich habe schon so manche Haftanstalt in dieser Sandfarbe gesehen. Vor dem Gefängnis weht gravitätisch die tomatenrote Nationalflagge mit dem Stern in der Mitte. Im Schilderhaus stehen Wärter in grüner Uniform, nur die Krawatte ist rot wie die Fahne.

Duy ist aus bescheidenem Holz geschnitzt und macht einen leicht verlegenen Eindruck. Er kommt heraus und begrüßt mich fast herzlich.

„Tut mir Leid“, sagt er, „aber der Direktor ist gerade in einer Sitzung.“

„Oh“, antworte ich, „aber Sie wissen bestimmt auch eine ganze Menge.“ Und ich frage ihn aus. Einige seiner Kollegen kommen hinzu und folgen amüsiert dem Gespräch, das sie nicht verstehen. Ab und zu übersetzt Duy etwas. Als ein Zug Gefangener auftaucht, fressen sie mir schon aus der Hand.

„Kann ich mich denen anschließen?“, frage ich, als ich erfahre, dass sie auf den Feldern arbeiten. Duy und die anderen brechen in Gelächter aus, aber als sie merken, dass es mir ernst ist, verstummen sie. Aber nicht wegen der Frage, sondern wegen meiner weißen Hose.

Verdammt, ich hätte meine Jeans anziehen sollen. Ihre Blicke gleiten von meiner Hose zur horizontal gestreiften Kluft der Häftlinge, dann zum Schilderhaus, vor dem einige Sträflingsanzüge liegen.

„Kann ich mir eine davon anziehen?“, frage ich, über mich selbst erstaunt. Die schwarzen Streifen sind fünf Zentimeter breit. Obwohl aus der Gefängniskollektion, hat die Kleidung doch Stil. Duy gibt mir noch ein paar Arbeitshandschuhe.

Meine neuen Kollegen sehen mich etwas verdutzt an. Aber einer kann noch etwas von dem Französisch seiner Urgroßmutter und klärt die anderen auf.

Wir marschieren mit Spitzhacken und Harken an Reis- und Kohlfeldern entlang.

„Alles gehört dem Gefängnis.“ Pham zeigt mit der Hand auf die grüne Weite, die sich bis zum Horizont erstreckt. „Dreitausend Münder müssen gestopft werden“, sagt er.

„Nur Männer?“, frage ich Pham.

„Nein, da in dem Block sind um die dreihundert Frauen. Mit etwa fünfzig Kindern. Bis zum Alter von sechs Jahren dürfen sie bei der Mutter bleiben.“

„Und Ausländer?“

„Fünfzehn plus einer“, sagt er lachend. „Aber du bist der einzige Belgier.“ Das wusste ich bereits.

Inzwischen haben wir unser Ziel erreicht. Der junge Wärter gibt Instruktionen. Pham übersetzt, dass wir das Terrain säubern müssen, das mit Plastikflaschen, verrostetem Eisen, Backsteinschutt und sonstigem Abfall übersät ist. Ich genieße die Arbeit an diesem grauen Morgen.

„Die Ausländer", wende ich mich wieder an Pham, während ich ein Stück Beton in die Schubkarre werfe, „woher kommen die?"

„Amerika, Thailand, die meisten, und eh..."

„Kanada", ergänzt einer der Häftlinge. Oanh erklärt mir auch, dass diejenigen, die den größten Teil ihrer Strafe verbüßt haben oder wegen leichterer Vergehen verurteilt wurden, auf dem Feld arbeiten dürfen.

Meine Frage, ob sie etwas damit verdienen, erregt Heiterkeit. Unter dem nicht ganz wachsamen Auge des jungen Aufsehers bietet Cu mir eine Selbstgedrehte an. Ich lehne dankend ab. Cu ist einer von Phams zwölf Zellengenossen.

In der Ferne fährt eine Frau auf einem Fahrrad vorbei. Ein seidenes Band hält ihren Hut auf dem Kopf, der sich an der Grenze von Wald und Wolken fortbewegt.

Gerade als ich die Szene fast idyllisch zu finden beginne, erhebt sich eine Donnerstimme, als würde jemand den Abwurf einer CBU-55B-Bombe amerikanischer Manufaktur ankündigen. Der junge Aufseher steht stramm. Als sich plötzlich alle Blicke auf mich heften, schwant mir nichts Gutes. Ich will Duy und die anderen nicht in Schwierigkeiten bringen und gehe auf den Wärter und seinen Vorgesetzten zu. Der Letztere hat seine Ausbildung deutlich in einer früheren Zeit erhalten, er würdigt mich keines Blickes und brüllt seine unartikulierten Anweisungen. Dann macht er auf dem Absatz kehrt und stiefelt davon, aber die Stimmung ist umgeschlagen. Etwas verlegen meint der Aufseher, es sei wohl besser, wenn ich verschwinde. „Sonst kriegen wir Ärger." Ich verabschiede mich rasch von den Männern, renne über den Feldweg zurück und deponiere die Sträflingskleider im Schilderhaus. Ein Motorrad-Taxi bringt mich nach Hanoi zurück.

Ich hätte noch so viele Fragen gehabt. Sie hätten gerne ihr Essen mit mir geteilt, aber das bekommen sie nur zweimal am Tag, nachmittags und abends. Ich weiß von keinem von ihnen, was er verbrochen hat, aber das finde ich auch nicht wichtig. Ich bin dankbar für die Erfahrung. Ich bin auch froh über die neue Generation von Gefängniswärtern.

„Die Grenze zwischen Zivilisation und Barbarismus ist schmal", hatte Rhoderick gestern noch gesagt. „In dem Augenblick, da die Regale im Supermarkt leer bleiben, ist es um die Zivilisation geschehen." Wie wahr das ist, sollte ich noch erfahren.

Auf dem Weg zur belgischen Botschaft, um mich bei Frau Jamart nach dem Stand der Dinge zu erkundigen, komme ich an einem Markt vorbei. Die vietnamesischen Märkte sind überraschend sauber. Es gibt geräuchertes Hundefleisch, Ingwer auf Seidenpapier und Würste in Bananenblättern. Sogar die Schweinsfüße baumeln so elegant, dass es einen nicht überraschen würde, wenn die Fußnägel lackiert wären. Am Rand des Marktes kann man eine Suppe essen, eine Schale Reis oder eines der fünfhundert Nationalgerichte. Man sitzt am Straßenrand auf niedrigen Plastikhockern, für die es in Europa nur noch einen Absatzmarkt in Kindergärten gibt.

Auf einmal bricht Tumult aus, die Menschen stieben auseinander. Ein in Lumpen gehüllter Mann hatte, wie sich herausstellte, um Essen gebettelt und, als er nichts bekam, wütend einem Ober eine Schale Reis an den Kopf geworfen. Was folgt, ist ein erschreckendes Beispiel von Selbstjustiz. Man kühlt sein Mütchen und demonstriert seine Kickboxkünste an dem armen Mann, um dessen Leben man fürchten muss. Drei Kerle schlagen und treten auf ihn ein, reißen ihm die Kleider vom Leib. Blut fließt. Einer packt seinen Kopf wie eine Trophäe und schlägt ihn so lange auf den Asphalt, bis der Mann sich nicht mehr bewegt. Hunderte Mopeds und Autos hupen wie die Verrückten. Aber das sind wir alle. Alle stehen da mit weit aufgerissenen Augen, die Hände vorm Mund. Niemand greift ein, auch ich nicht. Ich zittere am ganzen Körper. Plötzlich tritt Stille ein. Blutend und übel zugerichtet steht der Bettler auf. Er legt die Hände aneinander und verbeugt sich vor den drei „Siegern". Dann überquert er die Straße und wiederholt die

Handlung vor den verdutzten Umstehenden. Er ist nur noch ein Häufchen blutendes Elend, aber aus seinen Verbeugungen spricht Reue. Je mehr er lächelt, desto mehr Blut sehen wir. Die Menschenmenge nimmt ihn auf. Ich versuche ihm noch mit den Blicken zu folgen, aber er ist schon verschwunden.

„Tee?", fragt einer der Umstehenden und bietet mir einen Plastikhocker an. Eben noch ohne Mitleid, wendet man sich jetzt dem mitgenommenen Europäer zu. Chinh meint, solche Szenen seien an der Tagesordnung. Wie alle Vietnamesen, ob Kartenverkäufer oder Schuhputzer, erkundigt er sich nach meinem Namen.

„Was würdest du in einem solchen Fall machen?", fragt er mich zu meiner Überraschung. Die asiatische Mentalität sei mir natürlich fremd, antworte ich, aber ich würde doch eher zu schlichten versuchen. Es sei halt eine typische Eskalation in einer ungerechten Welt, und ich sei nicht sicher, was ich machen würde, wenn ich mit knurrendem Magen an fünfzig schlemmenden Leuten vorbeikäme.

Kein Pralinen-Umweg dieses Mal, sondern geradewegs in den neunten Stock zu Frau Jamart.

„Es tut mir Leid", sagt sie, während ich im Wartezimmer den Standaard durchblättere, „aber mein französischer Kollege hält es für impossible. Sogar wenn wir von der Botschaft einen Häftling sehen wollen, müssen wir zwei Monate im Voraus einen Antrag stellen."

„Macht nichts, trotzdem vielen Dank für Ihre Bemühungen", sage ich, und im Aufzug entferne ich etwas schwarze Gefängniserde unter den Fingernägeln.

In Hanoi gibt es noch eine Haftanstalt, das alte Hoa-Lo-Gefängnis, das jetzt ein Museum ist, von seinen letzten Insassen, amerikanischen Kriegsgefangenen während des Vietnamkriegs, Hanoi Hilton getauft. Erwähnt wird, dass sie „trotz der unsäglichen Verbrechen gegen das vietnamesische Volk Nahrung und Kleidung“ bekamen. Handtücher, Sportschuhe und ein Moskitonetz in einer Vitrine müssen dies illustrieren.

Aber Hoa Lo zeigt vor allem die schrecklichen Praktiken des französischen Geheimdienstes. Die Folterwerkzeuge sprechen Bände. Stromkabeln, mit Wasser gefüllte Fässer, in die Gefangene kopfüber getaucht wurden, Flaschen und Stöcke, mit denen Häftlinge, männliche wie weibliche, sexuell misshandelt wurden, eine Guillotine… Der Phantasie bleibt nicht mehr allzu viel überlassen. Anfang der fünfziger Jahre saßen hier noch 2000 Häftlinge ein. Sie lagen angekettet auf großen Tischen in feuchten halbdunklen Räumen. Mit Gartenschläuchen wurden sie abgespült. Der Fußboden war abschüssig, sodass die Exkremente abfließen konnten.

Ich schnappe auf dem Innenhof unter dem Mandelbaum nach Luft. Der Mandelbaum. Zwischen 1930 und 1954 war er den politischen Häftlingen ein treuer Freund. Die Rinde und die jungen Blätter gebrauchten sie gegen Ruhr und Durchfall und zur Behandlung von offenen Wunden und Geschwüren. Aus den Zweigen schnitzten sie Federhalter, Pfeifen, Flöten und andere Musikinstrumente. An seinem Fuß beratschlagten sie, wie sie sich der barbarischen Unterdrückung am besten erwehren könnten.

Ein solches Museum bringt einen ins Grübeln. Habe ich den Mut, bei jeder Festnahme eines Menschen mich als Lehrer, als Vater, als Mensch gescheitert zu fühlen? Vielleicht müsste die Gesellschaft alles daransetzen und Milliarden investieren, um auch diejenigen zu retten, die die Zeche bezahlen müssen, denn das tun Straftäter oft.

Ich breche einen kleinen Zweig vom Mandelbaum und stecke ihn in die Tasche. Als Erinnerung an die Häftlinge, die waren, die sind und die sein werden.

Ich fliege in der Karwoche über Vietnam von Hanoi nach Saigon. Von hier oben wurden 7850000 Tonnen Bomben über Vietnam abgeworfen, 74000000 Liter Entlaubungsmittel verstreut. Unten wurde 2923 Schulen, 1850 Krankenhäuser, 484 Kirchen und ebenso viele Tempel und Pagoden zerstört. Drei Millionen Vietnamesen fanden den Tod in dem wahnsinnigen Krieg, der vier amerikanische Präsidenten überlebte. Und im Flugzeug lese ich in einer Zeitung, dass Bush es nach Afghanistan und Irak jetzt auch auf Myanmar (Burma) abgesehen hat, weil sich dort angeblich Brutstätten des Terrors befinden.

Im Ho-Chi-Minh-Park vergnügt sich abends das Volk. Jugendliche spielen mit einem schweren Federball Netzfußball, Kinder springen nach Luftballons oder werfen mit ihren Vätern Flugzeuge aus Styropor in die Luft. Aber am auffälligsten sind die unzähligen schmusenden Pärchen auf Motorrädern. Kein Krieg und kein Kommunismus können die Romantik unterdrücken.

„Bonsoir“, sagt ein älterer Vietnamese. Er spricht fließend Französisch und lädt mich gleich zu einer Cola unter einem der Bäume ein. Nghià Kim trägt sein Wissen über Belgien zur Schau. Adamo, Atomium, Callebaut, Liège… Er kennt alles. Und viele Geschichten über die fünfziger und siebziger Jahre in Vietnam.

„Santé, sur l’amitié Belge-Vietnamienne.“

Ich nehme Abschied von Kim und Vietnam. Wieder habe ich ein wunderbares Volk kennen gelernt.

Aber ich bekomme noch ein Zugabe. Jetzt weiß ich, warum ich noch einen Tag länger in der Stadt bleiben musste.

Als ich mein Zimmer bei Frau Hong verlasse, um den Bus nach Kambodscha zu nehmen, höre ich Musik auf der Straße. Ein Jahrmarkt? Ein Blumenkorso? Eine Wahlkampagne? Am Ende der

Gasse stoße ich auf eine Tribüne mitten in der belebten Fußgängerzone mit zweihundert Sitzplätzen. 27. März, sollte das der Nationalfeiertag sein? Nein. Während ich ein Brötchen verdrücke, stoppt ein Lastwagen vor den riesigen Verstärkeranlagen. Inzwischen kenne ich sie. Das Potpourri aus vietnamesischen Schlagern und Marschmusik verstummt, und die Türen des Lastwagens öffnen sich. Wie Lämmer zur Schlachtbank werden zwei junge Männer und ein Mädchen herausgeführt. Sie tragen die schwarz gestreifte Sträflingskleidung, die ich selbst vor kurzem getragen habe, allerdings auf den Feldern um Hanoi und nicht in den Straßen von Saigon.

Diese Volkstribunale sind ein ebenso pathetischer wie alltäglicher Vorgang. Hausfrauen lassen den Besen ruhen oder nehmen die Katze auf den Schoß. Jugendliche richten sich in der Hängematte auf. Passanten bleiben stehen und kreuzen die Arme vor der Brust. Je mehr Touristen solche Straßentheater-Prozesse fotografieren, desto besser. Aber viel Zulauf haben sie nicht, die Stühle bleiben so gut wie leer. Alltag und Business gehen weiter. Es geht um Heroinschmuggel. Klick! Der Tourist aus Lettland neben mir schießt ein Foto.

„Entspricht ganz ihrer Politik", sagt er. „Je öffentlicher, desto besser. Und ich halte das für eine gute Sache. Sie haben sich in der Öffentlichkeit schuldig gemacht, und in der Öffentlichkeit werden sie verurteilt."

GEISSBLATT IN KAMBODSCHA

Kambodscha hat ungefähr ebenso viele Einwohner wie Belgien, ist aber fünf Mal größer. Auch fünfhundert Mal gefährlicher. Froh, dass die Klimaanlage in dem klapprigen Bus nicht mehr funktioniert, presse ich die Nase gegen das staubige Fenster, während wir über die schlechtesten Straßen der Erdkugel fahren. Aber das ist noch nichts, verglichen mit den hunderten, was sage ich, hunderttausenden Löchern links und rechts vom Weg, da, wo Antipersonen-Minen explodiert sind. Sie liegen noch überall, vor jeder Hütte, vor jedem Haus. Häufige Opfer dieser heimtückischen Waffen sind spielende Kinder, auf dem Weg zur Schule, auf dem Weg zur Baumhütte...

Es heißt, es gehe bergauf mit Kambodscha, es gebe seit kurzem wieder direkte Flugverbindungen von verschiedenen asiatischen Städten nach Phnom Penh, mindestens vier Grenzübergänge seien geöffnet worden, die Straßen würden allmählich ausgebessert. Aber dass zwei der größten ausländischen Banken ihre Sachen wieder packen, deutet darauf hin, dass Kambodschas Auferstehung eine langwierige Angelegenheit sein wird.

Reverend Wes aus Washington D.C. spricht passabel Khmer. Mit seinen „Students for Christ" ist er eher ein weißer Rabe. 97 Prozent der Kambodschaner sind Anhänger des Theravada-Buddhismus. Seine australische Mitarbeiterin Linda werde mich garantiert in das Political Jail von Phnom Penh lotsen.

„Australien investiert in neue Haftanstalten und in die Ausbildung von Gefängnisaufsehern", sagt Linda, sichtlich nicht ohne Stolz.

Wir fahren auf Mopeds über einen Boulevard, der von Geißblatt überwucherten Bäumen in zwei Hälften geteilt wird. Der Duft ist überwältigend. Wir melden uns in der heißesten Mittagszeit beim Gefängnis. Die Wärter, die auch hier in der Nähe wohnen, wollen erst noch eine Dusche nehmen, bevor sie den seltsamen Besuch einlassen. Es geht alles quälend langsam. Auf dem T-Shirt des

Kommandanten prangt eine Micky Maus. Als er von der erfrischenden Dusche zurückkehrt, hat er sich einen Blazer angezogen, aber die Mäuseohren luken zwischen den Revers hervor. Ich übergebe ihm meinen Pass und das Dokument der PFI. Das Letztere hält er verkehrt rum. 23 Prozent der Gefängniswärter sollen Analphabeten sein.

Die Sonne ist schon fast untergegangen, als ich mich endlich hinter Gitter begeben darf. Derek See ist mein Gefährte. Heute verbringen wir die Nacht in einer zwölf Quadratmeter großen Zelle. Zu zwanzig ist das kein Vergnügen, aber es gibt Matratzen und das macht viel wett.

Viele tragen die typische Sträflingskleidung. Wir sind kaum in der Zelle, als Derek See gerufen wird. Er hat Besuch von seinem Vater. Einige Riel wechseln den Besitzer, und er kann sich mit seinem Vater an einen Tisch setzen. Neak hat weniger Glück, er muss seine Frau durch zwei Trenngitter hindurch küssen. Er hat nicht das Geld, um die Scharniere in Bewegung zu setzen.

Zehn der zwanzig Zellengenossen dürfen vor dem Schlafengehen einen Eimer Wasser holen. Das Wasser ist knapp für die einhundertzwanzig Häftlinge im Gefängnis von Phnom Penh. Es reicht gerade, um sich alle zwei Tage unter den Achseln und hinter den Ohren zu waschen. Aber dafür sind ja die Wärter frisch gewaschen.

Unsere Wandnachbarn sind Frauen. Dass Kinder bis zu ihrem sechsten Lebensjahr bei ihren Müttern bleiben dürfen, erklärt das Geschrei. Außer Klopfsignalen ist kein Kontakt möglich. Außer für die Aufseher.

„Es gibt einige Frauen, die von Wärtern geschwängert wurden", sagt Derek See.

Noch eine Zelle weiter leben die 16- bis 19-Jährigen. An meinem zweiten Tag kommt der Mickey Mouse-Kommandant und fragt mich, ob ich ihnen eine Stunde Englischunterricht geben wolle. Ich merke rasch, dass sie die Sprache besser beherrschen als ihre Aufseher. Sie können sich ihren Frust vom Leibe reden. Es gibt Gründe genug. Einer von ihnen zeigt mir eine Schusswunde, die in den zwei Monaten seiner Inhaftierung noch immer nicht behandelt wurde. Drei Viertel von ihnen haben die Krätze. Und alle leiden an Wurmkrankheiten.

„Wenn ich Geld hätte, wäre ich frei", sagt einer der Studenten. „Ich hatte die Wahl zwischen 10000 Dollar und zwanzig Jahren Freiheitsstrafe. Meine Eltern sind arm, es gab nichts zu entscheiden."

„Wie war es mit deinem Vater?", frage ich Derek, als wir ausgestreckt auf den Matratzen liegen.

„Ganz gut." Nach und nach erzählt er seine Geschichte. Von der Armut seiner Familie. Wie seine Mutter ermordet wurde. Vor seinen Augen. Seine Schwester vergewaltigt wurde. Vor seinen Augen.

„Ich wurde zum Schläger. Habe gestohlen wie ein Rabe. Ich war voller Hass, als ich hierher kam. What's the meaning of life? Buddha, Allah, Gott, Baal… sie konnten mir alle den Buckel runterrutschen. Ich hatte nichts. Ich war nichts. Eines Nachts hörte ich ein Lied, als käme es von weither über die Hügel, von einem Flötenspieler am Ufer des Mekong. Wahrscheinlich hatte ich geträumt. Ich hatte vergessen, dass es Musik gab. Wenn ich jemals Musik spielen kann, habe ich zu mir selbst gesagt, dann will ich es mir noch einmal überlegen. Vielleicht spielen die Götter ja Verstecken. Am nächsten Tag bekam ich Besuch. Zum ersten Mal in den zwei Jahren. Es war mein Vater! Er hatte Lotosbohnen bei sich… und eine Holzflöte. Hier." Derek zieht unter seiner Matratze eine Art Pikkoloflöte hervor.

„Und welcher Spieler ist aus seinem Versteck hervorgekommen?", frage ich leise. Derek setzt die Flöte an die Lippen und bläst die frühe Nacht in Stücke.

Am 17. April 1975 zogen die Truppen der Roten Khmer unter dem Jubel der Bevölkerung in Phnom Penh ein. Die Verwicklung in den Vietnamkrieg hatte einen hohen Tribut gefordert, jetzt schien die Stunde des Friedens gekommen. Aber das Gegenteil sollte der Fall sein. Der Tag sollte der Beginn eines der schrecklichsten Völkermorde in der Geschichte der Menschheit sein. Pol Pot etablierte eine blutige Schreckensherrschaft, deren Ziel die Schaffung eines Bauernstaates war, zur großen Bestürzung der Weltöffentlichkeit, die jedoch wenig unternahm, das Blatt zu wenden. Nahezu die gesamte Bevölkerung von Phnom Penh und anderer großer Städte wurde aufs Land getrieben und zur Landarbeit gezwungen. Insbesondere Intellektuelle galten als unzuverlässig. Schriftsteller, Lehrer, wer lesen und schreiben konnte, wurde ermordet. Wer eine Brille trug, machte sich verdächtig und wurde hingerichtet. Oder wer eine Fremdsprache beherrschte.

Als nach vier Jahren vietnamesische Truppen die Hauptstadt eroberten, waren mehr als eine Million Menschen Opfer des kambodschanischen Holocaust geworden. Manche sprechen von drei Millionen. Pol Pot und seine Anhänger flüchteten in den Dschungel und zogen sich an die Grenze zu Thailand zurück; von dort aus führten sie einen Guerillakrieg gegen das neue Regime (mit Unterstützung Chinas, Thailands, Englands und nicht zuletzt der USA). Pol Pots Tod 1998 bedeutete auch das Ende der Roten Khmer.

Toul Sleng war bis 1975 eine Schule. Die Roten Khmer machten daraus ein Gefängnis, in dem Tausende von Menschen auf bestialische Weise gefoltert wurden. Toul Sleng oder das Sicherheitsgefängnis S21 wurde zur letzten Unterkunft von 17 000 Menschen. Sieben überlebten die Hölle. Sieben. Sieben!

Der Gang durch das Museum hat etwas Unwirkliches. Das Gebäude, innen und außen, ist so, wie die Roten Khmer es im Dezember 1998 zurückgelassen haben. Nach dem Vorbild von Auschwitz hängen überall Fotos: Frauen, Männer, Kinder, Jugendliche… den Tod vor Augen. Einer der Überlebenden von Toul Sleng, Vann Nath, hat Szenen des Foltergefängnisses gemalt. Sie hängen in zwei Schulzimmern.

Auf dem Weg zu den „Killing Fields“ wirbelt der Wind rote Asche auf, der an der schweißnassen Stirn kleben bleibt. Der Tag hat sich mühsam durch die 42 Grad geschleppt. Wir fahren über eine Brücke, unter der ein Fluss aus grünen Pflanzen fließt. An den Ufern, die Füße halb im Wasser, stehen Pfahlhäuser. Die üppig wuchernde Entengrütze geht über in einen Berg Abfall aus Büchsen und Plastik. Hier hausen die Outcasts von Phnom Penh, fünf Kilometer von den „Killing Fields“ entfernt.

Zwei Bettler schlagen zu Recht Profit aus der Geschichte ihres Landes und verdienen sich ihren Lebensunterhalt am Eingang dieses Mahnmals der Schande. Dem einen fehlt ein Arm; das Gesicht des anderen ist kein Gesicht.

Als „Killing Fields“ sind die Felder des Ortes Choeung Ek, in der Nähe Phnom Penhs, bekannt, auf denen bis zu 17000 Menschen umgebracht wurden. Ich habe keine Wünschelrute nötig, um die gleiche Energie wahrzunehmen wie bei der Schädelstätte von Kigali, wie in Auschwitz und Yad Vashem, in der Sklavenburg hanas in Cape Coast, auf der Gefängnisinsel Gorée in Senegal... Und vielleicht kann die nächste Generation Afghanistan, Sierra Leone, Bosnien, Timor und so weiter hinzufügen. Dort, wo der Mensch aufhörte, Mensch zu sein...

Hier in Choeung Ek wurden 1980 aus 86 Massengräbern die Überreste von 8986 Menschen ausgegraben, Opfer von Pol Pot und seinen Schlächtern. 43 Gräber liegen noch unangetastet. Wer die Folterungen in S21 überlebt hatte, für den waren die „Killing Fields“ die letzte Station. Männer und Frauen, Kinder und Jugendliche, Arbeiter, Professoren, Ingenieure und Politiker, Landarbeiter und Minister, auch neun Ausländer wurden hier erschossen, tot geknüppelt (um Kugeln zu sparen), enthauptet oder lebendig begraben. Babys warf man in die Luft und fing sie mit dem Bajonett auf. Am Eingang hängt eine Tafel, die die Ära der Roten Khmer als „eine gewaltige Zerstörung, die die kambodschanische Gesellschaft in die Steinzeit zurückführte“ bezeichnet. Kein Kompliment für die Steinzeit.

Ein großer Glasturm im Pagodenstil, gefüllt mit den Schädeln und Gebeinen und den zerrissenen Kleidern zehntausender Ermordeter, erhebt sich aus der mit Blut getränkten Erde.

Es ist der Augenblick des Tages, den ich so liebe. Kurz vor Sonnenuntergang, Quelle steter Inspiration für Dichter und Maler. Die

Schatten werden länger. Hier auf diesem Totenacker weiß ich nicht, welcher zu mir gehört und welcher zu dem Geist eines Opfers.

Ich will langsam an den offenen Gruben vorbeigehen, mich erinnern, was ich damals gemacht habe. Ende der Siebziger bestand meine Welt aus Physik und Latein, Religionsunterricht und Theater. So wie sich der kambodschanische Genozid jenseits der Erlebniswelt eines Durchschnittsschülers an einem humanistischen Gymnasium abspielte, geht es heute anderen. Ob Student, Lehrer, Hausfrau, Politiker, Gefängnisbesucher, Kriegsveteran, Sänger, Theaterschauspieler, Fußballer... Wie kalt oder heiß lassen uns die Ereignisse in Ruanda, in Burundi, im Baskenland, in Sri Lanka, in Simbabwe oder Kaschmir, Afghanistan oder Burma? Wir können Kriege und Völkermorde fast live im Fernsehen und Internet verfolgen. Wir sind entsetzt. Wir spenden. Und dann geht das Leben weiter. Unseres zumindest.

Ich will langsam gehen. Aber Kambodschas Zukunft ist mir auf den Fersen. Ein Quintett Kinder tollt um den Turm herum.

„One thousand!", betteln sie. Sie sind ganz offensichtlich mit der Zeit gegangen. Sie geben mir nicht die Gelegenheit, den Schmerz zu fühlen, die Stimmen der Seelen zu hören, die zu den Lumpen gehören, die aus der Erde hervorlugen. Die Kinder balgen sich am Rand der Gräber. Und es ist gut so. Khmer-Kinder sind die Schönsten von allen. Wenn sie lachen, fast vollkommen. Borey gibt mir eine Blume, vom Geißblatt abgepflückt. Hier hängt kein Geruch des Todes in der Luft; das Geißblatt blüht. Und Vögel singen noch.

Links von einem Massengrab, wo ein Schild mitteilt, dass man dort hundert Leichen gefunden hat, fällt die Böschung ab. Eine andere Gruppe Kinder winkt mir zu, das Größte von ihnen spaltet mit einem scharfen Messer Kokosnüsse. Es bietet mir ein Stück Fruchtfleisch an. Das Innere einer Kokosnuss ist weich. Zärtlich fast, wenn man das von einer Frucht sagen kann. Eine Symbolik, wie sie im Buche steht: Kinder, die auf den Gräbern ihrer Onkel und Tanten, Nachbarn, Lehrer und denjenigen, die die Häuser gebaut haben, in denen sie wohnen, nach dem weichen Inneren der Kokosnuss, nach dem Kern der Dinge suchen. In der unverbesserlichen Hoffnung, ihr Leben möge süß werden.

CHINESISCHE NELKEN

Es gibt viele Chinas. Die Provinz ist eines davon. Wir fahren nach Xia-Xia, eine Stunde von Nanjing entfernt. Der Boden des Busses ist aus Holz. Die Reise führt an Rapsfeldern und Ententeichen vorbei. Xian Chun erzählt von Illegalität und Verfolgung, denn sie ist Christin, wie es ihre Familie schon seit Generationen ist. Aber sie tischt mir ihre Erinnerungen nur in kleinen Portionen auf, sie will mir erst das schöne China zeigen, in der Hoffnung, mich von meiner fixen Idee abzubringen. Xian Chun ist ein Frau aus Porzellan und mit ihren ein Meter zwanzig klein.

„Ich höre meinen Großvater noch erzählen, wie er sich in der Fabrik vor seinen Kollegen verbeugen musste, die ihn ihrerseits ausbuhen mussten, weil er Christ war“, sagt Xian Chun mit einer Zurückhaltung, die alle chinesischen Dynastien überdauert.

Hè und Chang, meine Gastgeber, holen mich vom Busbahnhof ab. Ihr Motorrad mit Anhänger sieht aus wie eine riesige Konservenbüchse. Ihre Maßanzüge sind wie die der meisten Chinesen nicht maßgeschneidert. Das Paar ist Mitglied einer Kirche im Untergrund. Ihr Haus lässt sich am besten als ein Bunker mit Mikrowelle bezeichnen. Trocken und funktional. Aber man halte das Landleben in Ehren und sei es auch nur der üppigen Mahlzeiten wegen, die Frau Hé zubereitet hat. Sojasprossen, Silberzwiebeln, Reis in verschiedenen Formen, Schweinekopf, Garnelen, ein Fisch mit originalem Schlammgeschmack, Eier mit Küken. Und Ente. Entenbrust, Entenleber, Entenschenkel, Entendärme. Inzwischen habe ich auch Gott sei Dank das Essen mit Stäbchen einigermaßen gelernt, jedenfalls ohne mich zu blamieren. Die chinesische Küche ist proteinreich, ein Chinese isst, was er nötig hat. Schon mal einen übergewichtigen Chinesen gesehen? Dazu muss man in die USA reisen, die für ein Fünftel des weltweiten Nahrungskonsums verantwortlich sind. Trotzdem bin ich gespannt, wie lange Maos Nachkommenschaft die schlanke Linie behalten kann, jetzt, da überall Filialen von McDonald’s oder Kentucky Fried Chicken aus dem Boden schießen. Das Essen an Frau Hés Tafel ist zwar üppig, aber gesund. Immer wenn ich mein Glas Orangensaft hebe, legt jeder die Stöckchen hin und es wird ein Toast ausgebracht. Vierzehn Mal im Lauf der Mahlzeit; ich wage kaum noch zu trinken. Kauen, lachen, schlucken, rülpsen, einen Toast ausbringen, schlürfen... in der Hitze des Gefechts landet auch schon mal ein Entenknochen in meiner Reisschale. Chang benutzt eine Fischgräte als Zahnstocher. Es wird so viel gerülpst, wie es Reiskörner im Topf gibt. Sogar meiner Ehrendame liegt die hörbare Entlüftung nicht schwer auf dem Magen. Auf einmal schauen mich alle mit großen Augen an. Väterchen Mao, was habe ich verbrochen? Zwei französische Wörter und vielsagende Blicke beruhigen mich. Will man in China eine Mahlzeit loben, dann ergeht man sich nicht in Lobeshymnen, sondern rülpst einfach über den Gerichten. Aber erstens bin ich von den Windeln an erzogen worden, einem Rülpser ein „Entschuldigung" folgen zu lassen, und zweitens blockieren meine Därme, wenn eine ganze Gesellschaft nur auf meine Entladung wartet. So suche ich mein Heil in der Limonade, wenn dann auch jeder alles stehen und liegen lässt, um einen Toast auszubringen. Ich sauge möglichst viel Luft ein, ziehe den Kopf zwischen die Schultern, blase die Backen auf und dann – wie eine Sojus-Rakete aus der Steppe von Baikonur – erhebt sich mein Rülpser in die Lüfte.

„Hai oh! Ola! Ola!", gurren meine chinesischen Freunde vor Vergnügen und trommeln mit den Stäbchen Beifall.

Beijing oder Peking ist so unübersichtlich, wie es sich für eine Großstadt gehört. Sie haben zwar das Gras grün angemalt, um die Olympischen Spiele zu ergattern, aber die Luft ist so dreckig wie ein Trikot nach einem Fußballmatch. Frauen radeln mit einem Apfelsinennetz über dem Kopf, und halb Peking trägt Mundschutz. Ich gehe in eine Apotheke auf der Suche nach einem Lindan-haltigen Mittel. Aber wie sagt man das auf Chinesisch? Seit einigen Tagen habe ich an den Handgelenken Anzeichen von Krätze, ein Andenken an Phnom Penh.

In einem Reisebüro erkundige ich mich, ob ich meinen Direktflug nach Japan in Korea unterbrechen kann. Ich habe von den Brüdern von Taizé eine E-Mail bekommen, dass einige von ihnen im Gefängnis von Seoul arbeiten und habe sofort eine Zelle reserviert. Wenn ich auch noch keine Antwort bekommen habe, eine Umbuchung kann nicht schaden. Eine freundliche Bedienung verkauft mir ein Ticket für den Flug 2552 von Air China.

Changcheng nennen die Chinesen sie, die Große Mauer. Sie ist eines der Weltwunder und angeblich das einzige von Menschenhand errichtete Bauwerk, das die Astronauten vom Weltraum aus mit bloßem Auge erkennen können. Vor zweitausend Jahren wurde der größte Teil unter der Qing-Dynastie als Verteidigung gegen Angriffe der mongolischen Nomadenvölker errichtet. Die Mauer verlief von Shanhaiguan an der Ostküste bis Jiayuguan in der Wüste Gobi. 180 Millionen Kubikmeter Erde waren nötig. Der Legende nach wurden auch die Leichen umgekommener Arbeiter als Baumaterial verwendet. In der Ming-Dynastie wurde die Mauer ausgebessert und erweitert, wobei man die älteren Erd- und Lehmwälle durch Mauerwerk ersetzte. Die Errichtung dieses größten Freiluftmuseums der Welt kostete das chinesische Volk jedoch viele Menschenleben.

Zu Ehren der unzähligen politischen Gefangenen, die das „Weltwunder“ errichteten, pilgere ich heute über die Wehrgänge, die unendlich vielen Treppen, durch die Wachtürme hindurch. Um den Souvernir-Shops und dem Touristentrubel aus dem Weg zu gehen, besteige ich die Mauer in Simatai, 110 Kilometer nordöstlich von Peking. Zehn Kilometer liegen vor mir, aber um sicher zu sein, dass ich bei all der Kletterei auch noch Muße zur Meditation habe, nehme ich nicht den Shaling-, sondern den Zhuandua-Pass, einen Umweg von einer Stunde. Und in der Tat bin ich allein mit diesem beeindruckenden Bauwerk und den Seelen ihrer Erbauer. Die Aussicht ist atemberaubend. Zu beiden Seiten erstrecken sich die Hügel zu den von feuchten Nebeln verhangenen Bergen hin. In den Senken stehen blühende Bäume. Es ist ein einzigartiges Erlebnis, hoch im Wind in der unendlichen Landschaft zu stehen, in der die Mauer hinterm Horizont verschwindet, die Treppen hinaufzurennen, stillzustehen mit geschlossenen Augen, aus den Türmen wieder ins Freie zu treten, den Durst zu löschen. In der Ferne liegen unter dem Frühlingshimmel terrassenförmige Äcker. Gottheit und Menschenhände, Größe und Wahnsinn, Angst und Macht, Ewigkeit und Vergänglichkeit – zwischen Simatai und Jinshanling.

Auf halber Strecke überhole ich eine Gruppe Rucksacktouristen, eine willkommene Abwechslung inmitten dieser Einsamkeit. Eine ältere chinesische Händlerin hat sich ihnen angeschlossen und preist hoch oben auf der Mauer Ansichtskarten an. Zehn Yuan für ein Päckchen von zehn. Mit der kilometerlangen Kletterpartie hat sie sich diese redlich verdient. Ist sie damit zufrieden? Weit gefehlt! Es ist ihr nicht entgangen, dass ich noch einen Zehn-Yuan-Schein bei mir habe, und das ist der Startschuss zu einer regelrechten Verfolgungsjagd. Ich suche mein Heil in der Flucht, aber da kenne ich die Frauen des chinesischen Hochgebirges schlecht! Sie rennt wie ein Wiesel und kennt das Gelände wie ihre Hosentasche. Wie ein chinesischer Drache mit sieben Köpfen taucht sie immer wieder vor mir auf und streckt mir die Ansichtskarten entgegen. Ich stoße einen Schrei aus und renne wieder los. Zur großen Freude der Touristen hoch oben auf der Mauer. Ihr Gelächter hallt von den Bergflanken wider. Aber nachdem mich meine Verfolgerin aus einer brenzligen Lage befreit und mir „Coca“ anbietet, verabschieden wir uns schließlich an der Hängebrücke von Jinshanling drei Kilometer weiter – ich um zwei Päckchen Ansichtskarten und sie um zwanzig Yuan reicher. Was für herrliche Menschen, die Chinesen der Berge!

„Flower, wie schreibt man flower auf Chinesisch“, frage ich die Dame an der Rezeption.

„Flowel?“, fragt sie und schaut mich verständnislos an. Ich mache eine Zeichnung. Es scheint ihr ein Licht aufzugehen, denn sie zeigt auf den Kaktus auf der Fensterbank. Einige Pikkolos und Taxifahrer riechen ein Geschäft und drängen sich um uns. Einer zieht einen Stadtplan aus der Tasche und aus seinen Gesten und

Lauten meine ich zu verstehen, dass es nicht weit von hier einen Blumenmarkt gibt. Einen ganzen Tag könnte ich mich in dem Taoran-Park aufhalten, Enten füttern, den Nachtigallen zuhören und über die Brücken schlendern. Aber ich habe keine Zeit zu verlieren. Männer sitzen an den Teichen und angeln, wie überall auf der Welt. Sie fangen nichts. Pagoden prunken neben japanischen Kirschbäumen. Ein strahlender Frühlingstag, wie geschaffen, um auf einem Blumenmarkt zu flanieren, wenn ich auch bezweifle, ob die chinesischen Behörden in Frühlingsstimmung sind. Der Strauß roter Nelken ist fast umsonst. „Achtundzwanzig", schreibt das Blumenmädchen auf einen Zettel. Achtundzwanzig Nelken, denke ich, das wird was werden. Zusätzlich bewaffne ich mit einer Packung Schokoladenkekse und einem Papier, auf dem Simon die chinesischen Schriftzeichen für „Frieden" und „Freiheit" gepinselt hat.

Auf dem gefliesten, von Flaggenmasten umsäumten Tiananmen-Platz bewachen Soldaten in grünen Uniformen mehr die Monumente und die Geschichte, als die Horden Touristen und Drachen-Verkäufer. Die Esplanade scheint gerade mit brauner Seife gründlich gereinigt worden zu sein. Aber keine noch so ätzende Säure kann die Schandflecke entfernen. Die Ereignisse von 1989 sind noch in frischer Erinnerung. Nach dem Tod des demokratischen Reformers Hu Yaobang am 15. April hatten sich am 22. April 150 000 Studenten und Aktivisten auf dem Platz des Himmlischen Friedens versammelt, um für Veränderungen zu demonstrieren. Im Mai waren es bereits 1 Million, die auf die Straße gingen. Sogar Polizisten schlossen sich der Demokratiebewegung an. Während 3000 Studenten in den Hungerstreik traten, kam es auch in anderen Städten zu Demonstrationen. Auf dem Tiananmen-Platz errichtete man ein Standbild der „Göttin der Freiheit", das der amerikanischen Freiheitsstatue verdächtig ähnlich sah. Eisenbahnschaffner verteilten gratis Fahrscheine für die Reise in die Hauptstadt. Der Staatsbesuch von Michail Gorbatschow gab zusätzlichen Auftrieb, seine Abreise allerdings markierte den Anfang vom Ende. Am 2. Juni wurde der Ausnahmezustand verhängt. 350 000 Soldaten marschierten zum Tiananmen-Platz. Am 4. Juni machten Panzer der 27. Panzerdivision kurzen Prozess mit den Rebellen.

Hunderte fanden den Tod auf dem Platz des Himmlischen Friedens. Tausende wurden in den umliegenden Straßen niedergemetzelt. Die Krankenhäuser konnten die Opfer kaum aufnehmen, und noch immer munkelt man von Massengräbern. In den letzten Tagen höre ich immer wieder, dass noch ziemlich viele für ihre Sehnsucht nach Freiheit und Demokratie in Gefängnissen büßen müssen.

Da stehe ich dann mit meiner Botschaft von Frieden und Freiheit, mit meinen Keksen und dem Blumenstrauß. An ihrer Farbe werden sie zumindest nichts auszusetzen haben. Was ich zu unternehmen beabsichtige, mag naiv anmuten. Ich habe weder einen Diplomatenpass noch einen schwarzen Gürtel und fühle mich auch nicht im Geringsten zum Helden berufen. Aber ich bin der felsenfesten Überzeugung, dass Friede mehr ist als die Abwesenheit von Krieg.

Entschlossen steuere ich unter der Mittagssonne mein erstes Ziel an. Es kommt mir so vor, als würde ich eine Brücke zwischen zwei völlig verschiedenen Welten überqueren, die zwar in China nebeneinander existieren können, aber explodieren, wenn man sie aufeinander stoßen lässt. Da sind die reglosen uniformierten Wächter und Soldaten, die die mumifizierte Macht repräsentieren, den Staatsapparat. Und da ist die Welt der Luftballons und Touristen, an denen sich verdienen lässt, der Papierdrachen im Wind. Öffnet sich das Fenster zwischen beiden, dann ist der Teufel los. An jeder Ecke des Mao-Mausoleums steht gravitätisch ein Soldat in langem grünen Mantel, die Mütze millimetergenau ausgerichtet, die Hände in weißen Handschuhen reglos an der Hosennaht. Bewegungslosigkeit ist eine Kunst. So stehen sie bei jedem Wind und Wetter, bis nach einigen Stunden Marschbefehle den erlösenden Augenblick ankündigen.

So lange soll er nicht warten. Lächelnd gehe ich auf den Ersten zu und zeige ihm den Frieden-und-Freiheit-Zettel. Die Augen treten ihm fast aus den Höhlen. Um zu verhindern, dass er einen Herzanfall bekommt, lege ich eine Hand auf meines und dann auf seines und halte ihm eine rote Nelke hin, aber der arme Mann kann sie nicht annehmen. Die weißen Handschuhe dürfen sich nicht regen.

„No problem", tröste ich ihn und stecke ihm die Blume ins Revers. Nummer zwei hat aus den Augenwinkeln die Szene beobachtet. Sein Blick, starr geradeaus, verrät, dass er am liebsten im Boden versinken würde. Sie haben in ihrer Ausbildung gelernt, Demonstranten auseinander zu treiben, aber nicht, Nelken in Empfang zu nehmen. Von einem Ausländer schon gar nicht.

„No, no", murmelt er mit zusammengebissenen Zähne. Es ist eher ein Stoßseufzer als ein Befehl. Sein Gesicht wird puterrot, so rot wie die Nelke, die ich ihm zu Füßen lege. Ungelogen: Auf seinem Gesicht erscheint ein leichtes Lächeln. Über dem Knirschen der Zähne ist ein deutliches „Sank you" zu vernehmen. Nummer drei bewacht im Stechschritt das nächste Monument. Die Beine gerade bis zu den Fußspitzen in einem Winkel von neunzig Grad schwebt er die fünfundzwanzig Meter hin und zurück, das Gewehr auf der Schulter.

Und eins, zwei, drei und eins, zwei, drei, links-rechts, links-rechts. Ein Straßenfeger mit einem Fahrrad plus Anhänger kehrt Papierschnitzel und Zigarettenstummel auf. Japaner knipsen Konica-Bilder, wie sie das auch bei den Niagarafällen tun oder an den Amsterdamer Grachten. Als der paradierende Soldat bei seinem Schilderhäuschen ankommt und wieder kehrt macht, wünsche ich ihm Frieden und Freiheit und gebe ihm eine Nelke.

„No, no", fleht auch er mich an, Angst im Blick. Vor den Augen der Touristen und vieler Chinesen, die frische Luft schnappen oder der Wiege des Kommunismus ihre Reverenz erweisen wollen, bleibt ihm wenig anderes übrig, als die Blume anzunehmen. Als ich auf den nächsten Soldaten zugehe und mich kurz umblicke, sehe ich, dass er die Nelke in den Mülleimer auf Rädern wirft.

Plötzlich schlägt die Stimmung um. Die Posten sind nicht nur mit weißen Handschuhen und Gewehren ausgerüstet, sondern auch mit Walkie-Talkies. Während ich in aller Gemütsruhe Richtung Verbotene Stadt schlendere, wo sich unter Maos Porträt ziemlich viele Soldaten aufhalten, spüre ich, wie um mich herum Hektik ausbricht. Sirenengeheul verheißt nichts Gutes.

Mit quietschenden Reifen hält eine Polizeistreife neben mir, ich lächele ihnen tapfer zu. Sie springen aus dem Auto und nehmen mich mit bösen Blicken, die Gewehre im Anschlag, in ihre Mitte und schieben mich in den Polizeibus, in dem zu meiner Freude noch zwölf Leute sitzen. So werde ich meinen Blumenstrauß schnell los, denke ich, und verteile die Nelken. Die meisten von ihnen sind ziemlich jung, und ihre Reaktion stimmt hoffnungsvoll. Sie lachen spontan und bedanken sich. Aber einer der grünen Soldaten ruft seinen Polizeikollegen etwas zu. Alle starren sie jetzt mit Panik im Blick auf die Plastiktüte in meiner anderen Hand. Wahrscheinlich denken sie, dass ich Mitglied eines Selbstmordkommandos bin.

„Oh?“, tue ich überrascht. Da ich weiß, dass keiner von ihnen sich traut, einen Blick in die Tasche zu werfen, ziehe ich die Packung Kekse heraus und biete jedem einen an. Ein Aufatmen geht durch den Bus. Nichts ist schöner als ein Dutzend lachender Chinesen. Ich gebe ihnen meinen Pass. Und während wir über den Platz des Himmlischen Friedens fahren, beratschlagen sie, ob sie dieses Krümelmonster linea recta zum Gefängnis bringen oder erst noch einem Kreuzverhör unterziehen sollen. Einer bemerkt nun mein Notizbuch. Bereitwillig zeige ich ihm die Seite mit den chinesischen Zeichen für Frieden und Freiheit. Er bekreuzigt sich und stellt in reinstem Mandarin-Chinesisch eine Frage. Beschwört er mich, ihn nicht zu verfluchen? Oder gelobt er vor Gottes allsehendem Auge, dass er sich für Frieden und Freiheit in seinem Land einsetzen will? Nach ziemlich vielen Runden um den Platz und vielen Keksen werde ich schließlich freigelassen. Der Kauz mit seinen Blumen darf gehen. Ich steige mit den letzten zehn Nelken aus und höre zwölf Mal: „Sank you, sank you.“ Es wäre ein Foto wert: die zwölf Apostel der öffentlichen Sicherheit in blauer Uniform, eine rote Blume im Schoß, einen Schokoladenkeks in der Hand und ein Lächeln auf dem Gesicht.

Der Frau an der Rezeption überreiche ich meine letzte Nelke.
„Flower“, sage ich.
„Flowel“, antwortet sie und strahlt über beide Backen.
„For you.“
„Sank you“, sagt sie und steckt die Nelke neben den Kaktus in die Erde.

Heute Morgen checke ich noch einmal meine E-Mails. Die Brüder von Taizé nehmen ihr Schweigegelübde ziemlich ernst. Nach drei Versuchen habe ich noch immer keine Antwort. Es soll wohl nicht sein. Ich kann die Zeit besser in Japan nutzen, wo die Kontakte auf Hochtouren laufen. Im Reisebüro erkundige ich mich, ob ich den Flug nach Seoul annullieren kann.

„No problem, sil. Das Endspiel findet übrigens in Japan statt."

Ich sollte noch öfter an das Fräulein im Reisebüro zurückdenken, an das „Delete" auf ihrem Computerschirm. Denn zwei Tage später überläuft es mich heiß und kalt, als mein Blick auf die Schlagzeile einer Zeitung fällt: Flug B2552 von Air China mit 150 Passagieren an Bord auf dem Weg nach Seoul abgestürzt. Zufall, Schicksal? Ich danke den Brüdern von Taizé für ihr Stillschweigen.

JAPAN, AUFGEHENDE SONNE UND SCHWEIGENDE SÖHNE

Japan ist wie ein Porzellanladen. Man betritt ihn mit Vorsicht. Es gibt die Stereotypen und die Veränderungen der modernen Zeit. In der Straßenbahn sitzt der Arbeiter mit Strumpfschuhen neben dem jungen Mädchen, das sich ungezwungen schminkt. Damen in Mephisto-Schuhen, eine Schirmmütze auf dem Kopf verbeugen sich mehrere Male, wenn wieder eine Freundin zusteigt. Die Studenten befinden sich mit ihrer Frisur deutlich in einer Übergangsphase. Einige haben den Scheitel mit Gel modelliert, andere zwei Finger in die Steckdose gesteckt, um die richtigen Widerborsten zustande zu bringen. Manche tragen Silhouette-Brillen, andere haben anscheinend den ausgesägten Boden eines Einmachglases mit einer Montur versehen. Und ich frage mich, wie viele der 2000 japanischen Schriftzeichen jeder von ihnen beherrscht.

In Japan bin ich auf die Patres angewiesen. Jesuiten, Maristen, Scheutisten und wie sie alle heißen. Jeder hat auf seine Weise Zugang zu einem Gefängnis.

Die Fuchu-Haftanstalt, im Südwesten von Tokio, ist das größte der acht wichtigsten Gefängnisse. Die Trakte, Fabriken und Verwaltungsgebäude verteilen sich auf einer Fläche von 25 Hektar. Der Rasen ist frisch gemäht. Es ist gespenstisch still an diesem Ort, wo über zweitausend Gefangene ihre Strafe verbüßen.

Pater Javier, ein spanischer Jesuit, besucht ein Mal im Monat das Gefängnis (auch Angehörige haben nicht öfter Besuchserlaubnis), um sich um die lateinamerikanischen Häftlinge zu kümmern.

„Haben Sie uns gestern im Privatsender ‚Nihon Television' gesehen?", fragt er begeistert. „Ich war einer der wenigen, deren Gesicht zu erkennen war. Von den interviewten Häftlingen wurde das Gesicht unkenntlich gemacht, ihre Stimme verzerrt, und in der Totaleinstellung sah man immer nur ihre Rücken. Beachtung der Persönlichkeitsrechte, nennen die Behörden das. Rührend, wie besorgt sie um die Gefangenen sind!"

„Klingt da etwas Zynismus durch, Pater Javier?"

Er fährt sich durch seine grauen Haare, die sich während seiner Lehrtätigkeit an der Sophia-Universität von Tokio ziemlich gelichtet haben. „Schauen Sie, das Ziel des japanischen Strafvollzugs ist Vergeltung. Rehabilitation hat keinen Vorrang."

„Gibt es keine Aktivitäten, Jobs, Kurse… irgendetwas, was die Gefangenen ablenken kann?"

„Machen Sie sich selbst ein Bild. Die Häftlinge müssen acht Stunden am Tag arbeiten, wenn man das Einpacken von Glühbirnen am Fließband Arbeit nennen kann. Oder die Produktion von Metallbeschlägen oder Terminkalender und Hefte. Sí, sí, es gibt fünfzehn Werkstätten. Der Monatslohn beträgt sogar 5000 Yen. Aber wenn sie krank werden, wird ihnen das vom Lohn abgezogen."

„Sie besuchen vor allem Spanisch sprechende Häftlinge. Wie hoch ist der Prozentsatz der Ausländer in Fuchu?"

„Es sind etwa fünfhundert. Nach der Strafverbüßung werden sie sofort abgeschoben. Sie müssen die Reise selbst bezahlen. Nehmen Sie den Fall eines Kolumbianers diese Woche." Pater Javier rutscht bis zum Stuhlrand, beugt sich vor und stützt seine Ellenbogen auf die Knie. Mit den Händen unterstreicht er seine Worte. „Weil er kein Transitvisum für die Vereinigten Staaten bekommt, muss er über Russland fliegen, was doppelt so teuer ist."

„Sind die Aufseher menschlich in ihrer Einstellung?"

„Sie könnten es sein, aber das System verhindert es. Wenn mir ein Häftling im Korridor begegnet, muss er sofort den Blick abwenden. Wer nach links oder rechts schaut, kann bestraft werden. Er muss mit einem Arm vor der Brust, den anderen auf dem Rücken stundenlang die Wand anstarren." Es kommt mir so vor, als würde der Pater jesuitisch übertreiben, aber Mike sollte es bestätigen und noch von anderen Strafmaßnahmen berichten. „Ach, die Wärter", seufzt Javier, „die sind in Judo und Karate ausgebildet und würden ihre Künste liebend gern demonstrieren. Stattdessen müssen sie Briefe zensieren, herumstehen, aufpassen bis zum Überdruss."

„Aber vielleicht lassen sie sich bestechen, wie überall auf der Welt."

„Davon weiß ich nichts. Aber ich kann meine Hand ins Feuer dafür legen, dass keine Drogen in Umlauf sind. Uns hat man sogar vor einiger Zeit verboten, noch länger bei der Kommunion Messwein auszuteilen."

„Haben Sie Zugang zu den Zellen?"

„Oh nein. Die Besuche finden in streng bewachten Räumen statt. Sogar an Weihnachten darf es zwischen Besuchern und Häftlingen keinen direkten Kontakt geben. Wenn ich den Gefangenen sage, sie sollen einander Mut machen, antworten sie: ‚Aber wie denn, Pater? Wir dürfen uns doch kaum unterhalten, geschweige denn anfassen.' Auch im Essraum ist Sprechen verboten. Erlaubt ist es nur eine Stunde nach dem Abendessen und während der Messe. Ich lasse sie dann auch vor der Wandlung etwas schwätzen", sagt Pater Javier lachend.

„Wie ist die öffentliche Meinung zur Todesstrafe?" Der Pater seufzt wieder.

„50 Prozent der Bevölkerung sind dafür. Man kriecht den USA in den Arsch. Wenn dort ein Präsident einen harten Kurs fährt, dann dreht man hier das Fähnchen nach dem Wind. Und das Schreckliche ist, dass die Hinrichtungen in aller Heimlichkeit vollstreckt werden, ohne dass die Familie vorher informiert wird. Auch der Häftling erfährt es erst kurz vorher. Wenn ich die Behörden darauf anspreche, heißt es, der Tod sei für jeden etwas Unerwartetes. ‚Sie wissen doch auch nicht, Pater, wann Sie sterben werden.'"

„Sie lassen sich trotzdem nicht beirren?"

„Wir sind gern gesehen. Die Häftlinge finden es herrlich, sich auf Spanisch unterhalten zu können, mit den anderen ist die Verständigung schwierig. Sie wollen nichts Materielles, was im Übrigen auch nicht erlaubt ist, aber das ist auch gut so, dadurch bleibt unsere Arbeit sauber."

Unter dem Schutz des hl. Ignatius wage ich mich hinter die Gitter eines japanischen Gefängnisses. Allerdings darf ich nur in die Gemeinschaftsräume, auch ein Gespräch mit dem Amerikaner Mike ist mir erlaubt.

In der Lederwerkstatt bewachen zwei Wärter mit Luchsaugen die 104 Häftlinge. Das einzige Geräusch ist das monotone Rattern der Nähmaschinen. In anderen Werkstätten arbeiten Tischler, Metallarbeiter, andere setzen Computer zusammen. Und paradoxer Weise gibt es auch ein Kalligraphie-Atelier.

„Im Februar haben wir ein Songfestival organisiert", informiert mich ein Lehrer. „Wir hatten vorher unzählige Proben, die allerdings immer in der ‚Sprechstunde' nach dem Abendessen stattfinden mussten. Das Komitee wird demnächst darüber entscheiden, ob sich die Häftlinge in dieser Stunde Spiele der Fußballweltmeisterschaft anschauen dürfen. Vor allem, wenn Japan Belgien schlägt, ha ha ha."

„In Japan kennen wir auch den Gemeinschaftsdienst statt Haftstrafe. Wer bei einem Verkehrsunfall schuldig gesprochen wurde, darf eine Zeitlang Straßen ausbessern."

„Wenn wir sie nur im Auge behalten können! Von morgens bis abends, 24 Stunden lang, müssen wir die Häftlinge sehen können, ob sie Basketball spielen, Karaoke singen oder aufs Klo gehen."

Ob im Sommer, wenn die Drosseln gebraten vom Himmel fallen, oder im Winter, wenn ihnen Eiszapfen vom Schnabel hängen, die Häftlinge tragen immer die gleiche Kluft. Es mag hier zwar alles sehr sauber sein, aber es ist saukalt. Ganz im Sinne des Vergeltungsgedankens gibt es keine Zentralheizung. In jeder Werkstatt, in den Bäderäumen, in der Kantine, auf den Treppen, in den Zellen, auf dem Hof... überall hängen Schilder in verschiedenen

Sprachen, die das Sprechen und Um-sich-Schauen verbieten. „No hable, no talking, schauen Sie nicht um sich, gehen Sie auf dem weißen Strich...", auf Chinesisch, Arabisch, Thailändisch, Japanisch. Dann gibt es noch Piktogramme, in welcher Haltung man zu schlafen oder sich hinzuhocken hat, wenn man vor der Dusche wartet.

Das einzige Geräusch von draußen ist der militärische Schritt der Gefangenen, die im Hof eine Runde drehen. Jede Bewegung durch die Blöcke muss im Stechschritt geschehen. Alles ist uniform.

„Und es ist unsere Pflicht", sagt einAufseher stolz, „darüber zu wachen, dass diese Uniformität sich mit der Etikette deckt."

„*Mae e susume*!", brüllt er, was soviel heißt wie „Vorwärts, marsch!"

Sogar in der Stunde, da gesprochen werden darf, klingen die Stimmen merkwürdig gedämpft. Als hätten die Häftlinge Angst, sie könnten zu viel oder zu laut reden und dafür bestraft werden.

Mike, ein amerikanischer Staatsbürger, hat 11 Kilogramm Marihuana geschmuggelt und darf sich viereinhalb Jahre lang alle Instruktionen zu Gemüte führen und die Gefängnismauern von innen betrachten. Nun ja, betrachten?

„Sie haben mir die 25000 Regeln genau erkärt, aber man vergisst sie so leicht." Mike redet wie ein Wasserfall, vielleicht auch um das Englisch des Wärters, der uns keine Minute allein lässt, auf die Probe zu stellen.

„Einmal habe ich die Augen vor dem Mittagessen zu früh aufgemacht. Das dürfen wir nämlich erst, wenn jemand das Zeichen gibt. Ein anderes Mal habe ich meine Haare gewaschen statt das Gesicht, wie an dem Tag vorgeschrieben."

„Und was hatte das zur Folge?"

Mike schielt kurz zum Aufpasser. Er würde gern eine Pantomime aufführen, belässt es aber bei Worten.

„Ich bekam Handschellen verpasst und einen Lederriemen. Zwei Tage lang konnte ich kein Glied rühren. Zwei Tage lang habe ich nichts gegessen, allerdings haben sie mir angeboten, das muss ich zugeben, mich zu füttern. Mich entleeren konnte ich nur durch einen Schlitz in der Hose. Den Hintern konnte ich mir nicht putzen."

Es erinnert mich an den Fall von Kevin Mara, auch einem Amerikaner, der 1993 den japanischen Staat deswegen vor Gericht schleppte.

Mike erzählt, dass er in seiner fünf mal fünf Meter großen Zelle acht Stunden am Tag Tüten klebt.

„Man muss sich mäuschenstill verhalten, den Mund halten. Jeder, der aufmuckt, bekommt es zu spüren. Yoshinori, ein Freund von mir, der zu zwei Jahren verurteilt worden war, landete vierzehn Mal in der Isolierzelle. Manchmal für einen Monat."

„Weil er die Augen aufgemacht hat?", frage ich.

„Schreib es auf", zischt Mike durch die Zähne. Die Wut, die in ihm aufsteigt, kann er besser unterdrücken. Er holt tief Luft, schluckt und redet weiter, als erzähle er das Märchen von Rotkäppchen. „Er hat mal einen Wärter angeschaut, was während der Arbeit stengstens verboten ist. Oder sich zwischen den Zehen gekratzt, weil ihn der Fußpilz schrecklich juckte. Aber es ist strengstens verboten, irgendwelche ‚ungewöhnlichen' Bewegungen zu machen. Und einmal wurde er bestraft, weil er sich bei der Arbeit mit einem Lappen den Schweiß von der Stirn wischte."

Über Sexualität gebe es nicht viel zu sagen. „Nichts los", meint Mike. „Ich weiß, dass homosexuelle Kontakte in Gefängnissen in anderen Ländern gang und gäbe sind. Aber hier kann man sich nicht mal mit der Schubkarre verabreden", lacht er schief.

„Das Schlimmste ist der Käfig, ein fensterloser vier Quadratmeter großer Holzschuppen, in dem man manchmal vier Tage dahinvegetiert."

„Gibt es Ausbruchsversuche, Mike?", frage ich ihn, ohne ihn auf schlechte Gedanken bringen zu wollen.

„Nicht mal 'ne Kakerlake kommt hier raus", meint er.

Es erklingt ein schrilles Pfeifsignal. Die Besuchszeit ist vorbei. Die Häftlinge und die Besucher tauschen noch letzte verzweifelte Blicke und Gesten aus, kurz darauf ist alles wieder in tiefe Stille gehüllt.

Die geheimnisvolle Welt japanischer Strafanstalten beruht auf einem Gesetz aus dem Jahr 1908 und wird von einer obsessiven Bürokratie beherrscht. Die Resultate sind erstaunlich. Von Gangs und Aufständen kann keine Rede sein. Sollte Japan das erste Land sein, in dem Überbelegung keine Rolle spielt? Kriminalität hält sich im Land der aufgehenden Sonne noch relativ in Grenzen, die Zahl der Gefängnisinsassen übersteigt die 50 000 nicht. Das heißt, auf 100 000 Einwohner kommen 37 Häftlinge, im Gegensatz zu 75 in Deutschland und 690 in den Vereinigten Staaten. Aber es gibt eine Kehrseite der Medaille. Wie im Fall von Kevin Mara warten Hunderte Klagen darauf, von den Gerichten behandelt zu werden. Das heißt, die Japaner folgen dem Vorbild der Ausländer. Es zeugt von Mut, denn wer sich gegen das System auflehnt, muss sich auf das Schlimmste gefasst machen. Legendär ist der Fall Kobayashi, der zwei Jahre in einer kaum gelüfteten und ungeheizten Zelle verbrachte. Er verlangte 54 000 Dollar Schmerzensgeld für die bleibenden körperlichen Schäden, die er durch Schläge davongetragen hatte. Seitdem ist der Mann nicht mehr aus der Isolierzelle herausgekommen.

„Wenn sich der japanische Strafvollzug nicht an internationalen Normen orientiert, werden sich die Behörden weiterhin mit solchen Protesten herumschlagen müssen“, hatte Mike gesagt.

Wer in diesem Land über die Stränge schlägt, wird sich an den Albtraum, der folgt, noch lange erinnern. Verdächtige dürfen bis zu 23 Tage eingesperrt werden. Aus Untersuchungen von Human Rights Watch geht hervor, dass sie oft nichts zu essen und zu trinken bekommen, stundenlang eine bestimmte Haltung einnehmen müssen und beschimpft werden. Bleibt ein Geständnis aus, wird manchmal Gewalt angewendet. 99,9 Prozent der Angeklagten werden anschließend auch schuldig gesprochen. Wer in Japan vor Gericht erscheinen muss, kann sicher sein, dass er verurteilt wird. Berufung einlegen? In weniger als zwei Prozent der Fälle wird das Urteil revidiert.

Das Justizministerium hat das Recht, dazu Stellung zu beziehen. Ein Sicherheitsexperte meint, die Behandlung der Strafgefangenen entspreche völlig den Richtlinien. „Sie legen fest, dass ein Straftäter erst in Isolierhaft genommen werden darf, wenn man ihn in Gegenwart eines Strafvollzugsbeamten seiner Wahl angehört hat.“

„Und die Verwendung von Riemen, mit denen Häftlinge gefesselt werden?“, frage ich Herrn Tokayama.

„Oh“, sagt er und zuckt die Schultern, um die Selbstverständlichkeit seiner Antwort zu unterstreichen, „das geschieht nur, um den Gefangenen vor sich selbst zu schützen. Wenn jemand behauptet, der Riemen diene zur Bestrafung, so ist er ein Lügner.“

Aber ein Aufseher, der anonym bleiben will, räumt ein, dass er in drei Dienstjahren den Riemen fünfzig Mal eingesetzt hat. „Sie können uns hier drinnen dazu bringen zu tun, was immer sie wollen“, sagt er mit mehr Bitterkeit als Nervosität.

In Japan bezweckt die Gefängnisphilosophie nicht nur die Zähmung des Körpers, sondern auch die des Geistes. Schweigen hält man für ein wirkungsvolleres Zwangsmittel als Handschellen. Rauchen ist von Übel, und die meisten Häftlinge haben Anspruch auf sechs Bücher und einen Brief pro Monat. Bei guter Führung zwei Briefe – vielleicht.

„Und die Ausländer müssen oft Wochen warten, die Briefe müssen erst zwecks Zensur übersetzt werden“, hatte Pater Javier mir gesagt.

Was mich frappiert, ist, dass 45 Prozent der japanischen Häftlinge wieder straffällig werden, obwohl sich die Behörden mit der relativ geringen Belegung der Haftanstalten brüsten.

1,5 Prozent sind Ausländer. Diebstahl und Verstöße gegen das Betäubungsmittelgesetz zählen zu den häufigsten Delikten. Die Mehrzahl der 600 ausländischen Häftlinge aus fast fünfzig Ländern spricht kein Japanisch. Sie sind die Ersten, die sich gegen das System auflehnen, wenn mir die Behörden auch weismachen wollen, es habe vielmehr mit „einem Kommunikationsproblem und kulturellen Anpassungsschwierigkeiten“ zu tun.

Einige Anwälte haben eine Initiative gegründet. Eine Bewegung für die „Rechte der Gefangenen“ kommt langsam in Gang. Und westliche Botschaften beugen sich über eine Petition für die Verbesserung der Haftbedingungen. Aber von einer radikalen Veränderung des Strafvollzugs ist in dem Land von Sushis und Kirschblüten vorläufig wenig zu merken.

Von Tokio aus fahre ich mit dem Bus nach Kyoto. Pater John Hill wartet auf mich am Ausgang des Bahnhofs von Nara, genussvoll an einer Zigarette ziehend. Mehr als fünfzig Jahre ist er in Japan Gefängnisseelsorger, etliche davon in der Jugendvollzugsanstalt. Fünfzig Jahre höfliches Verbeugen haben ihn krumm werden lassen. Nicht mehr lange und er kann seine Zigarette ausmachen, während er sie im Mund behält.

Pergamentenes Licht fällt durch die Scheiben. Die Schiebetüren sind aus gerastertem Reispapier. Es hängt ein Geruch von Schilf und Bambus in der Luft. Schuhe aus, Pantoffeln an. Auf dem Tischchen hat er einen Stapel Bücher, Artikel und Fotos für mich ausgebreitet. Seine Worte haben etwas von einem Vermächtnis.

„Ich habe mich nie daran gewöhnen können", sagt er, während er seine Sekretärin Kaffee holen lässt und selbst die Heizung etwas höher stellt, sodass ich bei jedem neuen Thema um die Erlaubnis bitte, mich eines weiteren Kleidungsstücks entledigen zu dürfen.

„Gesprochen wird im Gefängnis nur, um Befehle zu erteilen. Wehe dem, der sich nicht an die Regeln hält. Sogar die Blicke werden kontrolliert." Was Pater John erzählt, ist mir nicht neu.

„Der Zustand ist ab den neunziger Jahren nur noch schlimmer geworden. Nach dem Giftgasanschlag auf die U-Bahn in Tokio wurde alles noch mehr verschärft. Nirgends ist die Uniformität so stark wie in japanischen Gefängnissen: Alle tragen die gleichen Shorts, die gleichen Latschen, essen das gleiche Brot, benutzen das gleiche Handtuch. Sitzen in der gleichen Haltung. In der gleichen Stille."

„An Za!", brüllt Pater John und setzt sich in Positur. „Auf diesen Befehl hin müssen die Häftlinge die Cäsar-Haltung einnehmen." Der hochbetagte Pater macht es vor.

„An bedeutet ‚Ruhe', das japanische Zeichen sieht aus wie eine Frau in einem Haus. Das Schriftzeichen für ‚Mann' stellt ihn auf dem Reisfeld dar und symbolisiert Kraft." Der Pater reitet sein Steckenpferd und gibt mir Japanisch-Unterricht, ohne vom Thema abzuweichen.

„Hokkaido, die Insel im Norden Japans, wurde gegen Ende des 19. Jahrhunderts von Sträflingen erschlossen. *Hok* bedeutet ‚Norden', *kai* das ‚Meer' und *do* ‚Weg'."

„Also Ju-do bedeutet…", sagt der gelehrige Schüler.
„In der Tat, der Weg zu sich selbst."
Und er führt mich terminologisch in die Welt der Kriminalität ein. „Die Haftanstalten sind voll von *Yakuza*, Gangstern. Das Wort setzt sich aus drei Unglückszahlen zusammen: acht (*ya*), neun (*ku*) und drei (*za*)." Yakuza ist die größte Verbrecherorganisation der Welt, zu der schätzungsweise einige Hunderttausend Mitglieder gehören. Anfang des 17. Jahrhunderts soll eine Gruppe Robin-Hood-artiger Krieger eine Herausforderung für die Samurai dargestellt haben, aber heute ist davon nicht mehr viel übrig, es sind mehr westlich orientierte Gangster in dunklen Anzügen und mit Sonnenbrillen. In den späten sechziger Jahren verbündeten sie sich mit der Unterwelt in Hongkong, Malaysia, Taiwan und Thailand und handelten mit riesigen Mengen Heroin. „Sie haben ihre eigenen Tätowierungen. Einmal Yakuza, immer Yakuza. Wenn sie aus dem Knast kommen, dann nehmen sie ihren Gangsterjob wieder auf. Die Organisation hat die gesamte Geschäftswelt unterwandert. Yakuza sitzen bei Sony, bei Sharp und so weiter."

Die Hälfte aller männlichen Koreaner heißt anscheinend Kim, was „Gold" bedeutet. Wer keines besitzt, kann zumindest danach benannt sein. Kim D. ist einer der Million Koreaner in Japan, das 1945 Korea besetzte. Wollte man der Diskriminierung entgehen, blieb einem oft nichts anderes übrig, als sich den Yakuza anzuschließen. Kim D. war prädestiniert für ein Leben im Gefängnis. Zwei Onkel waren ihm vorausgegangen, sein Vater war ein Gangster, ein Sohn wurde ermordet, eine Schwester vergewaltigt, sein Haus wurde in Schutt und Asche gelegt. Man hatte ihm wegen seiner Führungsqualitäten eine Abteilung in der Organisation anvertraut. „Was du in der Yakuza kannst, kannst du auch im Gefängnis", hatte ihm der Seelsorger gesagt. „Du kannst deine Führungsqualitäten für eine bessere Welt einsetzen." Die Worte des Geistlichen trafen ihn wie ein Keulenschlag. Zwei Wochen später stand er schon vor der Klasse und unterrichtete Elektrotechnik. Kim ist auch derjenige, der von anderen Häftlingen Geld für Weihnachten einsammelt. In Kürze, wenn er entlassen wird, will er seine Freundin heiraten, die acht Jahre auf ihn gewartet hat.

„Was haben all die Jahre Gefängnisseelsorge für Sie bedeutet, Pater John?"

„Wissen Sie, ein Seelsorger ist nicht dazu da, Probleme zu lösen. Auch nicht zu taufen. Höchstens wie jeder andere Missionar Menschen mit Jesus in Berührung zu bringen und umgekehrt. Nicht mehr. Mehr können wir in Japan ja auch gar nicht beanspruchen. Auf eine Kirche gibt es achthundert buddhistische Tempel. Unser Bischof sagt, das Wichtigste sei, nicht die Hoffnung zu verlieren. So habe ich das auch in all diesen Jahren gesehen. Not to lose hope."

Der Abschied von Pater John fällt mir schwer. „Bis im Himmel…", sagt er entwaffnend. Entwaffnend wie die letzte Mahlzeit, zu der er mich einlädt. Er weint ein bisschen. Er winkt und winkt. Seine alte Hand ähnelt einer Fackel.

Schon einmal in einer Kugel gesessen? „Bullettrains" nennen die Japaner ihre Hochgeschwindigkeitszüge. Und schnell sind sie. Auch teuer, sauteuer, überhaupt gebe ich in Japan so viel aus wie im restlichen Asien in zwei Wochen.

Die japanische Höflichkeit entschädigt für vieles. Ein Schaffner verbeugt sich, wenn er das Abteil betritt und verlässt. Auch wenn niemand drin sitzt. Ich habe es mit eigenen Augen gesehen.

Der Besuch einer Toilette ist ein Luxus. Ikebana-Arrangements von Orchideen und Freesien. Und das Klopapier ist origami-gefaltet. Eleganz bis in die dunkelsten Ecken.

KAFFEEPAUSE IN INDONESIEN

„Kakus“, sagt Jopie, „bedeutet Toilette. Das kommt von ‚kakhuis‘ und so habe ich es in der Schule gelernt.“ Lehnwörter wie „bekleding“ und „lichtdruk“ verraten, dass hier einmal Niederländer das Zepter schwangen.

Allein in Indonesien kann man fünf Jahre von einem Gefängnis zu anderen wandern. Es ist für Seelsorger und Organisationen ein Ding der Unmöglichkeit, alle 12000 Inseln zu besuchen. Die Einwohnerzahl beträgt etwa 225 Millionen, 27000 von ihnen sind Strafgefangene.

„Nicht so schlecht“, sagt Jopie, mit dem ich einen Eiskaffee nach dem anderen schlürfe, „wenn man bedenkt, dass in Singapur von 7 Millionen 40000 hinter Gittern hocken.“ Jopie hat bittere Erfahrungen mit Indonesien und seinen Gefängnissen gemacht, aber er erzählt davon locker und flockig vom Hocker. Ihm verdanke ich den Kontakt zur Rutan Salemba-Haftanstalt und ihrem Direktor Bambang.

Es ist schon wieder eine Weile her, dass ich auf einem Moped gefahren bin. Diesmal bekomme ich sogar einen Helm, einen ausrangierten Nachttopf, der so klein ist, dass mir der Kopf schon schmerzt, bevor ich mit demselben irgendwo aufgeschlagen bin. Wir machen eine Sightseeingtour durch Jakarta für 5000 *Rupiah*.

Auf der weiß getünchten Außenmauer des Rutan-Salemba-Gefängnisses läuft eine Borte in Lourdes-Blau. Die Wachtürme sind wie Leuchttürme, aber das Strandleben ist weit weg. Statt 700 sind hier 2261 eingesperrt. Thomas begrüßt mich, das Faktotum des Direktors. Eine Hand wäscht die andere, und ich komme schnell dahinter, dass er für eine Gefälligkeit seines Chefs auch schon mal die Hand aufhält. Bei mir versucht er es auch, aber ohne Erfolg.

Pater Laurens ist erst seit zwei Monaten Seelsorger, aber weiß nicht, wie es weitergehen soll.

„Ich höre mir ihre Probleme an und nehme die Beichte ab, auch Protestanten.“ Er verlässt das Gefängnis, als ich reinkomme. „Viel Erfolg“, ruft er mir noch nach.

Ich werfe meinen Rucksack in die Zelle und mische mich unter die Häftlinge, die für die zweite „Wäsche“ anstehen. Man kann entweder unter die Dusche gehen oder seine Kleider waschen. Ich nutze die Gelegenheit und schrubbe in einem Zuber Strümpfe und Unterhosen. Bevor ich fertig bin, wird das Wasser abgedreht.

„No problem“, meint Thomas und zeigt auf eine Tonne. Auf dem Boden liegt ein Plastikschlauch. Ich hänge ein Ende in die Tonne, sauge die Luft aus dem anderen und lasse den Zuber volllaufen.

In den Zellen herrscht grauer Alltag. Neun von zehn sind Muslime. Drogen gibt es reichlich. Ursachen für die Kriminalität sind vor allem Familienprobleme. Ich teile eine kleine Zelle mit Daod aus Afghanistan, Kasem aus Iran und Tony aus Jakarta. Daod und Kasem erzählen, sie seien nur hier, weil sie illegal ins Land gekommen sind. Tony belässt es bei „Problemen in der Bar, in der ich arbeitete“.

In der Nacht tue ich kein Auge zu, schuld daran sind die vielen Tassen Kaffee mit Jopie. Ich schwinge mich von der Pritsche, zünde eine Kerze an und erledige einen Teil meiner Korrespondenz. An Kim in Saigon, den Mann unterm Baum; an Süleyman, den türkischen Freund im slowenischen Gefängnis; an Julia und Marianna, die Engel von Petersburg; an Ben Ben in Ghana, den Motor einer Gruppe Jugendlicher, die sich für Gefangene einsetzt; an Nelson, Daniel und Machiel im Knast von Klong Prem in Bangkok…

Es muss schon sehr spät sein, als ich jemanden „psssstt“ flüstern höre. Nach dem Geschnarche zu urteilen hatte ich gedacht, meine drei Zellengenossen würden tief schlafen. „Psssstt!“

„Tony?“

„Yes, it’s me.“

„Habe ich dich geweckt?“

„Not at all. Komm mal her.“ Ich stehe von dem einzigen Stuhl am einzigen Tisch in dem düsteren Raum auf. Vorsichtig bewege ich mich an Daod und Kasem vorbei und hocke mich neben das Bett von Tony.

„I'm cold“, sagt er und sucht meine Hand. Merkwürdig, sie ist wärmer als meine.

„Hast du ein Kondom?“

„Was?“

„Du bist schön“, sagt er, als würde er damit die Frage wiederholen. Ich wette, dass ich rot werde.

„Eh...“ Tonys Griff um meine Hand wird fester. Er zieht mich an sich.

„I want to make love with you“, flüstert er erregt.

„Eh, Tony, ich...“ Aber in einer eleganten fließenden Bewegung legt er meine Hand zwischen seine Beine auf seinen steifen Schwanz, und mit der anderen Hand faßt er mich im Nacken und presst seine Lippen auf meine. Ich drücke ihn zurück, bin aber wie gelähmt. Will schreien und kriege kein Wort raus.

„No, Tony, no...“, murmle ich schließlich. Es erregt ihn noch mehr. Er klebt an mir, sein Atem geht schnell. Ich hoffe, dass Daod oder Kasem aufwachen. Oder hoffe es nicht.

Nicht schroff, aber bestimmt löse ich mich aus seinem zärtlichen Würgegriff.

„Please...“, fleht er mich an. Ich will aufstehen und wegrennen. Aber ich bleibe sitzen. Still und reglos. Es hat kein Kampf stattgefunden, und doch wurden wir beide besiegt. Ein gestohlener Kuss hat die emotionale und sexuelle Problematik langjähriger Häftlinge und Weltenbummler ans Licht gebracht.

Ich suche die Decke und breite sie über Tony aus, stehe auf und gebe ihm einen Kuss auf die Stirn.

Ich warte auf den Morgen wie ein Bräutigam auf die Braut. Wenn es nur schon hell wäre... Die Hähne im Rutan-Salemba-Gefängnis krähen genauso früh wie überall auf der Welt. Aber es dauert noch bis halb sieben, ehe der Schlüssel im Schloss knirscht und wir zum Duschraum neben der Zelle gebracht werden. Wir, das heißt ich. Kasem und Daod sägen noch Bäume. Tony wartet bis zur zweiten Schicht später am Tag.

Manche Situationen kommen einem geradezu filmreif vor, zum Beispiel wenn man von Kopf bis Fuß eingeseift unter der Dusche steht, und es kommt kein Wasser aus dem Hahn. Auch die Tonne ist leer.

„Sorry no more water", entschuldigt sich der Aufseher. Ob er mir eben meinen Rucksack aus der Zelle holen könnte. Darin finde ich noch ein halbe Literflasche Wasser. „Abgefüllt aus einer Naturquelle in den Bergen", steht auf dem Etikett. Es reicht, das Shampoo aus den Haaren zu spülen, und wenn man die Tropfen auffängt, auch noch für den Rest. Wenn sich alle im Westen daran ein Beispiel nehmen würden!

VERLORENE SCHAFE IN AUSTRALIEN

Ich fliege ins Land, das für immer mit den Niederlassungen englischer Strafgefangener verbunden ist, ins Land, das nach Schätzungen 700 Psychopathen zählt. Wo die Selbstmordrate auf 7 pro Tag gestiegen ist. Wo es eine Universität gibt, an der man – las ich heute in der Singaporean Straits Times – einen Masters-Studiengang „Suizidologie" belegen kann.

„Dehabilitation", sagt Terry, „Dehabilitation statt Rehabilitation. Die meisten Menschen, mit denen wir in den Haftanstalten zu tun haben, sollten gar nicht wieder an ihre alten Gewohnheiten anknüpfen. Sie müssen sich all die Dinge abgewöhnen, die ihnen ihr Leben lang in die Quere gekommen sind." Mir gegenüber sitzt der Chef der „Second Chance Foundation". „Sie sind hier alle willkommen, auch wenn sie sich manchmal daneben benehmen. Wenn nur ein Fünkchen Wille vorhanden ist, etwas zu verändern, dann reicht uns das schon. If not, dann nicht! Wir bereiten die Exhäftlinge so gut vor, dass wir zu den Arbeitgebern sagen können: Hier, wählt euch den Besten für den Job aus. Im Arbeitsvertrag steht, dass sie die ersten drei Wochen nur den Mindestlohn bekommen; wenn alles gut geht, können sich beide Parteien einig werden."

Es gibt noch andere interessante Initiativen in Brisbane, die die Lebensqualität von Menschen in und nach der Gefängnishaft ganz groß schreiben. Cathy arbeitet für die „Prison's Legal Services". Ihre Bescheidenheit steht in umgekehrtem Verhältnis zu ihrer Tatkraft. Häftlinge in ganz Queensland können sie oder einen ihrer Kollegen über eine kostenlose Telefonnummer um juristischen Beistand bitten.

„82 Prozent der Pädophilen waren selbst einmal Inzestopfer. Die Familie ist die Grundlage eines glücklichen Lebens, sie kann aber auch viel zerstören. 85 Prozent der Frauen, die im Gefängnis landen, sind in irgendeiner Weise einmal Opfer sexuellen Missbrauchs gewesen. 80 Prozent von ihnen verbüßt eine Strafe für ein Vergehen, das mit Armut zu tun hat. Und noch etwas: In den letzten zehn Jahren hat die Zahl inhaftierter Frauen in australischen Haftanstalten um 300 Prozent zugenommen!"

In Queensland beträgt die Rückfallquote bis zu 62 Prozent. Das heißt, dass von den 4500 Häftlingen in diesem Bundesstaat fast 2800 schon einmal hinter Gittern gesessen haben.

„In den letzten vier Jahren hat man mehr als 400 Millionen Dollar in die Errichtung und den Umbau von Sicherheitsgefängnissen gesteckt statt in eine seriöse psychologische Betreuung", sagt Cathy. „Wir haben es im Strafvollzug mit einer wahren Cowboy-Mentalität zu tun. Jede Woche bekommt ein Häftling 13 Dollar Taschengeld, um Toilettenartikel, Zigaretten oder Süßigkeiten zu kaufen. Er verschwindet einfach im System. Und dann habe ich noch nicht die Aborigines erwähnt." Cathy wird noch ernster. Etwas traurig würde ich sagen. In Australien kommen auf 100000 Einwohner 145 Gefängnisinsassen. Auf 100000 Aborigines 1748! Ganze Gemeinschaften der australischen Urbevölkerung sind vollständig zerrüttet. 40000 Jahre lang lautete die Losung: „You must care for the land and the land cares for you." Und dann kam der weiße Mann und nahm ihnen den Boden und die Kinder weg. Er schuf ein Rechtssystem, das den Aborigines fremd war.

Australien ist ein Land, wo trotz des dramatischen Anstiegs der Gefängnispopulation eine niveauvolle Debatte geführt wird. Ist zum Beispiel jede Gewalt angelerntes Verhalten? In diesem Fall ließen sich auch Psychopathen behandeln. Und wenn jemand permanent sexuell missbraucht wurde und wenn dies sein Gehirn beschädigte – wie Spezialisten behaupten –, wer ist dann schuld, wenn dieser Mensch ein Verbrechen begeht? Krank oder kriminell, „mad or bad?", wie man hier sagt. Doktor Johnson meint, alles sei auf die tiefsten Ängste im Menschen zurückzuführen. Äußerungen wie „Ich wurde in meinem Leben zu tief verletzt" oder „Ich wollte es nicht tun, aber etwas war stärker als ich" verhüllen oft die beängstigendsten Vorgeschichten. Benny wurde als Psychopath stigmatisiert. Ans Licht kam, dass der Vater den Jungen zehn Jahre lang dazu zwang, Mädchenkleider zu tragen, und sich an ihm verging. Es wurde Bennys „Norm". „Probleme werde ich mein Leben lang haben, aber ich habe gelernt, sie zu kontrollieren", sagt er.

Bei den „Sisters Inside" treffe ich Vicky und Jenny. Es liegt auf der Hand, dass sich diese Organisation hauptsächlich um inhaftierte Frauen kümmert. Sisters Inside bietet verschiedene Dienste an, von Rechtsbeistand bis zu Sommercamps für die Kinder sowie Behandlung für Drogenabhängige und Alkoholiker. Die „Schwestern Drinnen" haben einiges auszusetzen. Und zu Recht. Es gibt mehr Regeln in Frauengefängnissen als in denen für Männer. Die übergroße Mehrheit der Richter und Anwälte ist männlichen Geschlechts. Und 70 Prozent der Gefängniswärter. Männer, die einen Mord aus Leidenschaft begangen haben, werden auch öfter begnadigt oder bekommen Strafnachlass.

„Ich bekam lebenslänglich", sagt Lisa, „weil ich zwanzig Jahre lang von meinem Mann misshandelt wurde und ihm schließlich Gift ins Essen gerührt habe. Vorsätzlicher Mord."

„Aber man muss auch sagen", fällt Vicky ein, „dass von den fünfhundert Frauen, deren Gerichtsakten wir in den letzten zwei Jahren behandelt haben, nur neun rückfällig geworden sind. Davon können sich die Herren noch eine Scheibe abschneiden!"

Noritta ist ein fabelhafter Mensch! Sie arbeitet für Aboriginal & Street Torres Islands und schreibt an ihrer Doktorarbeit mit dem Titel „Healing in Justice". „There are no strangers; only friends we haven't met", sagt sie zum Abschied, nachdem wir uns einen Tag lang durch Papiere gewühlt und Kontakte angezapft haben. Noritta und ihr Team wollen ein Projekt für inhaftierte Aborigines starten.

Lisa ist eine buddhistische Nonne und nennt sich Yan Tsun. Die Begegnung dauert ein paar Minuten, aber sie scheint die Gabe zu besitzen, die Zeit anzuhalten. Es klickt sofort. Mit ihr erlebe ich, worüber man nicht viele Worte verliert2. Es ist ihre ebenso selbstverständliche wie ungewöhnliche Liebe zu den Häftlingen. Von ihr höre ich zum ersten Mal den Namen Jarvis Masters, der im Todestrakt von San Quentin in Kalifornien auf seine Hinrichtung wartet und mit dem sie korrespondiert. Dass sie einen Zipfel des Schleiers ihres ungewöhnlichen Engagements für Jarvis lüftete, sollte noch Folgen für meine Reise haben.

Richard Howarth ist aus dem Holz, aus dem man gute Seelsorger macht. Auf jedem seiner Finger ist ein Buchstabe tätowiert, weiß der Kuckuck warum. Offenbar hat er eine wüste Vergangenheit hinter sich. Er ist ein behäbiger Mann, und es wundert mich nicht, dass er gerade nach einem Gichtanfall aus dem Krankenurlaub zurück ist. „Zu viel Fett und zu viel Wein", gesteht er freimütig. Er verzichtet lieber auf das Erste als auf das Zweite, das steht fest. Vor drei Jahre lernte ich Richard während meines ersten Besuchs des Long-Bay-Gefängnisses kennen. Als wir aus dem Aufzug des Gerichtsgebäudes kommen, wo alle Ehestreitigkeiten von New South Wales ausgetragen werden, stellt er mich den Polizeibeamten als „regelmäßiger Besuch aus Belgien" vor.

„Hi mate", grüßen die Uniformierten. „Mate" muss das Wort sein, das man in allen Schichten der australischen Bevölkerung am häufigsten hört. Ich bin mate für Rezeptionisten, Seelsorger, Taxifahrer, Polizisten, Kassiererinnen, Anwälte, Häftlinge… G'day mate, How y'go mate? Pleasure to meet y' mate, sounds good mate, no problem mate…

Wir werden in eine blitzblanke, frisch gestrichene Zelle gesteckt. Die Pritsche ist aus Metall, das Klo auch. Sonst ist der Raum leer. Als Stuart seine Notdurft verrichtet, lachen die Wärter hinter dem Glasfenster. Sie werden schon einen anderen Grund haben, aber trotzdem… man kommt sich in dieser Glaszelle von Saint James Family Court irgendwie vor wie in einem Delphinarium.

„Ich versuche schon eine ganze Zeit, das Besuchs- und Sorgerecht für meinen Sohn Lee zu bekommen", sagt Stuart. „Die Sache kommt gleich vor Gericht. Das letzte psychiatrische Gutachten über die Mutter ist katastrophal. Sie ist nicht in der Lage, ein Schaf von einem Känguru zu unterscheiden, geschweige denn, ein Kind zu erziehen." Stuart zieht die Hose seines Maßanzugs wieder hoch, den er für diese Gelegenheit angezogen hat.

Der Anwalt klopft ans Fenster, das Tür und Wand zugleich ist. Er blinzelt oft mit den Augen; wahrscheinlich spielt er Poker in seiner Freizeit, von der er garantiert im Überfluss hat.

„Wir sind an der Reihe, Mister James Rowland…"

„Eh, Stuart Brown ist meine Name", unterbricht ihn Stuart.

„Oh ja, selbstverständlich. Mister Stuart Brown. Sie wollen die Scheidung von Ihrer Frau anfechten."

„Nein", unterbricht Stuart ihn zum zweiten Mal, „ich beantrage das Sorgerecht für meinen Sohn."

„Eh, oh ja. Jetzt fällt es mir wieder ein", zwinkert der Anwalt. „Sie sitzen wegen Rauschgiftschmuggels in Haft, nicht wahr?"

„Nein. Ich wurde wegen Gewalt gegen Polizisten verurteilt."

„Entschuldigung. Natürlich, jetzt wo Sie es sagen."

„Das habe ich schon drei Mal. Sie haben mich im Long-Bay-Gefängnis besucht, und ein Mal haben wir uns am Telefon gesprochen." Stuart verliert erstaunlicherweise nicht die Geduld.

„Ich müsste mir die Akte noch mal vornehmen", meint der Anwalt klugerweise, aber ein Polizist öffnet die Fenstermauertür und ruft uns zur Sitzung. Wenn das man gut geht!

Stuarts Vater hatte einen Pornoladen, die Familie eine Allergie gegen alles, was mit dem Gesetz zu tun hatte. Stuart entwickelte eine Aversion gegen Polizisten und sonstige Gesetzeshüter, die allmählich zur Obsession wurde. Seit geraumer Zeit nimmt er im Knast an einem Vorbeuge-Programm teil. Kleine Tricks – etwa dass Wärter sich bereit finden, sich von ihm duzen zu lassen –

scheinen Früchte zu tragen. Jedenfalls hat sein Barometer im letzten Jahr kaum noch Sturm angezeigt. Es ist zu hoffen, dass das dem Anwalt rechtzeitig einfällt.

Im Gerichtssaal schlägt eine Frau auf der Zuschauertribüne mit einer Einkaufstüte von *Coles* einem Knirps auf den Kopf. „Bleib sitzen!“ Sie stößt Drohungen aus, die aber mehr gegen ihren Ehemann gerichtet sind.

„Du wirst nicht bei diesem Ungeheuer wohnen“, höre ich sie zum kleinen Lee sagen.

Die Sitzung dauert kaum zehn Minuten und wird vertagt, vor allem zur Erleichterung des Anwalts.

Einen Tag später kehre ich zum Long-Bay-Gefängnis zurück. Es hat sich in den drei Jahren nicht viel verändert. Richard empfängt mich mit einem Minigottesdienst.

„A-a-ma-a-a-zing grace“, singen wir schön falsch.

„Das muss die älteste Hymne ihrer Art sein“, meint Richard. „Der Text ist von einem gewissen John Newton, einem Sklavenhändler, der vom Saulus zum Paulus wurde.“ Bis jetzt haben sich nur wenige Häftlinge eingefunden. Erst kurz vor der Kommunion wird es voller. Dann gibt es einen Fingerhut voll Wein und einen Brocken Sojakeks, was es mit dem Geschwafel über einen Brief an die Römer allemal aufnehmen kann.

„Ich trage ein Kreuz“, sagt einer und streckt den Arm in die Höhe, auf dem in der Tat ein Riesenexemplar tätowiert ist. Er bekommt die paar Tropfen Wein.

„Hey, und wo ist mein Plätzchen?“, beschwert sich James, der die ganze Zeit den DJ gespielt hat und dem jetzt die Hostie durch die Lappen zu gehen droht.

Nach dem Gottesdienst gibt es Tee und Kuchen. Die Kapelle füllt sich zusehends. Der Raum ist multifunktional, und Plakate mit Bibelsprüchen wechseln einander mit Aufrufen zum „Safer Sex“ ab. In einer Ecke steht ein Weihnachtsbaum aus Plastik.

„Das ist jetzt das sechste Mal“, sagt Alan, „dass man mich in den Knast sperrt. So werde ich meine Drogensucht natürlich nie los.“ Alans Eltern ließen sich scheiden, als er fünf war. Seitdem ging es von einer Institution zur nächsten. Er trägt einen Bart, der ein halbes Jahr kein Messer gesehen hat, grau wie ein Seehund.

„Stupid me“, lacht James vor sich hin, „mich hat man mit zwei Flaschen Whisky erwischt.“

Ich komme mir vor wie ein Märchenerzähler. „Wir wollen genau wissen, wie es woanders zugeht“, sagt Kevin, der eine wandelnde Narbe ist. Als er zwei war, zerstörte eine Gasexplosion sein Elternhaus. 95 Prozent seiner Haut ist eine Landkarte aus Striemen und Beweisen misslungener plastischer Chirurgie. Er trägt eine Sonnenbrille, auf dem Arm, der vom Feuer verschont wurde, prangt eine Tätowierung so groß wie die Harbor Bridge.

„Und gib uns Adressen. Es wäre doch nicht schlecht, wenn man mit einem Schicksalsgenossen in Afrika korrespondieren könnte.“

Wir sitzen im Fernsehraum. Es wird gerade ein Sportwettkampf zwischen den Aussies und Kiwis übertragen, deren Rivalität groß ist wie eh und je. Bemerkungen am laufenden Band. Allerdings müssen sie etwas mit dem Wettkampf zu tun haben, wer sich nicht daran hält, wird mit Blicken zum Schweigen gebracht. Nur während der Werbung darf man um eine Zigarette schnorren, von Frau oder Freundin erzählen oder jemandem eins draufgeben. Die zweite Hälfte ist kaum angepfiffen, da ertönt ein anderes Pfeifsignal.

„Los, raus“, schnauzen die Aufseher. Aufmucken hilft nicht. Alle müssen zurück in die Zellen. Der Grund wird deutlich, als zwei Wärter in unsere Zelle kommen.

„Strammstehen!“ Mit hoch erhobenen Händen stehen wir an der Wand und werden gefilzt. Vor allem Hemd- und Hosentaschen. Auch in den Spinten und unter den Matratzen wird gesucht.

„Wer von euch hat das Handy?“

„Handy?“ Erst jetzt dämmert uns, was passiert ist. Eine Werbung im Fernsehen war von der australischen Telefongesellschaft Telstar. Das zugehörige Gepiepe wurde von den Wärtern an der Tür falsch interpretiert. Meine Zellengenossen haben die zweite Spielhälfte verpasst und können über die Unbedarftheit des Personals nicht lachen.

„Schau mal, Jeff on the wall!", ruft Kevin plötzlich. Und alle prusten vor Lachen. Außer mir. Kevin wiederholt es noch einmal. „Jeff, the rockspider!" Und wieder biegen sich alle vor Lachen. Ich sehe eine Spinne die Wand hinaufklettern. Schließlich erbarmt Kevin sich meiner.

„Ein ‚Rockspider', sagt er ernsthaft, als würde er mir Darwins Evolutionstheorie erklären, „ist ein Pädophiler. Und Jeff drei Zellen weiter ist wegen Kindesmissbrauchs verurteilt."

„Oh!"

Stühle stehen im Kreis. Der Raum ist mit einem Teppich ausgelegt. Das Licht ist sanft, es soll Heiterkeit ausstrahlen, macht aber eher nervös. Michael Kenneth kommt herein und begrüßt mich herzlich. Er ist ein kahl werdender Mann, der ein ehrlicher Dorfmetzger sein könnte oder ein frischgebackener Großvater. Als Polizist des idealistischen Typs stand er an der Wiege von Honest Cops (Ehrliche Polizisten), einer Gruppe, die Himmel, Hölle und ihr Gewissen in Bewegung setzt, um den Dialog zwischen Tätern und Opfern für die Resozialisierung zu nutzen.

„Bewachen und Kontrollieren ist eine Sache", sagt er mild, „Investieren in einen Neuanfang eine andere." Heute soll ich erleben, was er meint.

Die ersten, die hereinkommen, sind die Eltern von Craig, der vor drei Jahren in der Pizzeria, in der er abends arbeitete, ermordet wurde. Vier Männer verlangten die Herausgabe der Kasse. Craig zögerte und wurde erschossen.

Allan und Amie nehmen jetzt auch Platz, Craigs ehemalige Arbeitskollegen. Amie fällt es schwer, ihre Emotionen zu unterdrücken. Craigs Mutter Melissa beißt sich auf die Unterlippe.

Diese Begegnung wurde zwei Jahre lang vorbereitet. Kenneth pendelte zwischen den Parteien, von den Tätern zur Familie des Opfers. Kann ein Mörder sich die Hölle vorstellen, durch die die Eltern eines ermordeten einzigen Kindes gegangen sind? Darf man erwarten, dass sie sich in einen Mann hineinversetzen, der ihren Sohn umgebracht hat?

Kenneth schwört auf den Dialog. Heute wird sich zeigen, ob dies eine graue Theorie ist oder ob das Unmögliche möglich werden kann.

Vielleicht ist die schwierigste Arbeit schon geleistet, dass sich beide Parteien dazu durchgerungen haben, sich auf diese Konfrontation einzulassen.

Wir warten. Es wird nicht viel gesprochen. Ein Lächeln genügt. Aber dann wird die Atmosphäre doch eisig, als an der Tür David und Jeff, zwei der vier Täter, die sich an dem Projekt beteiligen, von ihren Handschellen befreit werden und den Raum betreten. Mutter Melissa blickt nicht auf. Bis Kenneth das Wort ergreift.

„Dies ist ein sehr schwieriger Augenblick für jeden von euch, für uns. Wir haben uns alle bereit erklärt, zumindest den Versuch zu unternehmen, etwas von dem zu verstehen, was nicht zu begreifen ist. Lasst uns verabreden, jeden ausreden zu lassen." Stille. Wie verdammt still Stille doch sein kann!

„David?" David, der bis jetzt den Blick nur auf seine Füße gerichtet hat, ist überrascht, dass er, der Mörder, anfangen soll.

„Eh", beginnt er stockend, „ich habe mir oft die Frage gestellt, ob ich eigentlich das Recht habe, der Mutter und dem Vater von Craig einen Brief zu schreiben. Würde ich ihnen nicht noch mehr Schmerzen zufügen?" Stille.

„Manchmal habe ich in der Zelle laut geredet, als würden mir Craigs Eltern gegenüber sitzen. Auch dann konnte ich kaum was rausbringen." In der wieder eintretenden Stille kommen mir die fünfzehn Sekunden wie eine halbe Stunde vor.

„Mir ist angst und bange. Ich kann mich nicht an irgendeine Entschuldigung festklammern. Ich kann nur die Verantwortung auf mich nehmen." Irgendwie erinnert mich David an einen pudelnackten Mörder am Kreuz, der noch etwas von einem Himmel finden will. Er ist völlig kahl geschoren, jung und stämmig. Man ist geneigt, es ihm nicht zu wünschen, aber etwas fremdartig Würdevolles umgibt ihn.

Mutter Melissa bricht in Tränen aus. „Weißt du, dass ich mir einen Hund genommen habe, damit mein Haus nicht so leer ist? Dass ich mit dem Kalender in der Hand lebe: die erste Weihnachtszeit ohne ihn, der erste Geburtstag ohne ihn, der erste Jahrestag seines Todes? Deine Entschuldigungen bringen mir mein Kind nicht zurück. Deine Entschuldigungen werden mir keine Enkelkinder schenken."

„Und ich", fasst sich Amie ein Herz, „ich habe mein Studium aufgeben müssen. Ich habe den Freund verloren, nach dem ich so lange gesucht hatte. Meine Welt ist zusammengebrochen.

„Aber enough is enough", sagt Vater Ken, und das ist auch der Name der von ihm vor einiger Zeit gegründeten Organisation. Er will die Spirale der Gewalt durchbrechen, dem Bedürnis nach Rache nicht folgen, er will denen die Hand reichen, die zu Verbrechern geworden sind. Aber seine Frau kann damit nichts anfangen. Im Gegenteil, es ist wie Salz in einer Wunde. Ihr Mann tue sich wichtig mit seiner Organisation, er predige landauf, landab in Schulen und Gemeinden. Offensichtlich ist Craigs Tod auch zur Zerreißprobe der Ehe seiner Eltern geworden.

„Warum habt ihr es bloß gemacht?", will Vater Ken wissen.

„Es war nicht meine Absicht", sagt Jeff plötzlich.

„Aber ein Gewehr hattest du dabei!", unterbricht ihn Amie.

„Ich steckte bis über beide Ohren in Schulden, ich brauchte Geld."

„Tja, und dann suchst du dir ausgerechnet eine Pizzeria aus?", sagt die Mutter.

„Und warum hast du nicht nur das Geld genommen", stimmt Allan zu.

„Craig starb in der Blüte seines Lebens", sagt Melissa weinend. „Craig wusste nicht, dass es Menschen wie dich gibt. Als er starb, bin ich mit ihm gestorben."

Auch Jeff bricht in Tränen aus. „Ihr werdet es nie verstehen. So wie ich nie verstehen werde, was es bedeutet, einen Sohn zu verlieren. Ich bin anders. Ich war anders. Mein Leben war so anders als eures. Ich muss damit leben, ein Mörder zu sein." Die Tränen eines Mörders – sind sie echt?

„Was ging damals in dir vor, nach der Tat?", fragt Kenneth.

„Ich habe eine Woche lang versucht, mich umzubringen."

Zum ersten Mal schaltet Jane, Davids Mutter, sich ein. Die Familien der Täter gehören sowieso zu denjenigen, denen man die wenigste Aufmerksamkeit schenkt. „Ich trage ein Stück der Verantwortung. I'm so sorry." Die Worte bleiben ihr im Hals stecken.

„Nein“, sagt Vater Ken leise, aber bestimmt. „Es ist nicht Ihre Schuld.“ Und er reicht Jane ein Papiertaschentuch.

Fragen und Anworten gehen noch eine Weile hin und her. Manchmal überwiegt das Unverständnis, manchmal die Anteilnahme. Gegen Ende fragt Michael Kenneth, wie man nun dieses Projekt betrachtet.

Brandon, ein Kollege aus der Pizzeria, meint: „Diese Initiative hat sich gelohnt. Es hat mir geholfen. Ich glaube, dass wir Craig damit Ehre erweisen.“

Mutter Jane hält die handschellenfreie Hand ihres Sohnes umklammert.

Mutter Melissas Fazit ist weniger positiv: „Mörder kommen irgendwann frei. Wir sind für den Rest unseres Lebens eingesperrt. Wenn du mir meinen Sohn zurückgibst, könnte ich dir verzeihen.“

„Vielleicht“, sagt Amie, „bin ich gekommen, um dir dies zu wünschen: dass du nie mehr glücklich wirst. Du verdienst es nicht. Aber ich stelle auch fest, dass die Tatsache, dass ich das hier sagen kann, mir Zuversicht gibt.“

„Möchtest du noch etwas sagen, Jeff?“, fragt Kenneth.

„Hören und Sehen sind bei mir wieder im Einklang miteinander.“, antwortet er. „Ich will niemanden damit verletzen, aber ich fühle mich ruhiger und leichter.“

Man sollte nicht zu viel erwarten, aber ich werde nie vergessen, wie Jane und Melissa, die Mutter des Täters und die des Opfers, sich beim Verlassen des Raums umarmen.

Heute lerne ich die kleinen Joey, Burrabindi, Biggles, Moccha und Cookie kennen, auf einem großen, aber eingezäunten Gelände. Als man mir Joey in die Arme legt, muss ich niesen wie ein alter Mixer und stelle fest, dass ich anscheinend allergisch gegen… Kängurus bin. Ich verbringe Muttertag bei der Familie Graham in Mount Barker, eine halbe Autostunde von Adelaide entfernt. Die Grahams betreiben ein Tierheim für Alpakas und Kängurus. Joey wurde noch lebend aus dem Beutel seiner von einem Auto angefahrenen

Mutter gezogen und wird mit der Milchflasche großgezogen. Vor lauter Niesen lasse ich den Kleinen fast fallen. Nein, Knastbrüder sind mir lieber.

Iszack ist inzwischen drei Jahre alt. Er hat zwei Halbschwestern, jeweils von einem anderen Vater. Einer der drei Erzeuger hat die Sorgepflicht für Iszack übernommen, sitzt aber momentan hinter Gittern.

„Und ich habe Angst, wenn er freikommt", weint Sue. „All die Drogen!"

Es ist eine zu Herzen gehende und zugleich abstoßende Szene, aber ich weiß nicht, über wen oder was man sich ärgern soll. Vor drei Jahren lernte ich Sue im Frauengefängnis von Adelaide kennen. Sie hatte gerade einen Sohn zur Welt gebracht. Nicht die Tatsache der Geburt hatte in den Zeitungen für Schlagzeilen gesorgt, sondern dass er im Gefängnis gezeugt worden war. Das Personal musste sich einem DNA-Test unterziehen. Der Schuldige war der Gärtner. Ja, wer sich um Blumen und Gemüse kümmert...

Jetzt sind Sue und Iszack frei. Aber es kommt mir so vor, als wären sie unfreier als vor drei Jahren, als sich der eine in der Wiege mit der Rassel vergnügte und sie sich in der Anteilnahme der Mithäftlinge und des Personals sonnte. Jetzt halten sie Angst und Drogensucht gefangen. Ein Teufelskreis.

Nach dem Besuch bei Sue nimmt mich Heather mit zum Yatala-Gefängnis. „Gestern kamen zwei Hiobsbotschaften", seufzt sie. „In einer der Werkstätten wurden die Audiophone für die australische Fluggesellschaft Ansett hergestellt, sie ist Pleite gegangen. Keine neuen Aufträge mehr."

„Und die Zweite?", frage ich Heather, die während der ganzen Zeit in Adelaide meine Gefängnisbotschafterin ist.

„Wir müssen die Produktion von Bibeln zurückschrauben. Mit dem dünnen Papier wurden zu viele Zigaretten gedreht!"

DAS TAPFERE SCHNEIDERLEIN VON NEUSEELAND

Es warten zwei Päckchen auf mich. Es ist kurz vor Ostern, und zu Hause hat man zwischen die weitergeleitete Post Schokoladeneier gelegt, gut in Zeitungspapier verpackt. Normalerweise werfe ich diese Art Packpapier sofort in den Papierkorb. Aber es ist inzwischen mehr als ein halbes Jahr her, dass ich eine flämische Zeitung in der Hand hatte. Vielleicht erfahre ich ja, wie die CVP heute heißt und ob Verhofstadt noch nicht vom Fahrrad gefallen ist.

Mein Blick fällt auf einen Artikel über ein Gefängnis in Mexiko. In Potxutla arbeitet eine Belgierin mit Häftlingskindern. Sogar Telefonnummern stehen dabei. Mein Aufenthalt im Gefängnis im Süden Mexikos ist geritzt.

Das zweite Päckchen ist ein Buch. Lisa aus Brisbane hat mir die Schriften von Jarvis geschickt, Finding Freedom: Writings from Death Row. Ihr zum Tode verurteilter Freund bekommt für mich wieder etwas mehr Leben.

Arohata Prison. Ich verbringe einen Tag im Frauengefängnis von Wellington. 70 Prozent der Inhaftierten sind Maori, obwohl sie nur etwa 12 Prozent der 3,7 Millionen Einwohner von Neuseeland ausmachen. So ist es in vielen Ländern, in denen die Urbevölkerung zu einer Minderheit geworden ist.

Kohi wartet auf den Besuch ihrer Kinder. Zoe spaziert im Bademantel und mit wirren Haaren herum. Sally geht nervös auf und ab: „Fucking guards!, fucking jail, fucking life!“ Die Abteilung, in denen sie eingesperrt sind, hat das Aussehen eines sauberen Zwingers. Rapmusik übertönt alles. Die Diven tragen große Plateauschuhe, breite Hosen und dicke Bäuche. Ein ganz gewöhnlicher Gefängnisalltag.

Ganz anders geht es in der Küche zu. Ronghomai, genannt nach einer Maori-Prinzessin, steht an der Spitze des Küchenteams. Wir müssen Gebäck kosten.

„Home made cookies“, lacht Eletise, eine wahrlich voluminöse Frau, mit der sich auch ein Schwarzenegger nicht anlegen würde. „Food“, sagt Larissa, „ist das Beste im Knast. Viel besser als zu Hause.“

Paige schenkt mir Kaffee ein; Ariane gießt Milch dazu. Es sind fröhliche humorvolle Frauen. Amanda erzählt, sie habe in der Haft 27 Diplome gemacht, aber kein einziges würde draußen anerkannt. „Aber ich kann immer noch mein Klo damit tapezieren.“

„What a delight!“, seufzt eine hübsche Frau um die vierzig, während ich mich aus ihrer Umarmung befreie. „Ich hatte vergessen, wie sich das anfühlt“, sagt sie. Die zwölf anderen lachen. Helena nimmt kein Blatt vor den Mund und breitet ihre Lebensgeschichte aus. Sie ist eine der Frauen, die an dem Programm Alkohol und Drogen teilnehmen.

Das Ganze hat etwas von einem Pfadfinderzeltlager. Wir stellen uns beim Büfett an. Das Essen ist tatsächlich gut. Helena serviert mir einige ihrer Gedichte, Wendy einige ihrer Erzählungen.

„Das Gefängnis“, sagt Helena, „kann mir nichts beibringen. Es bündelt höchstens, was ich schon längst weiß. Es ist mir klar, dass ich gegen den Dämon der Bitterkeit kämpfen muss. Die Zeit schleppt sich dahin, man verbüßt seine Strafe und sieht keinen Sinn darin. Strafe um der Strafe willen. Rehabilitation ist der größte Mythos. Und Versöhnung gibt es nicht. Es gibt nur ein sinnloses Büßen, das schon bald schlimmer ist als die Straftat.“ Helena sitzt schon Jahre wegen Drogenhandels hinter Gittern. Sie beschreibt ihre Gedanken sehr genau. „Welchen Unterschied macht es, ob man seine Taten bereut? Man muss die Jahre ja doch absitzen.“

Beim Nachtisch kommt Helena auf die Hoffnung zu sprechen.

„Ja, ich hoffe. Vielleicht, weil ich die Realitiät nicht wahrhaben will, um sie zu kaschieren, um den Schock zu dämpfen, um ‚allem‘ zu entgehen. Aber sie hilft mir, geduldig meinen Weg zu gehen. Hoffnung ist ein besseres Überwachungssystem als alle Aufseher zusammen. Besser als alle Schlösser und Stacheldrahtzäune. Das ist es, was mich auf den Beinen hält – die Hoffnung, dass ich ein besserer Mensch werde, die Hoffnung, dass ich die Liebe kennen lerne und die Hoffnung, dass ich die Jahre bis zur Entlassung überstehe. Und auch die Zeit danach.“

„Tee?“, fragt meine „freie“ Gefangene. Sie erzählt und bedient, als würden wir auf der Veranda ihres Hauses sitzen. Die Plakate, die Farben, die Sauberkeit… es riecht hier wirklich nach zu Hause.

Wendy hat sich zu uns gesetzt. Weil es in Neuseeland nur drei Frauengefängnisse gibt, ist der Besuch von Angehörigen ein geographisches Problem. Wie Wendy stammen manche der Frauen von einer anderen Insel, was einen regelmäßigen Besuch von Geschwistern, Ehemann oder Eltern fast unmöglich macht. Ihr Freund kann sie nur hin und wieder besuchen.

„Ich wurde zusammen mit einer anderen Frau in ein Flugzeug gesetzt.“

„Ein normaler Flug? In Handschellen?“

„Ja. Mit Air New Zealand. Das ist ganz normal. Aber alles ging ziemlich diskret über die Bühne. Wir wurden in Handschellen zum Flughafen gebracht und gingen ganz zum Schluss an Bord. Weil wir ganz hinten saßen, glaube ich nicht, dass irgendjemand etwas gemerkt hat. Man hat uns dann die Handschellen abgenommen.“

„Wussten die Stewardessen Bescheid?“

„Ja, aber sie waren schrecklich freundlich. Und die hintersten Plätze haben so ihre Vorteile. Als kurz vor der Landung ein Korb mit Süßigkeiten durchgereicht wurde, haben meine Freundin und ich die Brechbeutel bis oben hin gefüllt. Es hat für ein paar Wochen gereicht.“

Wendy ist eine zarte Frau, aber ihr Nacken ist voller Tätowierungen. Andere Maori tragen die bekannten Schnörkel, abstrakte Symbole ihrer Kultur, an den Schläfen und auf der Stirn, auf der Nase und auf den Lippen.

„Nächste Woche verschwinden sie.“ Wendy zeigt auf ihren Hals. „Das Gefängnis finanziert ein Programm, Tätowierungen entfernen zu lassen. Eine Untersuchung hat ergeben, dass Menschen mit Tätowierungen, zumal im Gesicht, auf dem Arbeitsmarkt weniger Chancen haben.“

Jane, die Abteilungsleiterin, ist ein guter Mensch. Viel hängt vom Engagement ab, mit der die Politik umgesetzt wird. Für Wendy ist es ein Segen, dass sie sich für die Abteilung Drogenrehabilitation entschieden hat.

„Es war beängstigend, wie ich das Denken im Knast verlernte. Glücklicherweise werden wir hier tüchtig rangenommen. Der nächste Schritt ist Hausarrest. Ich werde elektronisch überwacht, habe aber doch zumindest die Chance – unter Betreuung –, zu Hause wieder Fuß zu fassen. Was mich betrifft, sollte das im Mittelpunkt stehen, dass man uns beibringt, in der vertrauten Umgebung gute Mütter und Väter zu sein."

Es gibt durchaus Anlass, auch einmal eine Lobeshymne über Reformen im Strafvollzug anzustimmen.

„So kommen beispielsweise sonntags Freiwillige zu uns für die Kinder. Wir lernen neue Erziehungsmethoden, neue Spiele."

„Und dann hast du das Rimutaka-Gefängnis noch nicht gesehen", sagt Jane. „Dort hat sich die Maori Focus Unit seit 1999 ziemlich gemausert. Das Beste vom Besten."

Helena bringt mich zu ihrer Zelle. Es sind, wie ich schon sagte, Baracken, aber gehobenen Standards. „Zimmer" könnte man auch sagen. „Hier schreibe ich an meinem Buch", sagt sie und zeigt mir stolz ihren Computer. Sie bemerkt meine Überraschung. „Ja, ja, beantragt und bewilligt, stell dir vor."

„Manchmal habe ich das Gefühl, dass ich auch in der Freiheit ziemlich gebunden war. Böse Zeiten erlebt man nicht nur im Knast. Vielleicht ist ein Gefängnis eine Zusammenballung der Leiden, die man in Beziehungen, bei einer Scheidung, bei Fehlschlägen, nicht eingehaltenen Versprechungen und enttäuschtem Vertrauen erlebt."

Das Zimmer ist aufgeräumt. An der Wand hängen Plakate und Fotos. „Das ist wie ein Altar für mich", lächelt Helena. „Jedes Bild gibt etwas von meinen Beziehungen, meiner Liebe wieder, reduziert auf eine Fläche von 9 mal 11. Komm, ich stelle dich dem Aufseher vor." Sie hakt sich bei mir ein. Sie schlägt dem Wärter, der in einer Zeitschrift blättert, auf die Schulter, als wäre er der Gruppenleiter des Pfadfinderlagers.

Beim Abschied sagt sie: „Für die meisten Menschen sind Gefängnisse weit weg, Orte, die sie manchmal von der Autobahn aus sehen. Wie mag es da zugehen, fragt man sich. Es sind geheimnisvolle Orte, aber nichts reizt uns, dem Geheimnis auf den Grund zu gehen. Es sind Orte der Finsternis, die wir sich selbst überlassen. Unwissenheit hat kein Gewissen und kein Mitgefühl."

Helena löst sich aus der Umarmung und steckt mir einen Zettel in die Tasche. Während ich das Arohata-Gefängnis verlasse, lese ich: „Es gibt Siege, deren Triumph nur darin besteht, dass sie von denjenigen erkannt werden, die sie erringen. Das gilt besonders für das Gefängnis, in dem man Trost in der Treue zu sich selbst finden muss.“ (Nelson Mandela)

Sue, die die drei Gefängnisaufenthalte in ihren Lebenslauf aufgenommen hat, schält Kiwis und bietet sie mir großzügig an. Kiwis essen in einem neuseeländischen Gefängnis – das ist unglaublich, fast zum Träumen.

Ich bügle Bettwäsche in der Schneiderei. Ein Dutzend Frauen sind am Sticken.

„Ein bisschen langweilig, findest du nicht?“, fragt Pania. „Wir sind aber auch verwöhnt durch letztes Jahr. Hast du ‚Herr der Ringe‘ gesehen?“

„Steht auf meiner Wunschliste.“

„Du weißt, dass der Film einige Oscars gewonnen hat?“

„Für den besten Film, die beste Musik. Und die Kostüme, glaube ich, oder?“

„Und wo wurden die Köstume geschneidert?“

„Das ist nicht dein Ernst. Hier?“

„So ist es. Das Geld bekommen wir, die inhaftierten Frauen von Neuseeland.“ Ich finde es wunderbar. Es ist einmal etwas anderes, als Glühbirnen in Kartons packen.

Wir sind jetzt schon eine Stunde mit Silipa unterwegs und haben uns verirrt. Das Rimutaka Prison ist nirgends zu finden. Die Landschaft ist schön, die Wolken bieten ein sehenswertes Schauspiel, aber kein Gefängnis weit und breit. Die einzige Menschenseele, der wir bisher begegneten und die wir nach dem Weg gefragt haben, war ein blinder Mann. Wir seien goldrichtig. „Irgendwo auf der Insel müsse sich ein Gefängnis befinden.“ Auf einmal erscheint ein Regenbogen am Himmel.

„Ich wette meinen Kopf drauf, dass Rimutaka am Ende des Regenbogens liegt“, sage ich siegessicher.

Silipa lacht. „Höchstens ein Topf Gold.“

Wer nicht wagt, der nicht gewinnt. Nach einigem Kreuz und Quer taucht am Ende des Regenbogens das Gefängnis auf.

Ich lerne die Sozialarbeiterin Makere Love kennen. Ihre Sanftmut spiegelt den ganzen Kampf des Maorivolkes wider, ihre Augen das Wasser des Waikato-Sees, ihre Haare die Geysire von Rotorua.

„Die Maori Focus Unit entstand aus kultureller Not, aus der Erkenntnis, dass die Zahl inhaftierter Maori unverhältnismäßig hoch ist und dass wir den angelsächsischen Strafvollzug für unsere Leute zur Diskussion stellen müssen. Die Maori wollten schon länger am Entscheidungsprozess beteiligt werden. Die Abteilung hier im Gefängnis ist wie eine *whânau*, eine Großfamilie. Im Hinblick auf Resozialisierung und Reintegration ist es deshalb wichtig, dass jemand von den Häftlingen bereit ist, Verantwortung für die Gruppe zu übernehmen.“

„Das leuchtet ein“, pflichte ich ihr bei, „nur von innen heraus kann es zu einer wirklichen Reform kommen.“

Die Abteilung ist in verschiedenen Bereichen Schrittmacher. Terry aus Brisbane würde hier mit seinem Plädoyer für Dehabilitation statt Rehabilitation mit offenen Armen empfangen.

Die Insassen selbst bestätigen es mir: „Durch dieses System werde ich draußen besser bestehen können.“

„Wir richten uns ganz besonders auf die Sprache, Geschichte und die Traditionen der Maori. Viele Häftlinge entdecken erst hier den Reichtum ihrer Kultur.“

Wir verzehren Brot mit Lachssalat und einen Apfel. Ein Auto hält auf dem Hof. Ein Wärter steigt mit einem Gefangenen aus.

„Wanganui sitzt hier die letzten Monate seiner Strafe ab“, erklärt mir Makare. „Die Maoritradition hat ihn so fasziniert, dass er sie mit seiner Malerei kombiniert hat.“ Sie geht zum Fenster. „Da, die Wandbilder sind von ihm.“ Maorikämpfer in Oliv- und Farngrün schmücken die Wände des Innenhofs.

„Vier von unseren Leuten gehen jeden Tag zur Universität. Wanganui malt jetzt auch außerhalb der Haftanstalt. Er ist ein gefragter Maorikünstler in der Stadt.“

„Das Geheimnis guter Resozialisierung besteht darin, dass man sich auf den ganzen Menschen richtet, Körper, Seele und Geist... Einen Maori auf die Rückkehr in die Gesellschaft vorzubereiten, ohne die Spiritualität einzubeziehen, heißt Wasser zum Brunnen tragen."

Auf dem Bahnsteig des Trentham-Bahnhofs verabschiede ich mich von Makere. Einige Regentropfen zeichnen eine Spur auf Albertos Kunstkarten, von denen ich auch hier eine zurücklasse.

JAILS UND PRISONS IM HOHEN NORDEN UND IM WILDEN WESTEN

Diese Reise ist wie eine Liebkosung. Eine unerschöpfliche Quelle der Liebe für diese Erde und ihre Menschen. Ich genese von einer Verletzung, die ich nie erlitten habe. Ich fühle mich zu Hause. Überall. Es ist ein Gottesgeschenk.

„Da können sie gleich einen Zaun um Kalifornien ziehen", sagt Chuck, der im Bus von Los Angeles nach San Francisco neben mir sitzt. „In Pelican Bay zum Beispiel leben 12000 Leute. Alles funktioniert da vollautomatisch. Sogar die Türen zu den Duschen werden mit einem Knopfdruck geöffnet und geschlossen. Es gibt in Kalifornien 33 staatliche und 6 private Gefängnisse, in denen insgesamt 150000 einsitzen. Dafür sind 40000 Angestellte nötig, 27000 sind Wärter. Das heißt, ein Strafvollzugsbeamter pro 3,7 Häftlinge. 4,8 Milliarden Dollar sind nötig, um das Ganze in Gang zu halten. Politisch von enormer Bedeutung." Chuck kann Geschichten aus erster Hand erzählen, er hat selbst mehrere Male gesessen.

„Eine Plage sind die Gangs, die innerhalb der Gefängnisse die Kontrolle ausüben. Mord und Totschlag ist an der Tagesordnung. BGF steht für Black Gorilla Family. AB kennen Sie ja wahrscheinlich: Aryan Brotherhood. Die Gangs sind militärisch strukturiert, es gibt Sergeants und Leutnants, der Anführer ist meist ein LLer. Ein

Bandenmitglied genießt zwar Schutz, ist dafür aber auch verpflichtet, Befehle auszuführen, bis hin zu Mord, auch außerhalb der Mauern. Das Gefängnis von Folsom Sacramento hält den traurigen Rekord von 350 Morden pro Jahr.“ Chuck redet non-stop. „Einen Knast nach dem andern bauen für möglichst viele Straftäter, das ist die Politik.“ Dies trifft zumindest für Kalifornien und etliche andere Bundesstaaten zu. „Das Beste war“, räumt Chuck ein, „dass ich drinnen eine Ausbildung als Optiker gemacht habe. Davon lebe ich heute.“ Er hält mir eine Tüte Pralinen hin, gefüllt mit Erdnussbutter. Als wir in San Francisco ankommen, kann ich keine Erdnussbutter mehr riechen noch sehen.

Die verrückteste Stadt der Welt. San Francisco. Ich dachte, hier unbeschwert die Segnungen der modernen Zeit genießen zu können, aber ich bin in einem Spiegellabyrinth gelandet, aus dem es keinen Ausweg gibt. Ein Labyrinth aller Schattenseiten des Lebens. Außer in Kalkutta habe ich nirgends so viele Obdachlose gesehen wie hier. Ich hatte mir das Tor zu diesem riesigen, reibungslos funktionierenden Land etwas großartiger vorgestellt. Ich strauchle über in Decken oder Zeitungen gewickelte Menschen. Die Eingänge der Geschäfte sind zu klein für ihre langen Beine. Sogar die Bettler bilden ein Konsortium und betreiben Kundenpsychologie. Sie laufen mit Pappschildern herum: „Bitte ein Almosen. Ich werde heute 50.“ Oder: „Für meine Katze. Ungelogen. Keine Drogen, kein Alkohol. Auch nicht schwanger. Bitte einen Dime für meine Katze.“ Es sind tragikomische Szenen. Der Einkaufswagen aus dem Supermarkt enthält ihr ganzes Hab und Gut, er ist ihr Wohnmobil, ihr Füllhorn. Und niemand, der sich darüber wundert. Amerika hat sich offenbar daran gewöhnt. Dies ist Amerika.

Sich der Welt der amerikanischen Gefängnisse über Alcatraz zu nähern, ist eher symbolisch. Ich fange eine Frau auf, bevor sie mit ihrem Kinderwagen eine Treppe herunterfällt. Damit bekommt mein Besuch vielleicht noch einen Sinn. Die unzähligen Touristen, die sich mit Fähren zur Insel übersetzen lassen, haben heute

Morgen noch zwischen dem Museum für Moderne Kunst, einem Vergnügungspark und Alcatraz geschwankt.

Das Gefängnis, berühmt-berüchtigt für seine einsame Lage und seine Ausbruchssicherheit, war von 1934 bis 1963 in Gebrauch, bis es wegen zu hoher Betriebskosten geschlossen wurde. Es kam 1969 noch einmal in die Schlagzeilen, als Indianer die Insel besetzten. Sie stützten sich auf alte Verträge, die besagten, daß alles bundesstaatliche Land automatisch wieder in den Besitz der Indianer übergeht, wenn es nicht genutzt wird. Die Regierung musste alle nur erdenklichen bürokratischen Tricks bemühen, bis sie die Indianer 1971 wieder von der Insel verdrängt hatte.

Zu Hollywood-Ruhm gelangte Alcatraz natürlich durch den Film Flucht von Alcatraz mit Clint Eastwood. In einer Zelle und im Keller kann man noch Filmrequisiten besichtigen, von einem Rasierpinsel bis zu Masken.

„Wie schrecklich muss es gewesen sein“, seufzt eine Frau neben mir, während wir im Eingang des Innenhofs auf die Golden Gate Bridge schauen, „von hier am Neujahrstag das Feuerwerk zu sehen!“

Auf der anderen Seite der Bucht liegt San Quentin. Ein Gefängnis in vollem Betrieb, wenn böse Zungen auch behaupten, man wolle ein Shoppingcenter daraus machen.

„Es schnürt einem die Kehle zu, wenn man am 1. Januar das Feuerwerk über der Stadt knallen hört. Aber ich habe keinen Rückwärtsgang. Ich habe die Hoffnung auf ein Feuerwerk morgen, an einem Tag, der vielleicht nie mehr kommen wird.“ Das schreibt Jarvis Masters. Ich habe einen Kreuzzug gestartet, um eine Besuchserlaubnis für ihn zu bekommen, der inzwischen zu einem Freund geworden ist. Aber es ist einfacher, die Strecke zwischen Alcatraz und dem Festland zu überwinden, als in ein amerikanisches Gefängnis zu kommen (zumindest als Besucher), vor allem wenn man es auf einen Insassen des Todestrakts ‚abgesehen‘ hat. Stunden und Tage warte ich vor den Toren von San Quentin, lese auf den Felsen unterhalb des Turms noch einmal in Jarvis’ Büchern und telefoniere mich von einem Amt zum nächsten durch. Irgendwann, wenn FBI und Interpol mich durchleuchtet und festgestellt haben, dass ich keine Bedrohung für die Staatssicherheit darstelle und nichts auf dem Kerbholz habe, werde ich Jarvis sehen.

Wir lassen Kalifornien und die Nacht hinter uns. Die Landschaft hat sich ziemlich verändert. Riesige Tannen und Kiefern ragen zwischen Flüssen und Seen empor, in denen es sich Sumpfdotterblumen wie Seerosen wohl sein lassen. Links taucht ab und zu, manchmal für eine halbe Stunde, der Pazifik auf. Rechts Bäume. Ginster und Rhododendron wuchern um die Wette. Einmal an den Dünen Oregons vorbei, denke ich, wie geruhsam das Reisen doch sein kann und dass ich in letzter Zeit, Gott sei Dank, von unangenehmen Überraschungen verschont geblieben bin. Denke ich.

„Stop of ten minutes.“ Die Stimme des Fahrers klingt wie eine alte Kaffeemühle. Zeit genug, eine Telefonkarte zu kaufen und Baltimore anzurufen wegen meiner Reise später im Monat. Mein Zeitgefühl ist zugegebenermaßen nicht das Allerbeste, aber diesmal tickt die Uhr des Fahrers nicht richtig. Den Telefonhörer am Ohr sehe ich, wie sich der Bus unter Hinterlassung einer Auspuffwolke in Bewegung setzt. Ich knalle den Hörer auf und spurte hinter dem silbernen Greyhound her, der gerade eine zweite Wolke ausstoßend um die Ecke biegt. Good bye Bus! Good bye Rucksack. Good bye Laptop! Goodbye Buch.

Wie ein geprügelter Hund schleiche ich in den Laden der Tankstelle. Viele Worte sind nicht nötig. Der Mann übergibt die Kasse seiner Frau, wir steigen in seinen Chevy, und los geht’s. Nach vier Kilometern haben wir das Rennen gewonnen, zerknirscht steige ich wieder an Bord.

Mit jemandem wie Cliff Evelyn ist der Empfang im Clark County Jail geradezu jovial zu nennen. Mit seinen goldenen Ringen, seinem golddurchwirkten Maßanzug und swingendem Schritt könnte er auch Charlie Parker sein, der ein Solo auf seinem Saxofon zum Besten geben will.

„Das hier ist das Allerheiligste." Wir befinden uns im Kontrollraum. Ein Cockpit ist nichts dagegen, die Schaltanlage eines Atomkraftwerks auch nicht.

Ich bekomme alles, was für einen Aufenthalt im Knast nötig ist. Bemerkenswert ist die Zahnbürste ohne Stil.

„Nach den Anschlägen vom 11. September überlassen wir nichts dem Zufall, und alles, was als Stichwaffe gebraucht werden kann, wird konfisziert", sagt Cliff stolz. Man kontrolliert mich auf Schweißfüße und nimmt mir elektronisch Fingerabdrücke ab.

Auf dem Weg zu meinem Block kommen wir am Hospital und der Bibliothek vorbei. Alle Plakate, die vor den Fenstern hängen – mit der Stop-Aids-Kampagne oder mit den Regeln für die Bücherausleihe –, sind transparent.

„Wir wollen keinerlei Risiko eingehen", meint Cliff. „Wir wollen alles im Blick behalten."

Während der Direktor in der Frauenabteilung etwas erledigt, unterhalte ich mich mit Sophy, die mit einer lebenslangen Freiheitsstrafe rechnen muss, aber sich der Sympathie der männlichen Wärter sicher sein kann. Sie hat ihre Schwiegermutter umgebracht.

„Sadist! Idiot! Ich polier dir die Fresse!" Im nächsten Korridor ist nicht viel übrig von der Ruhe und Disziplin, von der Cliff gesprochen hatte.

„Was ist hier los?", wendet er sich gleichermaßen an den Häftling wie an den Aufseher, gegen den sich die Aggression richtete. Der Anblick, der sich uns bietet, ist bestürzend. Der Mann ist auf einem Stuhl festgeschnallt.

„Das ist der Sicherungsstuhl", teilt Cliff mit herabgezogenen Mundwinkeln mit. Als der Gefangene brüllt, er säße hier schon vier

Stunden und habe das Mittagessen verpasst, befiehlt der Direktor mit einem Fingerschnipsen die Rückkehr des Häftlings in seine Zelle.

„Man muss das Eisen schmieden...", denke ich und die allgemeine Verlegenheit ausnutzend frage ich, ob ich den Stuhl mal ausprobieren dürfe.

„Hi hi, nein, ja, eh...." Cliff wedelt ablehnend mit der Hand.

„Dann vielleicht bei ihm in der Zelle...?" Mister Cliff nickt ergeben.

Die Zellen sind hier so stereotyp, wie man es sich nur vorstellen kann: ein Eisenbett, Neonlicht, ein Klo und ein wackeliges Waschbecken.

Von Bill erfahre ich, dass es ein paar Wärter auf ihn abgesehen haben und dass er wegen eines Joints auf dem Stuhl gelandet ist. Er erzählt von seiner Einlieferung. „Mit Stethoskopen und Lupen wirst du von den Wärtern und Ärzten untersucht, Ohren, Mund, Haare, zwischen den Zehen, der Hintern. Wie Schlachtvieh wirst du taxiert." Später erfahre ich, dass diese Leibesvisitation nach jedem Besuch wiederholt wird, ob es sich nun um den Anwalt oder die Freundin handelt. Die Witze des voyeuristischen Personals sind immer die Gleichen und an Plattheit kaum zu überbieten: „Hm, dieses Arschloch ist von Erosion befallen", „Oho, wenn hier Feuer ausbricht, war der Brand im Montblanc-Tunnel nichts dagegen." Bill, der meint, schon 679 Mal seinen Hintern zur Inspektion entblößt zu haben, findet es beängstigend, dass es für ihn inzwischen die normalste Sache der Welt geworden ist.

Die Claassens, die gastfreundlichste Familie der nördlichen Hemisphäre, packen für mich ein reichliches Essenspaket für diese Nacht, für morgen und übermorgen. Ich habe eine fünfzigstündige Busfahrt vor mir, bestimmt die allerlängste des ganzen Unternehmens. Es reißt zwar ein ziemliches Loch in die Reisekasse, aber das habe ich dafür übrig. Ich möchte auch mal etwas von der Landschaft sehen und nicht nur Gitterstäbe. Eine Art Selbsttherapie, um nicht verrückt zu werden. Der hl. Christophorus und die Reisegötter meinen es gut mit uns, denn jeder Fahrgast hat zwei Sitze zur Verfügung. Aber kaum haben wir Calgary hinter uns, als der Bus hält und noch ein Mann zusteigt. Man fühlt, wie alle das Gleiche denken: Wenn er sich bloß nicht neben mich setzt. Ich verkrieche mich noch tiefer hinter mein Buch. Der neue Fahrgast scheint die Gedankenströme aufzufangen.

„Es sieht so aus, dass ich mir einen von Ihnen aussuchen muss…“, sagt er laut und vernehmlich. Ich blättere tief in die Lektüre versunken eine Seite um.

„Ähm“, hüstelt der Mann gefährlich nahe, „würden Sie es mir sehr übel nehmen, wenn ich mich zu Ihnen setze?“

Verflucht, denke ich. „Natürlich nicht.“ Ich räume den Sitz frei und stecke die Nase wieder ins Buch, ich habe keinerlei Bedürfnis nach einem Gespräch. Aber nach ein paar Minuten meldet sich das Gewissen und ich biete meinem Nachbarn ein Plätzchen an.

„Auf dem Weg nach Alaska?“, fragt er kauend.

„Ja.“

„Machst du einen Flug über den Polarkreis oder besteigst du den Denali?“

„Keins von beiden, ich bin im Gefängnis von Fairbanks verabredet.“

„Ach, das trifft sich gut!“, sagt der Mann, der sich als Tsvi vorgestellt hat. „Ich bin Professor an der juristischen Fakultät der Universität von Alberta und bereite gerade Vorlesungen über das Thema ‚Sollten Strafgefangene das Wahlrecht erhalten?‘ vor. Hättest du nicht Lust zu einem Vortrag?“ Ich klappe das Buch zu und während wir die Plätzchen verputzen, gelobe ich im Stillen, keine Begegnung mehr für zufällig zu halten.

Die Natur, die am Fenster vorbeizieht, trägt zur Zufriedenheit bei. „Genieß die weite Landschaft“, hatte Schwester Monique in ihrer letzten E-Mail geschrieben. Weit ja. Weit ist hier noch weit. Endlos. Die Straße zieht sich wie ein Zwirnsfaden durch einen Wald endloser Fichten. Hier hat Gott sein erstes Malbuch ausgemalt, seine Lieblingsfarbe war grün, und es machte nichts, wenn er dabei ein bisschen kleckste. Aufwachen und wieder einschlafen inmitten der gleichen überwältigenden Kulisse von Bergen und Wäldern, Tälern und Seen. Wie eine gebräunte Haut nach Tagen

Sonnenbad, wie ein Schaumbad nach einer kalten Winterwanderung, wie eine festliche Mahlzeit. Der Alaska-Highway durch die kanadischen Rocky Mountains ist atemberaubend. Hier mit Häftlingen Sauerstoff tanken!

Alaska macht mit seiner Fläche von 1 522 486 Kilometern ein Fünftel des amerikanischen Staatsgebiets aus. Der Mount McKinley – die Eskimos nennen ihn Denali (der Hohe) – ist mit seinen 6194 Metern der Elvis der Rockies. In Alaska befinden sich 17 der 20 höchsten Berge der Vereinigten Staaten. Es hat 3000 Flüsse und 3 Millionen Seen und mehr Gletscher und Eisfelder als der Rest der unbewohnten Welt.

Menschliche Aktivitäten schrumpfen hier auf Zwergenmaß. Sogar das ehrgeizige Projekt der 1288 Kilometer langen Trans-Alaska-Pipeline zieht sich wie Zahnseide durch den nördlichsten US-Staat.

Aber Alaska weist auch eine überraschend hohe Kriminalitätsrate auf. Mit 701 Gewaltstraftaten pro 100 000 Einwohner nimmt Alaska den zehnten Platz ein. Die Zahl der Vergewaltigungen ist 2,5 mal höher als im restlichen Amerika. Kindesmissbrauch erreicht sogar das Sechsfache des Landesdurchschnitts. Und wenn Sie ein wenig paranoid sind, schauen Sie sich die Website des Departments of Public Safety an, die alle Sexualtäter auflistet, die zu Haftstrafen verurteilt wurden.

Vor dem Gefängnis von Fairbanks steht die Skulptur eines stilisierten Bären. Über dem Gebäude weht neben den Stars-and-Stripes die Flagge Alaskas mit dem Großen Bären und dem Polarstern. Der Bär symbolisiert die Kraft, der Polarstern die glorreiche Zukunft, und der blaue Hintergrund soll sowohl an den blauen alaskischen Himmel erinnern als auch an die Staatsblume, das Vergissmeinnicht.

Der Assistent des Superintendenten, Mister Ponder, steht mir Rede und Antwort. Das Licht der Glühlampen ist angenehmer als das Neonlicht, das sonst in Haftanstalten üblich ist. Das Babyblau der Wände soll wohl zu mehr Menschlichkeit inspirieren. Aber alle Eindrücke gehen unter in dem unaufhörlichen Türenschlagen. Nach zehn Minuten klingen mir die Ohren, und es ist mir unbegreiflich, dass die Menschen hier nicht völlig verrückt werden.

Glücklicherweise gibt es die Eskimos, die so zurückhaltend sind wie die Indianer in den Anden. 26 Prozent der Häftlinge kommt aus den Dörfern. Verängstigt wie ein aufgescheuchtes Reh spricht mich einer von ihnen an und blickt fortwährend um sich.

„Ich habe immer das Gefühl, dass man mich filmt, mich abhört", sagt er. „Mir fehlt die Ausgestrecktheit der Landschaft. Wir sind an ein abenteuerliches Leben gewöhnt. Hier dreht sich alles um Angst und Sicherheit."

„Das Leben ist ein Kreis", sagt Oney, „der Gefühle, Gedanken, Geist und Körper einschließt. Das Gefängnis ist eine Linie. Eine Linie schert sich nicht um dieses Gleichgewicht. Eine gerade Linie. Höchstens ein Kreuz. Ein Kreuz über dem Leben. Das Leben ist wie ein Adler, er hat beide Flügel nötig, sonst kann er sich nicht in die Lüfte erheben." Oney wurde wegen Vergewaltigung gerade zu 46 Jahren verurteilt und wird nächste Woche nach Arizona verlegt, in die berühmt-berüchtigte Haftanstalt von Sheriff Joe Arpaio. Malcolm hat es besser getroffen, er wird auf Bewährung entlassen. Er darf zurück in sein Dorf, darf sich aber nur so weit entfernen, dass ihn Schwester Monique vom Fenster aus noch sehen kann, nicht weiter als bis zum Fluss. Glücklicherweise hat Schwester Monique ein großes Fenster.

Ponder hatte mir gesagt, sie seien auf Aufstände vorbereitet. In den meisten Haftanstalten gibt es Rauchmelder, diese verfügt über „Rauchmacher". Ein Knopfdruck und alles füllt sich mit Qualm, um die bösen Buben schmachmatt zu setzen. An den Decken wurde zu diesem Zweck ein Röhrensystem installiert. In einem Zimmer hängt eine ganze Batterie Sauerstoffmasken – für das Personal natürlich. Es wird viel in die Sicherheit investiert. Als ich Ponder frage, welche Ausgaben dafür eingeschränkt werden, antwortet er: „die für die Verpflegung".

„Haben Sie irgendwelche Fortschritte gesehen in all den Jahren, die Sie im Gefängniswesen gearbeitet haben?“, frage ich ihn. „Aber ja. Früher musste man bärenstark sein, wenn man Aufseher werden wollte. Heute kann man auch ein Dreikäsehoch sein.“

In der Haftanstalt sitzen zur Zeit etwa 200 Straftäter ein. Im Winter können es bis zu 280 sein. Im Sommer wird manchmal wegen der Überfüllung draußen ein Zelt aufgeschlagen. Fairbanks, Alaskas zweitgrößte Stadt, weist die höchsten Temperaturschwankungen weltweit auf: von 37 Grad bis zu 54 Grad minus.

Alaska hat die Todesstrafe abgeschafft. Man kann hier höchstens zu 99 Jahren verurteilt werden. Viele von den Langzeithäftlingen, aber auch andere begehen Selbstmord. Eine Qual für Ponder, der am liebsten die Leinenhandtücher verbieten würde, weil sich der letzte Selbstmörder damit an der Türklinke erhängt hat.

Es klingt wie ein Echo von Australien herüber. Die ursprüngliche Bevölkerung zieht den kürzeren. Reservate haben daran nichts ändern können. Es gibt keine Arbeitsplätze. Die Familien sind groß. Drogen und Alkohol zerstören das Leben der Eskimos. Es gibt Kinder, die schon mit fünf alkoholsüchtig sind. Von der Milch- zur Schnapsflasche.

Ich besuche nebenan die Jugendhaftanstalt. Wenn Teppichboden, Computer, schöne Zimmer, Wintergärten, Aquarien mit tropischen Fischen und Eric, der Koordinator für die Nachsorge, zur Rehabilitation beitragen, dann hat sich die Investition gelohnt. Es ist verlockend, hier zu übernachten, aber ich habe mich schon in einem Privatgefängnis 15 Kilometer außerhalb der Stadt angemeldet.

Da ich nicht über einen Ford mit Hinterradantrieb verfüge, der die Tundra bezwingen könnte, und die öffentlichen Verkehrsmittel in Alaska keine Alternative sind, habe ich mich an der Auffahrt zum Highway postiert und strecke den Daumen raus.

„North Star Centre?“, frage ich den Fahrer eines verrosteten Lieferwagens. Er tippt mit den Fingern an die Ohren und schüttelt den Kopf, woraus ich schließe, dass er taub ist. Als ich ihm meinen Taschenkalender unter die Nase halte und auf den Eintrag unter dem 14. Juni zeige, deutet er mit den Fingern auf seine Augen und schüttelt wieder den Kopf. Wunderbar, ein taubblinder Autofahrer!

Der Mann zieht mich am Ärmel und zeichnet große Formen in die Luft. Ich soll, scheint es, größere Buchstaben malen. Und tatsächlich, das hilft. Allerdings setzt er mich zwei Ausfahrten, zwei Kilometer, zu früh ab, aber schließlich finde ich das North Star Centre, das von außen wie ein überdimensionaler Saloon aussieht.

Beth ist Sozialarbeiterin und hat mir das Bett gerichtet. „Des einen Tod, des andern Brot. Du bekommst die Pritsche von Vincent. Er hat gestern seine Freundin in der Cafeteria geküsst, und das ist verboten. Jetzt sitzt er wieder im einzigen richtigen Gefängnis von Fairbanks.“ So sieht man mal wieder. Auch eine private Haftanstalt garantiert noch keine Privacy.

Das Größte, das Höchste, das Dickste, das Teuerste… Die USA halten alle Rekorde. Auch was das Gefängniswesen betrifft. Zur Zeit sind 2 Millionen Amerikaner eingesperrt, das heißt, ein Viertel der Häftlinge weltweit sind in einem Land zu finden, dessen Bevölkerung lediglich 5 Prozent der Weltbevölkerung ausmacht. Auf 100 000 Einwohner entfallen 690 Häftlinge, und die Zahl der Gefangenen steigt in einem alarmierenden Tempo: 50 Prozent in zehn Jahren. Die meisten US-Staaten geben mehr Geld für den Bau von Haftanstalten aus als für den von Schulen. Mit Investitionen von sieben Milliarden Dollar macht die Gefängnisindustrie einen jährlichen Umsatz von 35 Milliarden und ist mit über einer halben Million Beschäftigten nach General Motors der zweitgrößte Arbeitgeber der Vereinigten Staaten.

Die Privatisierung der Gefängnisse hat sich in den USA zu einem lukrativen Geschäft entwickelt. Vergleichende Studien ergaben, dass die Ausgaben der privaten Haftanstalten 10 bis 15 Prozent niedriger sind als die der staatlichen. Da alle diese Betriebe gewinnbringend wirtschaften wollen, wird auf der anderen Seite extrem gespart, bei der Verpflegung, der ärztlichen Betreuung, den

Löhnen und Resozialisierungsprogrammen. In den privaten Zuchthäusern leben die billigsten Arbeitskräfte Amerikas ohne Sozialleistungen. Die Häftlinge verpacken Produkte von Microsoft, Starbucks und Jansport und arbeiten für eine ganze Reihe anderer Unternehmen. Hinter dem Wachstum der Gefängnisindustrie stehen die Firmen und Banken der Wall Street, deren Mehrheit die Fonds für den Bau der privaten Haftanstalten unterstützen. Angeblich bestehen Pläne, das Geschäft der Privatgefängnisse in die lateinamerikanische Region und nach Europa zu exportieren. Das größte US-Gefängnisunternehmen, die Corrections Corporation of America, ist in England tätig, und einige Gesellschaften wollen in Mexiko investieren, um mit den Häftlingen außerhalb des nationalen Territoriums noch größere Gewinne zu erzielen.

„Die US-Gefängnisse werden in neue Konzentrationslager für Obdachlose, Arbeitslose, Drogenabhängige, Geistesgestörte und andere Minderheiten verwandelt", meint Jérôme Miller, ein Fachmann für Rehabilitationstechniken.

Und weitere Zahlen. Über 60 Prozent der Gefangenen sind Lateinamerikaner, Indianer und Afroamerikaner. Die Afroamerikaner, 12 Prozent der Gesamtbevölkerung, stellen die Hälfte der Gefängnisinsassen. Einer von drei Schwarzen in New York ist inhaftiert oder wurde auf Bewährung entlassen. Statistische Berechnungen über die aktuelle Sträflingsquote der Schwarzen in den USA ergaben, daß die Mehrheit der heute 18- bis 49-Jährigen in zehn Jahren hinter Gittern sitzen werden.

Hinrichtungen von geistig Zurückgebliebenen sind in 25 Bundesstaaten gängige Praxis. Die britische Zeitschrift „The Lancet" veröffentlichte eine Studie über den Geisteszustand von Häftlingen in zwölf Industrieländern. Die Autoren, die Nervenärztin Seena Fazel von der Universität Oxford und der britische Arzt John Danesh aus Cambridge, stellten fest, daß einer von sieben Häftlingen, also mehr als eine Million Menschen, psychotisch ist oder an tiefen Depressionen leidet und suizidgefährdet ist.

Hinrichtungen finden in den Vereinigten Staaten mit großer Regelmäßigkeit statt. In 38 US-Bundesstaaten wird die Todesstrafe verhängt. Derzeit warten etwa 3700 Verurteilte in den Todestrakten auf ihre Hinrichtung. Da in den letzten zwei Jahren auf Grund von DNA-Analysen die Unschuld von fünfzehn zum Tode Verurteilten bewiesen wurde, haben sechs Staaten die Todesstrafe vorübergehend ausgesetzt. Aber allein in Texas wurden im Jahr 2000 vierzig Hinrichtungen vollstreckt. In San Quentin sind 600 von 5700 Häftlingen zum Tode verurteilt. Ein Dutzend von ihnen sind Frauen. Manche warten schon zwanzig Jahre auf den elektrischen Stuhl oder die Giftspritze. Wie in einem Beichtstuhl kommunizieren sie mit ihren Besuchern. Sogar der Geistliche muss die Hostie durch eine Öffnung zwängen. Der inzwischen abgewählte kalifornische Gouverneur Davis war, obwohl überzeugter Katholik, ausgesprochener Anhänger der Todesstrafe. Und dann gibt es noch jenen wiedergeborenen Christen, der Präsident wurde und für den Hinrichtungen nur ein politisches Thema sind.

Auf dem Weg zum Cook County Jail zeigt Bill mir die Backsteinbauten der Robert Taylor Homes, der größten Hochhaussiedlung Amerikas, die in Armut und Gewalt abgeglitten ist. Hier wohnen und schachern, dealen und rappen 100 000 Schwarze.

„Guck da", sagt Bill, „das ist hier gang und gäbe." Er zeigt auf eine Hure, die mit einem Kinderwagen von einem Autofahrer aufgegabelt wird. „So bekommen sie einen Kindergarten voller Bälger von verschiedenen Vätern."

An den Pepsi-Fabriken vorbei kommen wir zur Woodlawn Avenue. Hier wohnte in Haus Nummer 4944 Mohammed Ali, zu meiner Zeit Cassius Clay. Louis Farakhan, der Führer der schwarzen Moslems, wohnt um die Ecke, und in der Kedwood Academy ging der schwarze R&B-Sänger R. Kelly zur Schule.

Auch das Cook County Jail in Chicago entspricht dem big, bigger, biggest. Es ist eine Stadt für sich, 11000 Häftlinge wohnen hier in zwölf Abteilungen.

„Laute profane Ausdrücke bedeuten das Ende Ihres Besuchs", steht am Eingang geschrieben. Etwas weiter hängen Plakate mit vielen Fotos. Neben den meisten steht „Wanted", einige sind mit „Gefasst" oder „Verstorben" überdruckt.

Das Cook County Boot Camp ist eine Abteilung, in die man nur kommt, wenn man zu weniger als 90 Tagen verurteilt wurde. Es geht ausgesprochen militärisch zu. Eine Tracht Prügel für kleine Vergehen, sozusagen. Indem man die Häftlinge in ihre Schranken weist, erleichtert man ihnen, danach wieder einen neuen Anfang zu machen.

Heute beschränke ich mich auf die Frauenabteilung, in der 729 Häftlinge einsitzen. Gestern am Vatertag hat Jesse Jackson hier eine Rede gehalten, der sich schon seit längerem das Los von Gefangenen zu Herzen nimmt.

„Entschuldigen Sie, aber deshalb ist hier noch nicht alles wieder aufgeräumt", sagt Mrs. Hall. Das hängt davon ab, womit man es vergleicht. Man kann hier vom Boden essen, finde ich.

Die Frauen verbüßen Haftstrafen, die zu 90 Prozent mit Drogen zu tun haben. Alle tragen graublaue Overalls. Wer schwanger ist, wird bei den Geisteskranken untergebracht. Captain Hall berichtet, einige Frauen wären zusammen mit ihren Müttern hier. Äpfel fielen eben nicht weit vom Stamm. Es zeigt jedenfalls den Teufelskreis, dem viele Amerikaner nicht entkommen können.

„Rassismus ist ein weit verbreitetes Phänomen im Justizapparat", meint Hall. „Deshalb gibt es hier so viele Schwarze."

Eine Frau taucht plötzlich vor uns auf und gibt ihr einen schmatzenden Kuss.

„I love you."

„I love you, too", antwortet Hall. Es klingt sehr überzeugend.

Ich bin unterwegs nach North Carolina, um an einem Treffen von Häftlingsbetreuern, ehemaligen Häftlingen und ihren Angehörigen teilzunehmen. In Nashville hat der Bus anderthalb Stunden Verspätung, bevor er sich an die Überquerung der Blue Ridge Mountains von Tennessee macht. Aber mit sechzehn Stunden vor uns wird der Fahrer die verlorene Zeit vielleicht wieder einholen.

Wir fahren durch dichte Wälder, Carolina on my mind. Der Treffpunkt ist nicht weit von Chapel Hill, wo James Taylor aufwuchs.

Steven von der Human Kindness Foundation holt mich ab. Er stammt aus einer jüdischen Familie, seine Frau gehört der evangelischen Kirche an, Cass trägt einen Rosenkranz um den Hals, Janaki und ihr Mann sind buddhistisch angehaucht, und die anderen Gäste bekennen sich ebenfalls zu der einen oder anderen Religion. Die Gemeinschaft hängt drei Grundprinzipien an: einfaches Leben, geistige Disziplin und Dienst an anderen. Es ist ein Ort, wo man sich sofort zu Hause fühlt, wo die Herzlichkeit der Menschen in all ihrer Einfachheit mitreißend ist. Die Umgebung mit ihren Maisfeldern und Wäldern, einem Teich und ununterbrochenem Grillengezirpe ist mit all dem im Einklang.

Eine bunte Gesellschaft nimmt an den zwei Tagen teil. Kelly scheint ein Dauerabo zu haben, er hat schon fünfzig Mal im Knast gesessen und ist mit seinen Tätowierungen eine wandelnde Ausstellung. Arju hat von vierzig Jahren siebzehn verbüßt. Jillian hat eine Tochter, die zu fünf Jahren verurteilt wurde. Eric sucht den Weg der Vergebung für seinen Schwager, der seine Schwester ermordet hat. So wie sein Vater, der im Gerichtssaal aufstand und seinem Schwiegersohn zurief: „Dang, I forgive you."

Ich flüchte in New York vor der brennenden Sonne unter die Erde. Die U-Bahn im Big Apple gehört zu den ältesten ihrer Art. Heute wohne ich in der Bronx, noch so ein Jugendtraum.

Das Abraham House ist ein unauffälliges Gebäude an der Willis Avenue. Ich buckle mein ganzes Hab und Gut zwölf Stufen hinauf und drücke auf die Klingel. Begrüßt werde ich mit „welcome" und „bienvenido". Annie hat puertoricanische Wurzeln, Sunny ist ein waschechter New Yorker. Im Kellergeschoss lerne ich Schwester Simone kennen, eine Flämin, die der Ordensgemeinschaft der „Kleinen Schwestern Jesu" angehört und viele Jahre als Seelsorgerin auf der Gefängnisinsel Rikers Island tätig war, einer der größten Haftanstalten der USA. Mehr aus Liebe als aus Not gründete sie Abraham House, in dem Häftlinge den Rest ihrer Strafe verbüßen können. Bedingung ist allerdings, dass sie kein allzu langes

Vorstrafenregister haben. Ausgehend von dem Gedanken, dass ein wichtiger Aspekt für die Rückkehr von Straftätern in die Gesellschaft ihr soziales Umfeld ist, hat man hier insbesondere auch die Familien, die hier aus- und eingehen, im Blick. Ein Programm für Jugendliche, deren Väter inhaftiert sind, versucht, den Teufelskreis zu durchbrechen. Faszinierend ist, dass diese Initiative, die seit fünfzehn Jahren besteht, eine Rückfallquote gegen null aufzuweisen hat.

Die ganze Familie – in diesem Fall mehr als zweihundert große und kleine Leute – machen sich zu einem Ausflug auf. Was für ein Fest! Die gelben Schulbusse fahren vor und alle, Häftlinge, Exhäftlinge, Frauen, Kinder und Angehörige, einige Schwestern und ich steigen ein. Wir fahren nach Ossining, nördlich von New York, am östlichen Ufer des Hudson. Sunny vertritt die weiße Rasse und tut das in Basketballschuhen, mit riesigen Bermudas, die Mütze verkehrt rum und einem Walkman. Die anderen sind vor allem Hispanos aus Puerto Rico, der Dominikanischen Republik, Kuba oder Peru. Señora Adelina, deren zwei Söhne im New Yorker Gefängnis einsitzen, grübelt darüber nach, was geschehen wäre, wenn sie in Santo Domingo geblieben wäre. Mit Alberto und José besucht sie noch jede Woche Carlos aus Uruguay, der keine Menschenseele kennt. Señora Evelyn hat zwar einen Sohn im Gefängnis auf Rikers Island, aber um nichts in der Welt wäre sie in Kuba geblieben.

Mit Señor Guillermo und Frailan verbringe ich den ganzen Tag am Barbecue, Würste wendend und schwitzend. 200 Münder müssen gestopft werden. Die Erwachsenen spielen Jeu de boules, die Kinder tummeln sich im Schwimmbad.

Ich frage Sunny und Guillermo nach Schwester Simones Erfolgsrezept. Wie es ihr gelingt, so viele Menschen zusammenzubringen, zu verhindern, dass ehemalige Häftlinge wieder rückfällig werden? Dass die Behörden sie akzeptieren? Dass sie von allen geschätzt wird? „Warum geht ihr für sie durchs Feuer?“

„Das ist schnell erklärt“, sagt Sunny, „man liebt sie einfach.“

Man kann ruhig meinen Geburtstag vergessen. Mir alle Schokolade wegnehmen. Mich zwei Jahre auf Wasser und Brot setzen. Wenn man mich dafür mit kolumbianischen, peruanischen, argentinischen und brasilianischen Häftlingen das Endspiel der Fußballweltmeisterschaft im Fernsehen anschauen lässt. Um das erste Tor von Ronaldo mit einem Brasilianer neben sich zu erleben, nimmt man gerne eine Weltreise auf sich. Für kurze Zeit, zumindest für zwei Halbzeiten, ist der Knastalltag vergessen. Als der Schiedsrichter abpfeift, springt Tulio auf, gibt mir einen Kuss und nimmt mir das Versprechen ab, seine Familie in Kolumbien zu besuchen.

Father Thomas ist die schwarze Ausgabe des Michelin-Männchens. Das ist nicht despektierlich gemeint. Es steht für das Gefühl der Sicherheit, das man empfindet, wenn man mit diesem Mann auf quietschenden Reifen über die Brücke zur Rikers Island rast. Vor der Brücke stehen weißblaue Schulbusse, die die Besucher zum Gefängnis bringen.

Auf Rikers Island befindet sich eine der weltweit größten, wenn nicht die größte Haftanstalt überhaupt. „Als ich anfing, lebten hier 23000 Häftlinge", sagt Father Thomas und rückt das weiße Rechteck unter seinem Adamsapfel zurecht. 2500 von ihnen sind Minderjährige. Wenn der Platz nicht ausreicht, gibt es immer noch die Schiffe, die wie große Konservenbüchsen an den Ufern der Flushing Bay liegen, und innerhalb der Gefängnismauern können zur Not noch große igluförmige Gebilde errichtet werden.

Gänse fliegen über uns hinweg. Oft auch Flugzeuge vom La Guardia Airport. Von der Insel aus hat man einen herrlichen Blick auf die New Yorker Skyline. An den 11. September erinnern sich die Häftlinge nur mit Schrecken.

„Man fühlt sich dann doppelt und dreifach ohnmächtig und hilflos", sagt mir später ein Häftling, der seinen Schwager bei dem Anschlag auf die Twin Towers verloren hat. „Wir wurden alle bis zum nächsten Tag eingesperrt. Man sitzt da und denkt, mal angenommen, Terroristen kämen auf die Idee, Rikers Island zu bombardieren."

Ich muss meinen Pass abgeben. Aus einem Transistorradio schallt „The lion sleeps tonight". Es ist ein sommerlicher Tag mit tropischen Temperaturen. Nur mein Pass fühlt sich von der Klimaanlage im Auto kalt an.

Wir lassen „The Bing", den Trakt mit den Isolierzellen, rechts liegen – „ein Tollhaus", wie Kenner sagen – und gehen zur Abteilung G.R. Vienno. Im Eingangsbereich hängen 75 Anzüge, 75 Schilde, 75 Gummiknüppel und ebenso viele Helme.

„Falls mal ein Aufstand ausbricht", meint ein Aufseher schmunzelnd, „aber das kommt so gut wie nie vor."

Die Kapelle macht einen klinischen Eindruck. Die Wände sind kahl, die Stühle sind aus Plastik, ein anderthalb Meter großer Ventilator sorgt für etwas Abkühlung. Father Thomas legt Flugblätter und Rosenkränze auf einen kleinen Tisch.

„Ich muss jedes Mal alles wieder einpacken, sonst werden sie einfach weggeworfen. Sag nicht, dass du das von mir hast, aber unser protestantischer Kollege kann uns nicht ausstehen." Father Thomas ist schweißgebadet.

„Die meisten Kirchgänger sind Moslems", sagt er.

„Merkwürdig, und das in dem Nach-dem-11.-September-Klima?"

„Ja", seufzt Thomas, „ich erkläre es mir mit dem Essen. Wetten, dass keine 10 Prozent wissen, wo Mekka liegt? Aber das Essen, das Moslems serviert bekommen, kriegt einen extra Stern. Dafür, dass es etwas besser schmeckt, darf der Chefkoch von mir aus ruhig Mohammed heißen."

Der Raum füllt sich langsam. Ein Häftling aus Kuba mit Dressman-Qualitäten. Julio aus der Dominikanischen Republik, der sich sofort auf die Andachtsbildchen stürzt. Lamar, der nicht viel sagt, aber die zweite Bibellesung übernehmen will. David mit einem roten Badge. Er gilt also als „gefährlich".

„Klingt spanisch", sage ich zu dem Aufseher, auf dessen Namensschild Ramos steht.

„Ja, ich komme aus Puerto Rico." Er macht einen entspannten Eindruck. Offenbar hat er eine gute Beziehung zu den Häftlingen aufgebaut. „Ich habe bald zwanzig Jahre auf dem Buckel. Es wird Zeit, in Rente zu gehen", lacht er, der wahrscheinlich kaum vierzig ist.

Elvio und Steve zeigen mir ihre Kunstwerke, die sie aus Seife geschnitzt haben: eine Bibel und einen Konzertflügel. Ganz schön einfallsreich, diese Jungens! „Aber es wird immer schwieriger", meint Steve. „Jedes Werkzeug, das man zum Bearbeiten verwendet, ist schon fast eine Mordwaffe."

Thomas stellt sich hinter den Altar, an dem ein großes Schild hängt, das er nur für die katholische Messe benutzt werden darf. Nicht auszudenken, dass jemand ihn benutzen würde, um eine Glühbirne zu ersetzen oder um Karten zu spielen! Oder gar für den protestantischen Gottesdienst.

In seinem grünen Gewand dirigiert Father Thomas jetzt die Messe und wechselt vom Englischen zum Spanischen und wieder zum Englischen zurück. Alles verläuft stereotyp, aber gemütlich. Bis zur Kommunion…

Fragen, ob es Gangs in New York gibt, heißt fragen, ob der Papst katholisch ist. Zu den Bloods gehören vor allem Afroamerikaner, zu den Latin Kings natürlich Latinos.

„Body of Christ" wechselt Pater Thomas mit „Cuerpo de Cristo" ab, je nachdem, welcher Kommunikant vor ihm steht.

Plötzlich holt einer der Kerle einen messerscharfen Bleistift aus dem Ärmel und sticht einem anderen damit in die Seite. Im Handumdrehen verwandelt sich die friedliche Szene in ein Chaos. Gegenstände fliegen durch die Luft. Wer nicht eingeweiht war, sucht Deckung. Father Thomas rettet vom Leichnam Jesu, was zu retten ist.

Ramos zieht den Knüppel aus dem Gürtel. „Stop it!!", schreit er. Aber genauso gut könnte man versuchen, einen Waldbrand mit einem Pflanzensprüher zu löschen. Ein paar Bandenmitglieder greifen ihn von hinten an und werfen ihn zu Boden. Im selben Augenblick fällt die Tür ins Schloss. Vollautomatisch. Aber der Sicherheitsplan sieht anscheinend nicht vor, dass sich der Vollzugsbeamte auf der falschen Seite befindet, in der Höhle des Löwen. Ramos wird diesen Vorfall mit sechs Wochen Arbeitsunfähigkeit bezahlen. Alle haben Angst. Minuten erscheinen wie Stunden. Der Ventilator wird umgeworfen, der Tisch zertrümmert. Ich könnte mich hinter dem breiten Rücken des Seelsorgers verstecken, aber das erscheint mir unter diesen Umständen etwas undankbar. Aber mit meinem gewaltlosen Widerstand komme ich auch nicht sehr weit.

„Was haben wir zu verlieren?“, schreit einer der LLer. Dann stürmen Aufseher in kugelsicheren Westen und mit Schilden bewaffnet herein. Und so schnell wie der Aufstand begonnen hatte, ist er wieder zu Ende. Die Rädelsführer werden abgeführt, die Verletzten in die Krankenabteilung gebracht. Father Thomas und ich räumen auf. „Heiliger Joseph, stehe uns bei, Pater Pio und die Jungfrau Maria von Guadalupe.“ Sein Stoßgebet kommt etwas spät.

„Wenn ich noch mal zurückkomme“, stößt Father Thomas aus, „dann müssen alle bei der Kommunion auf ihren Stühlen sitzen bleiben.“

„Ich werde es dem evangelischen Pfarrer und dem Iman nicht erzählen“, murmle ich.

Bei der Familie Billings schlafe ich wieder in einem Bett so groß wie ein Boot, mit spitzenbesetzter, blütenweißer Bettwäsche, in der man sich verirren kann. Ich erhole mich, freue mich an einem neuen Patenkind und lese die Post. Einer der Briefe kommt von Daniel aus dem Klong-Prem-Gefängnis in Bangkok. Er besteht darauf, dass ich seine Familie in Peru besuche:

„Und wenn du im Juli in Lima bist, verbring dann die *fiestas patrias*, den Nationalfeiertag, bei ihnen. Sag meinem Sohn Andy, dass ich noch dieses Jahr nach Hause komme. Sage es auch meiner Frau, meiner Schwester, meinem Neffen und meiner Mutter. Sag ihnen, dass es mir gut geht. Es heißt, dass im Juli eine Amnestie kommt. Mit etwas Glück sehen wir uns in Peru wieder. Dann können wir uns bei einer Flasche Pisco alles erzählen. Ich thaiboxe immer noch und gebe den Mut nicht auf. Un abrazo de tu amigo.“

Ein anderer Brief kommt von Jarvis. Ich fühle mich wie jemand, der gerade die Nachricht bekommen hat, eine Prüfung mit eins bestanden zu haben. Wie ein Sohn, der erfährt, dass sein Vater den Einsatz an der Front überlebt hat. Die Postkarte ist groß, die

Buchstaben umgekehrt proportional, klein und zahlreich, voller Freundschaft und Begeisterung. Wie mysteriös ist dies! Ich kenne diesen Mann nicht und kenne ihn doch besser als jeden anderen. Er ist ein Freund, dem ich nie begegnet bin. Er ist der Bruder, der vielleicht schon tot ist, bevor er meine Antwort bekommen hat.

Mein Rucksack zeigt erste Verschleißerscheinungen. Die Reißverschlüsse und Schlaufen funktionieren nicht mehr richtig. Da, wo vorher Verschlüsse waren, sind jetzt Löcher und Risse.

Wenn es die Heiligen nicht bis in den Himmel geschafft haben, dann bestimmt bis Quebec. Die Dörfer auf dem Weg zur Haftanstalt von Trois Rivières heißen Saint Télesphore, Saint Polycarp… Oder weisen sie den Weg zum Gefängnis? Oder den Rückweg?

John ist ein schöner Mann. Er nimmt immer einen Anlauf, wenn er etwas sagen will. John hat eine Tracheotomie.

„Deshalb habe ich schon fünf Jahre keinen Sex mehr gehabt. Wer will schon neben jemandem mit einem Luftloch im Hals schlafen?“ Es gab nur ein Entweder-Oder: das künstliche Sprachrohr oder den Krebs wuchern lassen, den er sich in zwanzig Jahren erraucht hatte.

„Vom Kettenraucher zu einer Existenz an der Kette“, keucht er. „Ich habe überhaupt etwas mit Ketten. Glücklicherweise wurde ich operiert, bevor ich in den Knast kam. Denn die ärztliche Versorgung ist hier zum Lachen. Gegen Bauchschmerzen bekommt man Paracetamol, gegen Kopfschmerzen eine Viagra-Pille.“ Er muss selbst darüber lachen.

„Morgen wird meine Mutter 92 Jahre. Ihr sehnlichster Wunsch ist, dass ihr Sohn aus dem Gefängnis kommt. Wenn ich ihr dieses Geschenk nur einpacken könnte!“

Ob man sich in einem Autobahn-Restaurant oder im Speisesaal der Haftanstalt von Trois Rivières zu Tisch setzt – der Unterschied ist kaum merkbar. Es gibt hier sogar eine Gartenterrasse. Wärter und Häftlinge kommen und gehen. Es herrscht eine bemerkenswerte Ruhe.

Pastor Donald zeigt mir einen kanadischen Mafiaboss. Ob er weiß, dass in Rom 300 Mafiosi in den Hungerstreik getreten sind, weil der Strafvollzug verschärft werden soll, weil sie monatlich nur ein Telefongespräch führen und nur einen Besuch von Angehörigen erhalten dürfen? Das las ich heute in der National Post.

Donald hat heute eine besondere Aufgabe. Er begleitet Guido zum Krankenhaus. Guido bewegt sich wie eine Gazelle. Nur der frühere Drogenkonsum hat die Anmut etwas in Mitleidenschaft gezogen. Aber das spielt heute keine Rolle, heute wird Guido Vater. Es hat nicht einmal viel Mühe gekostet, die Erlaubnis zu bekommen, bei der Geburt dabei zu sein. Und so menschlich geht es manchmal in Gefängnissen zu, dass Pastor Donald die Rolle des Aufsehers übernehmen darf. Es zeugt für das Vertrauen, das er sich in all den Jahren verdient hat. Dass dies möglich ist, macht Mut.

„Puh, ich bin ganz schön nervös." Guido kaut an den Fingernägeln. Im Krankenhaus wird er von den Ärzten und Schwestern ebenso freundlich begrüßt, wie er zuvor von dem Gefängnispersonal verabschiedet worden war. Donald und ich warten im Gang, wir haben Zeit genug, Haftgeschichten auszutauschen. Ab und zu kommt Guido heraus, um uns auf dem Laufenden zu halten („sie muss ziemlich schuften"), eine Tasse Kaffee zu trinken und eine Zigarette zu rauchen. Um 15.06 Uhr verkündet er uns die Geburt von Celine, 3 Kilogramm und 250 Gramm schwer. Es ist wie Weihnachten im Juli. Wir gratulieren den stolzen Eltern, sie liegt im Bett, er qualmt. Um genau 16.58 Uhr liefern wir Guido im Centre de Détention von Trois Rivières wieder ab.

„Wir werden so schnell wie möglich ein Tauffest veranstalten", sagt Donald. „Dann kriegst du bestimmt wieder frei."

Ich kenne Jim nur von Fotos. Aber die erzählen natürlich nicht, dass er vom Brustkorb ab völlig gelähmt ist. Jim ist das Schönste, was einem auf dem Weg von Montreal nach Toronto begegnen kann. Auf Krücken kommt er mich vom Busbahnhof abholen. Wir gehen zusammen lunchen. Zu Wendy's.

„Mehr als zwanzig Jahre meines Lebens habe ich in Einrichtungen und Gefängnissen verbracht. Und jetzt arbeite ich seit zwölf Jahren für Prison Fellowship, als könnte ich vom Knast nicht genug kriegen." Jims Augen hinter seiner viel zu großen Brille lachen. Er erinnert mich an den guten alten Anthonis, den Schullehrer in meinem dritten Volksschuljahr. Damals waren es Geschichten von Tim und Struppi. Jetzt hänge ich an den Lippen eines Mannes, der Tod gesät hat und selber mit einem Bein im Grab stand.

„Fang von vorne an, Jim. Wo beginnt alles?", unterbreche ich ihn zum ersten und einzigen Mal.

„Mein Vater war bei der Navy. Ein guter Kerl, aber der verdammte Alkohol. Wenn er getrunken hatte, wurde er gewalttätig. Als ich sechs war, schlug er meine Mutter zusammen. Er wurde verhaftet. Meine Mutter kam mit einem gebrochenen Schlüsselbein und gebrochenem Arm in irgendein Krankenhaus. ‚Du kannst hier nicht bleiben', sagte sie, als ich sie endlich gefunden hatte. Vier Jahre habe ich mich in Halifax rumgetrieben. Straßenkind, mit allem was dazu gehört: Gewalt, Missbrauch, Hunger, Diebstahl, Banden... Wenn man missbraucht wird, verwischen sich nach und nach die Normen von Gut und Böse. Wenn das Leben nichts mehr wert ist, kommt es nicht darauf an, was man tut. Ich kam in eine Erziehungsanstalt. Von größeren Jungen und von Erziehern missbraucht, psychisch, sexuell, körperlich, wollte ich nichts anderes als ausbrechen. Jahrelang spielten wir ein Katz-und-Maus-Spiel. Ich brach aus und wurde immer wieder geschnappt. Der Name Jim Cavanagh wurde zu einem Begriff im Osten Kanadas." Es fällt mir schwer, mir die Vorgeschichte von Jim vorzustellen, den eine Aura der Läuterung und des Leidens, des Glaubens und des Vertrauens umgibt.

„Für Häftlinge ist ein gegebenes Wort Ehrensache. Einmal, kurz bevor ich wieder einmal entlassen wurde, habe ich einem Mithäftling etwas versprochen. Tage und Wochen hatte er uns in den

Ohren gelegen, dass irgendein Kerl mit seiner Frau durchgebrannt war. Einfach damit er mit seinem Gejammere aufhört, habe ich zu ihm gesagt: ‚Okay man, shut up! Wenn ich rauskomme, jage ich dem Arschloch eine Kugel durch den Kopf.' Gesagt, getan. Mit zwei Bekannten war ich unterwegs zu dem Kerl, ich saß hinten mit einem abgesägten Gewehr. Aber auf dem Highway wurden wir von einer Polizeistreife angehalten. Ich sagte zum Fahrer, er solle auf mein Zeichen hin wieder losfahren. ‚Papiere!' befahl einer der Polizisten vor dem offenen Fenster. Aber als er das Auto durchsuchen wollte, hielt ich ihm das Gewehr unter die Nase und rief: ‚Go!'. Wir sind losgebraust. Die Polizisten fingen an zu schießen. Als ich mich bückte, stellte ich fest, dass mein Gewehr gar nicht geladen war. Sie haben die Reifen zerschossen, die Fenster. Wir landeten in der Böschung. Das war's dann. Ich habe noch einem ins Bein geschossen. Dafür habe ich neunzehn Jahre bekommen. Versuchter Mord. Die Sache hatte noch ein Nachspiel." Inzwischen war mein Hamburger kalt geworden.

„Ein Freund hatte mich im Gefängnis einmal gebeten, für ihn zu beten. Beten? Na gut, ich versprach es ihm… Und nützt es nicht, so schadet es auch nicht. In der Nacht bin ich tatsächlich aufgestanden und habe mich hingekniet. Wenn es einen Gott gibt, habe ich gesagt, dann vergebe er mir. Und ja, Herrgott, bevor ich es vergesse, denk auch an meinen Freund. Plötzlich wurde mir ganz heiß, ich hatte das Gefühl, dass jemand da ist. Ich habe geweint und geweint. Seitdem ist mein Leben nie mehr das Gleiche gewesen."

„Es ist noch nicht so lange her, dass mich jemand bat, einen Häftling zu besuchen. Du kannst dir den Schock vorstellen, als ich ausgerechnet dem Mann gegenüber saß, den ich damals ermorden wollte. Statt ihm die versprochene Kugel durch den Kopf zu jagen, bat ich ihn um Verzeihung."

Jim schaut auf die Uhr. Er will nicht, dass ich den Bus nach Toronto verpasse und will mir noch das Gefängnismuseum von Kingston zeigen.

„Meine Lähmung hängt wahrscheinlich mit den vielen Kämpfen zusammen. Einer davon ist in die Annalen eingegangen. Der Anlass war harmlos. Meinem Zellennachbarn hatte man eine Viertelstunde früher als üblich den Wasserhahn der Dusche zugedreht. Wir sind laut geworden. Ich wusste, dass ich dafür mit Isolierhaft bestraft werden würde. Im Knastjargon heißen diese Zellen ‚the hole', das Loch, oder ‚die chinesische Zelle', weil es in der Mitte nur ein Loch für die Notdurft gibt. Ich hatte ein Vorgefühl und nahm Abschied von meiner Maus, die ich seit Jahren als Haustier in meiner Zelle hatte. Wenn ich ihr nicht die Freiheit gab, würden die Wärter sie durchs Klo spülen. Meine Brille habe ich auf die Pritsche gelegt. Auf dem Weg zum Loch war ich mir sicher, dass etwas passieren würde, wollte aber unter keinen Umständen selbst anfangen. Vor dem Loch angekommen, sah ich einen der fünfzehn Wärter einen Faustschlag vortäuschen. Irgendwie sind da bei mir die Sicherungen durchgebrannt.

Die ersten beiden habe ich flachgelegt, aber gegen fünfzehn war natürlich nicht viel auszurichten. Ich war in Kampfsportarten trainiert; das hat mir zwar das Leben gerettet, aber ich konnte trotzdem nicht verhindern, dass einer mir mit dem Stiefel in den Rücken trat. Ich fühle heute noch den Schmerz. Mein Rückgrat wurde verletzt. Vermutlich hat das letztendlich zur Lähmung geführt." Jim tastet nach dem Urinbeutel. „Muss ich gleich mal erneuern", entschuldigt er sich.

„Aber damit ist die Geschichte noch nicht zu Ende. Im Prozess hat der erste Wärter behauptet, ich hätte es von Anfang an auf einen Kampf abgesehen gehabt – weil ich meine Brille auf dem Bett liegen gelassen hätte –, aber ein anderer hat sich hinterher bei mir entschuldigt. Sein Kollege habe angefangen. Zu ihm habe ich heute noch Kontakt. Wir sind Freunde geworden."

Ich würde es mir nicht verzeihen, wenn ich in dem Gefängnis-Karussell nicht auch auf dem Texas-Pferdchen gesessen hätte. Die Reise durch die Staaten ist fast vorbei. South West Airlines. Ziel: Houston. Abgesehen davon, dass man mich als Jon de Cack eincheckt, genieße ich den Flug.

Kirk wartet auf mich im Flughafen Houston Hobby. Ich weiß von ihm nur, dass er gesessen hat. Aber er ist mir gleich sympathisch. Sein schwarzes Gesicht glänzt vom tropischen Regen, der in den letzten Tagen den Flugverkehr ziemlich durcheinander gebracht hat. „Ein blauer Chevy", hatte er mir am Telefon gesagt. „Eine weiße Hose und ein blaues Hemd", hatte ich geantwortet.

„God is good, man!", strahlt Kirk, und ich weiß sofort, dass wir auf der gleichen Wellenlänge liegen.

Kirk ist Sprössling der Inner Change Freedom Initiative, mit der ich morgen Bekanntschaft machen werde. Die Gastfreiheit von Exhäftlingen ist ein passender Abschluss meines nordamerikanischen Kapitels. Kirk händigt mir den Schlüssel zur Wohnung eines gewissen James aus. Ich solle mich wie zu Hause fühlen. Wann passiert einem das schon mal, dass man als Wildfremder den Schlüssel eines Hauses bekommt. James komme erst spät in der Nacht von einem Konzert seiner Tochter zurück. Der Eisschrank sei voll, ich solle mich ruhig bedienen. Im Badezimmer hängen Handtücher. Das Bett ist frisch gemacht. Ich freue mich: Was für Freunde innerhalb und außerhalb der Gefängnisse!

Hinter den Augen befindet sich der Kern jedes Menschen. Immer wieder versuche ich, in den Ozean einzutauchen, den jedes menschliche Wesen beherbergt. Vielleicht wohnt dort seine Seele. Nun ist es mir schon öfter passiert, dass ich, jedes Mal wenn ich einem Häftling gegenüber sitze und die Terra incognita ‚hinter den Augen' zu betreten versuche, von Rührung übermannt werde. Vielleicht ist es uns Menschen deshalb so unbehaglich, einander in die Augen zu sehen. Wie oft wenden Menschen den Blick nicht ab während eines Gesprächs? Wir können Stunden vor dem Spiegel stehen, aber Menschen nicht in die Augen schauen, die uns einen Spiegel vorhalten. Wenn es mir gelingt, den Sprung hinter die Augen zu tun, dort, wo jeder Mensch schön ist, dann überwinde ich die Wut, das Ressentiment, die Eifersucht, die Hilflosigkeit… ‚die ihn oder sie auf den ersten Blick kennzeichnet.

James kauft im Wal-Mart-Supermarkt Freizeitklamotten für Clay und Richard, die heute entlassen werden. Es ist noch früh am Morgen. Aus gegebenem Anlass legt er im Auto Händels Halleluja auf. Die Scheibenwischer können mit dem Tempo nicht Schritt halten. Es regnet Bindfäden.

Irgendwann tauchen am Straßenrand Schilder mit der Aufschrift „Do not pick up hitchhikers“ auf. Es könnten ausgerissene Strafgefangene sein. Wir nähern uns dem Gefängnis.

Es ist eine Haftanstalt der ungewöhnlichen Art. „Denn indem ihr nun frei geworden seid von der Sünde, seid ihr Knechte geworden der Gerechtigkeit (Römer 6,18)“, steht in großen Lettern auf der Außenmauer. So weiß man, was die Glocke geschlagen hat. Ein ausgesprochen christliches Gefängnis, diese Carol S. Vance Unit. Bush junior persönlich hat der Prison Fellowship International die Erlaubnis erteilt, die Haftanstalt zu einem großen Teil zu übernehmen und nach christlichen Grundsätzen zu führen. Auch in Kansas und Iowa gibt es ähnliche Initiativen, alle finanziert von Privatleuten, die meisten aus protestantischem kapitalkräftigem Hause. Pate stand ein brasilianisches Gefängnis, wo sich die Idee als dermaßen erfolgreich erwiesen hat, dass inzwischen Häftlinge für die Schlüssel der Außenpforte und der Zellen verantwortlich sind und gerne Gästen öffnen, wenn sie anklopfen.

Seit 1997 kann sich ein Häftling für das achtzehnmonatige Programm anmelden. Ein Job, die Patenschaft einer Kirche und eine Familie sind die drei Bedingungen, um für die Aufnahme in Frage zu kommen.

„Sie bekommen einen fundierten Bibelunterricht“, sagt Philip, Direktor des Programms, das in vier Stufen gegliedert ist. Die größte Herausforderung ist natürlich die Wiedereingliederung in die Gesellschaft. Aber die Inner Change Freedom Initiative hat die Rückfallquote von 40 Prozent auf bis zu 15 Prozent gesenkt.

Der Tag fängt früh an. Um fünf Uhr müssen wir aus den Federn, um sechs Uhr ist das Gemeinschaftsgebet. Ich werde Sheila vorgestellt, der Mentorin von Justin, den sie zweimal wöchentlich besucht und auch nach seiner Entlassung begleiten wird. Der Mentor spielt eine wichtige Rolle. Wieder zeigt sich, dass individuelle Betreuung von ausschlaggebender Bedeutung sein kann. Charles Colson, eine Schlüsselfigur im Watergate-Skandal, der nach seiner Gefängnishaft bekennender Christ wurde und einer der Gründer der Prison Fellowship International ist, meint, es gehe nicht um eine Therapie, sondern um die Kraft der Liebe.

„Sünde ist die Wurzel des Problems", insistiert Justin. „Wir müssen als Straftäter Verantwortung für unsere Taten übernehmen. Die Haftzeit ist die Zeit der Buße." Die Quäker aus Pennsylvania hören es bestimmt gerne.

Ein anderes Programm, das so genannte Sycamore-Tree-Program, versucht Täter und Angehörige der Opfer miteinander in Kontakt zu bringen. Bemerkenswert waren die Sätze, die Sues Mutter sagte, nachdem sie Ron, den Mörder ihrer Tochter, umarmt hatte: „Ich ließ meinen Tränen freien Lauf. Selten habe ich mich innerlich so warm gefühlt, so nahe bei Gott. Ich hörte meine Tochter sagen: Forgive him, mum."

Am Vormittag sitzen Häftlinge und Arbeitgeber an einem Tisch. Das Angebot ist vielfältig: Computer-Firma, Metzgerei, Schreinerei, Bau, Bäckerei, Dachdecker-Betrieb, Schweißerei, eine Ausbildung zum Gabelstapler, Automechaniker, Grafikdesigner.

Sobald jemand einen Job gefunden hat, beginnt die halb offene Phase. Die Organisation drängt in dieser Phase darauf, dass man eine Kirche findet, die einen „adoptiert". Sie ist wiederum verantwortlich für die Begleitung des Häftlings.

Auf diese Weise hat Frederick seine Mutter in die Kirchenbank gelockt. Der Geistliche sagt: „Ich habe durch Frederick Gott besser kennen gelernt", und der Mentor: „Ich liebe ihn wie meinen Sohn." Der Gefängniswärter sagt: „Häftlinge werden manchmal zu Vorbildern für die Jugend", und Frederick selbst: „Irgendwann kommt man dahin, dass man Leuten helfen will, statt ihnen weh zu tun."

David hätte die Rolle von John Coffey in dem Film „The Green Mile" spielen können. Ein ebenso riesenhafter wie bescheidener Schwarzer, der mehr Jahre hinter Gittern verbracht hat, als er Kinder hat. Und das sind immerhin fünf.

„Als meine Mutter starb, durfte ich zu ihrem Begräbnis", erzählt er mir bei einer Tasse Kaffee. „Es hat mich ziemlich mitgenommen, dass meine Schwestern hinterher sagten, ich hätte mich verändert. Zum Guten." Er fragt mich, ob ich dabei sein möchte, wenn er seine Frau Dedra anruft. Ich rede mit allen seinen fünf Kindern und seiner Frau.

„Tell the kids that I love them," sagt er zu Dedra, nachdem ich ihm den Hörer zurückgegeben habe.

„Ist das alles?", höre ich Dedra fragen.

„I love you, too", sagt er gerührt.

Am Nachmittag findet eine Unterrichtsstunde statt: Planning for Success. Wir sind schließlich in Amerika. Und am Abend findet im großen Saal ein Gottesdienst statt anlässlich der Entlassung von Clay und Richard. Die zweihundert Leute in ihren schneeweißen Anzügen haben etwas von Bäckergesellen. Oder Engeln. Anschließend gibt es Gelegenheit zum Gedankenaustausch.

„Darf ich das Bett mit X tauschen?", fragt Y. Nach einer kurzen Frage nach dem Grund, wird dies genehmigt.

„Darf ich mit Jan heute Abend nach Mexiko?" Allgemeines Gelächter.

Jemand bedankt sich für den Zimtkuchen letzten Sonntag, ein anderer bittet um ein Gebet für seine krebskranke Frau, die morgen operiert wird. „Ich danke Gott, dass mein Sohn mich nach dreizehn Jahren endlich besuchen konnte", sagt Randy. „Danke für alles", sagen Clay und Richard in ihrer Abschiedsrede. Es ist nicht selbstverständlich, dies in einem Gefängnis zu hören. „Ich werde euch vermissen" auch nicht.

„Was kann aus Nazareth Gutes kommen?", zitiert ein Häftling einen Vers aus dem Johannes-Evangelium. Richard, Clay und zweihundert nach ihnen wollen den Beweis antreten.

Greg, ein professioneller Country-Sänger, der seine letzten Monate absitzt, gibt einige Lieder zum Besten.

„Es sind soziale Aussätzige", sagt Vicky, die Sekretärin, die mir eine Straßenkarte zur mexikanischen Grenze ausdruckt. „Es ist wunderbar, wenn man sieht, wie verändert die Jungs hier rausgehen. Voller Selbstbewusstsein. Sie strahlen."

Ruben fährt mich zum Busbahnhof. Im Radio La Bamba. Er schenkt mir zwei Kulis, um meine Erlebnisse auf der letzten Station meiner Reise aufschreiben zu können: Lateinamerika.

ENTFÜHRUNG IN MEXIKO

Wir fahren nach Mexiko hinein wie in eine Autowaschanlage. Die Zeitungen berichten von schweren Unwettern. Dörfer stehen kniehoch unter Wasser, Autos werden zu Fähren, mehrere Menschen sind schon in den Fluten umgekommen. Ich behalte die Hügel im Auge für den Fall, dass eine Kuh herabgeschossen kommt, wie es der Mutter eines Freundes einmal passiert ist.

Noch zehn Stunden bis Monterrey, und dann haben wir erst die Hälfte geschafft. Ich habe Kopfschmerzen. Als ich eine Schmerztablette runterspülen will, gieße ich eine halbe Wasserflasche über mich aus.

Aber ich bin wieder in Lateinamerika. Irgendwie fühle ich mich hier zu Hause. Alles ist weniger ordentlich. Kinder bleiben bis tief in die Nacht auf. Klopapier landet neben der Schüssel. Wenn nicht heute, dann morgen. Ein Mann steigt in den Bus und wirft jedem Fahrgast drei Lollis in den Schoß und kräht, wir könnten ihm geben, was wir wollten. Wir fahren an einem Gefängnis vorbei. Ich merke gar nicht, dass mir der Mann die Lollis wieder abnimmt.

Eduardo ist einer von denen, die für mich das Geheimnis dieser Reise verkörpern. Unsere Begegnung in der Gastwirtschaft in Johannesburg war ein Fingerzeig, dass dieses Unternehmen mehr ist als Menschenwerk. So entdeckt man unterwegs die Brüder, die man noch nicht kannte.

Eduardo erwartet mich an der U-Bahn-Station Universidad. Als wir uns umarmen, spüre ich die Blicke eines Mannes im Rücken. Seit der tragischen Entführung seiner Schwester Paola und den Drohungen an die Adresse seines Vaters wird Eduardo ständig von Alberto, seinem Bodyguard, begleitet. Doch Alberto ist eine wahre Fundgrube historischer Fakten, und so gewöhne ich mich rasch an diese siamesischen Zwillinge. Aber man kann sich nur schwer vorstellen, wie es ist, wenn einem auf Schritt und Tritt ein Schatten folgt, ob man nun zur Universität geht, ins Fitnessstudio, zur Freundin oder zum Friseur.

In einem robusten Nissan verlassen wir Mexiko-Stadt, weg vom Verkehrschaos und dem Smog. Die Straße schlängelt sich die grünen Hügel von Tlalpan hinauf. Mitten in einem Park aus Moos und Farn, Tannen und tropischen Bäumen liegt das Haus der Familie Gallo. Wir müssen uns beeilen, denn heute Abend wird im Norden der Stadt Vater Gallos Buch „Paola" offiziell präsentiert, eine Anklage gegen die Entführungen und die Korruption in Mexiko.

In der Mitte des Turms liegt Paolas Zimmer, es ist noch unverändert. Fotos, Kleider, Gegenstände... Eine bildschöne kaum 25-jährige Frau verließ eines Tages dieses Haus, wurde entführt und ermordet.

Eduardo unterbricht meine Grübeleien. „Patty, kannst du uns zwei Sandwiches schmieren?" Patty ist die Frau des Gärtners Gustavo, der das Lösegeld übergeben hat.

In Paolas Zimmer werfe ich mich in Schale. Seit meiner ersten Kommunion habe ich keinen Anzug mit Schlips mehr getragen. Aber für Eduardo und die Buchpräsentation mache ich eine Ausnahme. Er leiht mir noch Lackschuhe. Mit den Tennisschuhen würde ich etwas aus dem Rahmen fallen.

Ich bewege mich in der Tat inmitten der Aristokratie von Mexiko DF, so der offizielle Name dieser Riesenmetropole (DF für Distrito Federal). Politiker und höhere Polizeichargen sind allerdings nicht willkommen und glänzen denn auch durch Abwesenheit. In dem Raum mit weichen Teppichen, Lüster, Kristallgläsern mit Tequilas und Schalen mit Taquitos fallen harte Worte über den mexikanischen Justizapparat. Aber damit wird Paola auch nicht wieder lebendig. Ich versuche mich in Paolas Mutter hineinzuversetzen, eine zierliche Dame in Rosa. Und ob das Buch, das ihr Vater, wie er selbst sagt, mit dem Blut seiner Tochter geschrieben hat, sein Leid etwas gemildert hat? Als Eduardo Gallo senior der Presse mitteilt, dass sein Sohn aus Sicherheitsgründen in der Anonymität lebt, wird mir klar, wie privilegiert mein Leben ist.

Die Hunde bellen, als wir wieder auf den Hof einbiegen. Unter uns liegen die Millionen Lichter der Stadt. Die Vegetation hat jetzt etwas Unheimliches. Eduardo bringt mich zu einer Blockhütte.

„Willst du eine?", fragt er und zeigt auf einen Halfter mit zwei Pistolen.

„No gracias", antworte ich prompt, aber zum zehnten Mal springt mich heute der Gedanke an, dass ich in einer knüppelharten Wirklichkeit gelandet bin.

„Klopapier?", fragt Eduardo. Da sage ich nicht nein.

Als ich in dem Kupferbett auf dem Dachboden aufwache, sehe ich, dass ich zwischen Originalfotos von Emilio Zapata, Wayang-Puppen aus Indonesien, Mahagoni-Möbeln und Webarbeiten der Sioux-Indianer geschlafen habe.

Ich beeile mich, um Eduardo Gallo senior noch beim Frühstück zu treffen, bevor er zu seiner Arbeitsstelle nach Cuernavaca fährt. Zwischen Rühreiern und Cornflakes erzählt er mir Paolas Geschichte.

„Am 30. Dezember 1974 bin ich mit meiner Frau in aller Herrgottsfrühe zum Krankenhaus gefahren. Dort wurde unser erstes Kind geboren. Wir haben es auf den Namen Paola Gallo Delgado getauft. Sie war für beide Familien die erste Enkelin, der Mittelpunkt unseres Lebens. Schon früh war deutlich, dass Paola ein intelligentes, offenes, selbstbewusstes Mädchen war. Sie hat nie einen Hehl aus ihrem Interesse für übersinnliche Phänomene gemacht. Mit fünfzehn fing sie an, wöchentlich Waisenhäuser zu besuchen, und für ihr Psychologie-Diplom hat sie mit krebskranken Kindern gearbeitet. Ihr Traum war, einmal eine eigene Schule zu gründen. Sie liebte auch die Geselligkeit, lachte gern und brachte andere zum Lachen. Sie behielt alle Witze, die sie hörte, und war immer und überall von Freunden umgeben. Sie hatte eine außergewöhnliche Stimme und trat in verschiedenen Musicals auf. Sie war immer voller Gottvertrauen. ‚Sag meinen Eltern, dass sie sich keine Sorgen zu machen brauchen, sag ihnen, dass Gott bei mir ist', hat sie zu ihren Freunden in der Nacht der Entführung gesagt.

Am 7. Juli 2000 verbrachte sie das Wochenende in unserem Haus in Tepoztlán. Sie hatte wie immer eine ganze Schar Freunde eingeladen. Sie wollte zwei Ereignisse feiern. Einmal dass ihr die Stelle einer Koordinatorin angeboten worden war, weil ihre Schüler sie zu einer der besten Lehrerinnen gewählt hatten, und zweitens hatte sie gerade ihre Diplomarbeit eingereicht.

In der Nacht vom 8. auf den 9. Juli 2000 saßen noch drei der jungen Leute im Wohnzimmer, während Paola und die anderen schon schlafen gegangen waren, als plötzlich um viertel nach zwei bewaffnete maskierte Männer in das Haus eindrangen. Die drei wurden natürlich sofort überwältigt. Sie mussten sich auf den Boden legen. Die Banditen wollten wissen, wer sich sonst noch im Haus aufhielt. Einige von ihnen gingen dann in die Schlafzimmer, wo sie Paola und die anderen fesselten und knebelten und verhörten. Die hielten das Ganze für einen Raubüberfall, der schnell vorbei sein würde. Nicht im Traum dachten sie daran, dass sie es mit einer Bande Entführer zu tun haben könnten. Aber rasch wurde klar, dass sie Paola mitnehmen wollten. Sie sagten, ich solle mich genau an ihre Anweisungen halten, nicht die Polizei einschalten und warten, bis sie sich bei mir meldeten. Sie wollten auch die anderen Mädchen kidnappen, aber Paola beschwor sie, sie würden das Geld von mir bekommen, wenn sie nur ihre Freundinnen in Ruhe ließen.

Es war viertel nach vier, als uns eine der Freundinnen anrief. Die Entführer waren fast zwei Stunden im Haus gewesen. Zwei Stunden, die Paolas Freunde nie vergessen werden. Meine Frau und ich verstanden erst gar nicht, was los war. Paola aus unserem Haus in Tepoztlán entführt? Das war doch unmöglich. Wir wussten absolut nicht, was wir tun sollten. Ich rief Freunde in Tepoztlán an, und einer von ihnen erzählte, in den letzten Monaten treibe eine Bande ihr Unwesen, auf deren Konto verschiedene Entführungen gingen. Er gab mir die Namen von zwei anderen Mädchen, die wieder freigekommen waren. Ich habe meine Freunde gebeten, sich in unserem Haus in Tepoztlán um Paolas Freunde zu kümmmern, die sich immer noch im Schockzustand befanden. Dann habe ich die Polizei eingeschaltet. Und das war richtig so. Sie hat Erfahrung mit solchen Entführungen und weiß, wie man Verhandlungen führt. Aber es war verabredet, dass sie nichts unternehmen würden, was das Leben meiner Tochter gefährden könnte. Meine Frau war bereit, falls möglich, Paolos Platz einzunehmen. Ich werde diese Nacht und die Stunden danach nie vergessen."

Luna schnüffelt unterm Tisch. „Paolas Lieblingshund", lächelt Don Eduardo und streichelt ihn.

„Wie verabredet schickte uns die Bundespolizei zwei Leute, Jesús und Armando, die für mich bei den Verhandlungen mit den Kidnappern von unschätzbarem Wert gewesen sind. Nur wer es selber mitgemacht hat, kennt die Hilflosigkeit, die Angst und die

Verzweiflung, die einen im Griff hat, wenn man auf einen Anruf von Leuten wartet, die damit drohen, dem, was einem das Liebste auf der Welt ist, etwas anzutun. Wie gern man sie auch anbrüllen möchte, man muss ruhig bleiben, man darf die Geduld nicht verlieren, weil das Leben des eigenen Kindes davon abhängt. Die Liebe zu einem Kind ist das Einzige, was einem ermöglicht, gegenüber diesen Verbrechern die Ruhe zu bewahren. Die beiden Polizisten haben mir dabei sehr geholfen, ich wäre sonst verrückt geworden. Das Telefon kann jeden Augenblick klingeln, frühmorgens, mitten in der Nacht… Man muss bei klarem Verstand sein, damit man sich, wenn es soweit ist, jedes Detail der Forderungen der Erpresser merken kann.

Der erste Anruf kam dreißig Stunden nach der Entführung. Dreißig Stunden der Höllenqualen. Sie verlangten zwei Millionen Pesos. Allein die Tatsache, dass wir ein Haus in Tepoztlán besaßen, hatte unsere Tochter zu einem Wertobjekt gemacht. Ich versprach, so viel Geld wie möglich zusammenzubringen, aber machte auch deutlich, dass ich nicht über die verlangte Summe verfügte. Der Mann sagte, er würde am nächsten Tag wieder anrufen und hängte ein. Wie ist es möglich, dass es auf der Welt Leute gibt, die einen Menschen zum Kauf anbieten, für die das Leben eines Menschen eine Ware ist?

Jedes Mal, wenn sie anriefen, haben sie gedroht, meiner Tochter etwas anzutun. Jedes Mal habe ich sie angefleht, sie zu verschonen."

Die zwei Zeitungen auf dem Frühstückstisch berichten von der Buchpräsentation. Don Eduardo blättert mechanisch darin, zum vierzehnten Mal.

„Am 11. Juli, einem Dienstag, klingelte um Mitternacht das Telefon. Ich konnte mit meiner Tochter sprechen. Sie musste mir von ihren Entführern ausrichten, dass ich alles verkaufen sollte, um das Lösegeld aufzubringen. Sie sagte, sie würde gut behandelt, man hätte ihr nichts getan. Ich spürte ihre innere Kraft. Sie war am Leben, sie klang ruhig und gefasst. Ich zweifelte nicht, dass Gott bei ihr war, wie sie selbst gesagt hatte. Meine einzige Antwort war: ‚Ich liebe dich, meine Tochter!' ‚Das weiß ich, Papa', sagte sie, ‚ich liebe euch auch. Sag Mama, dass ich sie liebe, ich liebe euch alle!' Sie hängten ein. Ich brach zusammen. Ich weinte, aber ich fühlte auch schreckliche Wut. Diese Hilflosigkeit war unerträglich. Verzweiflung und Wut – dieser Zwiespalt zerriss mich fast. Den ganzen Mittwoch haben sie uns gequält und nicht angerufen.

In jedem der nächsten Gespräche haben sie mir vorgeschlagen, das Haus in Tepoztlán zu verkaufen, eine Hypothek aufzunehmen und dergleichen mehr. Ich habe versucht, ihnen klar zu machen, dass das Zeit kostet. Ich habe ihnen mein Haus angeboten. Und so ging die Woche vorbei, bis sie plötzlich am Freitag die Lösegeldforderung halbierten. Am Samstag, am 15. Juli, um sechs Uhr abends sagte ich ihnen, dass ich schon einen Betrag zusammen hätte, dass ich aber am Montag noch 50 bis 60 Prozent mehr hätte. Sie waren einverstanden und hängten ein. Kaum zwei Minuten später klingelte es wieder. Sie wollten wissen, wie viel Geld ich im Augenblick hätte. Ich habe ihnen den Betrag wiederholt und auch gesagt, dass es am Montag viel mehr wäre. Aber auf einmal wollten sie nur noch ein Viertel der ursprünglichen zwei Millionen. Wir spürten, dass etwas nicht stimmte, es war, als wollten sie die Verhandlungen so rasch wie möglich beenden. Wir haben die Gespräche mit der Polizei analysiert und kamen zu dem Schluss, dass sie unsere Tochter wahrscheinlich freilassen würden, wenn sie am Montag die Höhe der Summe erfahren würden. Aber ich sollte unbedingt, bevor ich das Lösegeld bezahlte, einen Beweis verlangen, dass Paola noch lebte und in den Händen der Leute war, die anriefen. Wir sollten uns eine Frage ausdenken, die nur meine Tochter beantworten konnte. Es fiel uns irgendwie wahnsinnig schwer! Die Tatsache, dass das Ende in Sicht war, blockierte uns völlig. Schließlich haben wir uns auf zwei Fragen geeinigt. Es gelang uns sogar, etwas zu schlafen. Vielleicht würden wir unsere Tochter ja schon am Montag in die Arme schließen können.

Völlig unerwartet klingelte am Samstag sechs Minuten nach Mitternacht wieder das Telefon. Sie seien einverstanden mit dem Betrag, den ich im Augenblick zur Verfügung hätte. Das war merkwürdig. Warum konnten sie nicht bis Montag warten? Aber gut, es war ihre Sache, das Wichtigste war, dass unsere Tochter freikam. Später riefen sie noch mal an, um die Geldübergabe zu vereinbaren. Sie hängten ein, bevor ich ein Lebenszeichen von Paola verlangen konnte. Die nächste Station des Kreuzweges.

Als sie wieder Kontakt aufnahmen, stellte meine Frau die erste Frage, die wir uns ausgedacht hatten. Sie würden uns die Antwort so rasch wie möglich geben, sagten sie. Nach einer Weile klingelte das Telefon. Meine Frau nahm ab. Die Anwort war völlig daneben. Sie stellte die zweite Frage, und wieder mussten wir warten. Auch die zweite Antwort war falsch. Ich improvisierte eine dritte Frage, die diesmal korrekt beantwortet wurde. Sie gaben mir die Anweisungen für die Geldübergabe.

Wir sollten jemanden an eine bestimmte Stelle in der Nähe von Cuernavaca schicken, wo er weitere Instruktionen abwarten sollte. Wir mussten uns an einige Regeln halten. Sie wollten sichergehen, dass die Polizei ihnen keine Falle stellte. Um sie zu beruhigen, sagte ich, meine Tochter kenne die Person, die das Geld übergeben würde, und könne seine Beschreibung bestätigen. Wir hängten ein. Es war siebzehn Minuten nach drei in der Früh, am 16. Juli 2000.

Nach der Übergabe rief der Mann an, der das Lösegeld in Empfang genommen hatte. Man werde Kontakt aufnehmen.

Neunzehn Minuten verstrichen. Um sechs nach halb vier ließen die Entführer wissen, sie hätten das Lösegeld bekommen und unsere Tochter würde am nächsten Tag freigelassen. Wieso am nächsten Tag? Was bedeutete das? Uns brach der Angstschweiß aus. Polizisten waren bei uns und ein befreundetes Ehepaar. Die Polizisten setzten sich sofort mit ihrer Zentrale in Verbindung, um Einzelheiten des Gesprächs durchzugeben. Es sei äußerst ungewöhnlich, dass man unsere Tochter erst am nächsten Tag freilassen wolle. Und was hieß morgen? Es war vier Uhr in der Früh. Sonntag, Montag?

Wir beteten, und ich dankte dem Herrn, dass nun bald alles vorbei sein würde. Ich rief einen Freund in Cuernavaca an und sagte ihm, wir würden auf einen Anruf unserer Tochter warten, um sicherzugehen, dass sie in Freiheit sei. Wir hatten einige Tage zuvor mit ihm verabredet, dass er sich so lange um sie kümmern würde, bis wir eingetroffen waren. Ich war davon überzeugt, dass jetzt alles gut ausgehen würde.

Die Zeit verging quälend langsam. Um drei Uhr nachmittags kamen zwei Herren von der Bundespolizei. Sie baten mich, sie nach Cuernavaca zu begleiten. Ich bin kein Mann, der um den heißen Brei herumredet. Ich fragte sie, ob meiner Tochter etwas passiert sei, ob sie noch lebe. Die Antwort war eindeutig: ‚Man hat die Leiche einer etwa 25-jährigen Frau gefunden, die mit dem Foto

Ihrer Tochter übereinstimmt, das Sie uns gegeben haben. Es ist unumgänglich, dass Sie uns nach Cuernavaca begleiten, um sie zu identifizieren. Wir wissen noch nicht genau, was passiert ist, aber es hat den Anschein, als sei es zwischen den Bandenmitgliedern zu einem Streit gekommen.‘ Ich konnte es einfach nicht glauben, es konnte einfach nicht wahr sein. Was sollte ich meiner Frau sagen? Ich musste ja erst sicher sein. Ich rief einen Freund an, den Vater einer der besten Freundinnen von Paolo seit ihrer Kindheit, und bat ihn, mich nach Cuernavaca zu begleiten. Ich war absolut nicht in der Lage, selber zu fahren. Unterwegs telefonierte ich mit meiner Schwester und meiner Schwägerin. Jemand musste sich um meine Frau kümmern. Sie sollten ihr aber noch nichts sagen... Es muss für beide schrecklich gewesen sein, den Schmerz zu verbergen! Manchmal verlangen wir Unmögliches von den Menschen, die uns lieben. Aber... ich hatte keine andere Wahl.

Fünfzehn Minuten nachdem wir beim Gerichtsgebäude von Morelos angekommen waren, hat man mich zum Leichenschauhaus gebracht.“

Ich stelle fest, dass ich seit zwanzig Minuten keinen Bissen gegessen habe. Ich sitze hier in einer Traumküche. Ein Haus, so voll, so leer. Es ist eine eigenartige Erfahrung, vor einem Teller Cornflakes mit dem tiefsten Schmerz konfrontiert zu werden, den ein Menschen fühlen kann.

„Ich sehe alles noch ganz deutlich vor mir“, sagt Don Eduardo und gießt mir noch Kaffee nach. Er rührt in seiner Tasse, so langsam, als wolle er ein Gesicht zeichnen. „Als der Mann das Tuch beiseite ziehen wollte, rief ich, ich wolle das selber machen. Sie lag auf einer Bahre, zwanzig Zentimeter über dem Boden. Schon als ich das Haar sah, wusste ich, dass sie es war... meine Tochter. Ich setzte mich neben sie und weinte... Nein! Oh Gott, nein! Nicht meine Tochter! Ich habe bewusst einen Riegel vorgeschoben. Ich wollte nicht sprechen, nicht sehen, nicht hören. Ich wollte meine Tochter wieder, lebendig und lachend, wie ich sie immer gesehen hatte.“

Inzwischen hat sich auch Eduardo junior zu uns gesetzt. Die Geschichte entrollt sich weiter und verzweigt sich. Der Schmerz der Mutter, die Auflehnung des Bruders, die Frustrationen über unfähige Ermittler, Korruption und Komplizenschaft von Polizei und Politikern... Drei der Entführer fand man ermordet an der

Stelle, wo das Lösegeld übergeben worden war. Die Ermittlungen wurden nach einiger Zeit eingestellt. Aber Gallo hat nicht locker gelassen und fast allein die Verantwortlichen aufgespürt.

Ich spaziere mit Eduardo den Hügel, der einem kleinen Regenwald gleichkommt, hinab. Inmitten von dichtem Grün steht eine hübsche Kapelle aus großen ockergelben Steinen. Hier wurde Paola beigesetzt. Eduardo küsst das Kupferschild. „Mi querida hermana", sagt er lächelnd und fährt mit der Hand über die Schrift.

Die Fahrt von Mexico-Stadt nach Oaxaca ist wieder von abenteuerlicher Enge. Eingeklemmt zwischen nach Holzkohle und Schlichtheit riechenden Gliedmaßen und einem Nebenmann mit einer Tequilafahne. Grün gibt überall den Ton an. Bananen- und Papayabäume. Die Bremse des Busses klingt wie eine Kettensäge und lässt sogar Esel am Wegrand aufschauen. Raubvögel fliegen über uns hinweg.

Wir haben uns am *zócalo* zum Frühstück verabredet. Der Zentralplatz der kleinen Stadt heißt „Die Schwalben". Plätze brauchen nicht immer den Namen von Kriegshelden zu tragen. Und die Zeit der Cornflakes ist vorbei, stattdessen gibt es schwarze Bohnen.

Wenn einer auf dem Zócalo von Pochutla rülpst, kann man es im Gefängnis hören. Kein schwarzes T-Shirt war die Bedingung, überhaupt nichts Schwarzes. Schwarz tragen nämlich die Aufseher. Unsere Namen werden in ein Heft mit Eselsohren eingetragen. Ich werde akribisch gefilzt, nur meine Hosentaschen lassen sie merkwürdigerweise aus. Aber das ist das letzte Mal, dass wir Wärtern begegnen.

Wir gehen gleich zum großen mit Wandgemälden verzierten Saal im ersten Stock. Jeden Samstag kommt Isabel hierher mit Körben voller Bunt- und Filzstifte, um die Kinder der Häftlinge zu unterhalten. In kleinen Gruppen hüpfen sie herein und setzen sich an die Tische: Brenda, Laura, Berta, Elvis, Alicia…

Dass ich mich in diesem Gefängnis gleich wieder zu Hause fühle, liegt vor allem an Porfirio, Marco, Sergio und Silvan. Sie bewohnen die zweite Etage, die mit ihren tiefen Nischen wie ein überdimensionaler Weinkeller aussieht. Silvan, von den andern Bin Laden getauft – obwohl er mit seinem Kon-Tiki-Bart eher etwas von Thor Heyerdahl hat – ist mein Schutzengel. Er bringt mir bei, wie man Hängematten webt; er lässt das Schiffchen durch die Maschen sausen mit der Geschwindigkeit eines TGV. Ich bin ein Bummelzug.

Bei Sergio nähe ich drei Hexagone eines Fußballs. Juan wirft mir eine Halskette um. Aus Muscheln.

„Halte mal eben diesen Gürtel fest, dann schlage ich die Löcher rein", meint Martin.

„Mit solchen Karavellen entdeckte Christoph Kolumbus Amerika." Audencio, der Tischlermeister, hat fünf Mithäftlinge eingespannt. „Mehr als sechs Jahre mache ich schon diese Schiffe aus Holz. Noch viereinhalb Jahre und dann habe ich es geschafft." Abraham belässt es bei einem halben Schiff. Er fragt mich, wo ich herkomme?

„Aus Belgien."

„Ist das ein Staat in Amerika?", fragt er ganz ohne Ironie. Wie kommt es bloß, dass Belgien für viele auf der Weltkarte gar nicht vorkommt? Für jede Geschichte aus seinem Leben revanchiere ich mich mit einer Knastgeschichte aus irgendeinem Winkel der Erde.

Das Gefängnis von Pochutla ist eine einzige Werkstatt. Nirgendwo sonst habe ich so viel Betriebsamkeit gesehen. Der eine schabt, der andere schleift, ein anderer schmirgelt. In Leder oder Holz, Makramee oder mit Peddigrohr.

Raúl kommt mit einem Topf dampfender Suppe. Als Löffel dient *totope*, knuspriges Maisbrot.

Tarzan setzt sich zu uns. Man hat ihm den Spitznamen gegeben, weil er ständig high ist und durch die Lüfte schwebt, ohne sich allerdings allzu gut auf die Lianenkünste zu verstehen.

„Leimschnüffeln ist aus der Mode", sagt er. „Piedra, Crack ist jetzt in. Komm mal mit." Er zieht mich hinter den Vorhang seiner Nische, zündet einen Gaskocher an und stellt eine Blechbüchse voller Löcher darauf.

„Man nimmt etwas Kokain mit Karbonat, gießt einen Löffel Wasser dazu, erhitzt das Ganze, und ab geht es in den siebten Himmel."

Büchse und Kocher fangen gehörig an zu wackeln. Dann das Bett, die Nische und das ganze Stockwerk.

„Erdbeben?", frage ich. Ich kenne das von Chile.

„Die Stoßdämpfer von la Señora", lacht Tarzan. „Unser Nachbar bumst seine Frau. Sst, hör mal..." Man ist hier ziemlich locker, was Familienbesuch betrifft.

„Wie kommt es bloß, dass hier alles so sauber ist?", frage ich meine Zellengenossen.

„Das machen unsere *talacheros*, eine Putzkolonne von etwa dreißig Leuten, hauptsächlich Neulinge. Sie bringen hier acht Monate lang fast gratis alles auf Vordermann. Und dreimal täglich wird der Abfall rausgetragen, um sechs Uhr morgens, um zwölf und um vier Uhr nachmittags", antwortet Juan.

Sergio unterbricht ihn. „Komm, wir holen Wasser." Er reicht mir einen 20-Liter-Eimer, der zwei Mal am Tag gefüllt werden darf. Das muss zum Wäschewaschen, Duschen, Kochen reichen – und zum Putzen der Autos der Wachmannschaft. Wir stellen uns an vor einem Häftling, der mit einem Gartenschlauch die Eimer füllt.

„Dich habe ich heute schon zwei Mal gesehen", zeigt sein böser Finger auf einen Mann, der prompt eine Bürste und einen Lappen in die Hand gedrückt bekommt und den Abfluss sauber machen darf. Auch hier verwalten sich die Häftlinge selbst. Und bestrafen einander.

Henrique, mein Nachbar, um die sechzig, liegt auf seiner Pritsche und liest in einem Abc-Buch. Er besucht einen Kurs Schreiben und Lesen.

„Wir sind so froh über deinen Besuch. Es reißt einen aus dem Trott."

„Mich auch."

Ich besuche Juanito. Bei einem Überfall wurde er von Kugeln durchsiebt und ist jetzt ans Bett gefesselt. Gitarre spielen ist das einzige, wozu sein gelähmter Körper noch imstande ist. Seine

Behausung spottet jeder Beschreibung. Sein Kleiderschrank besteht aus Brettern, die an Stricken am Deckenbalken hängen.

„Ich habe noch drei Kugeln im Leib." Er ergreift meinen Finger und zeigt auf seinen Bauch, seinen Nacken und ein Bein. Ich kann sie deutlich fühlen. Es ist brütend heiß. Nebenan liegen die Klos, was bei diesen Temperaturen alles andere als praktisch ist. Ich mache mit der Sozialarbeiterin aus, dass für Unglückliche wie Juanito Ventilatoren angeschafft werden. Mit Dank an die großzügigen belgischen Spender.

UNTER STROM IN GUATEMALA

Wer das Gold der Mayas sehen will, muss hier Zahnarzt werden. Aber es ist nicht alles Gold, was glänzt; auch die prächtigen Blumenstickereien auf den Blusen und Röcken der Frauen leuchten in der Sonne. Auf die Backenknochen kann man ein Stück Seife legen. Schöne Menschen.

In Guatemala gibt es etwa 24 ethnische Gruppierungen und Sprachen. Ein Gesetz für das Gefängniswesen gibt es nicht. Und man kann erleben, dass einem Gefängnisleiter das Herz förmlich in die Hose rutscht bei der Vorstellung, seine Arbeitsstätte betreten zu müssen.

„Ein Gesetz muss eine Zukunftsvision enthalten", doziert Professor Borja Mapelli vom Katheder. Ein halbe Stunde nach meiner Ankunft in Guatemala-Stadt sitze ich in einer Aula der Universidad San Carlos und höre den Ausführungen des spanischen Professors von der Universität von Sevilla zu, der die Kommission berät, die ein Gesetz für den Strafvollzug ausarbeiten soll. „Der Strafvollzug ist veraltet, er stammt aus den fünfziger und sechziger Jahren. Die Haftanstalt ist kein Ort der Resozialisierung, der Versöhnung. Wir haben uns geirrt. Es ist höchste Zeit, das Gefängnis selbst zu resozialisieren. Was sind unsere Erwartungen? Soll das Gefängnis eine Strafanstalt sein? Eine Schule für Verbrecher? Oder wollen wir Gefangene wirklich auf den Wiedereintritt in die Gesellschaft vorbereiten?"

„Wenn wir der Ansicht sind, dass jemand auch im Gefängnis ein Mensch ist, müssen wir ihn entsprechend behandeln. Wir entziehen ihm das Recht auf Freiheit. Aber müssen wir ihm deshalb auch das Recht auf Ehe, Gesundheit, körperliche Integrität und Sicherheit verweigern? Das Recht auf ein Familienleben ist mit dem Freiheitsentzug uneingeschränkt vereinbar. Bedeutet das Recht auf Überwachung, dass ein Insasse das Recht auf Intimität verliert? Und ist es nötig, dass so viele Erststraftäter durch die Haft traumatisiert werden? Häftlinge sind in der Lage, Selbstverantwortung zu übernehmen. Müssen wir ihnen die Wohltaten eines demokratischen Systems vorenthalten? In dem Maße, wie sie sich aktiv an Entscheidungen über Tagesablauf, religiöse und kulturelle Aktivitäten usw. beteiligen können, wächst ihr Gefühl der Solidarität."

Als Borja Mapelli auf die Todesstrafe zu sprechen kommt, gerate ich vollends in seinen Bann. „Wir müssen uns auf eine Debatte mit Gruppierungen einlassen, die unsere Meinung nicht teilen: das Militär, die Polizei, die Richter…Denn es ist leicht, von unseren Mitstreitern Bestätigung zu fordern." „Die Todesstrafe schafft mehr Kriminalität." Und: „Wer als Richter die Todesstrafe verhängt, soll auch selbst die Giftspritze setzen!"

Emilio ist mein unentbehrlicher Gefährte in Guatemala. Er war Minister für Kultur und Sport und hat selbst in salvadorianischen Gefängnissen gesessen. Auf seinem Moped, auf dem er mich überallhin chauffiert, sieht er aus wie ein Pizzafahrer, dessen Statur vermuten lässt, dass er die Bestellungen der letzten zwei Monate selbst verdrückt hat. Durch ihn lerne ich Luís und Gustavo kennen.

Auch Luís hat schon so manchen Knast von innen gesehen, aber jetzt spielt er Theater mit Straßenkindern, führt seine eigene Geschichte auf und das, was sie ihn gelehrt hat.

„Ich bin eine Zikade mit Schienbeinschonern. Blut, Tinte und Speichel waren meine Lehrmeister", sagt der Poet, der manchmal auch singt. Über Rauschgift hat er so seine eigene Meinung.

„Drogen sind ein Fenster, nie eine Tür", sagt er und steckt sich einen Joint an. „Es ist bewiesen, dass Marihuana gut gegen Arthritis ist. Ford soll sogar mit dem Gedanken gespielt haben, seine Autos auf Drogen fahren zu lassen. Man sollte den Eigenkonsum legalisieren, aber den Handel bestrafen. Die Kriminalität würde rapide sinken."

„72 Mal", sagt Gustavo, „72 Mal bin ich im Jugendgefängnis gelandet." Das muss ein Rekord in den Guinness-Statistiken meines Buches sein. Gustavo ist mein Führer zum Gefängnis von El Pavón, etwas außerhalb von Guatemala-Stadt. Melancholie liegt auf seinem Gesicht, aber obwohl von den Entbehrungen des Lebens gezeichnet, strahlt es Güte aus. Momentan arbeitet er mit Jugendlichen, die von Drogen loskommen wollen.

„Mit sieben", erzählt Gustavo, als wir zum Gefängnis fahren, wo er schon ein Jahr nicht mehr gewesen ist, „bin ich vom Land in die Stadt abgehauen. Meine Eltern hatten ständig Krach und ich dachte, in der Stadt kann es auch nicht viel schlechter sein. Von heute auf morgen landete ich auf der Straße und habe mich viel zu schnell der Bande ‚Dieciocho' angeschlossen." In Anlehnung an die berüchtigte Straßengang der 18th Street von Los Angeles.

Gustavo schweigt plötzlich.

„Oh, dieser Geruch!", stöhnt er angewidert. „Riechst du das?"

„Ja, wie abgestandenes Öl."

„Genau. Meist wurden wir um zwei Uhr morgens in verhangenen Wagen hierher gebracht, dann konnten wir riechen, wenn wir uns El Pavón näherten. Es gibt hier eine Fabrik, in der Öl hergestellt wird."

Die Anstalt mit ihren Wachtürmen taucht in der Tat vor uns auf.

„Es ist ganz normal, wenn Häftlinge nach der Entlassung voller Ängste sind. Angst vor Autos beispielsweise. Sie haben zehn Jahre lang keine Straße überquert, nicht mehr in einem Auto gesessen. Man hat Angst vor dem Papierkram, Angst vor Leuten", sagt Gustavo auf dem Weg zum Eingang. Spontan hilft er einer Frau, die sich ein Bündel Bananenblätter auf den Kopf laden will.

„Para los tamales", sagt sie. „Mein Mann hat drinnen ein Restaurant."

„Wie bitte?“, frage ich erstaunt.

„Sí, sí“, wiederholt sie, „ein Restaurant.“

„Dieses Gefängnis ist anders als all die anderen, die Sie bisher gesehen haben“, versichert mir Gustavo.

Ein Aufseher fragt mich, wie er in die Vereinigten Staaten emigrieren könne. Ich begegne kurz darauf noch zwei, aber innerhalb der Anstaltsmauern haben sie sich alle in Luft aufgelöst. Wir begrüßen noch den Gefängnisleiter, dem schon bei dem Gedanken, einen Schritt ins Innere tun zu müssen, Angst ums Herz wird.

„Es werden jetzt zwei Jahre her sein, dass ich zum letzten Mal drin war. Ich gebe zu, dass ich Angst habe. Da drinnen hat eine Junta das Sagen.“ Als ich ihn nach guatemaltekischer Sitte mit Professor oder Papá anspreche, sagt er: „Sagen Sie doch einfach Aparicio.“

Don Aparicio muss sich schrecklich langweilen, denn sein Büro ist so groß wie ein halber Ballsaal, enthält aber nur einen Schreibtisch und zwei Gartenstühle für Besucher. Seine gesamte Administration scheint aus sieben Papierbögen unter einem Briefbeschwerer zu bestehen. Ich sehe nirgends Ordner, von einem Computer ganz zu schweigen. Die Wände sind kahl, abgesehen von einem Kalender, Geschenk einer Eisenwarenhandlung oder einer Gasfabrik, die ein feliz Weihnachten und ein próspero año 2002 wünscht. Als sich Emilio eine Zigarette anzündet, bietet ihm der Direktor einen Papierkorb an. Das Fehlen eines Aschenbechers spricht für ihn, aber der Ersatz stellt ein ernsthaftes Betriebsrisiko dar, wie sich zwei Minuten später herausstellt, als er Feuer fängt. Als hätten sie es mit aufständischen Häftlingen zu tun, stürzen sich Emilio und Aparicio auf den Brandherd. Ein Glück, dass die sieben Schriftstücke auf dem Schreibstisch und der Kalender nicht in Flammen aufgegangen sind.

Aparicio ist trotz allem ein sympathischer Mann, ich darf ins Gefängnis, allerdings „auf eigene Verantwortung“. Somit beläuft sich die Gefängnispopulation auf 1397 Mann.

Ich überquere den Innenhof, durch dessen Asphaltdecke Unkraut schießt. Kein Wärter weit und breit. Sie stehen alle vor den Mauern Wache; es sind „recycelte Polizisten“, sagen die Häftlinge.

Auf dem Hof komme ich mit Jean Philippe aus Toulouse ins Gespräch, der von elfeinhalb Jahren noch vier absitzen muss. Aber er hat die Hände nicht in den Schoß gelegt, sondern – wahrscheinlich mit finanzieller Unterstützung der Knast-Junta – eine Fabrik aus dem Boden gestampft, in der Seile in allen Farben und Stärken hergestellt werden. Sogar fürs Ausland. Momentan wickelt er einen Auftrag des Ministeriums für Kultur und Sport ab: Tornetze. Außerdem macht er ein Betriebswissenschaftsstudium. „42 Leute arbeiten für mich", sagt er mit nicht geringem Stolz.

„Wir sind hier in einem freien Gefängnis", sagt Tomasito. „Hier kannst du eine Immobilie kaufen, wenn du Lust dazu hast." Es ist surreal. Vor einer Reihe von Fenstern und Läden hängen in der Tat Pappschilder „Zu verkaufen" oder „Zu vermieten". 150 sind es insgesamt.

„Hier herrscht Ordnung, da gibt's nichts", sagt Tomás, nach eigenen Worten der „demokratisch gewählte Präsident" dieser Anstalt. „Außer den Kranken und Alten bekommt jeder fünf Quetzal pro Woche." Tomás lässt von einem seiner Diener Cola bringen und zeigt mir die Lohnliste der 179 bezahlten Häftlinge. Er steht ganz oben. Auch mit fünf Quetzal. Nicht mal seine Großmutter würde das glauben.

„Wir leiten hier das allerbeste Gefängnis", meint er und gibt seinem James den Befehl, Wäsche zu waschen. „Wir sind eine verschworene Gemeinschaft, wie du siehst." Seine Stimme senkt sich. „Wir demokratisieren die Drogen. So verhindert man Monopolisierung."

Sein Handy klingelt. In seiner Zelle, Verzeihung Wohnung, stehen ein Panasonic-Fernseher, eine Stereoanlage und ein Computer.

„Sollen wir surfen?", fragt er, nachdem er das Gespräch beendet hat und meinen Blick auf den Mac gerichtet sieht. Ich muss mit ihm die letzten Börsenberichte und die Gewinne der Pferderennen begutachten und rieche ein schweres Aftershave. Den Boss spielt man hier mit Grandeur und riecht ihn drei Meilen gegen den Wind.

„Komm, ich sorge dafür, dass du hier keine Schwierigkeiten kriegst", sagt der nominelle Direktor, der schon acht Jahre einsitzt. Im Flur seiner Wohnung hängen Gemälde und Käfige mit Wellensittichen.

El Pavón ist eine Welt für sich oder einfach die Fortsetzung der Welt. Hier wachsen Hunderte von Bäumen, vor allem Eukalyptusbäume, es gibt eine große Kirche, einen Konzertsaal, Bars mit Flipperautomaten und Videospielen und Restaurants an jeder Ecke, Friseursalons, Metzger (ganze Schweine hängen an Haken), Fahrradhändler. Familien können am Wochenende hier übernachten. Davon kann Europa sich eine Scheibe abschneiden.

Tomás leugnete es in allen Tonarten, aber von anderen höre ich, dass die Gangs alles kontrollieren. Wer nicht nach der Pfeife der Anführer tanzt, muss sich vorsehen. „Wer dem Komitee auch nur in die Quere kommt, muss mit Arsen in seinem Maisbrei rechnen", sagt Cristían mit zusammengebissenen Zähnen. Aber das ist vielleicht nur ein Gerücht. In Guatemala, heißt es, werden die Leute in zwei Särgen begraben, einer für die Zunge, der andere für den Rest.

Heute Abend ist die Atmosphäre zum Zerreißen gespannt. Ich begebe mich zur Telefonzentrale, einem Raum mit acht Kabinen. Ja, ja, man kann von hier aus mit der ganzen Welt telefonieren, und es ist noch nicht einmal illegal. Gustavo hatte mir erzählt, dass Calderón wegen ziemlich vieler unbezahlter Rechnungen auf das Schlimmste gefasst sein muss. Außerdem hätte seine Frau ihn in flagranti ertappt und Tomasito gebeten, ihrem Mann einen Denkzettel zu verpassen.

An der Westseite der Anstalt liegen Gemüsegärten, Schweine- und Hühnerställe. Der Rosengarten – Rosen für den Export – ist von einem starken Elektrozaun umgeben, der Katzen und Hunde mit einem Schlag rösten würde.

Juan macht mich auf einige Häftlinge aufmerksam, die verborgen zwischen dem Laubwerk die letzten Rosen zurückschneiden. Hinter der Schreinerei taucht Calderón auf und läuft nichts ahnend über den Sandweg. Als er den Rosengarten erreicht, stürzen sich plötzlich vier Kerle auf ihn. Er wird geknebelt und gefesselt. Unheimlich still, wie in einem Stummfilm, hat sich das abgespielt. Dann packen zwei seine Beine, zwei seine Arme, nehmen dreimal Schwung und schleudern ihn gegen den Elektrozaun. Funken stieben, ein dumpfer Schrei… Er ist auf der Stelle tot.

Noch Tage später überläuft es mich kalt, wenn ich an den Mann denke, der vor meinen Augen hingerichtet wurde.

„Das war noch harmlos", versucht Juan mich zu trösten. „Der Gitano, der Zigeuner, war Tomasitos Vorgänger. Ein richtiges Ekelpaket. Er missbrauchte seine Macht und hatte schließlich das halbe Gefängnis gegen sich. Eines Tages haben ihm einige hinter einer Mauer aufgelauert, ihm ein Handtuch über den Kopf geworfen und ihn abgestochen. Jeder, der wollte, konnte ihm sein Messer in den Leib stoßen. Nach dem offiziellen Befund wies seine Leiche 127 Messerstiche auf."

Für heute habe ich genug und suche mein Nachtquartier auf, das ich mit zwei anderen teile. Elieser erzählt von seinem Fluchtversuch. Er hatte sich als Frau verkleidet und aufgedonnert und lief einfach durch die Tore durch, eins nach dem anderen. Beim letzten wurden ihm die Stöckelschuhe zum Verhängnis.

„Ich knickte um und fiel der Länge nach direkt vor einem Wärter hin. Der sah unter dem Rock meine Eier. Im Bunker hatte ich dann Zeit genug, mich abzuschminken." Eliesers angenehme Art muntert mich etwas auf.

„Ariel hatte mehr Erfolg. Er hatte eine Mariachi-Band gegründet, die so erfolgreich war, dass sie der Direktor für den Geburtstag seiner Frau engagierte. Während der Party haben sie sich aus dem Staub gemacht."

Marlón, unser dritter Zellengenosse, findet, Gefängnishaft müsse das letzte Mittel sein. „Hier brummen 45 Prozent für kleine Vergehen. Die Haftanstalten sind voll von Leuten, die einen Fehler begangen haben, aber kein Verbrechen."

„Und dann können wir noch von Glück sagen, dass wir eine Zelle haben. In den Schlafsälen ist es nicht auszuhalten. Ich habe es ein Jahr mitgemacht und die ganze Zeit meine Schuhe anbehalten, sonst wären sie am nächsten Morgen weggewesen. Duschen konnte man sich nur, wenn ein Freund auf die Kleider aufpasste."

Neben der Tür hängt das Foto eines hübschen Mädchens.

„Meine Tochter", sagt Elieser. „Kandidatin Miss Pavón." Ich bin in einem Gefängnis gelandet, in dem tatsächlich die Frauen, Töchter und Geliebten der Häftlinge an einem Schönheitswettbewerb teilnehmen. Und dann sage man noch, in einer Haftanstalt gehe das Leben nicht einfach weiter.

„Hast du auch Kinder?“, frage ich Marlón.

„Man hat mich zusammen mit meiner hochschwangeren Frau verhaftet, mich wegen Trunkenheit, sie wegen Bandenbildung. Völliger Blödsinn. Nach drei Tagen brachte sie in Haft unser Kind zur Welt. Es war schrecklich. Glücklicherweise gibt es auch anständige Wärter. Einer von ihnen, der immer den Abfall wegräumte, vertauschte den Deckel unseres Mülleimers mit dem meiner Frau. Ich versteckte darin Zettel, manchmal legte ich eine Rose dazu. Ich habe mich abgeschuftet, um die fünfzig Quetzal Geldstrafe für sie zusammenzukriegen. So kam sie drei Wochen später frei. Michelle arbeitet jetzt als Putzfrau und spart für mich Geld.“

Bei einer der Buden hatte ich mir Kokos-Nougat gekauft, und so endet der Tag für uns doch noch versöhnlich.

Übernachten kann ich dort nicht, wohl einen Tag verbringen, essen und arbeiten, im Centro de Orientación Feminina, dem Frauengefängnis von El Pavón, in dem 140 Frauen zu 25 in einem Hogar, einem Heim, leben.

Die Erste, der ich begegne, ist eine „Prinzessin, die aus den Fluten gerettet wurde“, wie ihr Name Anaita übersetzt lautet. Zusammen mit Marta María arbeitet sie das Unterrichtsmaterial für den Kurs Lesen und Schreiben aus. Sie würden, nebenbei bemerkt, gute Gewinnchancen bei der Misswahl haben.

Aber sie sind durchaus mit Vorsicht zu genießen. Viele Frauen sind hier wegen Drogenbesitzes, Mordes oder Entführungen. Auch hier täuschen die Gärten, romantischen Anlagen und Weiher ein friedliches Bild vor. Es gibt sogar Gartentische und -schirme. Spielende Kinder verstärken die Idylle. Sie dürfen bis zum Alter von sieben Jahren bei ihren Müttern bleiben.

Im Wohnraum eines Heims muss der Fremde Rede und Antwort stehen und sich über Frauengefängnisse in aller Welt ausfragen lassen. Sie hören interessiert zu und heißen mich willkommen. Ich verspreche, in jeder Werkstatt eine Stunde mitzuarbeiten. So wasche ich eine Stunde Bohnen, gieße eine Stunde Figuren in Gips, bearbeite Kerzen mit einer Stahlbürste, um ihnen ein rustikales Aussehen zu geben, falte Tüten für Burger King und nähe Schlaufen an Topflappen. Fürs Blumenbinden und eine Stunde in der Konditorei reicht die Zeit nicht mehr.

In der Kerzenwerkstatt schenkt Anabela mir eine Banane. Als mir später bei den Topflappen einfällt, dass ich sie liegengelassen habe, sorgt das für allgemeine Heiterkeit. Sag im Frauengefängnis von Guatemala nie: „Verdammt, ich habe meine Banane bei den Kerzenfrauen vergessen."

Fast alle Frauen arbeiten, denn damit kann man die Strafzeit reduzieren. Zwei Arbeitstage bedeuten einen Tag Straferlass. Zumindest wenn man sich mustergültig aufführt. Aber dass die Frauen nicht wie die Männer außerhalb der Anstalt arbeiten und auch kein erotisches Stelldichein mit ihren Partnern haben dürfen, beweist, dass auch hier in emanzipatorischer Hinsicht noch einiges zu tun ist.

Es werden Stapel Fertiggerichte hereingebracht. Es gibt *huisquiles*, eine Art Zucchini, allerdings mehr in flüssiger Form. Ich schlürfe gierig das geschmacklose wässrige Gemüse. Elvia schöpft meinen Teller immer wieder voll. Sie zeigt mir ein Album, in dem sie ihre Spitzen- und Stickarbeiten aufbewahrt.

„Was für eine Arbeit!"

„Man muss sich auf Trab halten", wiederholt Elvia einen alten Refrain, „damit man abends müde ist, sonst verfolgen einen drei Dinge: die Gedanken an die Familie und den Anwalt und das Zusammenleben mit den andern.

LUFTBALLONS IN EL SALVADOR

Als wäre es gestern gewesen. 24. März 1980. Ich hatte mich vorübergehend bei meinem Großvater einquartiert, um mich in aller Ruhe auf eine Physikprüfung vorzubereiten. Physik. Seit halb sechs Uhr morgens saß ich schon über den Büchern. Um viertel vor sieben leistete ich meinem Großvater am Frühstückstisch Gesellschaft. Er löffelte eine Schale Haferflocken. In Bademantel und langen Strümpfen, seine spärlichen Haare standen ab in alle Himmelsrichtungen. Trotz seines gebisslosen Munds hatte der Paterfamilias nichts von seiner Würde verloren. Im Gegenteil. Diese intimen Augenblicke steigerten nur meine Bewunderung für einen außergewöhnlichen Mann.

„Großvater, ich gehe noch kurz nach oben und putze mir die Zähne und schwinge mich dann aufs Rad." „Bring mir meine mit", sagte er trocken. Als ich mit seinem künstlichen Gebiss die Treppe herunterkam, saß mein Großvater vorm Radio und hörte die Sieben-Uhr-Nachrichten. Hätte er die Prothese im Mund gehabt, wäre sie ihm sowieso rausgefallen.

„Monseñor Romero!", schnaufte er. „Sie haben den Erzbischof von El Salvador erschossen!"

Mein Großvater hatte sich mit siebzig noch selbst Spanisch beigebracht, zwei seiner Kinder arbeiteten als Missionare in Chile, und die Biblia Latinoamericana mit seinen handschriftlichen Anmerkungen nahm einen wichtigen Platz im Bücherschrank ein. Ich höre ihn noch sagen: „O, ich würde vor meinem Tod noch so gerne erleben, dass der Papst kein Italiener und der Präsident von Amerika ein Schwarzer ist." Er hatte einen freien Blick auf die Welt. Von ihm lernte ich viel über die Befreiungstheologie und die Weltkriege, mehr als über Physik aus meinen Schulbüchern. Einer hartnäckigen Legende zufolge konnte er einen Stuhl schweben lassen, aber der Beweis muss noch erbracht werden. Ebenso wie der schwarze Präsident noch kommen muss.

Ich bin wieder in tropischen Zonen, und die Versuchung ist groß, unter dem Ventilator den Schlaf nachzuholen. Während ich auf grünes Licht vom Gefängnis warte, will ich an die Männer und Frauen erinnern, die in diesem Land ihr Leben geopfert haben.

Die Kathedrale von San Salvador mit ihrer roten Kuppel würde in Umbrien kaum auffallen. Nur die Fassade mit den kobaltblauen und orangefarbenen Bilderkacheln verrät deutlich, dass wir in Mittelamerika sind. Auch die Bettler haben sich eingefunden. Auf dem Vorplatz trägt ein schon reichlich beschissener General auf seinem Sockel die Angriffe der Tauben mit Fassung. Das Grab von Romero befindet sich unter der Kirche. Durch einen Seiteneingang steige ich die Treppen in einen an eine Tiefgarage erinnernden Raum hinab. Auf einem grauen Unterbau und unter weißen Badezimmerkacheln liegt der Prophet. Nur die kindlichen Zeichnungen, die Papierblumen, seine denkwürdigen Aussprüche – „Wenn sie mich töten, werde ich im Volk von El Salvador auferstehen." „Im Namen Gottes und im Namen dieses leidenden Volkes, dessen Wehklagen täglich eindringlicher zum Himmel steigt, flehe ich Sie an, bitte ich Sie inständig, ersuche ich Sie im Namen Gottes: Machen Sie der Repression ein Ende" – erinnern an die Leute aus dem Volk, zwischen denen er bestimmt lieber gelegen hätte.

Bus 42 bringt mich aus der Stadt. San Salvador ist nicht groß, was seine Einwohner nicht daran hindert, Fremden gern den Weg zu zeigen. So finde ich ohne Schwierigkeiten das Centro Oscar Romero auf dem Gelände der katholischen Universität, wo im November 1989 sechs Jesuitenpater, ihre Haushälterin und deren Tochter erschossen wurden. Auch daran erinnere ich mich noch genau. Die Nachricht, dass Truppen an jenem Morgen die Männer zum Schweigen gebracht hatten, die sich kein Blatt vor den Mund nahmen, wenn es um Menschenrechte ging, verbreitete sich wie ein Lauffeuer um die Welt und erreichte auch uns in Chile.

Im Museum wird über die Autopsie der Jesuiten berichtet, ausgestellt sind Kleider und persönliche Gegenstände von Romero, die Ehrendoktor-Urkunde der Universität Leuven, Fotos und Pfeifen der Patres, ihre von Kugeln durchsiebten Bibeln, die Blut durchtränkten Blusen von Ita Ford und den drei anderen Maryknoll-

Nonnen (ihre Vergewaltigung und Ermordung wurde ebenso verfilmt wie Romeros Lebensgeschichte), die Schuhe der Haushälterin Celina und ihrer Tochter und Bilder von den vielen Ermordeten und Gefolterten der Bürgerkriegszeit. Und es gibt den Rosengarten, in dem die Leichen der Jesuitenpatres zwischen Spuren von Soldatenstiefeln gefunden wurden, wohin man sie aus ihren Räumen geschleift hatte. Die Druckerei, wo die Jesuiten ihre „subversiven" Pamphlete druckten, hatte man in Brand gesteckt. Und dort, wo Oscar Romero neun Jahre zuvor während einer Messfeier am Altar erschossen worden war, in der Kapelle des Krebshospitals der Karmeliterinnen, hatte man auf seinem Foto das Herz mit einer Kugel durchbohrt.

Am frühen Abend kehre ich in die laute Stadt der Autos und Abgase, Bettler und Straßenkinder zurück. Ich bin für das Gefängnis gerüstet.

In der Haftanstalt von Mariona sind 3200 Personen interniert, die wirkliche Kapazität ist jedoch für 700 Häftlinge ausgelegt. Dies ist das erste Gefängnis, das mich mit Luftballons begrüßt. In großen Lettern steht über dem Tor „Bienvenidos" und ganze Trauben von Luftschlangen wiegen sich im Wind. Zugegeben, ich bin nicht der Einzige, dem dieser Empfang zuteil wird. Heute findet im Penal de Mariona, im Volksmund auch „Miami" genannt, ein Event statt, bei dem alle christlichen Register gezogen werden. Sogar der Boss aller achtzehn Haftanstalten El Salvadors gibt sich die Ehre. Es entspricht ganz der devoten Sitte dieses und anderer lateinamerikanischer Länder. Der Fernsehsender 8 strahlt unaufhörlich katholische Sendungen aus. Jetzt, da der Besuch des Papstes in Guatemala und Mexiko kurz bevorsteht, können sie nicht genug davon bekommen. Sogar Präsident Flores und seine Blondine zeigten sich auf dem Fest der Heiligen Anna und Joachim von ihrer besten Seite. 92 Prozent der sechs Millionen Salvadorianer sind katholisch. Das muss man sich jeden Tag verdienen.

„In Mariona ist Jesus der Herr“, steht in zierlicher Schrift auf der Mauer, an der ich beim zweiten Wachtposten vorbeikomme. Die Wärter tragen eine mokkafarbene Uniform, auf der Schulterklappe steht „Ehre-Freiheit-Disziplin“.

Freiheit nimmt man hier offensichtlich nicht allzu wörtlich. Aber zwei Tore weiter lässt sich nur noch schwer unterscheiden, wer Inhaftierter und wer Aufseher ist. Alle tragen sie das gleiche T-Shirt mit der Aufschrift „In Mariona ist Jesus der Herr“ auf der Brust und einen Christus mit Heiligenschein auf dem Rücken. Protestanten, Katholiken, Therapeut, Mörder, Sozialarbeiter, Direktor, Dieb oder Seelsorger – heute sind für eine Weile alle Grenzen aufgehoben.

Ich trenne die Spreu vom Weizen aufgrund der Hochherzigkeit, der Aufmerksamkeit, der Freude. So sind Häftlinge. Sie verraten sich durch ein strahlendes Lächeln. Bemerkenswert.

José Alberto erkundigt sich nach meinem Heimatland. Von Magritte, Hergé, Eddy Merckx und Nicole und Hugo haben sie noch nie etwas gehört. Aber die Roten Teufel sind so bekannt wie Ronaldo.

„Gut gespielt, die Belgier“, gratuliert er mir, als wäre es mein Verdienst. „1:2 gegen Brasilien verlieren, ist nicht schlecht.“

Julio und Max sorgen dafür, dass es mir an nichts fehlt, was im Augenblick so viel heißt wie ein Brötchen mit einer Cola.

Mario nimmt seine dunkle Sonnenbrille ab, mit der er auf den ersten Blick den Eindruck erweckte, als gehöre er zu hohen Gästen.

„Was ein Ausländer mit etwas Rechtsgefühl ist… Wetten, dass du im Centro Oscar Romero warst“, beantwortet er selbst die Frage.

„Stimmt. Mein Rucksack stand noch nicht auf salvadorianischem Boden und schon habe ich die Gräber eurer Propheten besucht.“

„Hm“, sagt Mario und steckt sich einen Brillenbügel in den Mundwinkel. „Siehst du den Kerl da?“ Er zeigt auf einen Mann. „Er ist einer der Entführer der Nonnen.“

„Wirklich?“ Ich versuche mir diesen Mann und die Nonnen vorzustellen, deren lachende Gesichter auf den Fotos sich mir gestern auf die Netzhaut brannten.

„Sie sind nur Befehlen gefolgt", führt Mario als mildernde Umstände an. „Die Drahtzieher hat man bis heute nicht zur Rechenschaft gezogen. Das Militär! Das alte Lied."

Mario erzählt, wie seine Familie durch den zwölfjährigen Bürgerkrieg gespalten wurde. Eine Hälfte war bei der Armee, die andere schloss sich den Guerillas an. „Nur sonntags bei Muttern saßen alle am Tisch und aßen *pupusas* oder *tamales*. Nur la madre konnte mit ihren Kochtöpfen die Kluft überbrücken. Für ein paar Stunden."

José Alberto ist für das Protokoll verantwortlich und findet, ich müsste den Anstaltsleiter begrüßen. In seinem Büro steht ein großes Boot. Aus Streichhölzern. Ein Kunstwerk eines seiner Kunden.

„Die Hälfte der Insassen ist hier wegen Eigentumsdelikten", sagt er. „Drogen kommen an zweiter Stelle." Und damit beendet er freundlich das Gespräch, die Pflicht dieses Feiertags ruft.

„Er hat nicht erzählt, dass wir auch einen Belgier unter uns haben", sagt José Alberto. „Antoine sitzt hier wegen des berüchtigten ‚Sturms der Drogen'. Er arbeitete für eine NGO. Bei dieser Tormenta tóxica, einer Drogenparty in irgendeiner Botschaft, hat die Polizei mehrere Jugendliche festgenommen, unter anderem den Sohn eines Abgeordneten. Der Vorfall wurde von der Presse wochenlang ausgeschlachtet."

„Und was war davon wahr, José Alberto?"

„Wer weiß das schon? Es ist so wie mit den drei Pforten." Er lässt sich nicht lange bitten.

„In einem Dorf lebte einmal ein weiser Mann. Eines Tages kam ein junger Mann zu Besuch.

Er sagte zum Weisen: ‚Herr, wissen Sie, dass man schlecht von Ihnen spricht?'

‚Einen Augenblick', unterbrach ihn der Weise, ‚ist es wahr, was Sie mir erzählen werden?'

‚Eh, nun, ich habe es sagen hören.'

‚Dann wissen wir nicht, ob es wahr ist. Zweitens: Nützt es jemanden, wenn Sie es mir erzählen?' Der alte Mann lächelte.

‚Eh, nicht unbedingt. Nein…'

‚Und drittens: Ist es nötig, dass ich es weiß?'

‚Vielleicht auch nicht', sagte der junge Mann zögernd.

‚Bring jedes Handeln und Reden vor diese drei Pforten‘, sagte der Weise. ‚Und wenn es nicht die Wahrheit ist, wenn es niemandem nützt und wenn es nicht nötig ist, das Gerücht zu verbreiten, lass es uns dann begraben und vergessen.‘“

Da Jesus Herr des Gefängnisses ist, finden in Mariona Konferenzen, Workshops und Bittgottesdienste am laufenden Band statt. Und die Zellen werden eine Stunde später als sonst verriegelt. Es ist sechs Uhr, und es wird schon dunkel.

Meine Zellengenossen sind gestandene Knastbrüder. Ob sie wohl Emilio gekannt haben?

„Ich soll Grüße von Emilio aus Guatemala ausrichten“, werfe ich in die Runde. „Ah, Emilio!“, schallt es zurück. „Was für ein Zufall“, ruft Max, „in dieser Zelle war er am längsten.“

In der Zelle 13 der Abteilung II der Penitenciaria Central Mariona war Emilio, mein Führer in Guatemala, also eingesperrt. Hier wurde er 42 Tage lang gefoltert.

„Im Knast lernt man, was wahre Freundschaft ist. Da lernt man Solidarität kennen“, hatte er zu mir gesagt. „Manche Menschen werden hinter Gittern zu Anwälten. Ich bin Philosoph geworden. Oh, was habe ich hier über das Leben philosophiert!“ Aber er ging durch eine harte Schule.

„Die ersten Tage wollte ich einfach nur sterben“, erinnerte sich Emilio bitter. „Eingesperrt sein, diesen Schmerz hatte ich vorher nicht gekannt. Am schlimmsten ist es von fünf Uhr nachmittags bis zum Morgen. Dann ist man allen inneren Dämonen ausgeliefert. Man hört die Neuigkeiten von der Familie, vom Anwalt… Die Langeweile ist unerträglich. Jeden Tag ging ich in die Kapelle der Virgen de las Mercedes und schickte ein Stoßgebet zum Himmel. Eines Tages war plötzlich alles weg, ich konnte mich nicht mehr an das Ave-Maria oder Vaterunser erinnern. Ich saß da und strarrte auf die Hände der Mutter Gottes. Und ich hörte sie sagen: Wenn dir dieses Leben nicht gefällt, ändere es. Beschäftige deinen Geist Tag und Nacht. Sorge dafür, dass du Macht über die Gegenwart hast, nicht sie über dich. Und in dem Augenblick kam mir die Idee. Ich würde meine Kenntnisse auf dem Gebiet des Sports nutzen, um die Langeweile im Gefängnis zu bekämpfen.“

„Wir hatten schließlich elf ständige Kulturprogramme, es gab dreiundzwanzig Sportarten, an denen die Häftlinge teilnahmen. Einer von uns war Landesmeister in Karate gewesen und wurde der Trainer einer ganzen Gruppe. Es galt, die Aggressionen in die richtige Bahn zu lenken, ob beim Boxen oder Laufen. Aber es gab natürlich auch anderes, Brettspiele, Schach, Dame und so weiter. Und wir haben ein Theater gegründet, das wir nach einem salvadorianischen Vogel Talapo tauften, wir haben ein Stück mit dem Titel ‚Gerechtigkeit zwischen Anführungszeichen' aufgeführt. Im Lauf der Zeit bekam der Arzt immer weniger zu tun, Aggressivität und Drogengebrauch sanken rapide."

Wir tauschen Geschichten über Don Emilio aus. Und während einige der Projekte den Geist aufgegeben haben, florieren andere nach wie vor. Alle, die Emilio gekannt haben, bestätigen, dass er ein Philosoph war, mein Moped-Chauffeur aus Guatemala, Minister für Kultur und Sport.

„Die Gesellschaft ist wie ein Fußballspiel", höre ich ihn noch sagen. „Gute Ratschläge von Freunden und Eltern sind wie gelbe Karten. Eine rote Karte bedeutet, dass man vom Feld, aber nicht, dass man das Fußballspielen aufgeben muss. Eine Gefängnisstrafe oder eine Ersatzstrafe sollte dazu beitragen, dass man sich in den nächsten Spielen sportlicher verhält."

Emilio ist hier ein Begriff. „Wir saßen gerade alle im Gemeinschaftsraum und diskutierten über eine Meisterschaft", sagt José Alberto. „Emilio hatte ganz vergessen, dass er vielleicht einmal entlassen würde. Hier bekam er die Nachricht." Die Fortsetzung hatte mir Emilio selbst erzählt. „Ich habe beantragt, noch einen Tag länger bleiben zu dürfen. Ich wollte von allen Abschied nehmen, meine wenigen Sachen verteilen. Und auch noch einmal die Virgen de las Mercedes besuchen. Ich habe ihr das Versprechen gegeben, mich bis an mein Lebensende für Strafgefangene einzusetzen."

Edgardo kommt dazu. Er trägt eine Halskette aus weißen Holzperlen, die stark mit seiner dunklen Haut kontrastieren. Er teilte mit Emilio die Vision, „aus Schwertern Pflugscharen zu schmieden". Emilios Horrorstories werden mehr als bestätigt.

„Früher wurde hier nach Herzenslust gemordet", meint Edgardo.

„Aber 109 Tote in den anderthalb Jahren, die er hier war, wie Emilio mir erzählte, ist doch bestimmt ein bisschen übertrieben", werfe ich ein.

„Im Gegenteil. Zehn Tote pro Woche, das war der Durchschnitt."

„Emilio behauptete, er hätte einmal gesehen, wie man mit dem Kopf eines Häftlings Fußball spielte."

„Ja, jemand hatte ihm sogar eine Zigarette verpasst."

„Aber seitdem euer Programm..."

„... wurde kein einziger mehr umgebracht!", unterbricht mich Edgardo.

Er erzählt die Geschichte vom Basketballfeld. Emilio hätte Himmel und Erde in Bewegung gesetzt, um den Direktor zu überzeugen, sie könnten selbst ein Sportfeld anlegen. Mit finanzieller Unterstützung einiger Golffreunde und unter der Bedingung, dass sie doppelte Verpflegung bekämen und später in ihre Zellen dürften (abends halb sieben), würden sie es in sechzig Tagen schaffen. Fünfundzwanzig Häftlinge schufteten, als ob sie es bezahlt bekämen. Nach sechsunddreißig Tagen wurde das erste Basketballmatch ausgetragen."

„Und das Lustige an der Sache war", erinnert sich Edgardo, „dass der Direktor manchmal selbst die Ärmel hochkrempelte."

Edgardo ist jemand, dem man sofort einen Job anbieten würde. Er blickt zuversichtlich in die Zukunft. „Noch zwei Monate, dann habe ich meine elf Jahre abgesessen." Seine haselnussbraunen Augen funkeln. „Seit meinem neunzehnten Lebensjahr bin ich hier. Ich bin jetzt einunddreißig."

„Ich habe im Gefängnis geheiratet. Liebe auf den ersten Blick. Ein Mädchen, das seinen Bruder besuchte. Aber ich wollte ihr nicht hinter Gittern einen Antrag machen. Als ich kurz darauf im Krankenhaus wegen einer chronischen Sinusitis operiert wurde, war das meine Chance. Ich spielte den Kranken so lange wie möglich, und sie besuchte mich so oft sie konnte. Am schwierigsten war es, ihre Mutter zu überzeugen. Ich habe auf dem Gefängnishof einen Laden aufgemacht, mit den alltäglichsten Sachen: von Keksen bis Käse, von Waschpulver bis Wäscheklammern. Ich habe geschuftet, als wäre ich der Manager einer großen Kaufhauskette.

Als Schwiegermama merkte, dass ich einen Umsatz machte von einigen tausend Colón, hat sie uns ihren Segen gegeben.“

„Gratuliere!“

„Und Gott hat uns vor zwei Jahren einen Sohn geschenkt, Justhine.“ Er erzählt es mit einer Begeisterung, als hätte er soeben den Radklassiker Lüttich-Bastogne-Lüttich gewonnen.

„Weißt du, ich träume nachts manchmal von dem Augenblick der Entlassung“, sagt er.

„Ich träume mit dir, Edgardo.“

Bevor ich in den Nachtbus steige, gehe ich noch einmal ums Karree. Ich war ihm schon in Mariona begegnet, aber ich glaube, Gott wird mir schon noch in seiner wahren Gestalt über den Weg laufen. Er tut es drei Mal. Erst als Prostituierte, die sich die Sohlen abläuft, um mit mir Schritt zu halten, aber auf ihrer Ware sitzenbleibt. Dann als Luís, der weinend auf dem Bürgersteig sitzt, aber das schönste Gesicht hat, das ich jemals gesehen habe. Und schließlich als schwerbewaffnete Sicherheitskräfte vor der Nationalbank. Die meisten von ihnen kommen vom Land, sie müssen das Spargeld der reichen Salvadorianer bewachen, in einer 12-Stunden-Schicht. Manche sind 24 Stunden auf den Beinen!

Während meiner letzten Stunde in El Salvador fällt ein tropischer Regen, der die Straßen in Flüsse verwandelt, die mit rasender Geschwindigkeit allen möglichen Abfall mit sich reißen. Aus einem offenen Fenster klingt Freddy Mercurys Stimme: „I want to break free-ee. God knows, I want to break free.” Ich erreiche noch rechtzeitig den Busbahnhof.

NICARAGUA „EN ROSE“

Es wird alles vorbereitet, um mich ins Gefängnis von Tipitapa zu lotsen. In Panama nehme ich einen Direktflug nach Managua. Der Terminal ist noch so neu, dass in den blitzblanken Toiletten das Wasser noch nicht angeschlossen ist. Die gläserne Konstruktion hat aber den Vorteil, dass man in der Gepäckhalle links das wartende Volk sieht und rechts einen freien Blick auf die Landebahn hat. Außer mir sind nur wenige ausgestiegen. Ich warte auf meinen Rucksack, der bislang jede Reise mitgemacht hat. Zwei Koffer haben schon zum fünften Mal auf dem Transportband ihre Runden gedreht. Jetzt stoppt es.

„Oh je", sage ich zu einem Beamten in der Nähe, „sie werden mein Gepäck doch nicht nach Guatemala schicken?" „Wie sieht es denn aus?", fragt der Mann sichtlich besorgter als ich.

„Ein großer Rucksack, blau, rot und grün, ein zusammengeflicktes Ding." Mit einem Walkie-Talkie setzt er sich mit dem Personal an Bord der Maschine in Verbindung, die bereits seelenruhig zur Startbahn rollt. Good bye, Flugzeug! Good bye, Rucksack!

Der Gepäckmann rückt seine rote Mütze zurecht und telefoniert noch hektischer. Und dann geschieht das Unglaubliche. Das Flugzeug macht brav kehrt. Einige Leute klettern zum Bauch des Vogels, öffnen eine Luke, und nach einiger Zeit taucht mein Rucksack auf. Einer der Männer packt ihn sich auf den Rücken, winkt mit einer Hand uns und mit der anderen dem Piloten zu, der es nach seinem Fehlstart aufs Neue probieren darf. Die Guatemalteken an Bord werden anderer Meinung sein, aber ich finde den gläsernen Guckkasten von Managuas Flughafen außerordentlich praktisch und das Personal unglaublich hilfsbereit.

Am Eingang der Hauptstadt sind die Stämme der Palmen unten rosa angemalt. Büsten nicaraguanischer Militärs haben blaue Flecken abbekommen. Auf einer Mauer sind noch verwaschene Slogans zu lesen: Willkommen im gelobten Land, Willkommen im Land von Daniel Ortega.

Wen immer ich nach dem Weg frage, der fügt unweigerlich das Postskriptum hinzu: „Und passen Sie auf Ihre Brille und Ihre Armbanduhr auf!"

Managua ist kein beliebtes Touristenziel. Es ist eine seltsame Stadt. Der Managua-See ist braun, der aufgeblähte Kadaver eines Hundes wiegt sich im trägen Rhythmus der Wellen. Der Himmel ist grau, aber das kümmert mich nicht. Wer in einer Zeitung die Wetterdaten der Weltstädte vergleicht, weiß, dass die Temperaturen in Managua meist ziemlich hoch sind. Die Wolkendecke hält die Hitze etwas in Grenzen, und jeder Regentropfen ist willkommen. Die Straßen und Parkanlagen mühen sich redlich. Das Gras wird gemäht, Trupps von Straßenfegern legen sich ins Zeug, aber der Anblick bleibt trostlos.

Glücklicherweise gibt es die Gringo, Gringo schreienden Kinder. Als ein Eisverkäufer vorbeikommt, lassen sie mir keine Ruhe mehr.

„Ein Eis für denjenigen, der rät, aus welchem Land ich komme!", rufe ich den Kindern zu, deren Lachen etwas Strahlendes hat. Sie tippen auf Spanien bis Japan, Frankreich bis Island. Yader Antonio schaut mir auf einmal direkt in die Augen und sagt: „Bélgica!"

„Wie hast du denn das geraten?", frage ich, doch etwas überrascht.

„Aha, die Weltmeisterschaft. 2:1 gegen Brasilien verloren."

Merkwürdige Geschöpfe, diese kleinen Sandinisten. Sie sind wandelnde Geschichtsbücher, mit stolz geblähten Nasenflügeln verkünden sie, dass ihre Väter bei der Guerilla gekämpft haben. Ortega nennen sie Daniel, und Somoza ist ein rotes Tuch für sie. Sie rasseln herunter, dass der alte Somoza '56 von dem Dichter Rigoberto López Pérez ermordet wurde und die Somaza-Diktatur 44 Jahre gedauert hat. Sie wissen, wann Violeta Chamorro Präsidentin wurde und wann das letzte große Erdbeben war.

„Am 23. Dezember 1972", sagt Carlos, der zwanzig Jahre später geboren wurde.

„Zwölf Uhr fünfunddreißig", weiß ein anderer kleiner Einstein.

„Sieben auf der Richterskala", ergänzt Rafael. Sie schleppen mich über die Avenida Bolivar zur Ruine der Kathedrale.

„95 Prozent von Mangua wurden zerstört", sagt Carlos. „Nur fünf Gebäude blieben stehen."

„Unter anderem die Bank." Der kleine Ariel zeigt auf das höchste Gebäude der Stadt.

„10 000 starben, 20 000 wurden verletzt", sagt Carlos. Eigentlich ist das Betreten der Kirche, beziehungsweise was davon übrig blieb, wegen Einsturzgefahr verboten, aber das stört Straßenkinder nicht. Erbaut von einem belgischen Architekten, wenn die Burschen richtig informiert sind, strahlt die Ruine eine eigentümliche Atmosphäre aus. Sie hat alles Pompöse verloren und in ihrer Nacktheit etwas Echtes. Neben den Säulen stehen riesige Pflanzen, die anscheinend gut gepflegt werden. Der heiße Wind bläst durch die Fensterhöhlen, und der Himmel scheint überall herein. Man könnte hier zur Ruhe kommen, wenn die Kinder nicht mit einem Stein, der gerade vom Himmel herabfiel, angefangen hätten, Baseball zu spielen.

„Fünf Punkte, wenn du Maria triffst, zehn für das Jesuskind."

„Bis zum Ende der Ära Somoza war die Frau hier ein Bürger zweiter Klasse. Der Machismo triumphierte; wollte sich eine Frau eine Position erobern, blieb ihr oft nichts anderes übrig, als sich zu prostituieren. Auf dem Land wurden Frauen regelmäßig von Soldaten vergewaltigt", sagt Sonia, Generalsekretärin der Federación de Mujeres Trabajadoras und Kriegsveteranin eines Reservebataillons. „Eine Frau konnte kaum studieren; man legte keinen Wert auf ihr Engagement und ihre Intelligenz. Und eine ledige Mutter hatte überhaupt keine Rechte."

Sonia sitzt in einem etwas chaotischen Büro. Putzmittel stehen rechts vom Schreibtisch, Besen, Eimer, Schaufel und Besen links. Ihr Händedruck war etwas schlapp gewesen, aber ihre Worte sind es nicht. „Aber die Frauen haben an der Revolution der Sandinisten teilgenommen. Sie bot ihnen völlig neue Möglichkeiten. Gesetze wurden verabschiedet, Frauen konnten sich scheiden lassen, Gewalt in der Ehe wurde strafbar. Wir konnten studieren. Dutzende von Frauenorganisationen entstanden, Gewerkschaften wurden gegründet. Hier in der Stadt gab es die erste weibliche Polizistin."

„Haben Sie einen Überblick über die Situation inhaftierter Frauen?"

„Aber ja. Tomás Borge hat damals als Innenminister das Frauengefängnis Granja de la Esperanza eröffnet. Bis dahin waren Männer und Frauen in der gleichen Haftanstalt. Sie können sich vorstellen, zu welchen Zuständen das führte. Der ‚Bauernhof der Hoffnung' versucht den Frauen die oft fehlende schulische und berufliche Bildung zu vermitteln. Sie können ein Handwerk lernen oder studieren."

Sonia bestreitet, dass der Sandinismus an Einfluss verliere. „Vergessen Sie nicht, dass Commandante Ortega bei der letzten Präsidentschaftswahl eine Million Stimmen erhielt." Die Kinder nennen ihn einfach Daniel, aber für Sonia ist er „mi commandante".

Beim Kiosk von Señora Chena kaufe ich Reis mit Huhn und Bohnen.

„Provecho, guten Appetit", wünsche ich einer Frau, die sich neben mich gesetzt hat. Sie ist, wie sich während unseres Gesprächs herausstellt, Sekretärin des belgischen Konsuls. „Er spricht weder Französisch noch Niederländisch", vertraut sie mir an.

„Ob hier Belgier im Gefängnis sitzen? Voriges Jahr gab es einen." Sie rückt mit ihrem Hocker etwas näher und flüstert mir zu: „Er wurde wegen Sex mit Minderjährigen verurteilt." Dios mío! Als hätte Belgien nur einen einzigen Exportartikel!

Xochiquetzal, flor de la pluma rica, Blume mit reichen Rispen. Man würde hinter diesem Namen kaum eine Organisation vermuten, die HIV-Infizierte und Aids-Kranke betreut. Sie hat eine Hotline eingerichtet, verfügt über einen Radiosender, gibt eine drei Mal im Jahr erscheinende Zeitschrift heraus und führt Aktionen an Schulen und anderen Einrichtungen durch. Aber die Fundación Xochiquetzal bietet auch Programme für Häftlinge an, darunter auch eines für Schwule und Lesben, was umso bemerkenswerter ist, als Homosexualität im nicaraguanischen Grundgesetz als Sodomie gilt. Die Organisation betreut fünf Haftanstalten: Tipitapa, das Zentralgefängnis in Managua, mit dreitausend Inhaftierten das Größte des Landes, das Frauengefängnis Granja de la Esperanza, ein Gefängnis in Granada, in Ocotal und dieses in Estelí, zwei Autostunden von Managua entfernt.

Yaders Waffen sind Stifte, riesige Papierbögen, ein Drehbuch und didaktisches Material, von Kondomen bis Dildos.

„Der ständige Personalwechsel in den Haftanstalten, das Hin und Her zwischen den Zellen und Unterrichtsräumen und die geringen Finanzmittel sind ein Handikap. Aber wir beweisen schon seit acht Jahren, dass sich die Mühe lohnt. Viele inhaftierte Schwule haben ein besseres Bild von sich selbst, die Behandlung und Hygiene wurden verbessert, überhaupt beginnt sich die Einstellung in der Öffentlichkeit zu ändern. In Granada wird sogar das Wachpersonal an den Programmen beteiligt."

Wir sind schon auf dem Weg zum Bus, der uns zum Tipitapa-Gefängnis bringen soll, als Yaders Sekretärin ihm nachruft: „Yader, Telefon!"

Soweit unser Ausflug und meine Einquartierung in Tipitapa! Im Gefängnis hat es einen Aufstand gegeben, alle Programme wurden für unbestimmte Zeit gestoppt. Unter anderem der Workshop „Safer Sex hinter Gittern". Einen Belgier können sie jetzt erst recht nicht gebrauchen.

HAPPY BIRTHDAY COSTA RICA

Die Busfahrt nach San José, die Hauptstadt Costa Ricas, wird minimal acht Stunden dauern. Meine Nachbarin zur Rechten trägt ein blütenweißes Kostüm, ihre Fingernägel sind kunstvoll lackiert. Unter den Fahrgästen sind viele Nicaraguaner, die Waren im Nachbarland verkaufen wollen, ein Paar aus Wisconsin, das die Vulkane Mittelamerikas studiert, und ein älteres Ehepaar aus Brügge, das seinen Sohn in Managua besucht hat. Der Platz links von mir ist noch frei, bis eine Frau einsteigt. Nein! Unglaublich! Ana María, mit der ich vor mehr als zehn Jahren in São Paula an einem Kurs teilnahm und die ich seitdem aus den Augen verloren hatte. Unsere Umarmung ist filmreif. Acht Stunden sind zu kurz, um uns unsere Lebensgeschichte zu erzählen.

An der Grenze zu Costa Rica sind wir wieder leichte Beute für die Geldwechsler. Auch für Quacksalber. Einer versucht mir eine in Stücke geschnittene Wurzel gegen Arthritis zu verkaufen. Zwei Minuten später offeriert er sie dem Mann aus Brügge als Mittel für seine Prostata.

Bevor wir in San José de Costa Rica ankommen – es ist schon ziemlich dunkel –, fragt mich meine Nachbarin zur Rechten, die mich schon während der ganzen Fahrt mit steinharten Süßigkeiten verwöhnt hat: „Entschuldigen Sie, dass ich zugehört habe, aber darf ich Sie fragen, warum Sie ein Buch über Häftlinge schreiben?"

„Querida Señora..."

„Sagen Sie ruhig Haydee."

„Querida Haydee, ich schreibe für gewöhnliche Menschen wie Sie und mich, weil ich glaube, dass es jedem von uns passieren kann." Haydee kaut nicht an ihren Nägeln. Sie sind aus Porzellan und mit winzigen Blumen bemalt. Sie tickt sie aneinander, um ihre Worte zu unterstreichen.

„Sie haben Recht. Ich könnte jetzt genauso gut in einem amerikanischen Gefängnis sitzen." Und sie erzählt mir ihre Geschichte.

„Mein Mann ist nach unserer Scheidung nach Miami umgezogen. Während der Sommerferien haben unsere Kinder ihn und seine neue Frau dort besucht. Hier, schauen Sie." Sie zeigt mir stolz ein Foto ihrer zwei Kinder.

„Am Ende der Ferien rief mich mein Exmann an und teilte mir mit, dass die Kinder in Miami bleiben würden, sie würden dort eine bessere Schulausbildung bekommen. Ich war am Boden zerstört. Es war so schlimm, dass ich psychiatrische Betreuung nötig hatte, was mein Exmann ausgenutzt hat, um das Sorgerecht für die Kinder zu bekommen. Ich wusste nicht mehr aus noch ein. Jahrelang. Als ich eines Tages jemanden fragte, was ich in Gottes Namen tun solle, sagte er eiskalt: ‚Wenn es meine Kinder wären, wäre ich schon lange nach Miami geflogen.' Zwei Tage später war ich dort." Haydee redet wie ein Wasserfall.

„Eines Tages werde ich auch ein Buch schreiben. Für all die Frauen, die auf ihrem Recht bestehen. Das Ganze verlief wie in einer Soap Opera. Meine Tochter stibitzte die Pässe aus dem Nachttisch ihres Vaters. Wie Diebe in der Nacht sind wir zum Flughafen gefahren. Kurz gab es noch eine Aufregung, weil das

Flugzeug wegen Sturms nicht in San José landen konnte. Stellen Sie sich vor, wir hätten nach Miami zurückkehren müssen…"

Heute betreibt Haydee in der Stadt einen Kosmetiksalon.

„Sie sehen, wenn es nur ein klein wenig anders gelaufen wäre, säße ich jetzt wegen Entführung im Kittchen. Wir sollten in der Tat nicht zu rasch über Straftäter urteilen. Es kann jedem von uns passieren. Warum erweisen Sie uns nicht die Ehre und übernachten bei uns?"

„Nun, eh…"

„Sie sind von Herzen willkommen. Ich wette, meine Kinder finden es spannend. Ach, es sind solche Goldkinder."

In einem illegalen Taxi fahren wir in ein Außenviertel von San José. Vor dem Haus sagt sie: „Ich bin Zeugin Jehovas, und man wird bestimmt darüber tratschen, dass ich einen Mann zu mir einlade, aber um nichts in der Welt möchte ich mir diese Chance entgehen lassen." Ich strauchle noch über viele Äh und Aber, doch Deyline und Hensley haben sich schon meines Rucksacks bemächtigt. Die beiden Hunde Spikey und Blacky umspringen mich, ziehen aber gracias a Dios einen Keks meinen Beinen vor.

Meine costa-ricanische Gastfamilie möchte, dass ich „La Peni" besichtige, bis 1979 das Zentralgefängnis der Stadt. Die frühere First Lady, Gloria Bejarano de Calderón, stand im Ruf, „nicht alle Tassen im Schrank" zu haben, aber sie hat ihren Traum verwirklicht. Ende 1993 wurde im ehemaligen Gefängnis die Nationalgalerie eröffnet, 1994 das Kindermuseum, 1998 der Konzertsaal und 1999 das Jugendzentrum.

1905 war mit dem Bau des Cárcel Pública de San José begonnen worden, nach europäischem Vorbild in neugotischem Stil; die Fassade hat etwas Burgartiges. Und wie in anderen Weltteilen wurden die Trakte sternförmig angeordnet. 1910 waren die Arbeiten beendet und es begannen die Probleme. Ein Erdbeben beschädigte die Gebäude schwer. 1917 folgte eine Explosion. Die Infrastruktur war nicht mehr zeitgemäß, aber auch die moralische, emotionale und physische Verfassung der Häftlinge ließ zu wünschen übrig. Als 1948 der Bürgerkrieg ausbrach, kamen noch politische Gefangene hinzu. Missbrauch, Drogen, Wassermangel und zunehmende Gewaltätigkeit und Bandenbildung zwangen die Behörden zu einer Neubesinnung. 1979 wurde die Penitenciaria Central de San José endgültig geschlossen.

Damals entstand die Idee, in dem ehemaligen Staatsgefängnis das costa-ricanische Zentrum für Wissenschaft und Kultur einzurichten. Kindern und Jugendlichen sollen hier die Geheimnisse der Wissenschaft und Technologie näher gebracht werden. Hatte nicht schon Victor Hugo gesagt und Churchill wiederholt: „Wer eine Schule baut, kann ein Gefängnis schließen"?

Educando al niño
no tendremos que castigar al hombre.
(Wenn wir das Kind erziehen,
brauchen wir den Mann nicht zu bestrafen.)

Deyline und Hensley führen mich durch das Museo de los Niños, das Kindermuseum. Sie schieben mich auf eine Rampe, damit ich die Simulation eines Erdbebens erlebe. Man kann die mittelamerikanische Flora und Fauna studieren, Felsen und Steine fühlen, in einen Helikopter und eine Eisenbahn klettern. Wenn man all das Geld und die Ideen damals in das Gefängnis investiert hätte, wäre es den Häftlingen vielleicht besser ergangen. Aber gut, dieses Projekt liefert bestimmt auch einen Beitrag zur Prävention.

Dem ehemaligen Präsidenten José Figueres Ferrer ist es zu verdanken, dass Costa Rica heute keine Streitkräfte hat. Was wir alle wünschen und manchmal propagieren, hat er verwirklicht; er hat die durch die Abschaffung der Armee frei gewordenen finanziellen Mittel in Bildung, Gesundheitswesen und Kultur investiert. Eine Invasion hat es deshalb in den fünfundfünfzig Jahren seitdem nicht gegeben. Auch in einer anderen Hinsicht stellt Costa Rica eine Ausnahme dar: Auch Häftlinge haben Wahlrecht.

„No se mide el hombre del pie a la cabeza pero de la cabeza a la altura de sus sueños (Man misst den Menschen nicht vom Kopf bis zu den Zehen, sondern vom Kopf bis zur Größe seiner Träume)“, sagte Ferrer. Und er hat bewiesen, dass er kein Tagträumer war. Para qué tractores sin violines? (Warum Traktoren ohne Geigen?)“, kommentierte er die Gründung des Symphonieorchesters.

Denia ist der angenehmste Schlüssel zu den Haftanstalten Costa Ricas, den man sich denken kann. Sie ist Leiterin der Schule für Gefängnispersonal. „Die Ausbildung dauert drei Monate, davon ein Monat intern.“

„Werden sie psychologisch geschult oder liegt der Schwerpunkt auf Sicherheit und Verteidigung?“

„Oh nein, das Hauptgewicht liegt bei uns auf Menschenrechten, Psychologie, Konfliktbeherrschung.“

Wir fahren nach Cartago. Das neueste Gefängnis von Costa Rica liegt in dem Ort, der jedem Einheimischen wegen der Virgen de los Angeles ein Begriff ist. Der Legende zufolge erschien Unsere Liebe Frau an der Stelle der heutigen Kathedrale mehrmals in Gestalt einer Puppe und wurde von den Findern mit nach Hause genommen, kehrte jedoch jedes Mal an diesen Ort zurück. Letzten Freitag kamen anderthalb Millionen Pilger nach Cartago. (Die Einwohnerzahl von Costa Rica beträgt dreieinhalb Millionen.) Manche legten zweihundert Kilometer zu Fuß zurück.

Allerdings musste auch hier die katholische Kirche einige Federn lassen, nachdem sich ein Pfarrer, der eine Radiostation leitete, mit einigen Millionen Colón und ein paar hübschen Knaben aus dem Staub gemacht hatte. Trotz allem bleiben 98 Prozent der Bevölkerung weiterhin katholisch.

„In Costa Rica gibt es achtzehn geschlossene und elf offene Vollzugsanstalten“, sagt Denia. „Mit insgesamt 6500 beziehungsweise 900 Hälftlingen“, ergänzt Garardo, unser Fahrer.

„Was muss man sich unter den offenen Anstalten vorstellen?"
„Sie arbeiten außerhalb und verbringen die Nacht drinnen."
„Und die Minderjährigen?"
„Für sie gibt es besondere Programme. Es sind augenblicklich 278, auf zwei Gruppen verteilt, Jungen zwischen 12 und 15 und zwischen 15 und 18. Es ist nur ein Mädchen dabei."
„Wir haben ein interessantes Projekt für die Jugendlichen laufen. Sie helfen den Feuerwehrleuten bei der Arbeit. Katzen vom Dach holen, Sandsäcke schleppen. Eine Erste-Hilfe-Ausbildung gehört auch dazu. Und Feuer finden sie ja sowieso faszinierend."

Am Eingang des Gefängnisses hängt ein Schild mit der Aufschrift „Ministerio de Justicia y Gracia". „Früher war es üblich, dass im Dezember Häftlinge begnadigt wurden. Aber der heutige Justizminister hat das abgeschafft", meint Garardo.
Die Gebäude leuchten in den Nationalfarben, die Dächer rot, die Dachrinnen hellblau.

Direktor Ricardo lässt nicht lange auf sich warten. Als Sozialwissenschaftler gilt sein Hauptaugenmerk der Rehabilitation. Für einen Augenblick denke ich, dass einer seiner 179 Schützlingen ihm zwei blaue Augen verpasst hat, aber es sind nur Ringe, vielleicht von einer schlaflosen Nacht. Bei Kaffee und Erdbeertörtchen hört er sich meine Geschichte an und schlägt vor, mich nach einer Führung mit den Häftlingen allein zu lassen.

Das Gefängnis von Cartago oder Cocori würde auf einer Rangliste besserer Anstalten gut abschneiden. Auffällig sind die mit Sonnenblumen bemalten Fassaden. Und die Gefangenen tragen keine Anstaltskleidung. „Nicht weil wir kein Geld dafür hätten, aber auf der anderen Seite des Stacheldrahts laufen die Bürger doch auch nicht in Uniformen herum", meint Ricardo.
Er hat große Pläne und Träume. „Wir wollen eine Altpapier-Anlage einrichten. Und wir wollen auch die Angehörigen einbeziehen. Sie können einen wichtigen Beitrag leisten beim Verkauf unserer Produkte."
Die Gefängnisse Costa Ricas beliefern bereits die Schulen des Landes mit Schulbänken. 117 Dollar im Monat verdienen die

Insassen damit. Wenn sie in Kürze auch noch die Schulhefte herstellen dürfen, verdienen sie sich eine goldene Nase.

Ricardo zeigt mir die Werkstätten, die Unterrichtsräume, die Sporthalle und die Zimmer für ein Stelldichein mit dem Ehepartner oder der Freundin. Ich könnte Zimmer 4 benutzen, muss aber mangels Partner passen. Die Gefängnisleitung verlangt übrigens einen Nachweis über die Dauer der Beziehung, um Ehebruch zu verhindern. Außerdem wird eine Blutprobe gemacht. Hat man einmal die Zustimmung erhalten, kann man sich alle vierzehn Tage für vier Stunden mit seiner Liebsten treffen. Neben dem Doppelbett mit einer Matratze in Lederimitation steht eine Wiege.

„Es soll sich ja auch lohnen.“ Jeder Raum hat ein Badezimmer. Auf dem Duschvorhang tummeln sich tropische Fische.

„Im Gefängnis von Leuven hat man einmal das Aquariumprojekt gestartet. Sie können mir glauben, tropische Fische bringen Leben in die Bude.“

Auf dem letzten Teil des Grundstücks stehen einige unfertige Gebäude. „Tja, wir mussten die Arbeit stilllegen. Es gab ein negatives seismologisches Gutachten“, meint der Direktor. Was ein extrem erdbebengefährdetes Land wie Costa Rica nicht alles berücksichtigen muss. Man stelle sich vor: Die Erde bebt, Mauern stürzen ein, und die Hälfte der Häftlinge macht sich aus dem Staub.

„Alles Gute“, verabschiedet sich Ricardo von mir.

Der Haupttrakt hat die Form eines Halbmonds und beherbergt Block A und B, getrennt durch eine Mauer. Vom Essraum erreicht man über den Innenhof die Schlafräume.

Ein Costa-Ricaner verliert seine Gastfreundlichkeit auch hinter Gittern nicht. José überrascht mich auf Deutsch. „Mein Mutter ist von dem Schweiz.“ Ein Neuankömmling ist eine willkommene Abwechslung. Die Spüler lassen das Geschirr stehen, die Putzer die Besen, und die Soap-Gucker schalten den Fernseher aus. So kann ich der ganzen Belegschaft meine Absicht erklären. Sie bombardieren mich mit Fragen. Ich komme nicht dazu, ihnen von afrikanischen, asiatischen oder amerikanischen Haftbedingungen zu erzählen.

„Wir sind hier im besten Gefängnis von Costa Rica“, höre ich von allen Seiten. „Das Essen ist prima, und mit einigen Wärtern kann man sich richtig anfreunden.“

„Und mir kannst du glauben“, sagt Randall. „Ich bin acht Jahre von einer Anstalt zur anderen gewandert.“

Das Essen ist wirklich ausgezeichnet. Es gibt, was Señora Haydee vorgestern auftischte, Reis mit schwarzen Bohnen und Salat mit Tomaten. Und Würstchen. Und abends sogar noch Brot mit Milch.

Randall schaltet den Fernseher ein, der über der Tür hängt und zu jeder Tag- und Nachtzeit Leben in die Bude bringt.

„Wir konnten alle Spiele der Fußballweltmeisterschaft sehen“, sagt Cristobal. „Durch den Zeitunterschied zu Japan und Korea zwischen Mitternacht und fünf Uhr morgens.“

„Aha, socio belga. Gib mir die Fünf“, begrüßt mich Davidson. „Ihr habt auch gegen Brasilien verloren. Aber ihr wart besser. Uns haben sie mit 5:2 vermöbelt.“ Bin ich froh, dass ich diese Weltreise im Jahr der Fußballweltmeisterschaft mache. Dadurch fehlt es nie an Gesprächsstoff.

Es herrscht eine gemütliche Atmosphäre. Der eine studiert, der andere fläzt sich vor dem Fernseher oder hängt seinen Tagträumen nach. Nur der Häftling im Bett 14 macht einen Heidenlärm.

„Plemplem“, sagt mein Nachbar Minor, als müsste er sich entschuldigen. „Einmal in der Woche geht er zum Psychiater.“ Ricardo hatte mir die mustergültige Krankenabteilung gezeigt. „Wer psychische Probleme hat, wird doppelt bestraft.“

Minor hat mir sein Bett angeboten und will auf einer Matratze auf dem Boden schlafen, wie drei andere Zellengenossen. Die Etagenbetten sind alle belegt. Jeder hat zwar einen kleinen Spind für seine Sachen, aber trotzdem baumeln Schuhe oder T-Shirts bis unter die Decke.

„Stör dich nicht an den Büchern“, sagt Minor. Sie türmen sich am Fußende des Bettes. „Betriebsverwaltung. Verschiedene von uns machen ein universitäres Fernstudium.“

Ich blättere in einem der Wälzer.

„Nur Lesezeichen“, entschuldigt sich Minor, als ich auf eine ganze Kollektion spärlich bekleideter Damen stoße. Sie trudeln zu Boden wie Blätter im Herbst, die anderen grapschen danach.

„Ich will nach meiner Entlassung meinen Schwestern in der Firma helfen“, versucht Minor sich herauszureden.

„Stellt die Stoßdämpfer her?“, witzelt sein oberer Nachbar, angelt sich ein Kalenderblatt und legt es unter sein Kopfkissen.

Der Mann gegenüber kommt aus Nicaragua, der Mann zwei Betten weiter aus Kolumbien. Sie sind hier im Gefängnis mit einer ganzen Delegation vertreten. „*Burros*“, Esel heißen sie im Knastjargon, die Drogenkuriere aus Nicaragua und Kolumbien.

Ich gehe zu den Toiletten neben dem Schlafsaal. Die fünf Klositze sind durch bescheidene Mäuerchen voneinander getrennt. Anscheinend ist es in Männergefängnissen üblich, auf Türen zu verzichten, in der Frauen-Abteilung trifft man sie häufiger an. Aber gut, hätte mich früher schon eine Spinne beim Pinkeln gestört, machen mir nach neun Monaten Abhärtung Topfgucker nichts mehr aus. Die Toiletten von Cartago sind so sauber, dass ich fast schon wieder den Geruch verstopfter Klos vermisse. Die Kollegen von Block A haben sich etwas Privacy verschafft, indem sie zwischen den drei Duschen Plastikplanen gespannt haben.

Heute zeigt Oscar mir die neue Werkstatt, in der man gerade damit beschäftigt ist, Spinde für die Häftlinge zusammenzuschweißen. Er trägt eine modische Brille, deren Winzigkeit in keinem Verhältnis zu seinen muskulösen Armen steht, die über und über mit Striemen bedeckt sind.

Da ich vom Schweißen absolut keine Ahnung habe, gehe ich zu den Unterrichtsräumen. Drei Viertel der Häftlinge nehmen an Kursen teil, von Lesen und Schreiben lernen bis zu einem Universitätsstudium. Das Bildungsministerium stellt die Lehrer und Professoren zur Verfügung. Der große Erfolg des Angebots bedeutet ein gewisses Sicherheitsrisiko. Von den Klassenzimmer bis zum Stacheldrahtzaun ist es nur ein Katzensprung, zumal im Prinzip nur ein einziger Aufseher ein Klassenzimmer im Auge behält. José taxiert die Höhe der Umzäunung. „Keine Angst“, lacht er. „Noch vier Tage und dann bin ich frei. Gibt es ein schöneres Gefühl?“

Ich hoffe für ihn, dass er nicht zu den 35 Prozent gehört, die, wie Ricardo mir erzählte, rückfällig werden.

Es ist Nachmittag, der Aufseher Gerardo holt mich ab und eskortiert mich zum Verwaltungsgebäude.

„Haben Sie Freude an Ihrem Job, Don Gerardo?"

„Oh ja! Ich bin zuerst Mensch, dann Aufseher. Manche werden sagen, wir sind Angestellte des Staats. Ich bin ein Angestellter der Menschheit. Manchmal scheint es, als hätte ich zwei Familien. Sagen Sie es nicht meiner Frau", lacht er, „aber manchmal bin ich froh, dass ich hierher kommen kann."

Inzwischen hat es angefangen zu gießen. Ein neuer Häftling wird hereingebracht. Direktor Ricardo empfängt ihn persönlich.

„Por favor", sagt der Neuankömmling, „lassen Sie mich nach vier Jahren im Gefängnis von La Reforma ohne Licht und Luft fünf Minuten im Regen stehen."

Ricardo gönnt es ihm von Herzen und wartet unter dem Vordach.

„Menschen einzusperren bringt überhaupt nichts", gibt Direktor Ricardo mir noch mit auf den Weg. „Wir müssen weiterhin nach Alternativen Ausschau halten. Man ist doch weltweit zur Einsicht gelangt, dass nur alternative Strafen wirklich nützen. Man muss die Tendenz stoppen, immer neue Gefängnisse zu bauen. Das Befriedigende dieses Jobs? Seine menschliche Seite. Ich würde mich ziemlich leer fühlen, wenn wir die Herzen der Menschen verlören. Wir müssen den Menschen retten und den Verbrecher austreiben. Durch absoluten Respekt vor der menschlichen Würde."

Auf Wiedersehen Gefängnis von Cartago. Auf Wiedersehen, Direktor Ricardo, Mann nach meinem Geschmack.

Seit die Nonnen sich verabschiedet haben, hat auch die Instandhaltung des Frauengefängnisses Buen Pastor gelitten. Die Mauern sind mit Graffiti verschmiert. „Will, te amo. Feliz Cumpleaños." Das Gebäude macht einen jämmerlichen Eindruck. Der Respekt für die Häftlinge und die Anrede „Señora" haben überlebt.

60 Prozent sitzen auch hier wegen Drogendelikten ein. Der Leiterin der Anstalt zufolge, einer jovialen Dame im Sommerkleid, ist den meisten Frauen alles daran gelegen, auch im Gefängnis für ihre Kinder zu sorgen. „Sie haben ein tiefes Schuldgefühl und arbeiten hart. Im Unterschied zu vielen Ländern ist unser Gefängnispersonal gut ausgebildet, sodass wir zuverlässige Beurteilungen der Insassen aufstellen können", meint sie.

„Schauen Sie sich ruhig um, aber machen Sie mich nicht für die Folgen verantwortlich."

Ich werde von den Häftlingen empfangen, als wäre ich ein Topf Honig und sie hungrige Wespen.

„Er gehört mir!"

„Nein, ich habe ihn zuerst gesehen!"

„No, I'll get him", sagt eine Kanadierin.

„Immer mit der Ruhe", ermahne ich sie, ganz Don Juan. „Bevor ich mich für eine Zelle entscheide, möchte ich erst sehen, wer die besten Tortillas macht." Ein kapitaler Bock. Nachdem sich alle vom Lachen erholt haben, klärt man mich darüber auf, dass Tortilla in der Knastsprache Lesbe bedeutet.

„Halt dich an mich", meint Marta, eine ältere Frau. „Ich könnte deine Mutter sein, und du hast, glaub ich, gute Ratschläge nötig." Zu allem Überfluss wäre ich noch beinahe die Treppe hinuntergefallen, hätten mich nicht sehr hilfreiche Hände im letzten Moment festgehalten.

Die Kanadierin Charlene hat bestimmt selber den mit Rauschgift vollgeladenen Lastwagen gesteuert, man kann sie sich gut hinter der Theke einer Straßenkneipe vorstellen. Sie hat alle englischen Bücher der Knastbibliothek gelesen, und ich verspreche, ihr „Mister Nice" von Howard Marks zu besorgen, die Memoiren eines Drogendealers, der verlässlichen Quellen zufolge in den Jahren 1970 bis 1987 für 10 Prozent des Welthandels allein verantwortlich war. Charlene hat nur lobende Worte für die kanadische Botschaft, die ihr monatlich Geld zukommen lässt. „Ich mag Bohnen mit Reis nicht."

„Du kriegst auch einen Bären dazu“, versucht Marielos mich zu bezirzen. Sie arbeitet in einer winzigen Nähwerkstatt und stellt schon jetzt Stofftiere für Weihnachten her.

Für die 29 Kinder gibt es auch eine Krippe. Diana ist neun Monate alt, bis zu ihrem dritten Lebensjahr darf sie hier bleiben.

Sonia erzählt, dass sie die Scheidung eingereicht hat. „Ich bekam eine Gefängnisstrafe aufgebrummt, weil ich dem Biest von einem Mann heißen Kaffee ins Gesicht geschüttet habe, nachdem er mich jahrelang gequält hatte. Jetzt hat er freie Hand und holt sich ein Luder nach dem anderen ins Bett. Ich habe eine 15-jährige Tochter.“ Sonia zeigt mir ihren von Ausschlägen roten Fuß. Haftpsychose diagnostizierte der Gefängnisarzt.

Und wissen Sie, womit ich mich jetzt einen Nachmittag lang beschäftige und was diese Frauen jahraus, jahrein tun? Ich stecke drei Luftrüssel für Geburtstagspartys in einen Beutel. Man nennt sie hier „guïriguïri“. In dem Wort steckt mehr Musik als in dem Job. Mit einem Föhn werden die Säckchen versiegelt. Wenn Sie bei der nächsten Geburtstagsparty die Pappnase aufsetzen, denken Sie dann kurz an Alexandra, Olga und die anderen, die drei Colón damit verdienen.

BROT UND WASSER IN DER DOMINIKANISCHEN REPUBLIK

Heute noch kein Lächeln gesehen? Man kann leicht selbst dafür sorgen. Auf der Telefonkarte, die ich mir gekauft hatte, um jemanden in Haiti anzurufen, ist noch ein Guthaben von tausend Colón. Zu viel, um mich bei allen Leuten zu bedanken, die ich in der letzten Woche in Costa Rica kennengelernt habe, zu wenig für einen Anruf nach Bangkok. Ich könnte sie für 500 Colón verkaufen… Auf dem Flughafen von San José kommt gerade eine Frau mit Besen und Eimer aus den Toiletten.

„Telefonieren Sie gelegentlich, Señora?“

„Eh, ja.“

„Hiermit können Sie sich mit allen Ihren Verwandten im ganzen Land unterhalten.“ Ihre Augen blitzen genauso wie die Toiletten.

„Der Inhaber dieses Dokuments ist berechtigt, jede Haftanstalt der Dominikanischen Republik zu besuchen", hat General Pérez Sanchez mir schwarz auf weiß gegeben. Es war ein reiner Glücksfall, dass ich ihm auf der Universität über den Weg gelaufen war, zwei Minuten, bevor er an einer Arbeitssitzung teilnahm. Manchmal muss man sich erst die Füße wund rennen, um das zu erreichen, was einem, selten genug, in den Schoß geworfen wird. Heute war das Glück auf meiner Seite; Pérez Sanchez ließ sich nicht lange bitten.

Die braungrauen Mauern des Gefängnisses Najayo bei San Cristóbal haben hier und da pfirsichfarbene Flecken. Nur die blauen Mützen lassen die Polizisten, die Wache stehen, nicht wie Totengräber aussehen. Ihre Fahne weht neben der dominikanischen. Darunter steht das Standbild eines Christus mit weit ausgebreiteten Armen. Wer hier nicht alles willkommen geheißen wird!

Das ganze Gefängnis riecht nach Desinfektionsmittel. Während ich auf den Direktor warte, bekomme ich meine erste Mahlzeit, Reis und Yuca. Gar nicht mal schlecht. „Gracias Domingo." Gegen Strafminderung erledigt Domingo kleinere Arbeiten für den Direktor, der den wohlklingenden Namen Paniagua trägt. Nichts Ungewöhnliches in der Dominikanischen Republik, aber wenn der Leiter eines Gefängnisses „Brot und Wasser" heißt, ist das zumindest vielsagend.

Sein Büro ist ein einziges Chaos. Gespendete Basketballringe warten darauf, aufgehängt zu werden. Staubsauger und Kaffeemaschine geben sich ein Stelldichein mit Aktenordnern, Flaschen mit Verdünnern und Ventilatoren. Ein Plakat an der Wand spricht eine deutliche Sprache: „In diesem Büro geht kein Geld über den Tisch", gezeichnet: Departamento para la Prevención de Corrupción. Hinter den Gittern wird das, wie ich bald merken sollte, nicht ganz so ernst genommen.

„Gewaltätigkeit kommt hier nicht mehr vor, niemand begeht hier Selbstmord. Bei ersten Anzeichen von Depression wird einer sofort zum Arbeiten auf die Felder geschickt." Brot und Wasser ist stolz auf „sein“ Gefängnis. „In den zwei Jahren meiner Amtsführung gab es keine Schlägereien mehr. Und Sauberkeit ist mein Steckenpferd.“ Ich glaube es gern; die Müdigkeit, die er ausstrahlt, muss irgendwo herkommen.

„Schauen Sie mal!“ Er zieht eine Schublade auf. „Alles konfisziert.“ Eins, zwei, drei, sieben Stichwaffen zähle ich, Messer, Schwerter, Macheten.

„Und wie kommen die ins Gefängnis?“

Paniagua seufzt. „Die Polizei.“

„Wie bitte? Sie meinen die Aufseher?“

„So ist es. Alles, was hier reingeschmuggelt wird. Waffen, Drogen, Whisky.“

„Und Sie können nichts dagegen unternehmen?“ Seufzer Nummer zwei.

„Ich rapportiere es dem Polizeichef. Nun ja, ich kann schließlich das Kind nicht mit dem Bade ausschütten. Ohne Wärter geht's nicht.“

Lärmend kommen ein paar Häftlinge hereingestürzt. Paniagua mahnt zur Ruhe.

„Er hat mich gestern bedroht“, beschwert sich einer.

„Und er war betrunken“, protestiert der andere.

„Tja“, wendet sich Paniagua an mich, „drinnen wird schon mal Schnaps gebrannt.“ Es scheint ihn nicht sonderlich zu beunruhigen, so wenig wie der Drogenhandel. Einer der Streithähne muss sein Messer abliefern. Paniagua legt es zu seiner Sammlung.

Das Telefon klingelt, jemand meldet dem Direktor, dass eine Frau ihn zu sprechen wünsche, ein Häftling will wissen, welchen Zaun er anstreichen soll, ein Besucher erkundigt sich nach seiner Schwester, die gestern verhaftet wurde, jemand liefert Sportkleidung ab. Inzwischen ist die Frau eingetroffen, die vom Direktor mit einem herzhaften Kuss begrüßt wird, und nebenbei unterzeichnet er noch zwei Dokumente und beauftragt Fulbio und Wilson, mich ins Gefängnis zu begleiten.

„Sie sagen, dass Sie die Gewalttätigkeit auf null reduziert und für Sauberkeit gesorgt haben. Was war Ihr Rezept?“, möchte ich doch gerne noch wissen.

„Als ich diese Stelle antrat, habe ich vor den Häftlingen eine Rede gehalten. Ich habe ihnen gesagt, dass sie das Wichtigste sind, nicht die Wärter, nicht die Funktionäre, nicht die Polizei, nicht der Direktor."

„Das hört sich gut an. Und Ihre Rede kam an?"

„Ohne Zweifel. Allerdings besteht jetzt das Problem, dass sich die Aufseher zurückgesetzt fühlen, und es ist vielleicht tatsächlich so, dass die Insassen mehr Spielraum haben als diejenigen, die sie bewachen."

„Und was die Sauberkeit betrifft – das ist eine Frage der Autorität. Wenn ich jemanden eine Apfelsinenschale wegwerfen sehe, kommt er sofort in den Bunker."

Als wieder eine Frau hereinkommt, die ein Geschenk zu bringen behauptet, und Paniagua sie ebenfalls an seine Brust drückt, schließe ich mich Fulbio und Wilson an. Aber der Direktor folgt uns auf dem Fuß, wahrscheinlich um zu verhindern, dass ich einen schlechten Eindruck von seiner Anstalt bekomme und von seinen Häftlingen. Im Obergeschoss stoße ich auf zwei Belgier. Nach einer Weile verliert Brot und Wasser die Geduld und verschwindet. Unser Gespräch auf Flämisch kommt ihm wohl allzu spanisch vor. Das Duo aus Belgien gehört zu den 78 Ausländern unter den 2028 Häftlingen.

Und so sitze ich wieder in einer Anstalt, die es mit einem Taubenschlag aufnehmen kann. Ein Verschlag reiht sich an den anderen, die sich die Insassen selber gebaut haben, um etwas Privacy zu haben. Die Überbelegung ist himmelschreiend.

Jules und Jules lassen an der Erfolgsstory des Direktors kein gutes Haar. „Als Ausländer gehst du hier durch die Hölle", sagt Jules bitter. „Für alles muss man bezahlen", meint Jules 2, „bis zum Dreifachen des Preises draußen. Für eine Mahlzeit, eine Matratze oder Seife. Alle Einheimischen werden von ihren Angehörigen unterstützt, als Ausländer stehst du auf verlorenem Posten."

„*Tak, tak*", sagt Tadeusz aus Polen, der sich zu uns gesetzt hat. „In einer Woche bin ich meine Matratze los, wenn ich meine Schulden nicht bezahle. Wer keine 7000 Pesos hat, um sich ein Bett zu mieten, muss auf dem Boden schlafen, und das bedeutet automatisch, dass er keinen Zugang zu den Duschen hat und sich mit zwei

Eimern Wasser begnügen muss, die er sich, weiß Gott wo, über den Leib gießen kann."

„Hier, meine Rechnung", sagt Jules. „Ich lasse im Laden anschreiben. Wenn ich bis zum siebzehnten nicht bezahlt habe, bin ich auch mein Bett los."

„Es gibt hier einen Holländer, der 23 Tage nichts gegessen hat", meint Jules 2. „Als Ausländer musst du höllisch aufpassen, wenn du dich im Essraum anstellst. Die Aggressivität ist groß."

„Was? Keine Schlägereien? Kannst du das noch mal wiederholen? Vor drei Wochen wurde hier noch einer mit einem Besenstiel zu Brei geschlagen." Der Direktor scheint seine Leistungen etwas übertrieben dargestellt zu haben.

„Und vor drei Monaten haben sie einem die Hand abgehackt", legt der andere Jules noch eins drauf. Ich verspreche ihnen, in Venezuela, wo sowohl Polen wie Belgien diplomatisch vertreten sind, die Angelegenheit zur Sprache zu bringen.

„Ich bin kein Rassist", schnaubt Jules, aber dieses Getöse macht mich verrückt." Die *Cumbia*-Musik, die man die ganze Zeit über hört, bringt zwar etwas Leben in den grauen Alltag, aber ich kann mir vorstellen, dass einem die Lautstärke und die geringe Variation auf die Dauer auf die Nerven gehen.

Johnnys Zelle 3 im „Zwischenstock" hängt voller Fotos von Frau und Kindern und einer textilarmen Freundin aus einer Illustrierten. Ich begrüße meinen Zellen- bzw. Bettgenossen mit einem Schlag der Faust gegen die seine. Wie in jeder Kultur gibt es auch im Knast eine eigene Gebärden- und Chiffrensprache. Ein Ventilator von der Größe einer Spielzeugboot-Schraube, eine Lampe, ein Plakat mit Strandansicht und ein farbenfroh gehäkeltes Kissen setzen behagliche Akzente. Aber wer auf dem Gang schlafen oder wer ohne Unterstützung seiner Angehörigen auskommen muss, ist übel dran.

Ich beschließe den Tag mit einem Spaziergang durch diese Stadt im Kleinen. Dutzende Kerle brutzeln auf den Galerien Fleischspieße, Empanadas oder Bananen. An jeder Ecke jedes Korridors steht eine Mini-Frittenbude. Es gibt einen Gemüseladen, wo man Salat, Tomaten, Bananen und Knoblauch kaufen kann, und eine Bäckerei. Boutiquen mit Altkleidern heißen „Miami" oder tragen die Namen Pariser Couturiers. Einige Häftlinge haben eine Gesellschaft gegründet und besitzen quasi das Monopol auf Wasser und Eis-am-Stiel.

„Wie viele Leute arbeiten hier?", frage ich den Manager.

„Oh, mindestens zwölf."

„Und der Gewinn wird gleich verteilt?" Er druckst herum und wechselt das Thema.

Überall wird gegessen, wird gehandelt, wird Domino gespielt, überall finden Kurse statt: Computer, Kühltechnik, Lesen und Schreiben, Siebdruck, Kampfsport… Ich setze mich zu Pericles, dem Sportkoordinator, der gerade ein Billardturnier vorbereitet.

„57 Häftlinge spielen Basketball, 37 Schach, 43 nehmen an Domino-Wettkämpfen statt, 54 boxen, 33 spielen Fußball und 36 Billard." Und sie verstehen ihr Geschäft. Ich verliere drei Mal beim Domino- und zwei Mal beim Billardspiel. Aber gut, zum Boxen bin ich nicht gekommen.

Für einen Moment denke ich, dass jemand eine Stereoanlage ausprobiert, aber die Musik ist live. Ein Quartett Trompeter schmettert, dass die Billardbälle ganz von alleine ins Rollen geraten.

Es sind keine Picassos oder Oswaldo Guayasamins, die die Gänge schmücken, aber sie können sich durchaus sehen lassen. Es sind vor allem Landschaften und biblische Szenen. Nach den erbaulichen Sprüchen zu urteilen, leben hier lauter Musterknaben.

Sind schon die Korridore multifunktional – Supermarkt, Trockenboden, Straßenkneipe –, die Kirche ist es nicht minder. Neben dem Altar steht ein Zahnarztstuhl. Die hl. Appolonia, Schutzheilige der Zahnleidenden, wird sich freuen.

Am nächsten Tag ist Besuchstag. Das heißt, 3000 Leute mehr, die Temperatur klettert dementsprechend in die Höhe. In den Taubenschlägen wird gegurrt und gebalzt. Das Gefängnis verwandelt sich in ein Eros-Center. Verschläge mit Vorhang und Matratze werden zu Wucherpreisen vermietet. Es fehlt nicht viel, und auch auf den Korridoren wälzen sich die Liebestollen.

Mit Pascual, einem Witwer, der wie ich nicht so interessiert ist an dem Treiben hinter den Vorhängen, gehe ich in den Gemüsegarten. Er hat gestern Schilder bemalt – Karotten, Tomaten, Salat, Rüben –, die er jetzt einstecken will. Unterwegs kommen wir an einem Gebäude vorbei, das wie ein Gartenschuppen aussieht, aber sich als Strafblock entpuppt.

„Papá!“ Wir schütteln Hände oder schlagen die Fäuste gegeneinander.

„Wie lange seid ihr schon hier?“, frage ich die neun, die hier zusammengepfercht sind.

„48 Stunden“, antwortet einer.

„Seit heute morgen“, sagt ein anderer. „Weil ich einem Krüppel eine Ohrfeige gegeben habe. Ich bekam von ihm noch einen Joint, den ich schon bezahlt hatte. Weil er im Rollstuhl sitzt, sperrt man mich in diese scheiß Zelle. Ich bin kein Nazi, im Gegenteil, Behinderte haben die gleichen Rechte, aber auch die gleichen Pflichten. Ich habe schließlich den Joint bezahlt.“

„Bekommt ihr was zu essen?“

„Dreimal am Tag“, räumen sie ein. „Aber waschen kann man sich nicht.“

„Papá, ein paar Pesos, por favor“, probiert es noch einer.

„Und wo willst du hier ausgeben?“

„Nicht hier. Wenn ich nächste Woche entlassen werde.“

„Tut mir leid, Amigo, ich habe keine Pesos dabei. Entschuldige, aber ich werde Pascual mal unter die Arme greifen.“

„Auch gut“, lacht er, und wir gärtnern unter der brennenden Sonne.

In Najayo ist die Ungleichheit mit Händen zu greifen. Die meisten verbringen die Nacht in ihren Verschlägen, aber viele schlafen in den Gängen, und eine kleine Minderheit, wie Milton, Leandro und Carlos, hat eine Zelle, die man fast schon als Zimmer bezeichnen könnte. Sie ist zwar klein, aber hat zwei Etagenbetten, ein Badezimmer und… vier Fernseher. Das erklärt den Antennnenwald auf dem Gefängnisdach! Individualismus in allen Ehren, aber es ist kaum wahrscheinlich, dass die vier Apparate je gleichzeitig auf verschiedene Sender eingestellt sind. Dann schon lieber Josés Dachstube. Aber es gibt Zellen, die haben noch einen Stern mehr. Jemand wie Henry ist in einer solchen untergebracht, „zum Schutz“ vor anderen Häftlingen. Er hatte betrunken am Steuer seines Autos einen Verkehrsunfall verursacht, bei dem ein Kind starb. Darauf reagieren die andern allergisch. Später erfahre ich, dass Henry für seine Unterkunft hunderttausend Pesos bezahlt hat. Dafür darf er auch jeden Tag Besuch empfangen. Sogar im Vorgarten.

Das Mittagessen besteht aus einer öligen Fleischbrühe, einer Schale Reis und zwei Stückchen gebackene Banane. Danach werfe ich einen Blick in die Küche, der Fußboden ist so glitschig wie ein Schwarm Aale. Im angrenzenden Vorratsraum ist Streit ausgebrochen. Ein „capataz" verteilt, was übrig geblieben ist: Gemüse, Bananen, Brot. Nutznießer sind die Häftlinge, die etwa für die Direktion oder andere Abteilungen Arbeit verrichtet oder außerhalb der Haftanstalt an der Kanalisation gearbeitet, eine Mauer angestrichen, einen Kurs geleitet oder einen Basketballring aufgehängt haben. Einige finden, dass ihnen mehr Bananen zustehen. Der Capataz lässt sich aber nichts gefallen.

„Freut mich, Sie kennenzulernen. Boanergues", sagt Boanergues, ein Bündel Bananen unterm Arm. „Kommen Sie, ich zeige Ihnen die Bäckerei." Auf der anderen Seite der Kantine befindet sich der wohlriechendste Raum des Gefängnisses, allerdings auch der heißeste. Boanergues trägt schon eine ganze Weile die Mütze des Bäckermeisters. Während seine Helfer Brötchen aus dem Ofen holen, schiebt er mir einen Stuhl hin und drückt mir ein riesiges Stück *pan kimbo* in die Hand.

„Para su madre", meint der Sohn des Donners, wie sein Name übersetzt lautet, generös. Als ich ihm sage, dass das Gebäck in drei Monaten wahrscheinlich knochenhart sei, darf ich es auch selber aufessen oder mit anderen teilen.

Marino de la Marina ist – nomen est omen – für die Kanalisation zuständig. Der ehemalige Marineangehörige koordiniert die Arbeiten, die um das Hauptgebäude herum ausgeführt werden. Aus einem der oberen Stockwerke strömt ein trüber Brei aus einem halben Rohr. „Stopf das Loch einfach zu", hatte der Direktor gesagt, „das wird die da oben schon auf Trab bringen." Marino schickt ein paar seiner Untertanen das Gerüst hinauf. Ich versuche, mir die Folgen für die oberen Zellen auszumalen.

Während ein Bulldozer das Gelände planiert, „amüsieren" wir uns mit Unkraut jäten. Es ist verdammt dornig.

Marino fasst mich am Arm. „Soll ich dir mal was zeigen?“ Er nimmt mich mit zur Rückseite des Gebäudes. Im obersten Stock stehen acht Kerle hinter den Gittern. Nach ihren fröhlichen Gesichtern zu urteilen, läuft bei ihnen das Klo noch nicht über. Sie scheinen Gebärdensprache zu üben, schreiben unaufhörlich Zeichen in die Luft.

„*Carpintear*“, erklärt Marino. „So nennen wir das. Von da oben kann man in den Innenhof des Frauengefängnisses sehen. Siehst du den ersten von rechts? Er sagt ‚Te quiero mucho‘, ich liebe dich schrecklich.“ Marino konzentriert sich auf das Gespräch eines anderen. Lachend übersetzt er: „Ich möchte, dass du mir Apfelsinensaft mit viel Milch gibst.“

Weiterer Kommentar ist überflüssig. Doppeldeutigkeit und sexuelle Untertöne bekommt man im Gefängis schnell in den Griff. Überlebensmechanismen?

HAITI AUF MATRATZEN

Ich muss es machen. Das Versprechen einlösen. Matratzen für die Häftlinge im Gefängnis von Les Cayes. Das hatte ich mir vor drei Jahren angesichts der unvorstellbaren Zustände gelobt. Doch es gibt zwei Haken. Einmal habe ich nur drei Tage Zeit, und die politische Lage im Land ist alles andere als rosig. Die Unzufriedenheit mit Aristide ist groß. Und aus dem Gefängnis von Gonaive sind vorgestern 160 Häftlinge ausgebrochen, nachdem ein Bulldozer eine Mauer gerammt hatte.

Sind Sie Pastor oder Nonne, brauchen Sie keine Importzölle zu zahlen. Sollte sich darin Aristides Heimweh nach seinem früheren religiösen Leben spiegeln? Tatsache ist, dass ich fünfzehn Dollar extra blechen muss. Dafür hätte ich eine Matratze kaufen könnnen.

Die Schutputzer an der Grenze haben sich in den drei Jahren kein bisschen verändert, und auch der See, der mehr ein größenwahnsinniger Teich ist, stinkt noch genauso.

„Sie sind in guten Händen. Nonnenhänden", sagt Schwester Huguette verschmitzt. Ich bin für die Nacht in einem Zimmer auf der Krankenstation zwischen der Kirche und dem Essraum untergebracht. Es gibt einen Schaukelstuhl und einen Ventilator, der, kaum eingeschaltet, die Vase mit Kunstblumen umbläst. Renée und Madeleine beziehen das Bett, die Laken sind so weiß und steif, wie sie nur die Wäscherei von Nonnen hinkriegt.

„Haben Sie eine Zahnbürste?", fragt Schwester Madeleine.

„Ja, Schwester."

„Und Seife?"

„Ja, Schwester."

„Und Zahnpasta?"

„Ja, Schwester, und auch eine saubere Unterhose." Ein Kichern, und fort ist sie. Es war zu spät, um noch weiter nach Les Cayes zu fahren, so bin ich bei den Sœurs de Paridaens in Port-au-Prince gelandet.

Auf der Krankenstation ist nur ein Zimmer belegt. Als ich auf Zehenspitzen ins Badezimmer schleiche, ruft eine Stimme: „Salut le Belge!" Ich gehe ins Zimmer, dann muss ich mir das Pinkeln eben noch einen Moment verkneifen.

„Freut mich, Sie kennenzulernen. Jan.

„Enchantée, Schwester Marie Alodie."

Trotz ihres Alters und ihrer Gebrechen ist sie noch sehr munter und erzählt die interessantesten Geschichten. Schon seit zehn Jahren ist sie an den Rollstuhl gefesselt. Sie kann von meinen Knastabenteuern nicht genug bekommen und ist ganz gerührt, als wäre jeder Gefangene ein enger Verwandter. Sie erinnert sich an eine Geschichte, die sie einmal gelesen hat, von einem entlassenen Häftling, der nicht weiß, ob er bei seiner Familie noch willkommen ist. „Sie sollten ein weißes Tuch aus dem Fenster hängen. Dann wisse er schon Bescheid." Schwester Alodies Lippen zittern, mehr vor Emotionen als durch ihre Parkinson-Erkrankung. Zwei Tränen rollen ihr über die pergamentenen Wangen. „Als der Zug am Dorf vorbeifährt, sieht er überall, in den Fenstern, an den Bäumen, weiße Tücher flattern."

Jede Minute ist jetzt kostbar. Ich muss so schnell wie möglich Elias finden, den Gefängniswärter in Les Cayes, der mich vor drei Jahren unter seine Fittiche nahm. Ich habe seine Adresse, aber alle Leute, die ich frage, haben entweder noch nie etwas von der Rue Toussaint Louverture gehört oder schicken mich in die Wüste. Bis nach zwei Stunden eine Frau auf die glorreiche Idee kommt, doch mal im Telefonbuch nachzuschauen. Und tatsächlich bekomme ich ihn sofort an die Strippe.

Vielleicht war Elias der erste Gefängniswärter, der mich auf die Nöte seines Berufes aufmerksam gemacht hat. Wir waren in Kontakt geblieben, tauschten Ideen aus; ihm lag das Los der Häftlinge wirklich am Herzen. In einem seiner Briefe hatte er mir sogar die Patenschaft seines Sohnes angetragen. Ich hatte ihm geantwortet, das ginge über meine Kräfte, weil ich nämlich schon zwölf Patenkinder hätte.

Elias will mich sofort abholen und seiner Familie vorstellen. Wir verabreden uns beim Dom. Es ist ein freudiges Wiedersehen. Das Haus, in dem er mit seiner Familie wohnt, ist ärmlich und typisch für Menschen, die gerade erst die Ära des Holzbaus hinter sich gelassen haben. Aus Stein und Beton notdürftig hochgezogen, wird es wohl wie so viele andere eine ewige Baustelle bleiben. Die drei Söhnchen balgen sich in verschlissenen Unterhosen. Elias entschuldigt sich zwanzig Mal für die Unordnung.

„Voilá votre filleul! Ihr Patenkind Hernandez!"

„Aber haben Sie denn meinen Brief nicht bekommen?"

„Welchen Brief?" Ich hätte es wissen können – die Post auf Haiti!

„Hier sind die Dokumente vom Pastor. Schwarz auf weiß: Jan De Cock. Sag dem Patenonkel guten Tag."

Muss ich mich jetzt wie König Albert fühlen, wie Reverend Jesse Jackson, Präsident Toledo oder all die Seeleute, die plötzlich entdecken, dass irgendwo in einem Hafen ein Kind von ihnen herumläuft? Nun gut, ein Patenkind mehr oder weniger, darauf kommt es nun auch nicht mehr an. Ich nehme Hernandez auf den Schoß. Glücklicherweise habe ich noch Luftballons in der Tasche.

Mit einem riesigen Korb frisch gewaschener Wäsche auf dem Kopf kommt Elias' Frau zurück vom Fluss. Wir machen Fotos. Aber erst nachdem alle ihre besten Kleider angezogen haben, was anderthalb Stunden dauert. Von den Nachbarn links werden Hemden ausgeliehen, von den Nachbarn rechts Schuhe und ein Gürtel.

Ich erkläre Elias meinen Plan, dieses Mal im Gefängnis von Les Cayes zu übernachten.

„Man hat mich nach Aquin versetzt, aber ich werde meine alten Kollegen schon rumkriegen", versichert mir mein *compadre*.

Durch die klebrige Hitze gehen wir von Elias' Haus zum Bischofspalast, in dem ich „offiziell" wohne, und kommen am Commissariat de Police vorbei, hinter dem das Gefängnis liegt. Ich warte auf der Straße, während Elias drinnen alles für meine Übernachtung dort regelt. Er bringt mich „nach Hause", zum Bischofspalast also, von wo aus ich heute Nacht ins Gefängnis umziehen werde – heimlich, da Elias weder den Bischof noch den Polizeikommissar kompromittieren möchte. Ich fühle mich wie ein Dieb, der im Gefängnis einbrechen will! Inzwischen hat sich der Himmel bedrohlich verfinstert, so dass ich Elias vorschlage, geradewegs nach Hause zurückzugehen. Kurz vor dem Bischofspalast bricht die Hölle los. Innerhalb kürzester Zeit verwandeln sich die Straßen in Bäche. Venedig in der Karibik. Ich stelle mich zu anderen Fußgängern unter ein Vordach. Als sich die Himmelsschleusen wieder schließen, ist es dunkel geworden. Ich schlage das Angebot eines Haitianers aus, mich Huckepack zu nehmen und wate bis zum Palast. Um keinen Argwohn zu wecken, leiste ich dem Erzbischof und seiner Nichte beim Abendessen Gesellschaft. Dann wünschen wir einander eine gute Nacht.

Man geht hier früh zu Bett: der Gärtner, die Köchinnen, der Chauffeur, die Zimmermädchen, die Nichte und der Bischof. Die Frühmesse findet hier wirklich noch früh statt und dafür muss man ausgeschlafen sein. Das trifft sich gut.

Die Gästezimmer befinden sich ganz oben. Von den Dachterrassen aus hat man den allerbesten Blick auf den Platz und das Meer. Jetzt dringen nur die Strahlen eines bleichen Monds durch den schwarzen Samtstoff, der den Horizont bedeckt. In weiter Ferne funkeln die Lichter eines Schiffs. Die Glocken der Kathedrale an der Ostseite läuten noch ein letztes Mal. Die Geisterstunde beginnt hier schon um zehn Uhr.

Auf Zehenspitzen schleiche ich die Treppe hinunter. Die Bretter knarren verdächtig laut. Für den Fall, dass ich jemandem begegne, habe ich mir als Ausrede ausgedacht, dass mich unbezähmbarer Hunger in die Küche treibt. Übrigens würde es wohl wirklich zu weit führen, wenn ich meine Energie darauf verwenden müsste, hier jemandem auf Kreolisch zu erklären, dass ich ins Gefängnis flüchten möchte. Aber ich erreiche ohne Zwischenfall die Hintertür, nur um festzustellen, dass sie abgeschlossen ist. Und die Vordertür auch...

Aber ungeahnte Kräfte werden wach, wenn man sich bei Nacht und Nebel auf geheimer Mission befindet. Zum zweiten Mal auf dieser Reise kommt mir ein Mandelbaum zu Hilfe. Ich renne wieder die Treppe hinauf und stehe auf der Dachterrasse. Der riesige Baum mit seinen Früchten so groß wie Feigen überragt den ganzen Palast. Er hat vielleicht schon die Franzosen landen sehen. Er reckt seine Äste über das Geländer. Wie lange ist es schon her, dass ich auf Bäume geklettert bin? Die Äste sind glitschig vom Regen. Dafür sind wenig Leute auf der Straße. Mir schlägt das Herz bis zum Hals. Als Stuntman würde ich eine traurige Figur abgeben, aber was tut man nicht alles, um ins Gefängnis zu kommen? Ich bin von oben bis unten moosgrün, die Kleider, Hände, das Gesicht voller Flecken. Die letzten vier Meter lege ich in freiem Fall zurück und lande im Schlamm.

Auf Haiti ist die Zeit stehen geblieben. Nachts kehrt es sogar in die Vergangenheit zurück. Der Weg zum Prison Civile ist wie ausgestorben. Wasser rinnt mir in die Schuhe. Das Gefängnis ist hinter dem Polizeigebäude gut versteckt. Man muss sich schon auskennen, wenn man die Zellenblöcke finden will. Der wachhabende Aufseher, der bestimmt schon achtzehn Stunden am Stück seinen Dienst versieht, ist offensichtlich eingeweiht und schließt dem nächtlichen Besucher wortlos auf. Wir gehen durch zwei Türen und über zwei Schwellen. Ich kenne dieses Gefängnis wie meine Hosentasche, auch wenn es schon drei Jahre her ist. Auf der Rasenfläche des

Hofs, so groß wie ein Volleyballfeld, hängt Wäsche zum Trocknen. Die Hühner, die freier sind als alle anderen Lebewesen hier drinnen, schütteln ihre Federn. Der Hahn scheint ziemlich von der Rolle und fängt zu krähen an. Ich höre das Husten und Murmeln der Häftlinge.

„Tais-toi!", ruft jemand auf Kreolisch. Der Wärter führt mich zur dritten Zelle von links. Alles verläuft nach Plan. Hier haust Ciprien, den ich noch von damals kenne, und den Elias eingeweiht hat. Die Metallstäbe der Gitter sind nicht breiter als Bambusrohre, aber die Schlösser sind von schwerem Kaliber. Jetzt lässt der Aufseher auch noch den Schlüsselbund fallen. Wir haben fast etwas von Einbrechern. Quälend langsam und mit einem Geräusch, das einem unter die Haut geht, dreht sich die Zellentür in den Angeln. Ich zwänge mich durch die Spalte, und krachend schließt sich hinter mir die Tür. Eine Ratte huscht vor meinen Füßen zur Seite.

Wir umarmen uns schweigend. „Bienvenu!", flüstert Ciprien. Wir setzen uns auf seine Strohmatte, die sich feucht anfühlt. Das ganze Loch riecht nach Feuchtigkeit, die mit dem nächtlichen Sturzregen nur schlimmer geworden ist.

„Wie viele?", flüstere ich.

„Achtzehn. Seit letzter Woche sind wir hier zu achtzehnt." Ich versuche, die Umrisse von Gestalten zu zählen, die zusammengepfercht auf dem Boden liegen. Zwei sind aufgewacht und spitzen die Ohren. „Guten Abend", sagt der eine, während der andere deutlich ungehalten über die Störung ist.

„Trois jours, drei Tage haben wir nichts mehr zu essen bekommen. Der Reis vom Roten Kreuz ist alle. Niemand weiß, ob wir diese Woche noch was zu beißen haben", sagt Ciprien noch leiser.

Es hat sich in den drei Jahren also nichts verändert, weder was die Verpflegung, noch was das Schlafen auf dem feuchten Boden betrifft. Aber auf eine Nacht mehr oder weniger kommt es jetzt nicht mehr an. Übermorgen, ja übermorgen kaufe ich die Matratzen, für die ich das Geld aus Flandern mitgebracht habe. Übermorgen, ja übermorgen liegen die Jungs nicht mehr auf dem nackten Boden.

„Ich habe jetzt einen Anwalt", flüstert Ciprien. „In ein paar Wochen komme ich hier raus. Meine Frau musste unser Stück Land verkaufen, aber dann fangen wir eben wieder ganz von vorne an."

„Wie geht es denn deiner Familie, Ciprien? Deiner Mutter?"

„Sie ruhe in Frieden! Ich habe sie seit meiner Einlieferung nicht mehr gesehen. Sie haben keine Zustimmung gegeben. Nicht um mich von ihr auf ihrem Krankenbett zu verabschieden, nicht um sie zu begraben." Wie oft habe ich dies nicht schon gehört. Es gehört zu den schmerzlichsten Erfahrungen im Gefängnis: nicht Abschied von den Menschen nehmen zu können, die einem lieb sind. Und wenn die Mutter oder der Vater krank werden, während man im Gefängnis sitzt, hat man oft das Gefühl, daran schuld zu sein.

Die Zelle ist etwa vier Quadratmeter groß. In der rechten Ecke steht ein großer Eimer. Ich hebe den Metalldeckel hoch, halte den Unterarm gegen den Gestank unter die Nase, gehe in die Knie und pinkle nach Herzenslust.

Halb auf der Matte, halb auf dem feuchten Boden fällt es mir schwer einzuschlafen. Ich habe mir, glaube ich, etwas eingefangen. Als ich anderthalb Stunden später endlich einnicke, balanciere ich zwischen Fieberträumen. Ich verschlinge eine Riesenpackung Waffeln und sehe meine verstorbene Großmutter Tonic trinken. Ich springe Trampolin in einem Sessel voller reich bestickter Kissen, immer höher, bis ich nach sechsundvierzig Sprüngen an die Zimmerdecke stoße. Als ich schon denke, hier bleibe ich für immer hängen, stürze ich zu Boden. Ich schrecke hoch, am ganzen Körper zitternd. Nie war es mir in den Tropen so kalt. Mit dem Fieber kommt der Husten. Wie wunderbar wäre jetzt eine heiße Tasse Tee!

Ciprien, der links neben mir liegt, ist hier schon vier Jahre eingesperrt. Jérôme, zwei Männer rechts von mir, verschleißt seinen Hosenboden und seine Nerven schon sieben Jahre. Unter erbärmlichen Bedingungen. Im Gefängnis von Les Cayes ist Menschlichkeit auf einen Tiefpunkt gesunken. Die Häftlinge dürfen tagsüber nicht ein einziges Mal eine Runde auf dem Rasenplatz drehen und sei es nur für eine Viertelstunde. Nicht ein einziges Mal ihre Zelle verlassen! Jérôme, Fernand, André, Ciprien und die vierzehn anderen stoßen an die Grenzen ihres Menschseins oder besser: Ihnen wird das Menschsein ausgetrieben. Wenn man sie so an diesem Morgen an den Gitterstäben lehnen oder auf dem Boden liegen sieht, dann kotzt es einen an, man möchte in Tränen ausbrechen. Man schämt sich, Mensch zu sein. Ich habe heute Nacht die Feuchtigkeit der schmutzigen Erde einer haitianischen Zelle getrunken. Die Flöhe gedeihen hier prächtig, und die Ratten sind die heimlichen Herren. Aber ich werde nie wissen, was es bedeutet, nicht viel mehr als ein Floh zu sein, eine Ratte. Die Unterhaltung mit der Hälfte meiner Zellengenossen ist mühsam. Es gibt nichts, was ihr Gehirn stimuliert. Eingesperrt in dem gleichen engen Raum, fünf Jahre, sechs, sieben oder mehr, werden sie langsam, aber sicher verrückt.

In einer Ecke liegt Jean. Er wimmert, Schaum vor dem Mund. Ich setze mich zu ihm und lege meine Hand auf seine Schulter.

„Ça va?“, frage ich und komme mir wie ein Idiot vor. Wie soll es schon gehen? Jean hat schon seit einigen Wochen eine Mageninfektion. Ich suche seine Augen und finde sie nicht. Ich will lächeln, aber habe einen Kloß im Hals. Hilflosigkeit ist ein sehr scharfes Messer. Sein Wimmern geht mir durch Mark und Bein. Als ich meine Hände auf seinen Bauch lege, kullern meine Tränen auf den feuchten Boden. Ich kann nichts dafür. Man sollte meinen, nach fünfzig Gefängnissen wäre ich ein bisschen abgehärteter. Aber ich bin ein Häufchen Elend neben einem anderen.

„Den Eimer!“, höre ich eine Frauenstimme. Amélie und Gertrude sind die einzigen Frauen. Vor drei Jahren waren sie noch zu zehnt. Sie dürfen sich zumindest ein Mal am Tag die Beine vertreten, sei es auch nur, um die Eimer aus den neun Zellen zu holen. Gaston bringt unsern zur Tür. Der Wärter, der mich eingelassen hatte, öffnet sie einen Spalt.

„Merde! Merde! Merde! Imbécile! Salot!“ Und so geht es noch eine Weile weiter. Nicht immer gelingt es, den Pisspott ohne Überschwappen weiterzugeben. Nebenan ist der Eimer umgefallen. „Merde!“ Das kann man wohl sagen.

Amélie kommt zehn Minuten später mit dem leeren Eimer zurück. Auch für sie beginnt jetzt wie für alle anderen die Monotonie des Tages.

Aber Gaston ist Besitzer eines Schatzes. Er hat Knicker. Das Spiel unterscheidet sich kaum von dem meiner Kinderjahre, bei dem ich mir die Fingerknöchel aufriss, oder von dem im Gefängnis von Simbabwe. Ich muss mich schon bald geschlagen geben, aber hier ist es eine wunderbare Zerstreuung. Und während die Metallkugeln durch die Luft fliegen, denke ich, dass heute das Finale von Roland Garros gespielt wird, dass Washington erwägt, in den Irak einzumarschieren, dass die irische Regierung zurückgetreten ist, oder war es die belgische? Oder Balkenende in den Niederlanden? In Les Cayes spielt man mit Murmeln. Spielt, als hänge das Leben davon ab.

Einer der Häftlinge in der Zelle schräg gegenüber bekommt Besuch von seinem Anwalt, der sich mit ihm zehn Minuten durch die Gitterstäbe unterhält. In einer anderen Zelle bricht Streit aus. Ansonsten schleicht der Morgen dahin.

Das Husten beginnt wehzutun. Ciprien macht sich Sorgen. Aber was ist schon eine Bronchitis, verglichen mit der Infektion, die Jean aushöhlt?

Mit aller Macht rütteln sie an den Gitterstäben, außer sich vor Hunger. Jedes Mal, wenn ein Wärter vorbeikommt, schwillt der Lärm zu höchster Lautstärke an, was nur zur Folge hat, dass sich am Nachmittag niemand mehr blicken lässt.

Es muss ungefähr vier Uhr sein, als ein neuer Wärter auftaucht und einen Besuch für mich meldet.

„Visite? Pour moi?“ Ich hatte dem Bischof zwar gesagt, dass ich in den nächsten Tagen viel in Les Cayes und Umgebung zu tun hätte, aber vielleicht hat er ja Unheil gewittert. Nach einigen Minuten taucht Louis Jean vor den Gitterstäben auf. Seit seinem Brief, der mich in Polen erreichte, hatte ich nichts mehr von ihm gehört. Von ihm, der mich damals unverblümt angesprochen hatte, „um mein Freund zu werden“, und dadurch die Gefängniswelt kennen lernte. Elias hat ihn benachrichtigt. Wir umarmen einander durch die Stäbe. Er darf nicht länger als fünf Minuten bleiben. Genug, um sich von der schlimmen Situation im Gefängnis zu überzeugen. Dann zieht ihn der Wärter am Ärmel.

Aber schon vor Dunkelheit kommt eine Delegation von Louis Jeans Organisation O.C.A.P. und bringt einen Sack Reis. Und so menschlich sind die Wärter denn doch, dass sie die Besucher in die Küche lassen. Es ist eine der bewegendsten Erlebnisse meiner Weltreise, diese Männer, die vor Hunger fast umkommen, essen zu sehen.

Vielleicht schlafe ich deshalb trotz verschleimter Bronchien etwas besser als gestern. Ich fühle es in den Knochen: Morgen liegen hier die Matratzen.

Ich bin wach, bevor der Hahn kräht, muss mich aber gedulden, bis der Direktor aus den Federn ist, der mit seiner Familie in einem heruntergekommenen Zimmer zwischen dem Polizeibüro und dem Gefängnis wohnt. Als man mich aus dem Käfig holt und zu ihm bringt, treffe ich ihn im Lendenschurz und mit einem Wasserkrug in der Hand an.

„Ich wollte mich gerade waschen“, entschuldigt er sich. Weil ich heute Nachmittag wieder in Port-au-Prince sein will, kann ich keine Rücksicht nehmen.

„Wir haben ganze drei Stunden, um alles zu organisieren. Ich muss die Travellerschecks einlösen, die Preise vergleichen und die Matratzen hierher transportieren. Ich sorge für die Matratzen, Sie für den Transport.“

„Eh… Wir haben kein Fahrzeug.“

„Aber, aber, Herr Azor. Flandern zeigt sich hier von seiner besten Seite, dann können Sie zumindest dafür sorgen, dass ich nicht jede Matratze einzeln auf dem Rücken hierher schleppen muss. Es ist mir nicht unbekannt, dass nur drei der neunzehn Gefängnisse über einen Wagen verfügen, um Häftlinge zum Krankenhaus oder zum Gericht zu fahren, aber ich weiß aus zuverlässiger Quelle, dass Ihre Haftanstalt seit kurzem einen Lieferwagen hat.“

„Eh, na schön“, sagt er etwas kleinlauter. „Ich kümmere mich um den Wagen.“

„Okay. In spätestens anderthalb Stunden bin ich wieder hier.“

Es erscheint mir ziemlich übermütig, hier im Hinterland in so kurzer Zeit dieses Kunststück fertig zu bringen, aber glücklicherweise kommt Elias mir zur Hilfe. Er kennt schon mal die drei Banken in Les Cayes. Aber alle drei sind ein Reinfall.

„Travellerschecks? Noch nie von gehört!“

Beinahe hätte ich die Flügel hängen lassen, wenn mir nicht jemand den Tipp gegeben hätte, es bei Frau X zu versuchen. In ihrem illegalen Wechselbüro geht es hoch her. Sie bietet mir einen schmutzigen Sessel an, aber eine Katze kommt mir zuvor. Ich feilsche nicht auf Teufel komm raus, und schon bald halte ich einen Stapel *gourdes* in der Hand, und wir machen uns auf die Suche nach dem billigsten Matratzenhändler. Alles verläuft nach Plan. Allerdings ist da noch ein kleines Problem. Der Schlüssel zum Tor des Lagers ist nirgends zu finden. Ob wir es schlimm finden, die Matratzen einzeln über den Zaun zu heben? Wir springen auf ein Moped, um den Lieferwagen zu holen. Der Fahrer steht schon bereit. Aber noch sind nicht alle Hindernisse überwunden.

„Monsieur, haben Sie etwas Geld fürs Benzin?“ Nicht schlecht, aber da ist er bei mir an der falschen Adresse.

„Dann können wir die Matratzen nicht abholen“, versucht er es noch mal. Ich verschwende nicht viele Worte und gehe zum Direktor, der inzwischen frisch gewaschen und angezogen ist.

„Monsieur Azor, für die Haiti Post, den Les Cayes Herald und den Figaro von Port-au-Prince wäre es ein gefundenes Fressen, wenn ich ihnen berichte, dass Sie wegen ein paar Gourdes die Versorgung Ihres Gefängnisses mit Matratzen verhindern.“ Er lacht nervös, klopft mir auf die Schulter, ruft den Fahrer und holt aus seiner Hosentasche einen Geldschein. Für einen Moment denke ich noch, dass wir den Wagen bis zur nächsten Tankstelle schieben müssen, aber der Fahrer winkt uns auf die Ladefläche, setzt sich hinters Steuer und startet den Motor. Vielleicht wurde hier die Frechheit erfunden.

Innerhalb einer halben Stunde sind wir wieder zurück. Und Azor hält sogar schriftlich fest, dass er die Matratzen erhalten hat und dass sie ausschließlich für die Häftlinge bestimmt sind. Links und rechts und oben und unten wird das Dokument mit Stempeln versehen. Schick und fast echt. Der Direktor will, dass ich noch eine „Ehrenrunde“ durch das Gefängnis drehe. Nur um mich von meinen Brüdern und zwei Schwestern verabschieden zu können, gehe ich darauf ein.

„Hier ist der Matratzenkönig“, probiert Azor sich bei den Gefangenen lieb Kind zu machen, aber ich dränge noch einmal darauf, dass er sich an sein Wort hält und dass er keinen mehr auf dem Boden schlafen lässt. Der Dank gebührt eh der Basis in Belgien, die dieses Geschenk ermöglicht hat.

Ich bleibe etwas länger bei der dritten Zelle links stehen. Ciprien, Jérôme, Fernand, André und die anderen drücken sich an die Gitterstäbe. Jean liegt noch immer an der gleichen Stelle in der Ecke. Ich tue etwas, was ich noch nie getan habe: Ich bringe meine rechte Hand an die Schläfen und salutiere meinen Generälen hinter Gittern. Aber als mir die Tränen kommen, sinkt mir die Hand aufs Herz. Da gehört sie hin. Und dann sehe ich, dass Jean eine Hand hebt und winkt.

Ich höre kaum den Beifall, als ich mich umdrehe und gehe, aber desto lauter, als ich zum Bischofspalast laufe, um meinen Rucksack zu holen. Beifall ist eine universale Musik, die auch Gitter nicht zurückhalten können.

Ich lasse den Bischof im Glauben, dass ich zwei Tage bei Hummerfischern und Patenkindern verbracht habe, und verabschiede mich.

Der Bus nach Port-au-Prince platzt aus allen Fugen. Was nicht reinpasst, sitzt auf dem Dach oder hängt an den Türen, Scheibenwischern oder dem Auspuff.

Immer mit der Ruhe, sage ich mir, nicht zum ersten Mal, setze mich in den Staub und schaue schadenfroh dem schaukelnden Ungetüm hinterher. Der nächste Bus fährt allerdings erst neun Stunden später.

Überall auf Haiti ist das Benzin knapp. Lange Schlangen bilden sich vor den Zapfsäulen. Manche verbringen sogar die Nacht in ihren Fahrzeugen. Ihre Geduld kennt keine Grenzen, kostet uns aber zwei Stunden extra. Aber das ist nichts, verglichen mit der Qual, dass man zwei Stunden im überfüllten Bus ausharren muss, bevor er überhaupt losfährt. Eingeklemmt zwischen Knien, Hüften, Brustkörben bekomme ich geradezu Heimweh nach der Zelle von gestern Nacht. Alle schwitzen, dass es tropft, trieft und stinkt. Jedes Mal, wenn sich noch jemand hereinzwängt, der meint, einen Sitz reserviert zu haben, geraten die Gemüter in Wallung und treiben die Hitze noch weiter in die Höhe. Um Klaustrophobie, einen Herzinfarkt und Migräne gleichzeitig zu bekommen.

Nach einer halben Stunden schlafen Beine und Arme ein. Nur man selbst nicht. Aber als sich der Bus endlich in Bewegung setzt, öffnet sich der Himmel. Ein Frau stimmt ein Lied an, damit uns der Grand Dieu auf unserer Fahrt beschütze. Alle Passagiere bis auf einen (der das Lied nicht kennt) fallen ein und singen, was das Zeug hält.

Nach anderthalb Stunden stoppen wir vor einer Straßensperre. Der Bus von heute Nachmittag liegt umgestürzt auf der Fahrbahn. Nach einigem Palaver mit Dorfbewohnern kurven wir langsam an ihm vorbei. Die Altstimme legt wieder los, diesmal, dass der Grand Maître den Fahrgästen des Unglücksbusses beistehen möge. Geliebtes Haiti. Was für ein Land!

DER POSTBOTE VON KOLUMBIEN

Ich bin verrückt, daran gibt es nichts mehr zu rütteln. Ein Mädchen aus Kolumbien, das ich auf der Chinesischen Mauer kennen lernte, hatte ich gebeten, mir ein Ticket zu besorgen, und nun fliege ich für einen Tag von Bogotá nach Pereira, nur um Tulios Familie zu besuchen, die nicht einmal etwas davon weiß. Ich hatte ihn in New York im Abraham House kennen gelernt, dem Übergangshaus für Häftlinge in New York. Während wir uns im Fernsehen das Endspiel der Fußballweltmeisterschaft ansahen, nahm er mir das Versprechen ab. Und was man versprochen hat, muss man halten, auch wenn man es tat, nachdem Ronaldo gerade sein zweites Tor geschossen hatte.

Das Flugzeug ist viel zu groß für fünf Leute. In Pereira erwartet uns eine ganze Armee von Fotografen und Journalisten. Ein Blitzlicht-Gewitter bricht über uns herein. Gerührt will ich gerade einem Mädchen den großen Blumenstrauß abnehmen, als mir eine Frau zuvorkommt. Ich habe im Flugzeug neben Miss Kolumbien gesessen. Ich flüchte und springe in ein Taxi.

Das Gebiet um Pereira ist für seinen Kaffee und sein Kokain bekannt. Sie färben die Hügel smaragdgrün. Ein schönes Land, ein schönes Volk. Der frisch gewählte Präsident Alvaro Uribe wird alle Hände voll zu tun haben, wenn er sein Versprechen halten will, die

20000 linken Rebellen, 12000 rechten Paramilitärs und die übermächtige Drogenmafia zu bekämpfen.

Das Apartmenthaus ist schnell gefunden. Auf mein Klingeln öffnet sich im ersten Stock ein Fenster, erst erscheint ein Lockenkopf, danach ein Bademantel, dann eine Frau mit einem Morgengesicht und entsprechender Laune.

„Gloria?"

„Sí", sagt sie überrascht.

„Ich bringe Grüße von Tulio." Das ändert die Sache und die Laune.

„Ich komme", ruft sie, schickt aber ihren Pudel, der mich anbellt, als wäre ich der schlimmste Drogenbaron.

„Ksst, still Chicky!", bellt jetzt eine andere Frau, die den Hund und mich ins Haus winkt. Nach zehn Minuten taucht auch Gloria, Tulios Frau, auf, angekleidet und bereit, der Welt ins Auge zu sehen.

Was außer Tulio verbindet uns? Das Gespräch verläuft etwas stockend. Gloria und ihre Mutter taxieren mich. Erst als die Kinder hinzukommen und dünner Melonensaft die Runde macht, wird die Stimmung lockerer.

„Seit sechs Jahren", seufzt Gloria, „seit sechs Jahren warten wir schon auf ein Visum für die USA. Bis '95 wohnten wir alle zusammen in New York. Als meine Mutter todkrank wurde, bin ich mit den Kindern zurückgekommen."

„Nun ja, ich bin wieder gesund geworden. Ich lebe noch!", beantwortet die Mutter meinen fragenden Blick.

„Wir wollten natürlich zu Tulio nach New York zurück. Sechs Jahre versuche ich jetzt schon, ein Visum zu bekommen."

Gloria steht auf und sucht nach Taschentüchern. „Eins führte zum anderen. Aus lauter Einsamkeit ließ sich der Dummkopf mit falschen Freunden ein. Er dachte, leichtes Geld verdienen zu können... Und jetzt muss er dafür büßen. Ach, wären wir doch nur bei ihm geblieben, dann wäre das nie passiert."

Da die Taschentücher langsam ausgehen, versuche ich sie zu trösten. Tulio sei jetzt in guten Händen, er sei eine Pfundskerl, früher oder später würden sie das Visum bestimmt bekommen.

Im gleichen Augenblick klingelt es. Gloria öffnet das Fenster und beugt sich hinaus.

„Der Postbote.“ Sie geht hinunter, und als sie wieder im Zimmer steht, zittert sie vor Aufregung am ganzen Körper. Sie hält einen großen braunen Umschlag in die Höhe und liest laut: Embajada de los Estados Unidos en Bogotá. Sie öffnet den Umschlag. Jetzt schlägt den restlichen Taschentüchern die letzte Stunde. Sechs Jahre haben sie gewartet, und eine halbe Stunde nach meiner Ankunft bringt der Briefträger die Visa für die ganze Familie.

Es steht für sie fest, dass der Himmel mich geschickt hat. Ich sage „Zufall“, sie sagen „Essen“. Ich muss einen *canelazo* probieren, ein Getränk aus gekochten Naranjilla mit Zimt, dann gibt es den *ajiaco*, eine Suppe mit drei verschiedenen Kartoffelsorten, und Fruchtsäfte, *curuba* und *feijoa*, und Großmutter backt die Bananen, die mit Käse serviert werden, *maduro con queso*. Und zum Schluss Kaffee natürlich.

Ich denke „Siesta“, sie sagen „Sightseeing“ und entführen mich in die Stadt. Auf der Plaza Bolívar reitet der Freiheitsheld nackt auf seinem Pferd. Wir schlendern über den Kunstmarkt, an der Kathedrale vorbei, über die Brücke zum Eissalon. Für zwei Kugeln Rum mit Rosinen muss einfach noch Platz sein.

Als wir zurückkehren, kann ich nicht mehr papp sagen. Fernando, Glorias Bruder, erwartet uns. Er ist an dem Komplott der Großzügigkeit beteiligt und hat als Angestellter im funkelnagelneuen Hotel Benidorm die Suite für mich reserviert.

„Es mag ja sein, dass Sie überall am liebsten in Gefängnissen übernachten, aber bei uns in Pereira schlafen Sie in einem Himmelbett.“ Und in dieser Nacht schlummere ich tatsächlich unter seidenem Bettzeug. Wo Miss Kolumbien diese Nacht wohl verbringt?

TORSCHUSS MIT KATER IN PERU

Die Sonne dringt nur schwach durch die Dunstglocke über Lima, der Hauptstadt Perus, die in ihrem Grauschleier wie das Venedig Aznavours anmutet.

In der belgischen Botschaft komme ich mit einem Landsmann ins Gespräch, der sich eine peruanische Schöne angelacht hat. Der blutjunge elegant gekleidete Konsul überreicht mir ein Dokument, das mir die Tore zu zwei Belgiern hinter Gittern öffnet.

„Anfang des Jahres wurde dort ein Belgier ermordet. Jetzt sind es nur noch sieben. Diese beiden werden demnächst entlassen. Dann sind es nur noch fünf", sagt er, als hätte er gerade Agatha Christies „Zehn kleine Negerlein" gelesen.

„Ich bin Rassist", sagt der Taxifahrer, der mich zum Gefängnis bringt, ohne Umschweife. „Das Problem ist, dass wir an alle die gleichen Anforderungen stellen, als wären Mestizen, Indianer, Weiße, Schwarze alle gleich. Zudem muss man sich fragen, ob die Intelligenz von Leuten nicht genetisch oder ethnisch, wie ich meine, bestimmt ist. Nehmen Sie unseren Präsidenten Toledo. Indianischer Abstammung, nicht wahr? Man hat ihn fotografiert, während er zwischen den Rädern seines Flugzeuges pinkelte. Nein, nein, seine belgische Frau Eliane hat die Hosen an."

Ich gebe ihm seine Sol und stehe vor dem Gefängnis von San Juan de Lurigancho. Es muss sechs Jahre her sein, dass ich hier an der gleichen Stelle stand. Die Haftanstalt mit etwa 7000 Insassen liegt eingeklemmt zwischen schwarzen Hügeln. Das Ganze macht einen etwas wüstenartigen Eindruck. Mit dem Dokument von der belgischen Botschaft passiere ich ohne Schwierigkeiten die Kontrollen. An den Wachtürmen kleben Wahlplakate für die Kommunalwahlen nächsten Monat. Auf dem ersten Hof rostet ein Spielplatz vor sich hin. Ein paar Wärter versuchen einen Lieferwagen in Gang zu bringen. Die Wächter an den Toren tragen schwarze Lederhandschuhe gegen die Kälte. Es ist in der Tat einige Grad kälter als in der Karibik. Ich putze mir die Nase. Nicht weil ich erkältet bin, sondern weil es zur Trostlosigkeit der Atmosphäre passt. Ich will aber nicht traurig sein und suche die Seele der Leute in ihren Augen hinter den ausgeprägten Backenknochen. Die Andenvölker sind eindeutig introvertierter. Und dabei sind wir noch nicht mal in Bolivien.

„Sind die nun aus Metall oder Plastik?“ Einige Wärter diskutieren über neue Handschellen. Aus Plastik, aus Gold oder aus Krepppapier, was macht es aus? In dem Moment, da ich durch das nächste Tor gehe, wird eine Gruppe von zwei Dutzend Häftlingen hereingeführt, die meisten an Händen und Füßen gefesselt, eine zusätzliche Kette dazwischen. Eine vierte hält der Aufseher in der Hand, als führe er Hunde aus.

„Bienvenidos“ wird man vom Rasen begrüßt. Typisch Lima. Überall in den Straßen der Stadt und entlang den großen Avenidas sind Slogans ins Gras gemäht oder mit Blumen buchstabiert – ob Wahlkampf-, Reklame- oder Bibelsprüche. Auf den Schornsteinen und den Zisternen vor dem Gefängnis wird zum Kampf gegen Drogen aufgerufen: „A la droga dile NO.“ Dabei gibt es wenige Haftanstalten, in denen der Drogenhandel dermaßen floriert, wie hier in Lurigancho. Ich könnte sofort Aufputschmittel bekommen, wenn ich nur Knete hinblättre. Oder hätten Sie gern einen pisco oder sonst einen Schnaps?

Henderson möchte mir Süßigkeiten verkaufen. „Schon vier Jahre gesessen“, sagt er. „Noch vier“, dabei streckt er zwei Finger in die Luft. Ich hoffe, seine Finger haben Recht.

„Könnte ich die beiden Belgier besuchen?“, frage ich einen Wächter.

„No hay problema. Warte hier.“ Und weg ist er.

Ein starker Chlorgeruch liegt in der Luft, von nassen Kleidern. Gott sei Dank hört man Vögel zwitschern.

Ich blättere noch einmal in den Papieren der belgischen Botschaft. Nach den Nachnamen zu urteilen kommen die beiden Landsleute aus Ostflandern. Es dauert nicht lange und Ronny und Wim tauchen auf. Ronny ist eindeutig der Anführer. Wim, mit Schnauzbart, unterstreicht die Bemerkungen seines Kumpanen, mit dessen Schwester er einmal verheiratet war, durch ständiges Lächeln und Nicken. Ronny ist ein Mann großer Ohrringe und großer Gesten. Wim prunkt mit seiner Lederjacke. Ronny trägt teure Sportschuhe, um Sport zu treiben, was er aber nie tut, um sie zu schonen.

„Misión cumplida“, flötet der Mann, der die beiden gebracht hat.

„Vielen Dank“, rufe ich ihm zu, aber damit ist er nicht zufrieden. Ronny steckt ihm ein paar Sol zu.

„So geht das hier zu, Junge. Man muss für alles zahlen. Um dich zu sehen, mussten wir durch drei Tore, macht drei Sol, bei jedem Tor hält ein Häftling die Hand auf.“

Ronny erzählt, er habe nach seiner Scheidung vollkommen die Orientierung verloren. Eins führte zum anderen. Die Verlockung, in kurzer Zeit viel Geld zu verdienen, das heißt, sich als Drogenkurier zu verdingen, brachte ihn nach Miami und Honduras.

„Herrlich, Junge! Sich am Strand fläzen, schwimmen zwischen Delphinen… Wer träumt nicht davon? Brauchte ich Geld, klopfte ich bei meinen Auftraggebern an, und eins, zwei, drei hatte ich die Dollar in der Hand. Schicke Hotels, Swimmingpool, alles, was das Herz begehrt. Diener, die dir die Wäsche waschen und auch noch bügeln. Alles für einen Dollar pro Tag. Honduras ist das Ende, Mann!“

Wim leckt sich die Lippen. Er wurde schon beim ersten Mal erwischt. Er hätte sich auch gerne mit Delphinen getummelt.

„Zusammen mit einem Mädchen wurden wir auf dem Flughafen verhaftet. Ich höre den Zollbeamten noch sagen: ‚A long, long time in jail.‘ Aus der Traum. Wir sind hier jetzt schon 38 Monate.“

„Gefesselt wurden wir auf einen Lastwagen geworfen“, erzählt Ronny. „Meine persönlichen Sachen haben sie mir abgenommen. Meine Kleider, meine Uhr. Die hat mich fünfhundert Dollar gekostet. Die Wärter werden sich gefreut haben. Ich habe nichts mehr. Nach einigen Monaten hörte ich, dass meine Mutter gestorben war. Sie hatte was am Herzen. Die Familie gibt mir die Schuld.“

„Hast du überhaupt noch Kontakt?“

„Nur mit meinen beiden Nichten. Eine Schwester hat mich mal besucht, der standen die Haare zu Berge. Keine vier Pferde würden sie noch einmal in diese Hölle bringen. Ich habe noch einen Bruder, er hat eine Frittenbude in Sint-Niklaas. Aber einen Freund, ja stell dir vor, einen Freund habe ich, der schickt mir manchmal etwas Geld. Ich sage immer: Deine wahren Freunde lernst du kennen, wenn du im Krankenhaus liegst oder im Knast sitzt. So wahr ich Ronny heiße."

Geld. So viel dreht sich im Gefängnis um Geld. Wer es nicht hat, ist übel dran. Nirgendwo ist der Graben zwischen Arm und Reich breiter als im Gefängnis.

„Das Absurdeste war, dass jeder von uns hundertzwanzig Sol zahlen musste, um reinzukommen. Dann noch dreihundertsechzig Sol für eine Zelle mit ‚sezze', mit einer Decke, und dann noch sechzig Sol, damit sich die Zellentür öffnet!" Mit der Hand in der Hosentasche rechne ich den Betrag aus. Für zwei Nächte habe ich genug Geld bei mir.

„Die Zelle, in der ich jetzt bin, habe ich später umsonst von einem Schwarzen gekriegt, der entlassen wurde", sagt Ronny. „Normalerweise zahlt man bei uns im Trakt 4 so um die elfhundert Dollar dafür. Im Trakt 7 sogar bis zu fünfzehnhundert."

Über Wims Zelle wird kein Wort verloren. Decken trennen die Zellen voneinander.

„Mein Anwalt kostete 7200 Dollar. Ich habe den Schuft vier Mal zu Gesicht bekommen. Und dann musst du noch 500 Dollar für irgendwelche Papiere hinblättern."

„Guck mal", stößt Ronny mich an und macht mich auf eine Szene auf der anderen Seite des Hofes aufmerksam. Zwei Männer tuscheln miteinander. Der eine zieht eine Pistole aus dem Ärmel, die der andere sofort hinten in den Hosengürtel schiebt und mit seinem Pullover bedeckt. Der Zweite ist Chinese, Freund eines gewissen Xia Long, der angeblich seine Tante ermordet und in Stücke zerlegt in der Gefriertruhe aufbewahrt hat, weil sie im Restaurant die Rechnung nicht bezahlen wollte. Vor kurzem ist er ausgebrochen. Zwei Tage später bekam der Gefängnisleiter von ihm einen Anruf. Grüße aus Ecuador.

„Für den Revolver hat der Chinese 500 Dollar bezahlt", meint Wim.

„Mann, das ist hier ein Paradies für Korruption", übernimmt Ronny. „Am Sonntag vor zwei Wochen wurden sieben Leute von Mithäftlingen ermordet. Die Konkurrenz auf dem Drogenmarkt ist mörderisch. Wo die Waffen herkommen? Wie ich schon sagte, für 500 Dollar ist dir ein Wärter gerne behilflich."

Es klingelt auch sonst in der Kasse. „Drei Soles für eine Frau!", sagt Wim mit glänzenden Augen. „Ja, Mann", ergänzt Ronny, „gut, dass du noch etwas bleibst, denn jeden Mittwoch und Samstag ist Frauentag. Das ist das Beste an Lurigancho. Acht- bis zehntausend Frauen, von denen, halt dich fest, dreitausend Huren sind. Manche sind stockbetrunken und prügeln sich um einen Mann. Und weil du ein Gringo bist, ein weißer Ausländer, kriegst du das erste Mal gratis."

„Aber es sind gute Mädchen", meint Wim, Unschuld im Blick. „Sie bringen dir manchmal Waschpulver mit."

„Ich habe hier einen afrikanischen Freund, der sieben Jahre in Bangkok gebrummt hat. Der erzählte mir, dass er nach all den Jahren nicht mehr wusste, wie eine Frau ohne Kleider aussieht."

Wim: „Ein Ausbruch kostet dich 5000 Dollar, dafür hält ein Wärter dir die Tür auf oder hilft dir durch die Kanalisation."

Wim gehört zu den Menschen, die am liebsten ein ruhiges Leben führen, mit einer Frau, die ihnen am Morgen die Stullen schmiert. Sonntags schauen sie sich ein Fußballspiel an und lesen darüber am Montag in der Zeitung. Jetzt haben ihm die Geschichten der Mithäftlinge den Kopf verdreht.

„Ich habe mein Leben lang auf dem Bau gearbeitet. Kirchen restauriert. Hier hörst du von den Nigerianern, dass man 100000 Dollar im Monat verdienen kann. Und gestern erzählte mir jemand, in Südafrika könne man mit einem Schlag beim Drogenverkauf 32000 Dollar einstreichen! Ja, ja, im Knast bekommt man die besten Tipps." Ronny kann dem nur zustimmen.

„Aber manchmal zahlt man eine teure Zeche. Wie Jürgen", wende ich ein.

„Selber Schuld! Er führte sich auf wie ein Ölscheich und bezahlte seine Handlanger nicht. Als Belgier, als Ausländer hätte er besonders aufpassen müssen. Die Ausländer haben ihn übrigens abgestochen." Wim fühlt sich nicht wohl in seiner Haut. Er bewundert Ronny.

„Ronny hat einmal zwölf Kilo Kokain mit einem Diplomatenpass aus dem Land geschmuggelt."

„Ja, ja. Da kann uns niemand was vormachen. Letzte Woche noch hat mir eine Freundin ein Handy mitgebracht. Frauen werden natürlich auch bis auf die Knochen durchsucht. Ich habe ihr vorgeschlagen, sie soll ihren dreijährigen Sohn mitnehmen. Den kontrollieren sie nicht. Sie hat das Handy unter seiner Socke ans Bein getapt. So macht man das."

„Pass auf!", ruft Ronny. Ein Ball fliegt an uns vorbei. Bei näherem Hinsehen entpuppt er sich als Kopf eines Katers, mit dem ein paar Gefangene Fußball spielen. Den Rest haben sie gerade verspeist, einer knabbert noch an einem Knochen. „Sie verschmähen auch Ratten nicht, die Peruaner", sagt Wim.

Meine flämischen Freunde spendieren mir Inca Cola, das süßeste Zeug, das es gibt, mit unwahrscheinlich fluorgelber Farbe. Ihre Freizügigkeit lässt mich bald das stille Örtchen aufsuchen, für dessen Zustand sie sich meinen entschuldigen zu müssen.

„Es sind einfach Löcher im Boden."

Es ist stockdunkel. Gestankmäßig macht es nicht viel aus, ob ich fünf Zentimenter danebenziele. Ich habe schon Schlimmeres erlebt.

„Das ist das Schlimmste in diesem Loch", meint Ronny. „Der Dreck. Jeder spuckt nach Lust und Laune. Wischt sich den Rotz am T-Shirt oder an den Wänden ab. Überall liegen abgenagte Hühnerbeine. Die Hunde, die kommen hier auf ihre Kosten." Ein Graus für jemanden, der an reinliche Delphine in Honduras gewöhnt ist.

Es ist noch früh, als wir von den Pritschen gescheucht werden.

„Eine Razzia, verdammt!", ruft Ronny. Wärter kommandieren uns auf den Gang und durchsuchen alle Zellen. Wie wir hören, suchen sie die Revolver, mit denen gerade die sieben Häftlinge erschossen wurden.

Ronny kramt in weiser Voraussicht einen 50-Sol-Schein aus seiner Unterhose. Ein Wärter hat ziemlich schnell das Handy gefunden, aber noch in der Zellentür drückt Ronny ihm das Geld in die Hand. Worauf der Wärter das Handy wieder unter die Matratze schiebt. Er nickt und sucht anderswo weiter. Es ist kein Wort gefallen.

Zehn Minuten später taucht er wieder auf und hält Ronny den Schein unter die Nase. Als Ronny noch einmal den gleichen Betrag dazu legt, ist er zufrieden und verschwindet. Wieder ist kein Wort gefallen.

Heute besuche ich einige der Kurse, die hier, man sollte es nicht glauben, angeboten werden. Etwa ein AA-Meeting für Alkoholiker. Und Wim übt zwei Mal wöchentlich sein spanisches S.

In der Abteilung 6 hausen die Tbc-Kranken. Als mich der Kapo nach einer Weile für vertrauenswürdig hält, zeigt er mir etwas, das ich nicht für möglich gehalten hätte: eine Druckerpresse, mit der waschechte Blüten gedruckt werden!

Am Abend spricht mich ein kahl geschorener Peruaner an. Ob ich ihm für einen Sol „meinen Arsch“ ausleihen würde.

„Noch zwei Mal schlafen und es ist Mittwoch. Dann hast du freie Wahl.“

Es gibt nicht wenige, die es tagsüber mit einer Frau treiben und nachts mit einem Mann, hatten Ronny und Wim mir gesagt.

Heute Abend habe ich eine Verabredung mit Javier, dem *delegado*, dem Anführer der Abteilung 20. Er bietet mir in seiner Zelle einen Schnaps an. Den geilen Peruaner konnte ich noch abwimmeln, in diesem Fall gelingt mir das weniger gut.

„Rum?“, frage ich kennerhaft.

„Genau.“ Er zwinkert mir zu und lässt mich einen Blick unter sein Bett werfen.

„Wie viel?“

„So an die hundert“, lächelt er triumphierend.

Dieses Establecimiento Penitenciario de Régimen Cerrado Ordinario Lurigancho ist wirklich einzig in seiner Art.

UNTER AUFTRAGSKILLERN UND DROGENBARONEN IN BOLIVIEN

Das Licht über Bolivien ist noch genauso intensiv wie vor dreizehn Jahren. Die Luft ist dünn. Ich ringe nach Atem.

Auf dem Kopfsteinpflaster in La Paz sitzen die Indiofrauen mit ihren Melonen auf dem Kopf wie angewurzelt zwischen Nüssen, Blumen, Seife und Gemüse. So sitzen sie schon den ganzen Tag da, die ganze letzte Woche und das ganze letzte Jahrhundert auch. Es liegt an ihren Artgenossen in farbenprächtigen Tüchern, ein Kind oder Gepäck auf dem Rücken, die mühsam einen Berg hinaufsteigen, dass ich weiß, dass bolivianische Frauen auch Beine haben. Und Füße, oft in Ballettschuhen.

Das Gefängnis San Pedro liegt mitten im Stadtzentrum. Wie in einem Kinderbuch hat man die Kirche rechts vom Platz gezeichnet, ein Hotel daneben, Buden mit Süßigkeiten und Windmühlen hier und da und im hohen Licht dieses Nachmittags: das Gefängnis.

Zwei Straßenköter schnüffeln auf dem Platz in Mülleimern und zwischen den Beinen der Wärter, die auf der Straße Wache halten. Wie der Gouverneur und seine charmante Sekretärin machen auch sie mir keine Schwierigkeiten, ins Gefängnis zu kommen. Allerdings dauert es zweieinhalb Stunden, bis ich kapiere, dass man sich für einen *boliviano* einen Häftling anheuern muss. Er holt für mich den Padre Filippo, den Gefängnisseelsorger, aus seiner Kapelle. Jedem Besucher werden die Ohren voll geschrieen, denn jeder möchte sich ein Trinkgeld verdienen.

Pater Filippo hat Fortschritte erzielt und wird von den meisten Gefangenen akzeptiert. Die Kirche wurde inzwischen restauriert.

Er hat so seine Tricks, die Schäfchen in seinen Stall zu locken. Jeden Sonntag veranstaltet er eine Lotterie unter den ersten zwanzig, die sich in der Kapelle einfinden. Nach der Messe bekommt der glückliche Gewinner ein paar Bolivianos.

Auffallend viele Kinder sind in der Kirche. Alle Messdiener sind Mädchen; die Jungen läuten bei passender und unpassender Gelegenheit die Glöckchen, was einige Häftlinge stört, aber nicht den Pater. Den kümmert auch nicht das inbrünstige falsche Singen des Chors auf der Empore.

Ein Kommunikant bleibt vor mir stehen und bettelt mich um Geld für Rasiermesser an.

Am Ende scharen sich alle um den Altar, um sich vom Pater ihre Flaschen und Töpfe mit Wasser weihen zu lassen. Mancher mag verstohlen die Bitte zum Himmel senden: Herr, verwandle noch einmal Wasser in Wein.

Vicente ist mein Führer.

„Vicenta“, tönt es von allen Seiten. Später erfahre ich, dass Vicente die offizielle „Lola“, der stadtbekannte Schwule, in San Pedro ist. Seine Intimität mir gegenüber geht nur so weit, dass er mir anvertraut, dass er ein Jahr wegen eines ungedeckten Schecks brummen muss.

Auf den ersten Blick wähnt man sich überhaupt nicht in einem Gefängnis. Es herrscht an diesem frühen Sonntagmorgen eine ruhige Atmosphäre. Jemand hat seinen Kiosk geöffnet und bietet gefüllte Maistaschen an. Ein paar Kinder spielen zwischen den kleinen Teichen und Grünflächen, die für St. Martin oder einen anderen Heiligen angelegt wurden. Die Nonnen, die hier früher wohnten, haben drei Tischfußballgeräte dagelassen. Und es gibt wahrhaftig auch ein Kino. Auf der Mauer um das Fußballfeld steht in riesigen Buchstaben Libertad y Justicia para Todos (Freiheit und Gerechtigkeit für alle). An Häuserwänden kleben noch Wahlplakate, mehr von der NFR (Nueva Fuerza Republicana) als von der MNR, der Movimiento Nacionalista Republicana, der Partei des Präsidenten Sanchez de Lozada. Zwar ist der Zug längst abgefahren, aber während meines Besuchs stecken Häftlinge mir Anstecknadeln, Kugelschreiber, Ballons und andere Gadgets der Gegenpartei in die Hosentaschen.

Über den Duschräumen wird aufgestockt. Hier entsteht tatsächlich eine Kinderkrippe. Nun habe ich schon so manche Dreikäsehochs in Gefängnissen gesehen, an der Brust der Mutter saugend, hopsend zwischen Reistöpfen und Waschtrögen, Handys schmuggelnd, aber San Pedero in La Paz ist, soviel ich weiß, die einzige Strafanstalt, in die Väter ihre Kinder mitnehmen. Die größeren gehen außerhalb der Gefängnismauern zur Schule, kommen aber abends wieder „nach Hause“.

In der Küche herrscht große Betriebsamkeit. Auf großen Gasöfen dampft und brodelt es.

Ein Häftling zieht mich am Ärmel. „Komm mit", sagt er in tadellosem Englisch. Es klingt nicht wirklich drohend. „Pass auf, dass du nichts isst, was aus der Knastküche kommt, da sind Beruhigungsmittel drin." Er schleppt mich mit zu seiner Abteilung.

„Und mit wem habe ich das Vergnügen?"

„Entschuldige. Petrus."

„Nach deinem Akzent zu urteilen, kommst du aus Südafrika."

„Stimmt. Jo'burg."

„Dann kennst du bestimmt auch das Modderbee-Gefängnis."

„Türlich. Auch von innen", lacht er.

Wir sind zu den Galerien hinaufgestiegen. In einem Innenhof steht eine riesige Tanne. Die Balkone im Kolonialstil sind blau und grün angestrichen. Petrus zieht mich in seine Zelle, die man durchaus als gemütlich bezeichnen kann, nur fehlt eine Rauchabzugsanlage. Fünf Häftlinge lassen eine Zigarette aus schwerem Tabak rumgehen.

„Nice to meet you. I'm George", stellt sich einer vor. Noch ein Afrikaner.

„Hier ist dein Bett und hier ist Kaffee." Ich hätte lieber unter Bolivianern die Nacht verbracht, aber ich erlebe eine interessante Zeit. Habe ich die Zelle schon einmal mit Auftragskillern geteilt? Geschichten wie die von George und Petrus kann sich kein Drehbuchautor ausdenken.

Eine Sozialarbeiterin, die im Gefängnis ein Praktikum macht, schaut vorbei. Sie darf sich neben mich auf das Bett setzen. Petrus schenkt Ananassaft ein. Na ja, Ananassaft? Strohrum ist nichts dagegen. In kürzester Zeit läuft die Praktikantin rot an. Nach einem zweiten Becher weiß sie nicht mehr, wo sie ist. Nach dem dritten weiß sie nicht mehr, dass sie Praktikantin ist.

„Ich habe als Geologe in Simbabwe gearbeitet und wahnsinnig gut verdient", sagt George, während er sich die dritte Zigarette in zehn Minuten anzündet. „Ich hatte ein Boot, einen Ford Mustang und einen Mercedes. Aber meine Frau war Alkoholikerin. Jeden Tag nach Hause kommen und sie betrunken auf der Couch antreffen, ist nicht gerade das, was man erwartet. Ich habe ihr eine Herde von viertausend Rindern gekauft und das Ruder 180 Grad herumgerissen. Ich lernte einen Bankräuber, der ausgebrochen war, kennen, und seitdem heißt es rein in den Knast, raus aus dem Knast. Ich habe schnell gelernt. Es gab Nächte, da haben wir zehn bis zwanzig Autos geknackt. Meine Spezialität war Versicherungsbetrug. Irgendwann hatte ich eine Million Dollar auf einer Schweizer Bank. Das schnellste Geld verdienst du mit Kokain. Interessiert?"

„An deiner Geschichte schon."

George tischt uns seine Heldentaten mit der gleichen Geschwindigkeit auf, mit der uns Petrus die Becher füllt. Die Praktikantin ist eingeschlafen. Ich versuche mich auf Kaffee zu beschränken. In einem unbeobachteten Augenblick schütte ich den 80-Prozentigen in einen Topf mit Sansevierien. Ein alter Trick meiner Mutter. Wie oft habe ich sie nicht ein Glas Martini oder Port zwischen Geranien und Azaleen gießen sehen, wenn wir wieder irgendwo zu Besuch waren und sie „aus Höflichkeit" nicht nein sagen konnte.

„Wie viele Pässe ich gehabt habe! Wir gingen einfach zu einem Friedhof und notierten uns die Namen. Wir pendelten zwischen Amsterdam und Arequipa, Santiago und Lima. Denn, hör gut zu, die besten Drogen gibt es in Peru. 150000 Dollar für fünf Kilo. Natürlich ist nicht der ganze Kuchen für mich. Wo denkst du hin? Ich habe Hunderten von armen Leuten geholfen. Ja. O ja, ich komme in den Himmel." Mein Blick fällt auf das von unzähligen Kerzen umrahmte Muttergottes-Bild über der Tür.

Die Praktikantin neben mir fängt an zu schnarchen.

„Ist sie kein Schatz?" Ohne direkten Zusammenhang inspiriert die schöne Schläferin George zu folgendem Statement:

„Das Problem der Bolivianer ist, dass sie ihr Hirn lieber ausruhen als anstrengen. Außer wenn es um die Verurteilung von Ausländern geht. Dann sind sie verdammt gerissen. Wusstest du, dass die Anwälte hier ihren Landsleuten 500 Dollar berechnen und den Ausländern 4000? Da kommen noch 20 Dollar für den Übersetzer hinzu. Diese Zelle hat mich 3000 gekostet."

„Sie gehört dir?"

„So ist es. Die meisten können sich das nicht leisten. Darum hat Padre Filippo eine Reihe von Zellen für die armen Schlucker aufgekauft. Na ja, diese Zelle ist noch nicht die schickste. Komm mal mit."

Wir gehen auf den Balkon. George zeigt nach Osten, zur Abteilung, die Los Alamos heißt. Über der Kinderkrippe sehe ich einen Aufbau, der wie die Station einer Drahtseilbahn aussieht.

„Da wohnt Barbas Chocas." Der Name kommt mir bekannt vor.

Amado Pacheco, alias Barbas Chocas, war einer der weltweit größten und berüchtigsten Drogenhändler. Vor einigen Jahren wurde er auf dem Flughafen von La Paz verhaftet, als er seine Boeing 747 mit 4 Tonnen, jawohl, 4000 Kilo Kokain besteigen wollte. Er wurde zu vierundzwanzig Jahren verurteilt.

„Er hat für seine Zelle 10000 Dollar hingeblättert. Rechts davon betreibt er ein Restaurant, und die Hälfte des Gefängnisses gehört ihm. Er vermietet die Zellen und verdient sich damit eine goldene Nase. Außerdem ist er Presidente del Consejo de Delegados de San Pedro, der Herr über alle Häftlinge."

„Was wirst du machen, wenn du rauskommst, George? Gehst du nach Südafrika zurück?" Petrus kommt zu uns und fragt, ob ich noch einen Becher Ananassaft haben möchte.

„Wenn ich rauskomme", sagt George, „dann werde ich mit Hormonen handeln. Damit Petrus dicker wird." Er brüllt vor Lachen und schlägt der Bohnenstange auf die Schulter. „Ich mache ein Geschäft auf, das Sperma aus Südafrika exportiert. Oder eröffne ein Heiratsbüro." Mir riecht es hier schon zu sehr nach Menschenhandel, wenn es auch ein schwacher Trost ist, dass dieser Robin Hood die Gewinne mit den Armen teilen will.

George angelt sich eine neue Zigarette aus dem Päckchen in der Hemdtasche hinter seinem Pierre-Cardin-Pullover.

„Der Doktor sagt, ich muss rauchen. Sogar ein Krebsspezialist hat mir das vorgeschrieben. Ich soll die ganzen Medikamente aus dem Fenster werfen. Weißt du, ich habe vier Päckchen am Tag geraucht. Das sind vier mal dreißig in vierundzwanzig Stunden. Und, ich gehe jede Wette ein, ich werde hundert!"

Petrus zieht mich wieder hinein. Die Praktikantin ist aufgewacht und verabschiedet sich. Der Besuch habe lange genug gedauert.

Bernardo ist Gehilfe der Transvaaler. In der Küche, von der aus man in die Zelle von George und Petrus gelangt, macht er Kaffee. Er ist ein Mal in seinem Leben ausgerutscht. Ein einfacher, gewinnender Mensch. Als er die Becher vor uns hinstellt, nickt er höflich, das Lächeln verschwindet nie von seinem Gesicht.

„Eine gute, etwas einfältige Seele“, sagt Petrus, als Bernardo wieder in der kleinen Küche verschwindet. „Man hat ihn mit dreiviertel Kilo im Magen erwischt. Er wusste weder, wie teuer das Flugticket war, noch wohin es ging.“

„Du bist also der Küster der Kirche, Petrus?“

„Ja“, lacht er, „so ungefähr. Ich kann immer an das Brot und staube ein Mal in der Woche die Heilige Jungfrau ab. Aber ich bin kein Mädchen für alles. Ich bin eigentlich ein ziemlich guter Söldner.“

Ich setze mich auf die Bettkante. Man sieht es ihm nicht an. Er ist klein und dürr wie ein Besenstiel. Die wenigen Haare auf seinem Kopf haben schwer an der Pomade zu tragen, und sein künstliches Gebiss strahlt mit seinem Lächeln um die Wette. Nicht dass es ihn groß beunruhigen würde, aber vorsichtshalber redet er auf Afrikaans weiter.

„Es ist einfach mein Leben, meine Geschichte. Schon mit neun habe ich damit angefangen, schießen lernen und so. Später ging ich zur Armee. Ich habe in Angola gekämpft. Zum Söldner ist es dann nur ein kleiner Schritt. Ach, wie viele Söldner hat die südafrikanische Armee nicht hervorgebracht! Man tötet Menschen wie andere sich eine Zigarette anzünden. Man verliert irgendwann die Übersicht.“

Ich schweige. Was soll man schon dazu sagen?

„Es gab Zeiten, da habe ich zwanzigtausend Dollar verdient. Du weißt nicht, wozu Menschen imstande sind, die ihre Gegner aus dem Weg räumen wollen.“

„Verfolgen dich die Opfer nicht?“

„Als Auftragsmörder machst du drei Monate deinen Job und hast dann drei Monate frei. Gerade aus diesem Grund. Um abzuschalten. Mann sollte es auch tunlichst vermeiden, Buch zu führen, wenn mann nicht durchdrehen will. Mit fünfzig legt man eine Pause von vier Jahren ein. Mit sechzig ist Schluss.“

„Du erinnerst dich bestimmt an das allererste Mal.“

„Das ging eigentlich schief. Ich brachte gerade eine Bombe unter einem Auto an, als die Polizei auftauchte. Sie hat mich unter der Karosserie hervorgezogen und wegen versuchten Autodiebstahls verhaftet, die Bombe haben sie gar nicht gefunden. Wenn nicht jemandem in der Autowerkstatt mal was aufgefallen ist, dann fährt der Mann immer noch mit einer Bombe herum.“ Darüber muss Petrus heute noch lachen.

„Das wirklich erste Mal habe ich jemanden vergiftet. Ein Geschäftsführer hatte uns kontaktiert, um seinen Konkurrenten aus dem Weg zu räumen. Man bekommt dafür drei Monate Zeit. In den ersten Wochen beobachtet man. Ich hatte mir eine Wohnung gemietet, dem Haus gegenüber der Zielperson. Mir fiel auf, dass bei dem Abfall immer Verpackungen einer Pizzeria waren. Die Familie ließ sich jeden Samstag ihr Abendessen bringen. Von der Putzfrau hörte ich, dass nur der Hausherr Quattro Staggione aß. Ein Glück, man will schließlich nicht auch die Kinder und die Frau auf dem Gewissen haben. Ich habe den Pizzajungen bestochen. Ich habe Gift auf die Pizza gestreut.“

„Und? Gab es keine Untersuchung?“

„Nein. Seine Familie glaubt heute noch, dass er an einem Herzanfall gestorben ist.“

Petrus schenkt mir Kaffee nach. Ich sitze neben einem Mörder, der nicht mehr weiß, wie viele Menschen er umgebracht hat, der alles genau geplant hat, kaltblütig. Und jetzt ist er auch noch Küster, hat mich allerherzlichst empfangen, und ich sitze hier und trinke seinen Kaffee. Und muss ihm in die Augen schauen.

„Bedeutet dir das Leben noch etwas, Petrus?“ „Ich habe meine Eltern nie gekannt. Ich wuchs in einer Pflegefamilie auf. Die Frau war eine Hexe. What’s love? Als sie starb, hat ein Onkel die ganze Erbschaft eingesackt. Ich hatte nichts. Ich war nichts.“

Die Sonne scheint durch das kleine Fenster herein. Die Vorhänge haben ein Blumenmuster.

„What the fuck are you crying for?“

„Ich weiß es nicht, Petrus. Vielleicht, weil du ein netter Mensch bist.

Schwester Inés kommt herein. George hatte mir erzählt, dass die Hälfte der dreitausend Bücher, die er hier gelesen hat, von ihr stammt. Die andere Hälfte brachte Paula von der britischen Botschaft, die ab und zu auch eine Telefonkarte zwischen die Seiten eines Buches steckt. Hermana Inés ist eine kleine Frau, sie trägt einen selbstgestrickten Pullover, schwarze Strumpfhosen und einen karierten Rock. Sie kichert von morgens bis abends. Die Hälfte der Viagra-Witze versteht sie nicht und weiß nur von der Hälfte der Insassen, was sie ausgefressen haben.

„Aber ich bin gerne bei ihnen", sagt sie mit munterem Blick. Darauf kann sie stolz sein. „Seit '84 besuche ich die Häftlinge", sagt sie zu mir, während Bernardo auch ihr Kaffee einschenkt. „Weil einer meiner Neffen ins Gefängnis kam. Für mich öffnete sich eine ganz neue Welt. Mich beschäftigt, wie man Menschen dazu bringen kann, Häftlinge zu besuchen, auch wenn es keine Verwandten sind." So ist es.

„Komm, lass uns was essen!", ruft Vicente. In den Gassen und auf den kleinen Plätzen des Gefängnisses laufen die Geschäfte auf Hochtouren. Wir landen bei Juan und Rosa. Juan kommt aus Lima und muss zwei Jahre absitzen. Rosa hat die vier Kinder in die Obhut von Nachbarn gegeben und ist ihm nachgereist. Jetzt haben sie hier ein Lokal. Die Arbeit ist hart. Für jede Nacht, die Rosa im Gefängnis bleibt, muss sie Barbas Chocas Miete zahlen. Limas Küche ist würzig, die Geschichten kommen mir bekannt vor.

„Wenn ich hier rauskomme, dann werde ich Imker und züchte Frösche. Oder Forellen. In Peru besteht Nachfrage nach so was", sagt Juan. Rosa sehnt sich nach ihren Kindern.

Als ich gerade die letzte Wurst verzehre, stößt mich Petrus an. „Schau, da." Umgeben von seinen Leibwächtern schreitet Barbas Chocas höchstpersönlich die Treppe hinab. Der größte Ganove dreht eine Inspektionsrunde durch seinen Kerker, dessen Hauptanteilseigner er ist.

Alfonso, dessen wirre Haare von einem Besuch seiner Frau erzählen, spricht den Kaiser an und bittet ihn untertänig um den Schlüssel zur Toilette, damit sich seine Frau etwas frisch machen kann. Sogar über den Stuhlgang der Menschen hat Barbas Chocas was zu sagen.

BRASILIEN-BELGIEN: 1:1

Die Penitenciaria do Estado in São Paolo fühlt sich kalt an, auch bei 25 Grad. Metallen. Die Anstalt datiert aus den vierziger Jahren. Bis Ende dieses Jahres sollen alle etwa 2200 Insassen umgezogen sein. Die Gebäude werden in ein Modellgefängnis für Frauen umgewandelt.

Wer in Brasilien an Gefängnisse denkt, denkt an Aufstände. Noch bevor der Tag zu Ende ist, werden wir von Unruhen in Rio de Janeiro hören.

Anfang der neunziger Jahre fand in Carandiru eine der blutigsten Revolten statt, die mit 111 Toten endete. Andere sprechen von der doppelten Anzahl.

Hier bei den Nachbarn in Pavillon 3 leckt man sich nach dem Aufstand im Februar vorigen Jahres noch die Wunden. Aber angesichts der erbärmlichen Zustände ist es nicht verwunderlich, dass Strafgefangene in Brasilien regelmäßig auf die Barrikaden gehen. Wäre man als Frau nicht bis aufs Blut gereizt, wenn man sich nach einem Besuch des Ehemanns mit nacktem Unterkörper über einen Spiegel hocken muss, damit der diensthabende Aufseher kontrollieren kann, ob man nicht ein Päckchen Kokain zwischen den Schamlippen versteckt hat?

Dieses Gefängnis entspricht voll und ganz dem Klischee. Grau, grau, grau. Zwei, drei, vier Stockwerke. Gitter und Zäune. Der Verputz bröckelt von den Mauern wie die Hoffnung. Auf einmal erscheinen Tweety, Mickey Mouse und ein überproportionaler Goofy. Walt Disney hat bestimmt auch Anteile an einem der trübseligsten Gefängnisse, die ich bisher gesehen habe.

In der Penitenciaria do Estado gibt es wahrhaftig ein Krankenhaus. Ob ich hier die Nacht verbringen soll? Auf dem Hof sitzen acht Häftlinge in Rollstühlen im schwachen Sonnenlicht. Die meisten sind nicht in der Lage, einen Löffel zum Mund zu führen. Als sie mir sagen, dass sie seit gestern nichts mehr zu essen bekommen und seit einem Monat keinen Arzt mehr gesehen haben, glaube ich ihnen sofort. Der ständig fließende Kot ist Beweis genug.

Edgard hat einen Metallstift im Arm. „Ich bin vor einem Monat gefallen.“ In dieser Zeit hat sich der Stift einen Weg nach außen gebahnt.

João lehnt an der Gangwand. Er kann seine Krankheit schwer verbergen. Rechts vom Nabel hängt ein zum Platzen gefüllter Beutel. „Acht Jahre laufe ich schon mit diesem Leistenbruch herum. In den neun Jahren meiner Haft hat man mich ein einziges Mal untersucht. Ich habe gehört, dass für eine Operation wie diese sechsunddreißig Untersuchungen nötig sind.“

Marcos ist das lebende Beispiel der schlechten medizinischen Versorgung. Auf seinem rechten Oberarm prangt die Tätowierung eines Narren mit einem Beil. „Ich bin vom Bauch bis zu den Füßen gelähmt. Irgendwie kriege ich es doch hin, etwas zu gehen. In all den Jahren hat mich noch kein Arzt untersucht.“ Er schleppt sich auf einem Vierfuß weiter, gefolgt von einem Stomabeutel auf Rädern.

Ab und zu erwirkt das Gefängnispastorat einen Freispruch aus humanitären Gründen. Aber das Verfahren dauert durchschnittlich zwei Jahre, und es kommt oft vor, dass der Häftling in der Zwischenzeit das Zeitliche gesegnet hat.

Für Fernando gilt dies auch. Er liegt in den letzten Zügen. Wir waschen ihn und geben ihm eine frischere Bettdecke. Bei Marcelo legen wir eine Sonde an. In Europa würde man mich deswegen gerichtlich verfolgen.

Und während der ganzen Zeit hört man die Schreie einiger geistesgestörter Männer. Was war zuerst da? Das Huhn oder das Ei? Hat man sie hierher gebracht, weil man sie für unzurechnungsfähig hielt, oder hat sie der Aufenthalt in der Krankenabteilung verrückt gemacht?

Und so haben Olegario, Robinson, Fernando und alle anderen ihre Geschichte. Der eine hat eine Blasenentzündung, die er mit Aspirin-Tabletten behandeln muss, der andere eine Geschwulst auf dem Rücken, die er für einen Tumor hält. Und wieder ein anderer läuft seit vielen Wochen mit einem gebrochenen Arm herum, der nie, wie man deutlich sehen kann, eingegipst wurde. Häftlinge sind an sich schon ein vergessener Teil der Bevölkerung. Wehe, wenn sie auch noch krank sind! Oder psychische Probleme haben. Die

Krankenabteilung der Penitenciaria do Estado in São Paolo spottet jeder Beschreibung. Ich schaue nach oben, ob nicht jemand über das Kuckucksnest fliegt.

Ein Bett ist sogar noch frei für mich. Doch Schlaf finde ich kaum inmitten des Jammerns und Stöhnens. Aber was ist eine schlaflose Nacht. João müht sich schon neun mal dreihundertfündundsechzig Nächte, Vergessen im Schlaf zu finden.

Am nächsten Tag klettern wir bis unters Dach des Gefängnisses.

„Ich habe den Freunden gesagt, sie sollten beim nächsten Aufstand einen Aufzug verlangen“, meint Suzi außer Atem, eine siebzigjährige Freiwillige mit rotgefärbtem Bürstenhaar. Sie hat ein großes Herz und liebt die Häftlinge wie ihre eigenen Söhne.

Sie schimpft über eine protestantische Gruppe, die angeblich eine Statue der Nossa Senhora de Aparecida im Gefängnis zertrümmert hat. Tief gekränkt haben die Katholiken zum Gegenangriff geblasen. Mit einer Prozession, vielen Kerzen, Weihrauch, Skapulieren und Rosenkränzen wollen sie eine funkelnagelneue Madonna aufstellen. Überall hängen Plakate, die zur Teilnahme an der bênção de nova imagem auffordern. In Brasilien erfreuen sich religiöse Fehden großer Beliebtheit.

Wir stehen zum Abschied beisammen hoch oben im Gefängnis von São Paulo. Die Jungs wollen mir allen Segen der Welt mit auf den Weg geben und laden mich in ihren Kreis ein. „Wie leicht geben wir die Hände“, sagt Adelson. „Hände, die das eine Mal Gutes tun, das andere Mal Schlechtes. Hände, die streicheln und Hände, die stehlen. Wenn wir uns so die Hände reichen, dann geschieht das auch, weil wir zum Ausdruck bringen wollen, dass wir einander brauchen.“

„Berührt euch auch mit den Füßen“, sagt Robinson. „Manche Füße werden noch Jahre an diesem Ort bleiben; die von anderen werden über die ganze Welt gehen.“ Er blickt mich an. „Aber wohin wir auch gehen, wir befinden uns auf der gleichen Reise.“

Obwohl von Albertos Postkarten-Gemälden nicht mehr viele übrig sind, will ich zumindest eins als Zeichen weltweiter Solidarität zurücklassen. Aber mein Portugiesisch lässt wohl einiges zu wünschen übrig, jedenfalls stehe ich im Handumdrehen mit leeren Händen da. Argentinien und Chile werden es mir verzeihen.

Sogar die Buchstaben auf dem Heck des Varig-Brasil-Flugzeugs tanzen Samba. Wir fliegen über dem Bundesstaat Rio. Hier allein sitzen 22500 Menschen in zehn Haftanstalten ein.

Den Flughafen von Salvador de Bahia verlässt man durch einen Tunnel aus Bambus. Ich bin hier, um zu sehen, was aus Felipes Träumen geworden ist, den ich von Antwerpen her kenne. Zusammen mit dem Gefängnispastorat hat er ein Pilotprojekt gestartet, das im Erfolgsfall auch für andere brasilianische Regionen zur Verfügung stehen soll. Einbezogen sind auch Psychologen und Manager. Es gilt für 800 ehemalige und auf Bewährung entlassene Häftlinge, Arbeitsplätze zu schaffen. Liberdade & Cidadania, Freiheit und Bürgerschaft, heißt die Initiative. Die Frage ist, wie man das Vertrauen der Arbeitgeber gewinnen kann? Nach einem Vorschlag sollen die Löhne zu gleichen Teilen vom Arbeitgeber und dem Gefängnispastorat finanziert werden. Felipe hat auch ein Haus gekauft, in dem er ein Restaurant plus Hotelschule einrichten will. Es lässt sich alles vielversprechend an.

Bevor ich in das Zentralgefängnis von Bahia gehe, besuche ich erst ein angrenzendes Gebäude. In der Creche Escola treffe ich zehn Kinder an, die schon früh mit der Gefängniswelt in Berührung gekommen sind. Die Mütter der meisten von ihnen verbüßen hier eine Haftstrafe. Damit die Kinder nach der Stillzeit nicht im Gefängnismilieu aufwachsen, hat das Pastorat eine Krippe eingerichtet.

Es ist ein kleiner Komplex, wie aus dem Legobaukasten zusammengesetzt. Nach und nach kommt ein Zimmer oder eine Küche hinzu. Die Kleinen sind zum Fressen: Junior, Jamile und die acht anderen. Manche sind ganz aufgeregt, weil sie darauf warten, von ihren Pflegemüttern für das Wochenende abgeholt zu werden. Über solche Pflegefamilien berichten die Zeitungen selten, aber wie wichtig ist ihr Engagement! Bis es soweit ist, muss ich ein portugiesisches Märchen vorlesen. Junior will Fotos machen. Er ist drei Jahre alt und schwankt noch, was seine Berufsplanung betrifft, zwischen Fotograf und Pfarrer.

„Mama! Mama!“, schreit er plötzlich und rennt die Betontreppe hinunter. Seine Mutter ist gerade entlassen worden, er wirft sich ihr in die Arme und schlingt seine um ihren Hals.

Jamile ist fast zehn. Sie ist bildhübsch. Sie ist zu lange im Frauengefängnis bei ihrer Mutter geblieben und wurde sexuell missbraucht. Jetzt versucht man, dem Kind zu helfen, mit seiner Beschädigung und seinen Verletzungen fertig zu werden. Voller Anmut hält sie uns die Tür auf.

Penitenciária Lemos Brito, das große Gefängnis von Salvador de Bahia, wird von der Militärpolizei bewacht. Mehr als vierzehnhundert Gefangene in Untersuchungshaft, tausend verurteilte Häftlinge, hinzu kommen vierzig in einer Beobachtungsabteilung – was immer dort beobachtet werden mag – und fast hundertfünfzig Frauen.

Die Werbeposter für Waschmittel, die merkwürdigerweise in den ersten Gängen und in den Büros hängen, entpuppen sich bei näherer Betrachtung als Wahlplakate für den linken Präsidentschaftskandidaten Luis Ignácio „Lula“ da Silva. Wahrscheinlich hat die Werbeagentur früher hauptsächlich Kampagnen für Dash oder Coral entwickelt. Sogar der Beamte, der mir meinen Pass abnimmt, trägt ein T-Shirt mit dem Porträt des PT-Kandidaten und auf seinem schiefen Barett einen Anstecker.

Wir gehen durch einen Tunnel. Vor den Licht- und Lüftungsschächten drängen sich Häftlinge, als wäre das Ende der Welt nahe. Die Architektur des Hauptgebäudes hat etwas Anachronistisches. Das kreisförmige Gefängnis will futuristisch sein, veraltet aber zusehends. Es ist ein Silo mit dem Anspruch eines Ufos. Ein getarntes Atomkraftwerk. Aber die Atome sind Menschen. Bahianer. Väter und Söhne. Aus der Stadt und dem Inland. Auch eine Handvoll Ausländer. Aha, auch bis hierher haben es die Nigerianer geschafft. Ein Italiener, ein Tansanianer, eine Belgierin. Nein, sie steht auf der anderen Seite der Gitter. Sie ist zu Besuch. Aber einmal war es anders…

Für das belgische Diplomatencorps und die brasilianische Justiz ist Felice ein Begriff. Heute besucht sie Christian, ihren brasilianischen Romeo. Gestern war sie noch selber eingesperrt.

„Cola? Kuchen?" Die Zelle ist geradezu wohnlich. Das Klo ist wahrhaftig durch eine niedrige Mauer vom Raum getrennt. Die Matratze ist breit, damit Felice ab und zu übernachten kann. An der Mauer steht ein Kühlschrank, links ein Fernseher auf einer Musikanlage. Eine kleine Bibliothek verrät, dass Christian sich für Literatur und die brasilianische Rechtsprechung interessiert. Er macht einen sympathischen Eindruck. Ich glaube, Felice hat ein gutes Los gezogen. „So recht beruhigt ist mein Vater noch nicht", seufzt sie.

Es ist auch keine Kleinigkeit, wenn die Tochter auf einem Flug von São Paulo nach Europa eine Notlandung verschuldet, ins Koma fällt, zwischen Leben und Tod schwebt, des internationalen Drogenhandels beschuldigt wird und zu guter Letzt einen Knastinsassen heiratet.

„Ich will ein Buch schreiben", sagt Felice voller Überzeugung. Stoff hat sie genug, und ich verspreche ihr, in meinem nur das Vorprogramm zu bestreiten. Vor mir sitzt eine starke Frau. Flandern entsendet auch schöne Töchter.

Als sie vor einigen Jahren den Atlantik überquerte, platzten über brasilianischem Gebiet mehrere mit Kokain gefüllte Bodypacks in ihrem Magen. Der Pilot entschied sich für eine Notlandung in Salvador de Bahia. Felice versank für zehn Tage in ein tiefes Koma, als sie aufwachte, wurde sie direkt vom Krankenhaus ins Gefängnis gebracht. Keine Milde, keine Zeit, sich zu fangen.

Christian hört aufmerksam zu und fügt ein Postskriptum an. Es gibt so viel zu erzählen. Felice schildert sehr anschaulich eine Abrechnung im Männergefängnis, bei der die Toten nur so über die Geländer purzelten.

Christian zeigt mir, wie er früher für eine ganze Gruppe von Häftlingen Handys hinter einer falschen Decke in seinem Kühlschrank versteckte. Dazu gebrauchte er eine Fahrradpumpe. Die Kreativität im Knast kennt keine Grenzen. Und Felice zaubert aus diesem Kühlschrank wahrhaftig Riegel Callebaut-Schokolade. Die Gastfreundschaft im Knast kennt keine Grenzen.

Viele Häftlinge tragen kanariengelbe Anstaltskleidung. Pascal aus Nigeria hat einige Jahre in De Panne verbracht. Auf meine Bemerkung, die Sonne Brasiliens sei doch dem Froschwetter an der belgischen Küste bei weitem vorzuziehen, antwortet er trocken: „Das Wetter kann man nicht essen." Nach einer gescheiterten Beziehung ging es mit ihm bergab.

Wie viele Gefangene landen nicht hinter Gittern, weil sie durch private Probleme in die Kriminalität abgleiten? Wie können sich Menschen dagegen wappnen? Es ist ein altes Lied: Ich wusste nicht mehr, wie es weitergehen sollte. Ich fühlte mich allein, verlassen, betrogen...

In der Zelle A33 wohnt George, der sich, um die Zeit totzuschlagen, der Anti-Aids-Aufklärung verschrieben hat. In Brasilien gibt es für jede Aktivität ein entsprechend bedrucktes T-Shirt, ob es sich nun um eine Wallfahrt handelt oder einen Geburtstag; George hat einen Vorrat Hemden, die Kondome anpreisen. Der Schweiß tropft ihm vom braunen Kopf auf die behaarte Brust. „Komm, wir gehen in den Essraum", schlägt er vor.

So stelle ich mir Tschernobyl vor. Oder ein Leichenschauhaus. Oder einen Bunker nach einem Luftangriff. Auch hier hat die Feuchtigkeit dem Beton zugesetzt. Verwunderlich ist nur, dass die Teller und Löffel nicht auch aus Stahlbeton sind. Im neuen Gefängnis in der Nähe – auch ein Loblied auf den Zement – haben sie sogar ein Bett in Beton gegossen.

Es ist ein unglaublich dreckiger Betrieb. Die Bohnen, der Reis und die Soße landen beim Schöpfen zur Hälfte auf dem Boden, zur großen Freude der Katzen, die das ganze Gebäude durchstöbern.

„Sie sollen sich ruhig vollfressen", meint George. „Wenn es irgendwann wieder einen Hungerstreik gibt, werden es von selber weniger. Beim letzten Mal ging es sogar den Tauben an den Kragen."

VOM TANGO ZUM WALZER IN ARGENTINIEN

Ich bin mit Evita auf dem Friedhof von Recoleta verabredet. Was soll ein Mensch sonst an einem Sonntag machen, wenn er darauf wartet, in ein Gefängnis gelassen zu werden. Aber Argentiniens Hauptstadt an einem Frühlingsmorgen mit herbstlichen Temperaturen ist ein Ort für Melancholiker. Einen Grund dazu habe ich nicht, es überkommt mich einfach. Die Tangos, die auf der Plaza Dorrego getanzt werden, scheinen zu wissen, dass meine Weltreise beinahe zu Ende ist.

Ich schlendere an den alten Hafendocks in Puerto Madero vorbei. Es weht ein starker Wind. Hier gibt es mehr Tauben als Menschen. Als ich die Avenida del Libertador überqueren will, höre ich zwei Damen rufen: „Señor, es ist Ihnen was auf den Kopf gefallen."

„Was? Wie? Perdón?"

„Haben Sie Papiertaschentücher?"

Jetzt weiß ich, was die Stunde geschlagen hat. Es ist zwar nicht das Wetter dafür, aber ich ziehe die Jacke aus, die ich noch von Albertos Eltern bekommen habe, als ich sie in Madrid besuchte. Der ganze Rücken ist voller Taubenscheiße. Muss wohl akuten Durchfall gehabt haben oder war mit der ganzen Familie unterwegs. Der Gestank ist bestialisch. Alles Reiben und Scheuern hilft nichts. Während sich eine der beiden Damen an meinem Haar zu schaffen macht, deponiere ich die Jacke in einem Abfalleimer. Wer kam nur auf die aberwitzige Idee, die Taube mit dem Frieden in Verbindung zu bringen.

Es leben etwa 36 Millionen Menschen in diesem riesigen Land, knapp die Hälfte von ihnen im Großraum Buenos Aires. In diesem Gebiet gibt es nicht weniger als vierunddreißig Haftanstalten und im ganzen Land drei Hochsicherheits-Gefängnisse. In Feuerland lag einmal auch der südlichste Knast der Welt.

„Man hat jetzt ein Museum daraus gemacht, nachdem es schon in den dreißiger Jahren geschlossen worden war", sagt Francisco von der Procuración Penitenciaria, die sich um mich kümmert. „Wir bringen dich zum Gefängnis Devoto hier in Buenos Aires, es ist allerdings alles andere als verehrungswürdig, es ist genau so, wie ein Gefängnis nicht sein sollte. La Devoto ist zu einem Symbol geworden. Dort wurden unzählige politische Gegner während der Diktatur des Militärregimes eingesperrt."

Es geht ziemlich hektisch zu. Das umfangreiche Team aus Psychologen und Anwälten hat alle Hände voll zu tun. Die großen räumlichen Abstände, eine Rückfallquote von sechzig Prozent, die Auswirkungen der Militärdiktatur, Präsidenten, die einander in hohem Tempo ablösen...

„Man kann uns nirgendwo den Zugang verweigern", meint Francisco. „Manchmal stellen wir Unregelmäßigkeiten bei der medizinischen Versorgung fest, manchmal sind es Übergriffe des Wachpersonals. Wir vertreten die Interessen der Häftlinge und überwachen die Einhaltung der Gesetze. Die Humanisierung des Strafvollzugs ist unsere Maxime. Wenn unsere Empfehlungen auch nicht bindend sind, so ist unsere Organisation doch einzigartig in Lateinamerika, denn sie hat die Zustimmung des Parlaments." Sie untersteht dem Minister für Justiz, Sicherheit und – bemerkenswerterweise – Menschenrechte.

„Um das Problem der großen Abstände einigermaßen in den Griff zu bekommen", sagt Juan Martín, der Computerspezialist, „und da es sich in den meisten Fällen um Arme handelt, können Häftlinge und Angehörige uns über eine Gratis-Nummer erreichen. Wir bekommen im Monat durchschnittlich sechshundert Anrufe."

Zwischen fünf Zigaretten und ebenso vielen Schlücken Mate-Tee aus seiner Kalebasse zeigt mir Juan Martín, wie im Computer von jeder Person eine Datei angelegt wird. „Und das Logo unserer Organisation, das auch auf unserer Webseite zu finden ist, wurde von einem Häftling entworfen."

Mit drei jungen sympathischen Anwälten werde ich zum Gefängnis gebracht, das offiziell Instituto de Detención de la Capital Federal II Villa Devoto heißt. Das Gebäude sieht aus wie ein Gymnasium vom Anfang des vorigen Jahrhunderts. Der Direktor empfängt uns in einem beigen Anzug und mit *mate cocido* in seinem Salon. Montenegro, sein Stellvertreter, trägt einen sportlichen grauen Pullover und schwarze glänzende Stiefel, wie der Rest des Personals übrigens.

„Das Gefängnis ist für 1500 Häftlinge ausgelegt; momentan sind es 2500. 30 Prozent sind rechtskräftig verurteilt, der Rest wartet noch auf den Prozess. Das dauert seine Zeit. Hundertsechzig Häftlinge arbeiten in Reparatur- und Produktions-Werkstätten. Sie bekommen einen Peso pro Tag, was drei Viertel des Minimumlohns entspricht.“

„Apropos“, unterbricht ihn Montenegro, „stimmt es, dass in französischen Anstalten die Häftlinge mehr verdienen als der Direktor?“

„Das ist mir neu. Aber ich werde mich erkundigen, wenn Sie möchten.“

„Sagte Foucauld nicht“, fährt der Bonvivant fort, „dass die Mauer eines Gefängnisses nicht nur zur Sicherheit da ist, sondern auch, damit die Gesellschaft nicht sieht, was drinnen passiert?“

„Strafanstalten sind nicht nur ein politisches Problem“, pflichtet Direktor Larasa ihm bei, „sondern auch ein gesellschaftliches.“

Ich versuche das Gespräch zu beenden, denn es lockt mich, das Projekt kennenzulernen, das dieses Gefängnis zu etwas Besonderem macht. Schon seit siebzehn Jahren ermöglicht die Universität von Buenos Aires die Weiterbildung durch universitäre Programme, um die Resozialisierung der Häftlinge zu unterstützen. Momentan haben sich zweihundert Gefangene eingeschrieben. Während andere das Leben vor dem Gitterfenster vorbeigehen sehen, studieren sie Jura oder Wirtschaftswissenschaften.

Aber zuerst kümmere ich mich um die Übernachtung. Die Gebäude sind vier- bis fünfstöckig. Erst jetzt fällt mir auf, dass die Anstalt ursprünglich ein Krankenhaus war. Je nach Schwere des Delikts kommt man in den einen oder anderen Trakt. Es gibt auch Abteilungen für Ausländer, HIV-Infizierte, Studenten und Arbeiter.

Ich kann mich bei den über 55-Jährigen einquartieren. Deren Projekt heißt „Viejo Matías“, das verschiedene Ausbildungsprogramme anbietet: Gärtner, Koch und verschiedene Handwerksberufe.

Der älteste, Señor Torres, heißt mich willkommen. Zu ihrer großen Erleichterung spricht der Ausländer Spanisch. Ich verbringe eine angenehme Zeit bei den Männern, von denen zwei Viertel in der angrenzenden Küche den Rekord Lasagne-Machen brechen.

Es ist nicht alles eitel Sonnenschein in Devoto. In den Zwischengeschossen haust das Elend. Hier werden die Menschen untergebracht, die „Probleme" haben. Man bekommt sie dort garantiert. Die Zustände sind unmenschlich. Die sanitären Anlagen sind vorsintflutlich. Feuchtigkeit und Schmutz überall. Leben auf einem Müllplatz innerhalb des Gebäudes.

Durch ein vergittertes Fenster sehe ich auf einem Platz ein Zeltlager aus Decken und Kartons.

„Wenn du dich gut führst, darfst du da deine Frau bumsen. Wer kein Zelt hat, kann sich eins mieten. Für eine Stunde Ficken zahlst du dich blau."

Ein Wärter hatte mich vor dem obersten Stockwerk eines der Gebäude gewarnt. „Es ist die gefährlichste Abteilung. Die bringen dich um." Aber ich freunde mich schnell mit Antonio an, der für diese Gruppe verantwortlich ist und fühle mich einigermaßen sicher. Die Atmosphäre ist hier in der Tat anders. Man spürt sofort die Aggression und das Misstrauen. Man merkt es auch an der Art, wie sich die Häftlinge eingerichtet haben. Bei den Älteren, bei denen ich heute übernachte, ist der Raum offen, hier hat jeder sein Etagenbett mit Decken und anderen Hilfsmitteln abgeschirmt. An den meisten Pritschen ist eine Antenne befestigt, was dem Ganzen das Aussehen eines palästinensichen Flüchtlingslagers gibt. Jeder zieht sich in sich selbst zurück, auch was das Fernsehen betrifft. Da es nicht genug Betten gibt, hat man mit Tauen Hängematten gespannt, auf denen Dutzende Häftlinge liegen.

Alfredo, eine Frohnatur, hat sich aus großen mit Wasser gefüllten Apfelmuskonserven Hanteln gebastelt und lädt mich zum Fitnesstraining ein. Ich schlage mich wacker, werde es aber bestimmt heute Nacht bereuen.

Bevor es dunkel wird, besuche ich die „broche de oro", wie man es hier nennt, sozusagen das Juwel der Anstalt. Das Centro Universitario Devoto ist in der Tat einzig in seiner Art. Es genügt, wenn man eine Stunde in der Bibliothek verbringt, in der Gabriel Bibliothekar ist.

„Erzähl schon! Los!“, feuern die Studenten den bescheidenen Gabriel an. Aber er lacht nur verlegen und will nichts von Lobeshymnen wissen.

„Soll ich es Ihnen sagen?“, wendet sich Coco Daniel an mich. „Unser Bibliothekar hat in den sechzehn Jahren seiner Haft die Grundschule absolviert, das Abitur gemacht und Jura studiert. Später auch noch Soziologie und Psychologie.“

„Und außerdem“, sagt Tufi, „ist er noch evangelischer Pastor.“ Prahlen ist Gabriels Sache nicht. Was er getan hat, peinigt immer noch sein Gewissen. Aber er hat seine Zeit nicht vergeudet.

„Nächstes Jahr komme ich raus“, sagt er leise. Er ist schon jetzt eine Legende. So wie Coco Daniel, der im Gefängnis Anwalt geworden ist und jetzt den Ehrgeiz hat, Astronaut zu werden.

Señor Torres kocht Tee. Ich tue mich schwer damit, diese Opas als Gefangene zu sehen. Es ist, als wäre ich heute mit dem Rentnerbund von Buenos Aires auf einem Ausflug und würde zum Ausklang mit ihnen noch eine gepflegte Runde Karten spielen. Vielleicht werde ich eines Tages noch einmal eine Reise um die Welt machen, nur um die Situation älterer Häftlinge zu erleben. Aber ich werde warten, bis ich selber das Kap der 65 umsegelt habe. Heute abend lassen wir es uns gut gehen. Auch das ist im Knast möglich.

„Sing mal was“, meint Don Humberto.

„Warum nicht.“ Und zwei Stunden lang geben wir ein Potpourri lateinamerikanischer Lieder zum Besten. Ayayayay canta y no llores…, singe und weine nicht, weil sich beim Singen die Herzen erfreuen. De colores, de colores se visten los campos en la primavera. Don Gaston und Don Humberto stehen auf und tanzen einen Walzer.

„Ich glaube“, sagt Don Fabían zu mir, „du bist ein unglaublich glücklicher Mensch.“ Ich lächle nur. Wenn ich sagen würde, dass sie schuld sind, würde er mir doch nicht glauben.

VON EINEM SCHWEIN MIT LANGER RÜSSELSCHNAUZE IN CHILE

Buenos Aires döst heute Morgen unterm Regen vor sich hin. Don't cry for me Argentina. Warum sollten sie, die Argentinier? Trotzdem. Auch hier lasse ich wieder ein Stück von mir zurück. Sie waren herzlich, diese Argentinier. Joviale Typen. Mit dem gewissen Etwas. Der Kuss bei der Umarmung. Ich überquere die Anden. I cry for Argentina. Wegen seiner politischen und wirtschaftlichen Ausweglosigkeit. Um dieses Land mit seinen 25 Währungseinheiten, seinen Gefängnissen.

Und ich weine um Chile. Mein geliebtes Land. Ich fliege nach Chile. Als käme ich nach Hause. Das Gefühl, dass die Reise so gut wie zu Ende ist. Der chilenische Stopp ist anders als die anderen, obwohl auch hier Gefängnisse auf dem Plan stehen.

Ich fliege nach Chile, das Land, in dem ich sechs Jahre gelebt habe, wo mir zum ersten Mal das Los der Gefangenen unter die Haut ging und die Idee zu dieser Weltreise kam. Ich bin hin und her gerissen. Nervös, weil ich nicht mehr derselbe bin, nicht nach dieser Reise, nicht nach fünf Jahren Abwesenheit; ruhig, weil ich noch genau derselbe bin.

Chile feiert seine Fiestas Patrias drei Tage lang. Der Unabhängigkeitstag gedenkt der Befreiung von der spanischen Herrschaft im Jahr 1818. Häuser und Trauerweiden, Autos und Hüte, alles schmückt sich in den Nationalfarben. Das Rot, Weiß und Blau hebt sich scharf gegen das Gauloiseblau des Himmels ab. Tausende Drachen aus Seidenpapier fliegen wie Konfetti durch die Luft. Die Anden strahlen in königlichem Weiß, die Blüten rosa.

Auch im Gefängnis wird man etwas davon merken. So wie auf den *ramadas* (eine Art Jahrmarkt mit Buden) am Fluss, wo man den *cueca* tanzt, wird der Vino tinto nicht in Strömen fließen, aber die Häftlingsfrauen schleppen die Empanadas (Teigtaschen) körbeweise herbei. Ein Wärter hat in diesem Jahr sogar die Tradition des „eingeseiften Schweins", *chancho encevado*, wiederbelebt. Die Teilnehmer warten auf dem Hof in fiebriger Spannung.

Sobald das Schwein losgelassen wird, stürzen sich die Herren in den Kampf und versuchen, es mit den bloßen Händen zu packen. Der Sieger darf es behalten, mästen, am Spieß rösten. Das hochtonige Gegrunze beweist, dass es sich wirklich um ein Schwein handelt und nicht um eine Katze im Sack. Plötzlich hetzt das Tier aus seinem Käfig. Wie ein Mann stürzen sie sich darauf. Aber ein Spielverderber macht ihm ohne viel Federlesens mit einem Federmesser den Garaus! Schluss der Vorstellung.

La Peni heißt das Centro de Detención Preventiva in Santiago im Volksmund. 3800 Menschen büßen hier für ihre Taten. 3800 Strafregister. 3800 Mal Leid zufügen, leiden, 3800 Mal hoffen.

Der Komplex befindet sich nur einen Steinwurf von den Bergen der Anden entfernt, die im September wie in keinem anderen Monat des Jahres allem die Schau stehlen. Der Schnee ist neu, der Winter ist vorbei, und der Frühlingswind bläst den Himmel marineblau.

Nancy vom Gefängnispastorat erwartet mich. In ihrer hellgelben Jacke ist sie schon von weitem zu sehen.

Schon seit einigen Jahren bewirbt sich Raúl um seine Entlassung auf Bewährung. Er ist ein hünenhafter Mann. Sein ärmelloses Hemd macht Reklame für Boston, wo er bestimmt noch nie gewesen ist, und für einen Sommer, der noch lange keiner ist. Seine Oberarme verkünden allen, dass er einmal in Marcela verliebt war und dass Adler es ihm angetan haben.

„Ich könnte Marcela und dem Adler den Hals umdrehen", sagt er bitter.

„Wieso?"

„Ach, sie haben hier den verrückten Grundsatz, von deinen Tätowierungen und Narben auf deine Gefährlichkeit zu schließen. Wer Totenköpfe, Frauennamen, Herzen, Anker, Meerjungfrauen, sogar wer ein Kreuz oder eine Bibel auf der Haut trägt, gilt als gefährlich. Wenn man dann noch vernarbte Schnittwunden hat, kann man sich den Strafnachlass in den Wind schreiben."

Manuel kommt vorbei, ein nun wahrlich wandelndes Bilderbuch. Er hat mehr Narben als Haare auf dem Kopf, nach der verqueren Logik der Justiz also ein überaus gemeingefährlicher Knastbruder, der einen unheilvollen Einfluss auf die anderen ausübt.

„Und dabei ist er der treueste Teilnehmer an den Yoga- und Meditationsübungen", meint Raúl.

Etwa achtzig Häftlinge haben sich eingefunden. Es ist mein vorletzter Knast, Zeit mal für etwas anderes. Wir haben einander viel zu erzählen, obwohl alles schon gesagt ist. Ich habe diese Brüder noch nie gesehen, und doch glaube ich, sie schon lange zu kennen. Bei Dantón und den Seinen kann ich mitreden. Wir sitzen auf Stühlen in einem recht gemütlichen Raum. Eine Musikgruppe singt sich die Lungen aus dem Leib. „Tengo derecho a ser feliz, ich habe das Recht, glücklich zu sein", stimmen achtzig Häftlinge ein. Brüllen sie, denn es ist ihnen ernst. Ich schließe die Augen, und schon sind auch die Männer aus dem Gefängnis von La Paz hier, die so gottsjämmerlich falsch sangen. Ich sehe den vierstimmigen Chor der Frauen aus Madagaskar wieder vor mir. Die magistrale Vorführung im Gefängnis von Lesotho. Oh, Welt der Gefängnisse! Oh, Unterwelt!

Auf dem Tisch, an den ich mich setzen muss, steht ein Korb mit Brot und ein Aquarium, in dem ein Fisch schwimmt.

„Wir fühlen uns als Urchristen", sagt Aarón. „Daher die Symbole. Wir waren schon mal glatt wie ein Aal, aber wir wollen jetzt in klarerem Wasser weiterschwimmen."

Auch Polo ist dabei, er ist blind. Als man seinetwegen einen Braille-Kurs ins Leben rief, für den sich gleich fünfzehn Häftlinge anmeldeten, fehlte nur einer: Polo!

Was kriegen sie in Pakistan zu essen? Was geschieht mit Kinderschändern in Afrika? Gibt es heißes Wasser bei den Eskimos? Gibt es auch in chinesischen Gefängnissen Drogen? Wo fand der spektakulärste Ausbruch statt? In welchem Gefängnis sitzen die schönsten Señoritas? Alles, aber auch alles wollen sie wissen.

Wir verbringen den Nachmittag mit Liedern und Geschichten. Milton aus Kolumbien fragt mich, was ich von Bogota halte und was ich mir von dem neuen Präsidenten verspreche. Luís hat in Buenos Aires hinter Gittern gesessen, zusammen mit Coco Daniel, dem Astronauten in spe. Antonio besteht darauf, dass ich seine Familie in Spanien besuche.

Von Perilla bekomme ich eine Schachtel Kekse. Er ist der Barbas Chocas von Santiago. Er herrschte über den Staat im Staat der Drogenmafia und wird aus diesem Grund ständig von Leibwächtern begleitet.

Und dann singen wir wieder. „Tengo derecho a ser feliz." Ich singe den Refrain jetzt im Brustton der Überzeugung mit.

Sonntagmorgen. Noch immer ist dann in Talca Tag der offenen Tür, Puertas Abiertas. Vor allem Exhäftlinge, die nicht gleich wissen wohin, finden sich dann ein. Oder kommen mit der ganzen Familie. Oder mit der derzeitigen Freundin. Señoras Inés und Chepita, stille Volksfrauen, schenken Kaffee und Tee ein. Das tun sie schon seit Jahren, genauso bereitwillig, genauso treu. Sie bereiten gerade die Avocadocreme für den Brotbelag vor. Es ist noch genauso gemütlich, und die Witze sind noch immer die Gleichen.

José hat eine neue Frau. Zumindest sah sie vor fünf Jahren ganz anders aus. Jetzt ist die Gute so dick, dass sie el Ciego zu folgender Bemerkung inspiriert: „Wenn du sie zu Neujahr umarmen willst, dann musst du schon am 27. Dezember damit anfangen."

Talca ist eine Provinzstadt 260 Kilometer südlich von Santiago. Am Boulevard im Stadtzentrum liegt das Gefängnis, in dem für mich alles angefangen hat. Vor fünfzehn Jahren habe ich zum ersten Mal die Schwelle zur anderen Seite überschritten. Damals war Pinochet an der Macht, der von sich behauptete, in Chile bewege sich kein Blatt, ohne dass er davon wisse. Dass ich die Väter der Straßenkinder besuchte, um die ich mich damals kümmerte, und die „politische Gefangene" genannt wurden, wird ihm daher auch nicht entgangen sein. Der Sonntag, Woche um Woche, wurde für mich zu einem besonderen Tag. Hier habe ich singen und philosophieren gelernt – und zuhören.

Seitdem hat sich in Chile sehr viel verändert. Die Menschen haben keine Angst mehr, nachts aus dem Schlaf heraus verhaftet zu werden. Man kann seinem Nachbarn wieder vertrauen. Der Onkel ist nicht am Morgen plötzlich spurlos verschwunden. Im Gefängnis von Talca hat man die Abteilung für politische Häftlinge geschlossen.

Aber unter den „gewöhnlichen" Häftlingen gibt es noch immer welche, die ich hier vor fünfzehn Jahren kennen gelernt habe. Man reist von Westen nach Osten um die ganze Welt, besucht ein Gefängnis nach dem anderen und landet dann bei Menschen, die sich in anderthalb Jahrzehnten nicht von der Stelle gerührt haben. Eingesperrt in einer wenige Quadratmeter großen Zelle. Sie sind froh, dich wieder zu sehen. Sie haben sich die Fähigkeit bewahrt, zu flachsen und Witze zu reißen. Sie gönnen einem die Erkundung der Horizonte. Sie fragen, wie es der Mutter geht. Und dem Vater. Sie haben eine Geduld, die die Gletscher des Aconcagua zum Schmelzen brächte. Und noch immer, noch immer haben sie die Hoffnung, dass es morgen besser wird.

Manche kamen vielleicht raus, für einen Sonntag, für eine Woche oder für zwei Monate, aber gerieten wieder auf die schiefe Bahn. Durch die gegenwärtige wirtschaftliche Misere haben sie auch kaum Chancen auf dem Arbeitsmarkt. Wenn sich alles ändert, die Familie, das Viertel und der Fußballverein, dann ist es sehr verlockend, an den alten Gewohnheiten, der Karaffe Wein und dem Bandenunwesen festzuhalten.

Auch im Gefängnis von Talca hat sich einiges verändert. Zu meiner großen Freude auch zum Besseren.

„Wir haben ab und zu heißes Wasser. Die Aufseher sind im allgemeinen ‚menschlicher' und das Essen ist sehr viel besser." Meine Ohren hören es, mein Mund schmeckt es. In einer Therapie-Abteilung für Drogenabhängige und Alkoholiker werden mir die allerleckersten *porotos con riendas*, Bohnen mit Nudeln, serviert.

„Wir haben sogar eine Waschmaschine! Und einen Kühlschrank!" Sie präsentieren sie mir. Der moderne Waschzuber läuft auf vollen Touren. Gespannt warten sie darauf, dass ich den Kühlschrank aufmache. Und lachen sich tot. Denn man kann darin von einer Mohrrübe zur anderen radeln. Ansonsten ist das Ding leerer als eine Staatskasse.

Auch die Abteilung für Homosexuelle und HIV-Infizierte (als wäre das das Gleiche) hat Fortschritte gemacht. Ich erinnere mich an die KZ-Atmosphäre, in der Pato seine letzten Jahre zugebracht hat. Gefängnisse sind immer ein Spiegel der Gesellschaft, die sie errichtet hat. Während sie ein gutes Barometer für Politiker und für uns alle sein könnten, wie gut oder schlecht unsere Gesellschaft abschneidet, drehen wir das Ganze oft um und machen Straftäter für soziale Missstände verantwortlich.

In der Kapelle, in der auch andere Aktivitäten stattfinden, feiern wir die Freundschaft vieler Jahre. Wir singen und singen und singen. Qué fiesta! Es werden Witze erzählt, die nicht gerade unter den Weihnachtsbaum gehören. Und es gibt Geschenke. Die neuesten Proben ihrer Handwerkskunst: Schlüsselanhänger, Sparbüchsen, kleine Gemälde. Und sie haben mich besiegt: Ich bekomme ein Exemplar ihrer gesammelten Gedichte.

Im Gefängnis von Talca weiß ich es bestimmt: Ich habe mich nicht geirrt. Unter Häftlingen bin ich zu Hause.

Ich trinke einen letzten Tonic. Hoch am Himmel und darüber Herbstwolken. Die Zeit, Le Soir, das Angebot zeigt, dass wir über dem alten Kontinent fliegen. Alt, neu, gestern, morgen, frei... Es ist alles relativ geworden. Ich bin selber älter und jünger. Im Spiegel des letzten Klos fällt mir auf, dass ich mehr Falten bekommen habe. Eine von Laos, eine von Burkina Faso. Eine vom Eis und eine von der Wüste. Eine von den Sorgen. Eine vom Lachen.

AUF BEWÄHRUNG ENTLASSEN

Ich fliege nach Hause. Aber das habe ich auf den vergangenen fünfzig Flügen auch schon gemacht. Mein Zuhause ist überall. Überall wo ich bin. Wo ich lebe. In Freiheit und in Unfreiheit. Die Welt ist zwar nicht mein Dorf, doch das Herz ist gerade nicht zu klein, um die ganze Welt aufzunehmen. Es gibt noch allerhand zu tun in dieser Welt, für diese Welt. Doch sie ist überwältigend. Ich würde gern in einigen Generationen wieder auf die Erde zurückkommen. Wenn wir alle den gleichen Ausweis in der Tasche haben, weil wir Weltbürger sind, weil es keine Grenzen, keine Nationen mehr gibt. Die Vermischung der Völker wird wunderbare Menschen hervorbringen. Ein kaukasischer Typus mit Schlitzaugen. Ein Schwarzer mit arabischer Nase. Chinesen mit Kraushaar. Ort und Zeit spielen keine Rolle. Wenn nur Menschen da sind.

Außenstehende halten mir oft vor, ich würde die Schuldfrage verharmlosen. Zum hundertachtundsiebzigsten Mal sage ich dann, dass ich nicht blind für das Böse bin und es auch beim Namen nennen will. Ich werde immer für Rechtsprechung plädieren und mich immer auch dafür einsetzen, dass Opfer beschützt und entschädigt werden. Aber es ist weder meine Aufgabe, Urteil zu sprechen noch mich nach diesem zu richten. Richter und Anwälte – das ist jedenfalls zu hoffen – machen ihre Arbeit. Zugegebenermaßen fällt es mir nicht immer leicht, Menschen beizustehen, die anderen unendliches Leid zugefügt haben. Aber mit der Strafe, dem Freiheitsentzug, büßen sie für das, was sie angerichtet haben. Da sollten nicht auch noch meine Angst und meine Verurteilung hinzukommen!

Wenn ich wie im Gefängnis von São Paolo mit Häftlingen in einem Kreis stehe, weiß ich, dass ich wieder an das Geheimnis glaube. Vielleicht hat der Mann links von mir, dessen Hand ich festhalte, eine Bank überfallen, und der rechts von mir eine Frau misshandelt. Aber so wie meine Hände sind auch diese Hände Träger von Gut und Böse. Obwohl ich bezweifle, ob ich selbst immer das Richtige tue oder sage, spüre ich, dass das Böse nicht das letzte Wort hat. Ich fühle, wie die Güte derer, die um mich stehen, durch mich hindurch und in diese Welt strömt. Diese Männer haben anderen und der Gesellschaft Schaden zugefügt. Doch sie können dazu beitragen, das Unrecht wieder gutzumachen. Davon bin ich fest überzeugt.

In der Welt der Gefängnisse steht man quasi mit einem Bein in der Hölle. Aber ich habe dort auch Spuren des Himmels angetroffen. Die oft menschenunwürdigen Umstände, unter denen Gefangene leben, sind Luzifers Pfuhl von Feuer und Schwefel. Aber aus ihrer Sehnsucht mobilisieren sie die Kraft für eine bessere Zukunft. Manchmal glänzt es einem schon aus ihren Augen entgegen. In solchen Augenblicken kommen mir dann oft ohne ersichtlichen Grund die Tränen.

Der Stein, den ich ein Jahr lang mit mir herumgetragen habe, liegt wieder in einem Fluss in Chile. So schließt sich der Kreis. Wunderlicher Kreis, wunderliche Welt. Die Reise ist wie ein Poncho, ein Patchwork aus vielen bunten Stoffen. Oh, wie warm er sich trägt! Die Reise ist wie ein Kind, das ich nie hatte. Ersehnt und umhegt. Innerhalb von einem Jahr habe ich es zur Welt gebracht, gestillt und aufgezogen. Und jetzt muss ich es loslassen. Die Reise ist vorbei, und doch geht sie immer weiter. Bei meiner Ankunft in Belgien finde ich ein Schreiben aus San Quentin State

Prison vor. Ich habe grünes Licht bekommen. Ich darf Jarvis Masters im Todestrakt besuchen. Und ich habe Post aus Afrika. Ration schreibt: „Mach dir nichts draus! Auch wenn keiner dein Buch liest. Auch wenn nicht mal ein Buch draus wird. Auch wenn keiner sich deine und unsere Geschichte anhört... In meinen Augen hast du das Ziel erreicht. Zum ersten Mal in zwölf Jahren hat mich jemand besucht."

Diese Geschichte ist auch eine Hommage an alle, die sich in irgendeiner Weise für Häftlinge einsetzen. Ich habe sie gesehen und habe ihnen zugehört: die unzähligen Geistlichen und Gefängnisseelsorger, Ordensschwestern und Freiwilligen, die den Menschen hinter Gittern nicht vergessen haben, die Reis bringen, eine Telefonkarte oder Nachrichten von der Geliebten, die die sanitären Anlagen im Gefängnis finanzieren, die Messe lesen oder die Behörden unablässig gegen das Schienbein treten.

Innerhalb von fünf Jahren wird die Hälfte der Gefängnisinsassen weltweit auf freiem Fuß sein. Es geht uns also alle an. Häftlinge, ihre Familien, aber auch die Opfer, Sie und ich, die ganze Gesellschaft, die Welt und die Menschheit profitieren davon, wenn wir ins Gefängniswesen investieren. Was sage ich? In den Menschen! In den Menschen, der der Häftling trotz allem ja immer bleibt.

JARVIS

Kaum drei Monate nach meiner Rückkehr fliege ich an die amerikanische Westküste, zu Jarvis, dem zum Tod verurteilten Altersgenossen. Das Flugzeug überquert südlich von Grönland Goose Bay. Unter uns ist alles von Eis bedeckt. Ich bin eine Gans, unterwegs zu fernen Horizonten. Wer einen Todeskandidaten besucht, überdenkt erst sein eigenes Leben, wägt den Sinn dessen, was war und was sein wird.

Zwei Stunden früher als geplant bin ich in Cerrito del Norte. Ich kaufe einen Kaffee und einen Bagel. Man möchte die Gespräche in allen Einzelheiten vorbereiten, vermeiden, dass man hinterher nicht alles gefragt hat. Aber ich schlürfe einfach meinen Kaffee. Ich „bin“. Das Mädchen am Kiosk ist freundlich. Sie weiß nicht, wie wichtig das ist. Es ist Winter in San Francisco. Niederländer würden das als herbstlich empfinden, Neuseeländer vielleicht als frühlingshaft. Kubaner erkälten sich bei 25 Grad. So relativ ist alles.

Auf der anderen Seite einer der Brücken von San Francisco steige ich aus dem Bus. Möwen hocken auf Anlegepfählen. Sie schreien. Das gehört sich so. San Quentin taucht zwischen Felsen auf. Imposant. Ort der Verdammnis. Auf diesen Felsen habe ich vor neun Monaten Jarvis Masters' Buch *Finding Freedom* gelesen. Damals kam ich nicht rein, aber in Jarvis' Schriften aus dem Todestrakt trat mir der freieste Mensch auf meiner Reise entgegen, auch wenn er hinter Gittern sitzt.

Schließlich nach neun Monaten „Schwangerschaft“ war es endlich soweit. Die Freundschaft hatte sich als stärker erwiesen als die Bürokratie. FBI und Interpol waren wohl endlich dahinter gekommen, dass ich weder vorbestraft war noch zu einer Mafia-Organisation oder zur Al-Qaida gehörte.

Auf dem Parkplatz kommt eine schwarz gekleidete Frau auf mich zu, mit der ich in den letzten Wochen viele E-Mails gewechselt habe. Kamala ist eine große Stütze für Jarvis; eine von vielen. Eine einfache und integre Frau.

„Wir lassen diese Sachen am besten in meinem Auto.“ Die mitgebrachten Briefe und Karten aus Belgien und vor allem die belgischen Pralinen kann ich also nicht so einfach mit ins Gefängnis nehmen. Es ist ein Vorgeschmack auf das, was mir bevorsteht. Bei der ersten Sicherheitsschleuse muss ich die Schuhe ausziehen, den Gürtel, Pullover... Die wartenden Frauen, die ihre Männer besuchen, kommen nach ihrem Kichern zu urteilen auf ihre Kosten. Mein Taschentuch muss ich dalassen. Vielleicht will man jeder Protestaktion vorbeugen. Chef Niehuis findet sich ein und teilt mir mit, dass man mir „ausnahmsweise“ einen Besuch von zwei Tagen einräume, dass ich aber auf keinen Fall mit einem dritten zu rechnen habe und dass – da es sich um einen zum Tode Verurteilten handelt – die Besuchszeit auf anderthalb Stunden beschränkt sei. Alles ist mir recht. Ich bekomme noch einen Stempel, der nur unter

Infrarotlicht sichtbar ist. Halb nackt und abgestempelt, betrete ich das San Quentin State Prison. Wieder eine Schleuse. Noch ein Mal muss ich die Schuhe ausziehen und über einen trockenen Putzlappen wieder durch eine Tür. Wir überqueren die letzte Straße. Links auf einem Rasen steht ein Gedenkstein für den letzten Aufseher, der im Dienst umgekommen ist. Das war, besagt die Inschrift, 1985. Wegen der Ermordung des Sergeanten Burchfield bekam Jarvis die Todesstrafe. Der Aufseher war eines Nachts im zweiten Stock erstochen worden; Jarvis befand sich zu der Zeit in seiner verschlossenen Zelle im vierten Stock. Etwa vierzig Häftlinge wurden einer Verschwörung beschuldigt. Nur drei kamen vor Gericht, unter ihnen Jarvis Masters. Die beiden anderen wurden zu lebenslanger Haft verurteilt, der eine als Mörder, der andere als Auftraggeber. Jarvis wurde zur Last gelegt, dass er aus einem Stück Metall die Mordwaffe hergestellt habe. Sie wurde nie gefunden. Die Jury verurteilte ihn, wahrscheinlich aufgrund seines Vorstrafenregisters, zum Tod.

Ich gehe die letzte Treppe zum Block hinauf, in dem die Todeskandidaten einsitzen.

„Pass?", fragt die Aufseherin bei der aller-, allerletzten Sicherheitsschleuse. Wir gehen noch durch zwei Absperrungen, und dann heißt es warten. Die Witwen in spe haben sich vor die anderen vier Schalter gesetzt. Dieses Postamt kennt nur eine Bestimmung: den Tod. Zwei der Frauen bringen, den Hörer in der linken und die rechte Hand gegen das Glas gedrückt, so etwas wie Liebkosungen zustande. Auf der anderen Seite der Barriere erwidern die Männer sie in Spiegelschrift. Zwischen den Schimpfkanonaden einer Frau, die außer sich ist, klopft mein Herz heftig, aber lautlos. Noch zwei Schritte... Hinter dem letzten Fenster muss Jarvis sitzen... Noch ein Schritt... Ich fühle mich wie ein Schauspieler, der darauf wartet, dass sich der Vorhang hebt und er dem Publikum gegenübersteht. There he is! Jarvis Masters. In Jeans. Auch im Sitzen ist er mit seinen 1,95 Metern imposant. Genauso hatte ich ihn mir vorgestellt. Ein Blick, ein Lächeln, und das Panzerglas zersplittert. Es ist herrlich, einander wieder zu begegnen, auch wenn wir uns noch nie gesehen haben.

„Thank you so much for coming", sagt Jarvis.

„My pleasure."

„Sag bloß nicht, du bist nur meinetwegen hierher gekommen!"

„Doch!"

„Vom anderen Ende der Welt, nur um mich zu besuchen? Für ein paar Stunden?"

„That's right. Als Abgesandter von vielen...You are my brother. Und für Brüder und Schwestern ist mir nichts zu viel." Jarvis blinzelt mit den Augen und beißt sich auf die Lippen.

„In my whole life I never..." Er wischt sich eine Träne ab.

„Things are as they are."

Jarvis Masters ist im Todestrakt zum Schriftsteller und bekennenden Buddhisten geworden. „Alles, was ich tue, konfrontiert mich mit der Frage: Ist es das, was ich wirklich will? Handle ich aus einem Mitgefühl mit anderen?" Je länger ich in Jarvis' Augen sehe, desto weniger begreife ich von Todesurteilen. Und ich gehe jede Wette ein: Wer ein einziges Mal in die springlebendigen Augen eines Menschen gesehen hat, dem die Hinrichtung droht, der ist für immer Gegner dieser Form der Bestrafung. Jarvis äußert sich kaum dazu, aber in den kommenden Tagen wird mir aus den Berichten seiner Mitstreiter immer deutlicher, dass dieser gewinnende 35-Jährige an der Ermordung Burchfields unschuldig ist.

„Ich sehne mich nach der Freiheit", sagt Jarvis in den Hörer. „Aber seit meiner Hinwendung zum Buddhismus gelingt es mir, die Dinge in einem größeren Zusammenhang zu sehen. Ich bemühe mich, anderen nicht die Schuld für meine Schwierigkeiten zu geben. Das habe ich hinter mir. „From right now, go forward", sagte der Dalai-Lama zu mir. Ich habe mir gelobt, keine bitteren Gedanken gegenüber Lebewesen zu hegen, niemandem mehr zu schaden. Das ist meine tägliche Aufgabe, auch wenn sie mir das Leben kostet."

„Dieses Leben ist nur ein Traum. Alles hängt davon ab, wie man denkt. Von einem Gefängnis könnte man sagen, dass es schlecht ist. Aber jemand, der in einem wunderbaren Haus wohnt, nimmt sich vielleicht das Leben. Jeder hat seinen Platz im Leben, ob er sich nun glücklich oder elend fühlt. Die Hölle, das sind die Albträume, die man hat; die Hölle, das ist der Hass in einem. Man muss versuchen, jeden vorurteilslos zu betrachten, unabhängig davon, wie er sich einem gegenüber verhält. Auch Tiere, Kriminelle, Wärter.

Sieh ihre Vollkommenheit. Es ist ein nie endender Prozess. Abends lege ich mir Rechenschaft von meinen schlechten Gedanken und Taten und fange wieder von vorne an. Wenn ich etwas Gutes tue, rechne ich es mir nicht als Verdienst an. Wenn ich mir etwas zuschulden kommen ließ, akzeptiere ich es und lasse es los. Es ist wie schwimmen: just keep going."

So „schwimmen" wir zwischen den philosophischen Pflanzen des Lebens und den Muscheln unserer Kinderzeit. Hier sitzen wir: der freie und der nicht-freie Schriftsteller. Aber wer ist frei? Wir könnten nicht verschiedener sein: Jarvis ist schwarz. Ich bin weiß. Er ist ein „bloke", ich eher ein Leichtgewicht. Unsere Lebensgeschichten sind diametral entgegengesetzt. Jarvis wuchs in einem Schwarzengetto auf. Der Vater machte sich aus dem Staub, nachdem er die drogensüchtige Mutter fast totgeschlagen hatte. Jarvis wurde bei Pflegeeltern und in Heimen untergebracht. Mit 17 beging er eine Reihe von bewaffneten Raubüberfällen und landete mit 19 in San Quentin. Und ich? Nestwärme, Träume und die Chance, sie zu verwirklichen. Hier sitzen wir. Zwei Brüder.

„You are living my dream", sagt Jarvis. Es klingt wie die Besiegelung unserer Bruderschaft, aber ich erfahre es auch als riesige Verantwortung. Das Glas zersplittert wieder in tausend Stücke. Die Aufseher lösen sich in Luft auf. Mit ihnen alle anderen Besucher. Hier bin ich mit meinem brother. Wir besteigen Hügel, laufen Rollschuh und schlagen das Lager auf.

„Ich hätte gerne ein Kochbuch. Würde gern lernen, Kuchen und Plätzchen zu backen", sagt Jarvis.

„Versteh ich. Ich finde, das Gitter hinter dir hat was von den Mustern auf Apfel- und Pflaumenkuchen."

„Backt deine Mutter manchmal Torten?"

„Ich habe ein Foto vom vierzigsten Hochzeitstag meiner Eltern dabei, auf dem sie neben einer riesigen Torte stehen. Meine Mutter war dagegen, dass ich dir das Foto zeige. ‚Das ist doch nur grausam', meinte sie."

„Oh no! Geburtstage, Weihnachten, Ausflüge, Geschichten über Trüffeln und Kuchen... Ich kann nicht genug davon kriegen." Jarvis will die ganze Welt in seine Zelle holen.

„Okay Jarvis. An dem Tag, an dem du entlassen wirst, essen wir Kuchen, bis er dir zu den Ohren wieder rauskommt."

Man kann mit ihm, den Todeskandidaten, wunderbar lachen. Und merkwürdig klingt sein „See you tomorrow!" in diesen Räumen.

Auch am nächsten Tag berühren wir ernste und weniger ernste Themen: den Prozess, die Berufung, die Jarvis eingelegt hat, die Fakten, seine Unschuld, Lisa, Mütter, Silvester-Feuerwerk und Pralinen… Als die Besuchszeit zu Ende ist, winkt Jarvis lachend den Wärtern auf meiner Seite zu. Und wir bekommen wahrhaftig eine halbe Stunde extra. Bis auch sie vorbei ist. Durch das 40 bis 50 Zentimenter dicke Glas und das Applepie-Gitter hindurch sehe ich zwei bis auf die Zähne bewaffnete Wächter auftauchen, sogar mit Helm und Schild. Jarvis steht auf und streckt seine Hände rückwärts durch einen Schlitz. Die Handschellen schnappen zu. Die Audio-Verbindung ist abgeschaltet. Wir sind nur noch gestikulierende, Augen rollende, Lippen lesende Pantomimen. Zeit, um einige Tränen zu vergießen. Wir tun es nicht. Jarvis bewegt die Lippen. „Tell your mom I'll be eating cake at home."

Wir lachen.

DANKSAGUNG

Danken möchte ich meiner Mutter und meinem Vater, die ihren Sohn zum x-ten Mal seine Siebensachen packen sahen und sich darauf verließen, dass er gesund wiederkommen würde.

Danken möchte ich meiner Schwester Leen, die Lilien an Schönheit übertrifft, von der ich mich so weit entfernte und der ich dennoch näher blieb als ihre eigene Haut.

Meiner Schwester Greet danke ich für die Goldrenetten und die Reiseapotheke und für die ersten langen E-Mails.

Meiner Schwester Els für die letzten Tränen und Milky Ways, die Zauberkraft Berge versetzender Schwesternliebe.

Meiner Schwester An für den Kristall und den felsenfesten Glauben an das Licht darin und für ihren Segen.

Bert und Dirk danke ich für den Laptop und hundert andere praktische Dinge für die Reise, Mauricio ebenso.

Joker für die vielen Stunden Puzzlearbeit an der Weltreise und das Geschenk von San Quentin.

Alberto danke ich für die für die Gefängnisse bestimmten Kunstwerke, dem Direktor und Gefängnisgeistlichen des Leuvener Zentralgefängnisses für das Zeugnis.

Mein Dank gilt Hunderten von Menschen und Freunden in Haftanstalten, Ausschüssen, Organisationen, Kongregationen, Bruderschaften, Stiftungen, Ministerien, Departements, Botschaften, Gruppen, Büros, Lagern, Krankenhäusern, Hauptquartieren, Familien, Herbergen…

Mein Dank gilt Hunderten von Bus- und Rikschafahrern, Taxichauffeuren, Piloten, Stewards und Stewardessen, Köchen und Obern, Kellnerinnen und Verkäuferinnen, Kassiererinnen, Straßenkehrern, Rezeptionisten, Auskunftsbeamten, Gepäckträgern…

Mein Dank gilt Hunderten, Tausenden von Menschen hinter den Kulissen, die ohne ihr Mitwissen dazu beigetragen haben, dass ich diese Reise zu einem guten Abschluss bringen konnte.

Mein Dank gilt all denen zu Hause und unterwegs, die in welcher Form auch immer dieses Projekt unterstützt haben.

Titel der belgischen Originalausgabe:
Hotel Prison

Innere Wiener Straße 13, 81667 München
Telefon +49.89.45 80 20-0, Fax +49.89.45 80 20-21
www.geographicmedia.de

Übersetzung: Christiane Kuby und Herbert Post
Umschlagfoto: Pepe Rebollo
Kartografie: Dirk Billen
Layout: Studio Lannoo
Satz: ABC Fotosatz und Repro, München
Druck: GGP Media GmbH, Pößneck
Printed in Germany

ISBN 3-89944-143-5

GERT DUSON
Mit der Ente durch Afrika
Nach Kapstadt in einem Citroën 2CV
KUNTH

THE 1ST WORLD TRAVEL ATLAS

THE 1st WORLD TRAVEL ATLAS verfolgt – anders als traditionelle, »klassische« Atlanten – zugleich zwei Ziele:

Einmal will er mit seiner detaillierten Kartografie umfassendes geografisches Basiswissen vermitteln. So werden die »natürlichen« geografischen Strukturen ebenso präzise erfasst wie die von den Menschen geschaffenen. Mit über 100 000 Registereinträgen gehört **THE 1st WORLD TRAVEL ATLAS** schon allein deshalb zu den umfassendsten und detailliertesten Atlaswerken in der Geschichte der Kartografie.

Zweitens bietet **THE 1st WORLD TRAVEL ATLAS** eine einzigartige touristische Dokumentation und Orientierungshilfe. Dargestellt werden das weltweite Verkehrsnetz, mehr als 17 000 herausragende Natur- und Kulturmonumente, Urlaubs- und Freizeitziele sowie die spektakulärsten Reiserouten dieser Welt.

Über 2000 aktuelle Farbfotos und Textbeiträge ergänzen das Kartenwerk und ein Sonderkapitel über 80 Traumrouten führt den Leser durch die faszinierendsten Landschaften der Erde und hin zu den größten Kulturmonumenten der Menschheit.

THE 1st WORLD TRAVEL ATLAS bietet damit ein innovatives Angebot für die zunehmend global orientierten Informationsbedürfnisse der Menschen. Ein »klassisches« und dennoch höchst informatives Medium. Besonders auch für jene, die schon heute als »Globalsurfer« durch das weltweite Netzwerk des Internet und dann als »Globaltourist« von Kontinent zu Kontinent, von Metropole zu Metropole reisen.

510 Seiten
Format 28,0 x 35,6 cm
Einband mit Prägung
im Schuber
ISBN 3-89944-133-8

KUNTH

Erhältlich in Ihrer Buchhandlung

FASZINATION ERDE
THE 1st
WORLD TRAVEL ATLAS
DER NEUE ATLAS DER SUPERLATIVE
KUNTH